Der ECON-Finanzberater

D1924618

ECON Praxis

Das Buch

Der Finanzdienstleistungsmarkt hat sich in Deutschland in den letzten Jahren sehr stürmisch entwickelt. Hinzu kommt der Europäische Binnenmarkt. Neben den traditionellen Anbietern wie Banken, Versicherungen, Bausparkassen und Investmentgesellschaften versuchen immer mehr »Außenseiter«, intelligente Finanzprodukte zu entwickeln und zu vertreiben. Das Ziel ist klar: das Geld der Kunden. Wer hier zwischen seriösen und unseriösen Produkten und ihren Anbietern unterscheiden kann, vermeidet Ärger und kostspielige Verluste.
Das Buch wendet sich in erster Linie an den interessierten Verbraucher und versucht, einen Überblick über die einzelnen Bereiche der Finanzdienstleistungsbranche zu geben und sie kritisch zu durchleuchten.

Der Autor

Rolf Klein ist unabhängiger Finanzberater und Vermögensverwalter und Autor mehrerer Sachbücher und anderer Publikationen. Im ECON Taschenbuch Verlag sind bisher von ihm erschienen:
»Richtige Baufinanzierung« (ETB 21104-8)
»So versichern Sie sich optimal« (ETB 21156-0)
»ECON-Handbuch Geldanlage« (ETB 21206-0)

Rolf Klein

Der ECON-Finanzberater

Das umfassende Handbuch zur Allfinanz

ECON Taschenbuch Verlag

Ökologisch handeln:
Dieses Buch ist gedruckt auf 100 % Recyclingpapier, chlorfrei gebleicht

Originalausgabe

© 1994 by ECON Taschenbuch Verlag GmbH, Düsseldorf und Wien
Umschlaggestaltung: Molesch/Niedertubbesing, Bielefeld
Die Ratschläge in diesem Buch sind von Autor und Verlag sorgfältig erwogen und geprüft; dennoch kann eine Garantie nicht übernommen werden. Eine Haftung des Autors bzw. des Verlags und seiner Beauftragten für Personen-, Sach- und Vermögensschäden ist ausgeschlossen.
Gesetzt aus der Times
Satz: Formsatz GmbH, Diepholz
Druck und Bindearbeiten: Ebner Ulm
Printed in Germany
ISBN 3-612-21242-7

Hiermit möchte ich mich ganz herzlich bei meiner Frau Angelika und meinem Freund Guido Bruck für die zahlreichen Diskussionen und die Unterstützung bedanken.

Gliederung

Vorwort

Liebe Leserin, lieber Leser,

der Finanzdienstleistungsmarkt hat sich in Deutschland in den letzten Jahren sehr dynamisch entwickelt. Hinzu kommt Mitte 1994 der Europäische Binnenmarkt für dieses Wirtschaftssegment. Eine immense Innovationsflut und eine weiter steigende Vielfalt der Produkte sowie deren Vertriebsarten mit einer intensiven Computernutzung werden den Verbraucher überschwemmen und noch stärker als bisher verunsichern. Durch diesen intensiven Wettbewerb auf dem umkämpften Markt um das liebe Geld des Verbrauchers vollziehen sich gewaltige Veränderungen. Neben den traditionellen Anbietern wie den Banken, Versicherungen, Bausparkassen und Investmentgesellschaften versuchen immer mehr »Außenseiter«, die intelligente Finanzprodukte kreieren und vertreiben, sich auf diesem lukrativen Markt zu behaupten.

Den Überblick zu wahren, scheint hier schier unmöglich. Die Spreu vom Weizen zu trennen und zwischen einem seriösen bzw. unseriösen Produktanbieter zu unterscheiden, ist hier die Kunst.

Dieses Buch wendet sich in erster Linie an den interessierten Verbraucher in allen Lebenslagen bzw. Problemsituationen und versucht einen Überblick in den einzelnen Bereichen der Finanzdienstleistungsbranche zu schaffen und sie kritisch zu durchleuchten. Kurzum ein wichtiger Ratgeber zu den Aspekten der Baufinanzierung, Immobilien, Geldanlage, Vermögensberatung und Verwaltung, den Versicherungen und der Altersvorsorge.

Ihr Rolf Klein

Einleitung

Komplexe Vermögensfragen fordern differenzierte Antworten!

Verantwortung für die eigenen Finanzen zu tragen ist heutzutage für jede Privatperson, jede Familie und jeden Selbständigen eine geradezu unternehmerische Aufgabe. Wer einmal versucht hat, alle unterschiedlichen Lebensbereiche finanziell in ein Gesamtkonzept einzufügen, kennt die Problematik: Da ist zum einen der Wunsch nach einer umfassenden Einkommenssicherung im Rentenalter, bei Krankheit und Berufsunfähigkeit, und zum anderen möchten Sie Kapital- und Immobilienvermögen bilden sowie die Zukunft Ihrer Kinder unter Berücksichtigung der Erbschaftssteuerproblematik erfolgreich vorbereiten. Schließlich sollen die geschaffenen Vermögenswerte und die bestehenden Lebensrisiken wirksam finanziell abgesichert werden. Alle diese verschiedenen Zielsetzungen gleichermaßen zu verwirklichen, ist keine leichte Aufgabe. Neben umfangreichen Fachkenntnissen sind aufwendige Detailarbeiten erforderlich: Kosten- und Renditevergleiche anstellen, den Markt im Auge behalten, steuerliche Bestimmungen beachten und die vermögensrelevanten Anlagen im Rahmen Ihres verfügbaren Gesamtbudgets und nach Maßgabe Ihrer individuellen Vorstellungen richtig aufteilen und gewichten. Wer hat hier schon den Durchblick bzw. die Zeit, um diese komplexen Entscheidungen richtig und vorausschauend durchzuführen?

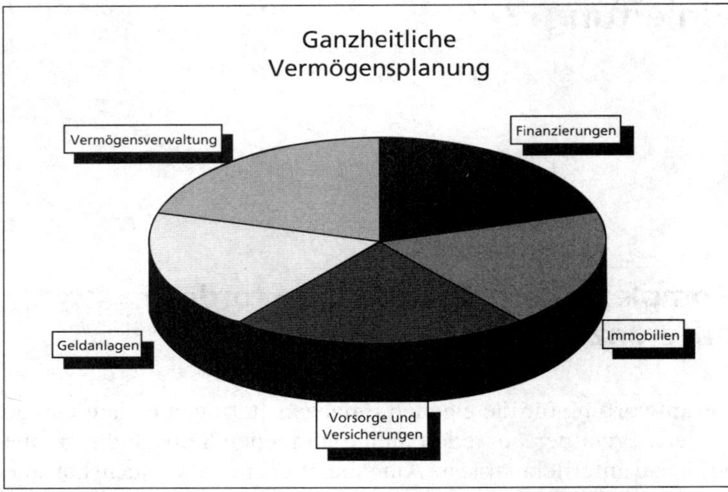

Die Finanzarchitektur

Der Aufbau einer soliden Finanzstruktur ist mit der Tätigkeit eines Architekten vergleichbar, der auf der Grundlage einer Situationsanalyse einen Plan für das Gebäude »persönliche finanzielle Unabhängigkeit« entwirft.

Erster Schritt ist deshalb eine sorgfältige Bestandsaufnahme der Ausgangssituation, die die Realisierungschancen durch den einzelnen Verbraucher nach ihren Prioritäten aufzeigt. Die einzelnen Finanzstockwerke bestehen aus der Planung für die Altersvorsorge, Familienvorsorge, Steueroptimierung und Investitionsplanung mit der dazu gehörenden Finanzierungsoptimierung. Diese umfassende Analyse erlaubt Ihnen die Bewertung Ihres finanziellen Status, zeigt Bedarfslücken auf und bietet Ansatzpunkte für notwendige Maßnahmen. Das Baumaterial sind verschiedene Finanzprodukte wie Bankdienstleistungen, Wertpapiere, Investmentanlagen und Versicherungen. Dies führt zu einer individuellen Finanzarchitektur, bei der Einkommenssicherung und Altersvorsorge, Vermögensanlage und Investitionen in einem harmonischen Verhältnis zueinander stehen.

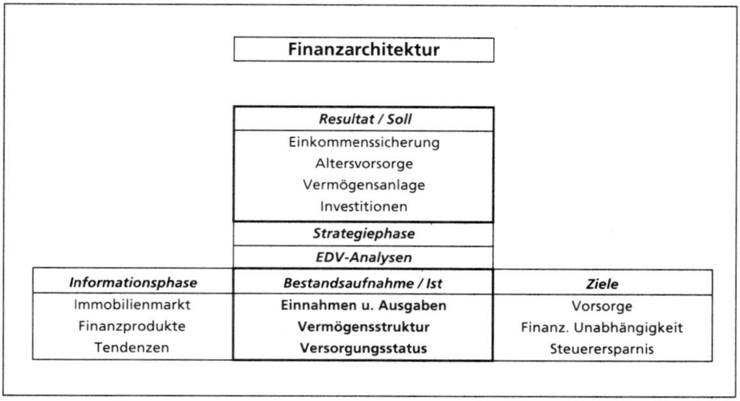
Finanzarchitektur
Resultat / Soll
Einkommenssicherung
Altersvorsorge
Vermögensanlage
Investitionen
Strategiephase
EDV-Analysen
Informationsphase
Immobilienmarkt
Finanzprodukte
Tendenzen
Bestandsaufnahme / Ist
Einnahmen u. Ausgaben
Vermögensstruktur
Versorgungsstatus
Ziele
Vorsorge
Finanz. Unabhängigkeit
Steuerersparnis

1 Der Vorsorge- und Versicherungsberater

Inhaltsverzeichnis

Einleitung

Versicherungen, für viele Verbraucher ein leidiges Thema und für einige sogar ein rotes Tuch. Eines steht jedoch fest: *Ohne Versicherungen geht es nicht!*

Sie sind Bestandteil der modernen Gesellschaft, der Wirtschaft und der Sozialpolitik. Versicherungen erfüllen ihren Zweck zur finanziellen Absicherung eines jeden. Je nach Versicherungsform und individuellen Aspekten mal mehr, mal weniger.

Hier tauchen nun die Fragen auf: Habe ich einen ausreichenden Versicherungsschutz oder bin ich gar überversichert? Welche Versicherungen ergeben wann einen Sinn und worauf sollte man achten?

Jeder muß und soll sich seine ganz individuelle Versicherungsstrategie überlegen und danach handeln. Allerdings sollten hierbei einige Aspekte berücksichtigt werden. Denn einen jungen Familienvater, der sich zunächst um spekulative Geldanlageformen kümmert und diese abschließt, anstatt seine Familie und sich selbst abzusichern und an seine Altersvorsorge zu denken, kann man als Spekulanten bezeichnen.

Ich persönlich habe mein Konzept in zwei Schritte aufgeteilt, die wie folgt aussehen:

Zunächst sollte sich jeder um die Absicherung seiner bereits vorhandenen Vermögenswerte kümmern. Dazu zählen die Absicherung seiner Arbeitskraft, die Hinterbliebenenversorgung (sofern eine Familie vorhanden ist), der optimale Krankenversicherungsschutz, das Pflegefallrisiko, Haftpflicht-, Unfall- und Hausratversicherung. Jedoch nach dem Motto: *Versichern sowenig wie möglich, aber soviel wie nötig!*

Erst im zweiten Schritt geht es um die Altersvorsorge. Ist die erste Phase abgeschlossen, kann man den Möglichkeiten zur Deckung der Versorgungslücke im Alter nachgehen. Die Möglichkeiten können sein: Die klassische Kapitallebensversicherung, die aufgeschobene Leibrente, die betriebliche Altersvorsorge im Sinne der Barlohnumwandlung.

Natürlich kann man die Versorgungslücke auch über Geldanlagen oder Immobilien decken. Diese Möglichkeiten werden separat in den entsprechenden Kapiteln beschrieben.

Die private Haftpflichtversicherung

Wer zu spät kommt, den bestraft das Leben. Im Klartext: Die private Haftpflichtversicherung ist ein absolutes Muß für jeden. Sie ist nicht nur sehr wichtig, sondern auch sehr preiswert. Das Risiko, Schadensersatz leisten zu müssen, ist groß. Jeder kennt die Schlagzeilen:

- Großbrand durch Zigarettenkippe,
- Nicht gestreut: Fußgänger brach sich ein Bein,
- Hundebiß mit Todesfolge.

Es läßt sich zumindest erahnen, daß den Verursacher des Schadens ein gewaltiges Ungemach erwartet.

Die Aufgaben der Haftpflichtversicherung

Die Aufgabe aller Haftpflichtversicherungen ist es, den Versicherten vor finanziellen Folgen zu schützen, die aufgrund gesetzlicher Regelungen von Dritten als Schadensersatzansprüche an ihn erhoben werden können.

Betrifft der Schaden nur die Reparatur einer zerbrochenen Fensterscheibe, wirft das sicherlich keine finanziellen Probleme auf. Doch kaum jemand wird wohl in der Lage sein, einen von ihm verursachten Unfallschaden mit Invaliditätsfolge oder den Brand eines Hauses aus eigener Tasche zu bezahlen. Weil die Schadensersatzpflicht nach oben hin unbegrenzt ist, haftet jeder mit seinem gesamten Einkommen und Vermögen so lange, bis der gesamte Schaden finanziell vollständig ersetzt ist. Unter Umständen ein Leben lang!

Versicherungssummen

Für buchstäblich alles, was im Alltag geschehen kann, ist die Privathaftpflichtversicherung zuständig. Sie deckt Schäden in den Bereichen der Personen-, Sach- und Vermögensschäden ab, für die der Versicherte haftbar gemacht werden kann. Folgende Versicherungssummen können mit den Versicherungsunternehmen vereinbart werden:

1. 1 Million für Personenschäden und 300 000,– DM für Sachschäden,
2. 1 Million pauschal für Personen- und Sachschäden,
3. 2 Millionen pauschal für Personen- und Sachschäden,
4. vereinzelt werden auch pauschale Deckungssummen von 3 oder 5 Millionen angeboten.

Da die Preisunterschiede innerhalb einer Versicherungsgesellschaft zu der nächsthöheren Deckungsklasse nicht sonderlich groß sind, sollte die höchstmögliche Versicherungssumme (Deckungssumme) gewählt werden.

Man sollte jedoch bei der Auswahl der Versicherungsgesellschaft aufpassen. Der Versicherungsschutz für 2 Mio. pauschal kostet bei einer günstigen Gesellschaft um die 80 DM pro Jahr, während eine teure Gesellschaft ungefähr das Doppelte an Prämie nimmt!

Die Versicherer zahlen für alle Schadensfälle maximal das Doppelte der Versicherungssumme innerhalb eines Jahres.

Wer ist versichert?

Der Abschluß einer Privathaftpflicht schützt zunächst einmal den Versicherungsnehmer, der den Vertrag abgeschlossen hat. Darüber hinaus sind der Ehegatte und die Kinder beitragsfrei mitversichert. Die Kinder, solange sie sich in Schul- und anschließender Berufsausbildung befinden, minderjährig und unverheiratet sind.

Auch der Partner in einer nichtehelichen Lebensgemeinschaft ist beitragsfrei mitversichert. Bei der Antragsstellung muß er allerdings namentlich aufgeführt werden. Ebenfalls versichert sind Personen, die im Haushalt des Versicherungsnehmers beschäftigt sind, im Rahmen ihrer dienstlichen Verrichtungen. So zum Beispiel die Putzhilfe oder der Freund, der handwerklich aushilft.

Nicht versichert sind Schäden, die man selbst erleidet oder vorsätzlich herbeiführt. In jedem Schadensfall prüft der Versicherer, ob die Schadenersatzansprüche zu Recht bestehen – unberechtigte Ansprüche würde er auch abwehren. In diesem Fall handelt es sich praktisch um eine indirekte Rechtsschutzversicherung.

Weitere Haftpflichtversicherungen

Einige Gefahren sind gesondert gegen Haftpflichtansprüche abzusichern. Im einzelnen:

Tierhalterhaftpflicht

Tierhalter müssen für die Schäden, die ihre Lieblinge anrichten, aufkommen. Während Kleintiere, so auch die Katze, in der Privathaftpflicht mit eingeschlossen sind, müssen Hunde- und Pferdehalter eine gesonderte Haftpflichtversicherung abschließen, sofern sie die eventuellen Schäden aus eigener Tasche nicht bezahlen wollen. Wer sich ein Tier anschafft, hat einen Monat Zeit, eine zusätzliche Versicherung abzuschließen. So lange gibt die Privathaftpflicht die Deckung.

Die Öltankhaftpflicht

Ist man Eigentümer einer Immobilie und wird mit Öl geheizt, besteht das Risiko, daß der Öltank leck wird und somit ein Gewässerschaden entstehen kann. Die Beiträge bemessen sich nach dem möglichen Tankinhalt. Der Versicherungsschutz ist preiswerter, wenn der Tank sich oberhalb der Erdoberfläche befindet.

Die Haus- und Grundbesitzerhaftpflicht

Während die Privathaftpflicht in ihrem Deckungsumfang auch die eigengenutzte Immobilie umfaßt, sind vermietete Immobilien selbständig zu versichern. Eigentümer vermieteter Häuser oder Eigentumswohnungen kommen mit der Privathaftpflicht nicht aus. Die Beiträge richten sich nach der Bruttojahresmiete.

Die Wassersporthaftpflicht

Versichert werden können Risiken, die durch Surfbretter oder Segelboote entstehen, sowie eigener und fremder Motorboote. Während sich die Wassersporthaftpflicht auf eigene Geräte bezieht, reicht die Privathaftpflicht beim Nutzen fremder Surfbretter bzw. Segelboote. Fährt man ins Ausland, sollte man eine in mehreren Sprachen verfaßte Versicherungsbestätigung mitnehmen. Bei Segelbooten richten sich die Prämien nach der Segelfläche, bei Motorbooten nach PS, und die Surfer können in einer Police bis zu drei Bretter versichern.

Eine Empfehlung: Man sollte sich auf jeden Fall bei seinem Versicherer über die Bedingungen des gewählten Urlaubslandes erkundigen und eventuell notwendige Maßnahmen ergreifen.

Einige Schadensfälle aus der täglichen Praxis

Mietsachschäden

Beim Anbringen eines Wandhakens fiel ein Hammer aus der Hand in die Badewanne. Die Badewanne wurde irreparabel beschädigt und mußte ausgetauscht werden. Der Haftpflichtversicherer zahlte den Schaden.

Unzureichende Versicherungssumme

Ein 10jähriges Kind verursachte durch das Spielen mit Streichhölzern einen Brandschaden. Das komplette Haus der Nachbarfamilie brannte ab. Der Sachschaden belief sich auf 450 000,– DM. Versichert war die Familie des Kindes aber nur mit 1 Million DM für Personenschäden und 300 000,– DM für Sachschäden. Folglich mußten 150 000,– DM aus eigener Tasche gezahlt werden.

Auslandsschäden

Beim Skiurlaub stieß der Versicherungsnehmer aus Unachtsamkeit mit einer zweiten Person zusammen, die sich dabei ein Bein brach. Natürlich holte sich die Krankenversicherung der geschädigten Person die entstandenen Kosten beim Verursacher zurück. Da seine Police Weltgeltung hatte, beglich die Haftpflichtversicherung den Schaden inklusive des Schmerzensgeldes und sonstiger durch den Unfall entstandener Kosten.

Schäden wegen Mißachtung der Streu- und Reinigungspflicht

Auf dem Weg zum Einkaufen rutschte die Geschädigte aufgrund der Eisglätte aus und verletzte sich erheblich. Familie X, die sich laut Mietvertrag verpflichtet hat, den Schnee wegzuräumen bzw. Sand zu streuen, ist ihren Verpflichtungen nicht nachgekommen. Das Bett war an diesem frühen Morgen noch so warm. Den entstandenen Schaden regulierte die Haftpflichtversicherung.

Die private Unfallversicherung

Eine Unzahl von Unfällen geschieht Jahr für Jahr, bei denen sich viele Bundesbürger erheblich verletzen. Einige davon erleiden irreparable Schäden. Die Folge ist die Invalidität, die in der Regel erhebliche Konsequenzen für das weitere Leben des Betroffenen hat. Verliert man zum Beispiel durch einen Unfall einen Arm oder ein Bein, muß der gesamte Ablauf des täglichen Lebens umgestellt werden. Dies hat nicht nur persönliche Folgen, sondern auch finanzielle Konsequenzen. Der Beruf kann eventuell nicht mehr ausgeübt werden, oder die Einrichtungen des Hauses oder Autos müssen angepaßt werden. Vater Staat hat auch hier Vorsorge getroffen, nämlich durch die gesetzliche Unfallversicherung. Arbeitnehmer sind hier zumindest gegen Arbeitsunfälle abgesichert. Zuständig sind hier die entsprechenden Berufsgenossenschaften. Mitversichert ist ebenfalls der Weg zur Arbeitsstätte und zurück. Allerdings dürfen keine Umwege zurückgelegt werden. Wer auf dem Weg zur Arbeit einkaufen geht, verliert den Versicherungsschutz.

Wie sieht es jedoch mit der Freizeit aus, oder wie steht es um Rentner, Kinder, Hausfrauen, viele Selbständige und Freiberufler?

Hier besteht die Möglichkeit der Absicherung durch die private Unfallversicherung. Unverhofft kommt oft! Unfälle passieren an jeder Ecke.

Was ist eigentlich ein Unfall im Sinne der Versicherungen? In § 1 Abs. 3 der Allgemeinen Versicherungsbedingungen heißt es: »Wenn der Versicherte durch ein von außen auf seinen Körper einwirkendes Ereignis unfreiwillig eine Gesundheitsschädigung erleidet.«

Was kann alles versichert werden?

In der privaten Unfallversicherung (PUV) können folgende Risiken versichert werden:

Die Invalidität

Der wohl wichtigste Absicherungsgedanke in der PUV. Der Invaliditätsbegriff wurde 1988 neu festgelegt. Die Versicherungsgesellschaft muß dann zahlen, wenn ein Unfall zu einer dauerhaften körperlichen oder geistigen Leistungsunfähigkeit führt. Bei dem Vertragsabschluß wird die Versicherungssumme festgelegt. Je nach dem Invaliditätsgrad, der in einer sogenannten Gliedertaxe definiert ist, leistet die Versicherungsgesellschaft ihre Zahlung. Bei einer Vollinvalidität (100 % Invalide) die volle Versicherungssumme und den entsprechenden prozentualen Anteil bei einer Teilinvalidität, die aus der folgenden Gliedertaxe hervorgeht:

100 % –	wenn der Verletzte beide Augen, beide Arme oder Hände, beide Beine oder Füße verloren hat oder infolge des Unfalls einer Geistesstörung verfallen ist.
70 % –	wenn er ein Bein über der Mitte des Oberschenkels,
70 % –	wenn er den Arm oder die Hand,
60 % –	wenn er ein Bein bis zur Mitte des Oberschenkels,
50 % –	wenn er ein Bein bis unterhalb des Knies,
45 % –	wenn er ein Bein bis zur Mitte des Unterschenkels,
40 % –	wenn er einen Fuß im Fußgelenk,
25 % –	wenn er einen Daumen,
16 % –	wenn er einen Zeigefinger,
10 % –	wenn er einen anderen Finger,
8 % –	wenn er die große Zehe eines Fußes,
3 % –	wenn er eine andere Zehe verloren hat.
50 % –	wenn gänzlicher Verlust der Sehkraft eines Auges vorliegt,
30 % –	bei gänzlichem Verlust des Gehörs auf einem Ohr,
10 % –	bei gänzlichem Verlust des Geruchssinnes und
5 % –	bei gänzlichem Verlust des Geschmackssinnes.

Ein Beispiel: Verliert der Versicherte durch einen Unfall ein Bein bis zur Mitte des Oberschenkels, ist er zu 60 % Invalide. Ist seine Versicherungssumme 200 000,– DM, bekommt er als Entschädigung 120 000,– DM von der Versicherung.

Um eine Erhöhung der Versicherungsleistung zu bewirken, kann man neben der Erhöhung der Grundversicherungssumme eine sogenannte Progression im Vertrag vereinbaren. Variationen für die Progression gibt es einige. Die verbreiteteste Form ist die 225er-Progression und bewirkt eine Leistungsverbesserung von maximal 225 % bei einer Vollinvalidität. Bei einer Grundversicherungssumme von 200 000,– DM und einer Vollinvalidität leistet die Versicherung stolze 450 000,– DM. Dies ist durch einen relativ geringen Mehrbeitrag zu erreichen und meines Erachtens empfehlenswert. Weitere Abstufungen kann man in der folgenden Tabelle und der entsprechenden Graphik erkennen, die durch die 300er-Progression ergänzt wurde:

Grundversicherungssumme (TDM)	Invaliditätsgrad (%)	Entschädigung ohne Progression	Entschädigung mit 225er-Progression	Entschädigung mit 300er-Progression
200 000,–	10	20 000,–	20 000,–	20 000,–
200 000,–	20	40 000,–	40 000,–	40 000,–
200 000,–	30	60 000,–	70 000,–	80 000,–
200 000,–	40	80 000,–	110 000,–	140 000,–
200 000,–	50	100 000,–	150 000,–	200 000,–
200 000,–	60	120 000,–	210 000,–	280 000,–
200 000,–	70	140 000,–	270 000,–	360 000,–
200 000,–	80	160 000,–	330 000,–	440 000,–
200 000,–	90	180 000,–	390 000,–	520 000,–
200 000,–	100	200 000,–	450 000,–	600 000,–

Die Progressionsstaffelung kann von Gesellschaft zu Gesellschaft anders definiert sein.

Wie hoch sollte die Versicherungssumme sein?

Das hängt unter anderem vom Lebensstandard und von der eventuellen Rente bei einer Vollinvalidität ab, was in der Regel einer Erwerbsunfähigkeit gleichkommt. Liegt der Anspruch auf eine Erwerbsunfähigkeitsrente bei 2000,– DM pro Monat, es werden aber realistisch 4000,– DM zu Erhaltung des Lebensstandards unter veränderten Bedingungen benötigt, beträgt die Versorgungslücke 2000,– DM pro Monat. Veränderte Bedingungen heißt ja, daß meist zusätzliche Anschaffungen für den Vollinvaliden getätigt werden müssen oder Pflegepersonal angestellt werden muß.

Kapitalisiert man die 2000,– DM pro Monat bzw. 24 000,– DM pro Jahr mit einem langfristig erzielbaren Zins ohne Kapitalverzehr, so daß eine »Ewige Rente« erzielt wird, mit 7 %, resultiert daraus ein Kapital von rund 350 000,– DM.

Die Versicherungssumme sollte in diesem Fall mindestens 350 000,– DM für die Vollinvalidität betragen.

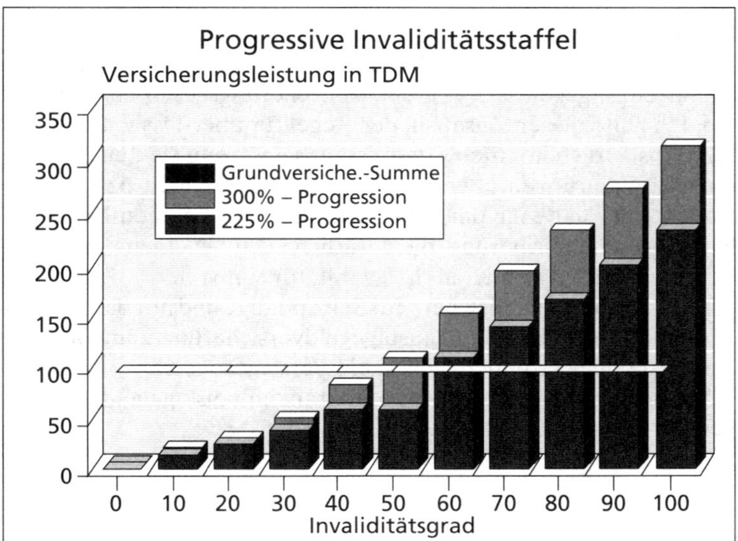

$$\frac{\text{Versorgungslücke pro Jahr (24 000,-)}}{\text{Zins (7\%)}} = 342\,857{,}14 \text{ DM}$$

Unfalltod

Der Zusatz der Absicherung durch den Unfalltod ist überflüssig. Sicherlich ist man besser bedient, wenn der Todesfallschutz sich nicht nur auf einen Unfall bezieht, sondern wie bei der Risikolebensversicherung einen grundsätzlichen Todesfallschutz darstellt. Besteht keine Lebensversicherung, ob als Kapital- oder Risikolebensversicherung, und sind diese auch nicht erwünscht, sollte die Versicherungssumme nicht höher als 20 000,– DM ausfallen. Diesen Betrag benötigt man mittlerweile, um jemanden in Würden zu beerdigen. Bei der Unfalltodversicherung gibt es keine Progression.

Unfallkrankenhaustagegeld

Muß der Versicherte nach einem Unfall ins Krankenhaus, könnte er über den Zusatz des Unfallkrankenhaustagegeldes einen vereinbarten Tagegeldsatz von der Versicherungsgesellschaft erhalten. Ich halte diesen Zusatz in der Regel für überflüssig. Lediglich für Selbständige könnte es interessant sein, wenn sie keine weiteren Vereinbarungen über Lohnfortzahlungen haben bzw. haben wollen. Hier halte ich den Abschluß einer allgemeinen Krankenhaustagegeldversicherung, die natürlich auch bei einem Krankenhausaufenthalt durch Krankheit zahlt, für sinnvoller.

Fazit: Interessant höchstens für Selbständige und nur dann, wenn eine allgemeine Krankenhaustagegeldversicherung zum Beispiel aus Gesundheitsgründen nicht mehr versicherbar ist.

Versicherbar ist eine allgemeine Krankenhaustagegeldregelung bei den privaten Krankenversicherungen.

Genesungsgeld

Das Genesungsgeld kann nur in Verbindung mit dem Unfallkrankenhaustagegeld abgeschlossen werden. Dementsprechend halte ich es, wie zuvor beschrieben, auch nicht für besonders sinnvoll. Es wird für die gleiche Anzahl von Tagen gezahlt, die man zuvor im Krankenhaus verbracht hat. Die Höhe des Genesungsgeldes lehnt sich in der Regel an das Krankenhaustagegeld an und reduziert sich nach einem festgelegten Modus.

Unfallkrankentagegeld

Wenn ein Bedarf für eine Lohnfortzahlungsversicherung besteht, sollte dieser, wie beim Krankenhaustagegeld, besser bei einer privaten Krankenversicherung abgedeckt werden. Lediglich für Hausfrauen könnte das Unfallkrankentagegeld interessant sein.

Übergangsgeld

Eine meines Erachtens sinnvolle Ergänzung zum Invaliditätsschutz. Wird die Versicherungssumme nicht ausgezahlt, weil die dauerhafte Invalidität oder der Invaliditätsgrad noch nicht feststeht, kann mit der Regelung des Übergangsgeldes eine »Vorabzahlung« gesichert werden.

Kosmetische Operationen

Beim Einschluß dieser Zusatzversicherung würde der Versicherer die Kosten einer kosmetischen Operation und Behandlung übernehmen. Dieser Zusatz ist überflüssig!

Ist eine kosmetische Behandlung medizinisch notwendig, zahlen auch die Krankenversicherungen die Kosten.

Die Unfallversicherung mit Prämienrückgewähr

Glaube keiner, die Fähigkeit der Assekuranz, ihren Kunden noch mehr Geld aus der Tasche zu ziehen, erschöpfe sich mit der Zeit. Weit gefehlt! Die Geheimwaffe heißt Unfallversicherung mit Prämienrückgewähr (UPR).

Etwa ein Dutzend Versicherer bietet diese Versicherungsform an. Laut ihrer Werbung ist dieses Produkt das Ei des Kolumbus. Nur für wen? Wer sich zu einer solchen Police überreden läßt, erhält bei Vertragsablauf nicht nur alle Beiträge zurück, für das angesammelte Kapital gibt es obendrein auch noch Zinsen. Die Versicherer müssen einen Blackout gehabt haben, als sie sich diese Versicherungsform einfallen ließen. Die UPR kostet natürlich auch wesentlich mehr als eine reine Unfallversicherung. Sie ist ein ähnliches Produkt wie die Kapitallebensversicherung (KLV), nur wesentlich schlechter. Bei der KLV ist das Todesfallrisiko mitversichert und bei UPR das Invaliditätsrisiko. Die Renditen der UPR liegen bei ca. 3 bis 4 %, und sie ist somit völlig indiskutabel.

Eine Versicherung, bei der man am Ende der Laufzeit seine Prämien zurückbekommen kann, wird es nicht geben.

Meine persönliche Meinung:

Der finanzielle Schutz für eine Invalidität ist durchaus sinnvoll. Der Abschluß einer privaten Unfallversicherung sollte aber am besten ohne Extras vereinbart werden.

Zu beachten ist, daß speziell bei der Unfallversicherung ein Vergleich bei den Versicherungsprämien wichtig ist. Preisunterschiede von bis zu 250 % sind möglich. Hier läßt sich viel Geld sparen. Beim Prämienvergleich muß unbedingt darauf geachtet werden, daß auch die gleichen Bedingungen vorliegen (z.B. Progressionsstaffel).

Die Hausratversicherung

Wer einen eigenen Haushalt hat und nicht auf Apfelsinenkisten wohnt, braucht eine Hausratversicherung. Über eine Million Einbruchsdelikte werden Jahr für Jahr registriert. Aber nicht nur gegen Einbruch schützt die Hausratversicherung. Bei einem heutigen Neuabschluß wird die Hausratversicherung nach den allgemeinen Versicherungsbedingungen der VHB 84 abgeschlossen (früher VHB 74). Deshalb gehe ich speziell auf die VHB 84 ein.

Zum Hausrat gehören vereinfacht formuliert alle Gegenstände, die bei einem Umzug üblicherweise mitgenommen werden. Bestimmte Gegenstände werden in den Bedingungen gesondert behandelt, wie zum Beispiel Teppichböden, Tapeten, Wertsachen, Bargeld. Also Sachen, die im allgemeinen nicht zum Hausrat gehören. Wertsachen sind bis zu 20 % der Versicherungssumme mitversichert und sollten bei Bedarf zusatzversichert werden. Dazu gehören Schmuck, Gemälde, Gegenstände aus Edelmetall, Sparbücher, sonstige Wertpapiere usw. Ohne besonderen Verschluß kann in der eigenen Wohnung Bargeld bis zu 1500,– DM, Sparbücher und Wertpapiere in der Summe bis zu 5000,– DM, Schmuck, Briefmarken, Münzen, Perlen und Edelsteine bis zu 40 000,– DM aufbewahrt werden. Darüber hinausgehende Werte müssen in Tresoren bzw. Geldschränken sicher verschlossen aufbewahrt werden. Grundsätzlich nicht mitversichert sind Kraftfahrzeuge aller Art, Anhänger, Motoren und Handelsware (also gewerblich genutzte Gegenstände) sowie Wertgegenstände, die durch einen gesonderten Versicherungsschutz, zum Beispiel für Pelze und Schmucksachen in Privatbesitz, versichert sind.

Wo ist der Hausrat versichert?

Der Hausrat ist natürlich in der Wohnung versichert, die im Versicherungsvertrag angegeben wurde. Zur Wohnung gehören auch Kellerräume und Garagen, die sich auf demselben Grundstück befinden. Nicht versichert sind Gegenstände, die sich in ausschließlich beruflich bzw. gewerblich genutzten Räumen befinden. Persönliche Sachen, die sich vorübergehend nicht in der Wohnung befinden, zum Beispiel am Arbeitsplatz oder auf Reisen, sind innerhalb Europas bis zu 10 % der Versicherungssumme, maximal jedoch bis zu 15 000,– DM versichert.

Die Versicherungssumme und die Unterversicherung

Bei der Aufnahme des Versicherungsantrages sollten einige Aspekte berücksichtigt werden.

Die Versicherungssumme

Die Versicherungssumme sollte so festgesetzt werden, daß sie dem Betrag entspricht, der dem Neuwert des Hausrates gleichzusetzen ist. Auch die Gegenstände aus der Garage bzw. aus dem Keller sind zu berücksichtigen, außer den alten Sachen, die nicht mehr genutzt werden und praktisch wertlos sind. Anhand des Wertermittlungsbogens auf den Seiten 40/41 kann man dies leicht feststellen. Sollte die Summe der Werte weniger als die Quadratmeterzahl der Wohnfläche mal 1000 ergeben, ist es empfehlenswert, die Versicherungssumme nach dieser Formel festzusetzen. Das bedeutet, für eine Wohnung mit der Wohnfläche von 74 qm sollte mindestens eine Versicherungssumme von 75 000,– DM vereinbart werden (VHB 84). Hierbei sind die Versicherungsunternehmen in der Regel bereit, auf Abzüge wegen einer Unterversicherung zu verzichten.

Unterversicherung

Wird die Versicherungssumme bei der Beantragung zu niedrig festgesetzt, liegt eine Unterversicherung vor.

Ein Beispiel: Der Wert des Hausrates liegt bei 50 000,– DM und die Versicherungssumme beträgt 40 000,– DM, es liegt eine Unterversicherung vor. Werden bei einem Einbruchdiebstahl Gegenstände im Wert von 30 000,– DM entwendet, stehen dem Versicherten nur 24 000,– DM zu. Die Berechnung geht wie folgt:

$$\frac{\text{Versicherungssumme}}{\text{Wert des Hausrates}} \times \text{Schaden} = \text{Schadensersatz}$$

Versicherte Schäden

Einbruchdiebstahl, Raub, Vandalismus

Beim Einbruchdiebstahl muß die versicherte Wohnung gewaltsam aufgebrochen worden sein. Der sogenannte einfache Diebstahl, der zum Beispiel durch ein offenes Fenster ermöglicht wurde, ist nicht versichert. Hierfür gibt es allerdings ein BGH-Urteil, das diese Vertragsklausel für unwirksam erklärt, da der Versicherungsnehmer »unangemessen belastet« wird. Genaugenommen müßte der Versicherer schon dann nicht zahlen, wenn der Versicherte die Wohnung verließe, um den Mülleimer zu entleeren. Dem Kunden könne nicht zugemutet werden, in diesem Fall dann Türen und Fenster zu schließen, die Rolläden herunterzulassen und die Alarmanlage einzuschalten.

Raub liegt dann vor, wenn innerhalb der Wohnung gegen den Versicherten Gewalt angewendet wird, um ihn zu berauben. Schon die Androhung von Gewalt ist ausreichend.

Vandalismus liegt vor, wenn der Einbrecher in die Wohnung gewaltsam eindringt und dabei vorsätzlich versicherte Gegenstände demoliert oder zerstört.

Die Unterschiede zwischen den alten (VHB 74) und den neuen (VHB 84) Hausratbedingungen

	VHB 84	VHB 74
Versicherte Gefahren	Keine Ausschnittdeckung möglich, nur volle Kombination	Ausschnittdeckung möglich
Feuer	Versichert	Versichert
Einbruchdiebstahl/Raub	Versichert	Versichert
Vandalismus	Versichert	Nicht versichert
Diebstahl aus Kfz	Nicht versichert	Entschädigungsgrenze 500 DM
Diebstahl von Gartenmöbeln und Gartengeräten	Nicht versichert	Entschädigungsgrenze 500 DM
Kleinvieh, Futter und Streuvorräte	Nicht versichert	Entschädigungsgrenze 500 DM
Fahrraddiebstahl	Nicht versichert, Mitversicherung durch Klausel 833 (84) gegen Zuschlag möglich. Entschädigungsgrenze 1 % der Versicherungssumme. Eine Erhöhung ist möglich.	Entschädigungsgrenze 500 DM
Einbruchdiebstahl und Raub durch Hausangestellte	Nicht versichert	Entschädigungsgrenze 1000 DM
Leitungswasser	Versichert	Versichert
Lw-Schäden an Bodenbelägen, Innenanstrichen oder Tapeten der gemieteten Wohnung	Versichert, keine Entschädigungsgrenze	Entschädigungsgrenze 10 % der Versicherungssumme, höchstens 5000 DM
Lärm	Versichert	Versichert
Glasbruch	Nicht versichert Durch Glaspauschalversicherung künftig Flachglasscheiben (auch Mehrscheiben-Isolierverglasungen, Glasbausteine, Profilbaugläser einschl. Mobiliarverglasungen in Bildern, Schränken, Spiegeln und Flachglasplatten)	Versichert, einfache Verglasungen bis 3 Quadratmeter
Höherwertige Gegenstände	Entschädigungsgrenze 20 % der Versicherungssumme für Wertsachen, und zwar: a) Bargeld b) Urkunden, Sparbücher, Wertpapiere c) Schmucksachen, Edelsteine, Perlen, Briefmarken, Münzen, Medaillen, Sachen aus Gold oder Platin	Mehrere Einzelentschädigungsgrenzen, die sich teilweise überschnitten haben. Möbelverschluß für Gold-, Silber- und Schmucksachen, Sammlungen von Münzen und Briefmarken.

	d) Pelze, Teppiche, Kunstgegenstände, Silbersachen e) Antiquitäten außer Möbel Keine weitere Begrenzung für Sachen, die sich im mehrwandigen Stahlschrank (200 kg) der Sicherheitsstufe B oder eingemauertem Stahlwandschrank mit mehrwandiger Tür (Sicherheitstufe B) befinden. Außerhalb eines solchen Behältnisses gelten Entschädigungsgrenzen von a) Bargeld 1500 DM b) Urkunden etc. 5000 DM c) Schmuck etc. 40 000 DM	
Versicherte Kosten	Aufräumungskosten, Bewegungs- und Schutzkosten, Schadenminderungskosten, Schloßänderungskosten, Gebäudebeschädigungen sind bis zur Höhe der Versicherungssumme mitversichert.	Aufräumungskosten auf 500 DM begrenzt
Versicherungswert	Neuwert	Neuwert, soweit Zeitwert mind. 50 % des Wiederbeschaffungspreises bzw. Regelung nach Neuwertzusatzklausel
Unterversicherung	Nach VHB 84 wird wie bisher angerechnet, aber mit Klausel 834 (84) genereller Unterversicherungsverzicht, wenn als Versicherungssumme wenigstens 1000 DM pro Quadratmeter Wohnfläche vereinbart werden	Wird angerechnet
Außenversicherung	Entschädigunsgrenze 10 % der Versicherungssumme, maximal 15 000 DM. Vorübergehend: ist auf 3 Monate begrenzt.	Entschädigungsgrenze 10 % der Versicherungssumme, maximal 10 000 DM. »Vorübergehend«: nicht definiert.
Summenanpassung	Nach § 16 obligatorisch nach Preisindex für »Andere Verbrauchs- und Gebrauchsgüter ohne Nahrungsmittel und ohne normalerweise nicht in der Wohnung gelagerte Güter«	Mit Summenanpassungsklausel zu vereinbaren
Prämienanpassung	Bei Veränderung des Schadensatzes (Schadenzahlung: Versicherungssumme) um mind. 5 % im Durchschnitt der letzten 3 Jahre. Der Anpassungssatz kann 5 %, 7,5 %, 10 %, 12,5 % etc. betragen. Kündigungsrecht des VN bei Erhöhung um mehr als 10 % oder mehr als 20 % in drei Jahren	Bisher keine
Gewerblich genutzte Räume	Nicht versichert	Versichert, wenn zur Wohnung gehörend
Gefahrerhöhung	Wenn sich ein Umstand ändert, nach dem im Antrag gefragt wurde	Nicht geregelt
Sicherheitsvorschriften	Heizungen oder Leitungen entleeren, Sicherungen anwenden	Nur einzelvertraglich geregelt

Wertermittlungstabelle

Neuwert des Hausrats	Wohn-zimmer	Schlaf-zimmer	Kinder-zimmer	Gäste-zimmer	Küche, Bad, Toilette	Flur, Keller, Speicher, Garage u.a.	Summe in DM
Möbel (auch Polstermöbel), Vorhänge, Gardinen, Jalousien							
Lampen, Leuchten, Spiegel, Uhren, Fußbodenbeläge (echte Teppiche gesondert)							
Bekleidung, Wäsche, Schuhe							
Matratzen, Federbetten, Kissen, Decken, Bettwäsche, Tischwäsche, Hand- u. Badetücher							
Küchenmaschinen, Küchengeräte, Kühlschrank, Kühltruhe							
Töpfe, Geschirr, Bestecke, Gläser, Vasen, Zinn-, Kupfer-, Messing-, Bronzegegenstände							
Vorräte (Lebens-, Genuß-, Putz-, Reinigungsmittel)							
Toilettenartikel, Kosmetika, Rasierapparat, Haartrockner, Heimsonne, Massagegerät, Sauna							
Fernseh-, Rundfunk-, Tonbandgeräte, Plattenspieler, Videorecorder, Kassettenrecorder							
Foto-, Film- und optische Geräte mit Zubehör							
Wasch-, Nähmaschinen, Wäschetrockner, Staubsauger, Heizgeräte							
Schreib-, Rechenmaschinen, berufliche und gewerbliche Arbeitsgeräte und Einrichtungsgegenstände							

Musikintrumente, Noten, Schallplatten, Musik- und Videokassetten, Bücher, Waffen							
Koffer, Taschen, Schirme, Kinderwagen, Roller, Schlitten, Spielzeug							
Werkzeuge, Gartengeräte und -möbel, Campingausrüstung, Jagd- und Hobbygeräte							
Skiausrüstung und sonstige Sportgeräte, Falt-, Schlauch-, Kunststoffboote und Kanus							
Kohle-, Gas-, Elektro-, Ölherde/-öfen							
Brennstoffvorräte (z. B. Heizöl) Fremdes Eigentum ausgeschlossen							
Fahrräder							
Vom Mieter angeschaffte sanitäre Einrichtung							
Bargeld							
Urkunden einschließlich Sparbücher und sonstige Wertpapiere							
Schmucksachen, Edelsteine, Perlen, Briefmarken, Münzen und Medaillen sowie alle Sachen aus Gold oder Platin							
Pelze, handgeknüpfte Teppiche und Gobelins, Ölgemälde, Aquarelle, Zeichnungen, Graphiken und Plastiken sowie Sachen aus Silber							
Sachen, die über 100 Jahre alt sind (Antiquitäten), jedoch ohne Möbel							

Sturm- und Hagelschäden

Diese Form von Schäden kommt sehr selten vor. Sollte jedoch aufgrund eines Sturmes der Hausrat Schäden erleiden, muß der Wind mindestens eine Stärke von 8 Beaufort aufweisen, damit der Versicherer ersatzpflichtig wird. Die Windstärke kann man beim zuständigen Wetteramt erfragen.

Ein Schadensfall könnte sein, wenn der Wind eine Fensterscheibe eindrückt und durch Schnee, Regen oder auch Hagel Teile der Wohnungseinrichtung ruiniert werden.

Leitungswasserschäden

Wie das Wort schon sagt, muß es sich bei einem Schaden um Leitungswasser handeln, das zum Beispiel aufgrund eines Rohrbruches aus dem Leitungswasserrohrnetz austritt und einen Schaden verursacht. Schäden, die aus Hochwasser oder einem Wasserrückstau entstehen, sind nicht versichert.

Grundsätzlich ausgeschlossen vom Versicherungsschutz sind Schäden durch Kernenergie, Vorsatz, grobe Fahrlässigkeit, Erdbeben, Krieg und innere Unruhen.

Zusatzversicherungen

Gegen zusätzliche Beiträge können auch Glasbruch, Fahrraddiebstahl und sogenannte Induktionsschäden mitversichert werden. Alle diese Zusatzeinschlüsse im Hausratvertrag sollten gut überlegt werden. Die Schäden, die hierbei entstehen können, sind relativ gering. Im Verhältnis zum zusätzlichen Beitrag meines Erachtens sehr niedrig. Wie die meisten Zusatzversicherungen sind sie Luxus.

Tarifzonen

Wenn die Beiträge zu den Hausratversicherungen verglichen werden sollen, muß man auf die Tarifzonen achten. Unterteilt wird in drei Tarifzonen. Die teuersten Beiträge ergeben sich in den Ballungsgebieten, in denen auch das Einbruchdiebstahlrisiko am größten ist.

Wichtige Änderungen in der Hausratversicherung

1. Die »VHB 92«

In der verbundenen Hausratversicherung wird ein neues Bedingungswerk eingeführt, die »Allgemeinen Hausratversicherungsbedingungen von 1992 (VHB 92)«. Diese neuen Bedingungen bringen dem Versicherten einige Verbesserungen des Versicherungsschutzes. Die verbesserten Versicherungsbedingungen beinhalten allerdings in der Regel auch eine Prämienanhebung.

Die wichtigsten Veränderungen zur VHB 84:

1. Versichert sind nunmehr zusätzlich Rasenmäher, Go-Karts, Spielfahrzeuge und motorangetriebene Krankenfahrstühle sowie die Motoren von Kanus, Ruder-, Falt- und Schlauchbooten.
2. Erweiterung der Kosten für ein Hotel sowie Transport- und Lagerkosten.
3. Ersetzt werden Schäden durch den Absturz auch unbemannter Luftfahrzeuge und Hagel.
4. Der Leitungswasserbegriff wird erweitert um Leitungswasserschäden innerhalb der Wasserversorgung sowie wärmetragende Flüssigkeiten.
5. Brandschäden durch Nutzfeuer oder Nutzwärme sind mitversichert.
6. Der Versicherungsort wird erweitert um Einzelgaragen außerhalb des Versicherungsortes und Waschmaschinen und Wäschetrockner in Gemeinschaftsräumen.
7. Erweiterung auf vorübergehend zwei Versicherungsorte bei der Trennung von Eheleuten.

8. Die Außenversicherung wird auf weltweit bis zu DM 20 000,– erweitert.
9. Bei Wehrpflicht und Zivildienst wird der Versicherungsschutz auf alle in häuslicher Gemeinschaft lebenden Personen erweitert.
10. Wegfall der Sicherheitsvorschriften nach § 14 Nr. 1c VHB 84.
11. Bei einer Erhöhung der Versicherungsprämie hat der Versicherungsnehmer ein uneingeschränktes Kündigungsrecht.
12. Erweiterung des Wertsachbegriffs auf alle Kunstgegenstände.
13. Erhöhung der Entschädigungsgrenze für Bargeld auf DM 2000,–.
14. Die wichtigste Veränderung ist jedoch der ergänzende Versicherungsschutz gegen Elementarschäden. Neben den bisher mitversicherten Elementargefahren Sturm und Hagel sind hier auch Schäden durch Überschwemmung, Erdbeben, Erdsenkung, Erdrutsch, Schneedruck und Lawinen mitversichert. Falls der Versicherungsnehmer diesen Schutz nicht möchte, kann er auf Wunsch auch ausgeschlossen werden, wobei sich dann die Versicherungsprämie reduziert.

2. Abzug wegen Unterversicherung

Seit 1984 gibt es die Richtlinie »Kein Abzug wegen Unterversicherung«, wenn die Versicherungssumme gleich der Quadratmeterzahl der Wohnung mal DM 1000,– vereinbart wurde. Der neue Richtwert wurde auf DM 1200,– pro Quadratmeter angehoben. Dies gilt in Zukunft für alle neu abgeschlossenen Hausratversicherungsverträge, unabhängig von den zugrundeliegenden Versicherungsbedingungen.

Die Glasversicherung

Die Glasversicherung gehört nach meiner Meinung zu den unwichtigen Versicherungsarten. Sie umfaßt die gesamte Mobiliar- und Gebäudeverglasung, Thermopane- und Lärmschutzverglasungen sind ebenfalls mitversichert.

Die Frage, die man sich immer wieder bei einem Versicherungsvertragsabschluß stellen sollte, ist folgende:

Wäre ein Schaden, der mir durch das Risiko entstehen könnte, existenzbedrohend oder nicht?

Wenn der Schaden durch Glasbruch 1000,– DM beträgt, ist das zwar ärgerlich, aber durchaus verkraftbar. Von einer Existenzbedrohung also keine Spur. Die Prämien für die Glasversicherung, die Jahr für Jahr anfallen, sollten besser gespart werden. Spätestens nach fünf Jahresprämien könnte man zumindest einen Kurzurlaub davon bezahlen.

Die Wohngebäudeversicherung

Wer sich eine Immobilie anschafft, sollte sein Haus ausreichend versichern. In der verbundenen Wohngebäudeversicherung können folgende Risiken versichert werden:

Die Feuerversicherung

Sie ersetzt Schäden durch Brand, Blitzschlag, Explosion und den Absturz bemannter Flugkörper sowie deren Folgeschäden durch Rauch, Ruß oder Löscharbeiten.

Die Leitungswasserversicherung

Sie kommt für Schäden auf, die aus Bruch- und Frostschäden an Rohrleitungen im Gebäude sowie an Zuleitungsrohren innerhalb des Grundstückes entstehen. Ebenso sind Frostschäden an Badezimmereinrichtungen, Boilern und Heizkörpern und Schäden bei bestimmungswidrig austretendem Leitungswasser aus allen mit dem Rohrsystem verbundenen Einrichtungen und Schläuchen (auch aus Wasch- bzw. Geschirrspülmaschinen) versichert.

Die Sturmversicherung

Durch einen Sturm können das Dach abgedeckt und Fensterscheiben eingedrückt werden. Dadurch kann auch Regenwasser in das Haus eindringen. Für hieraus resultierende Schäden kommt die Sturmversicherung auf. Der Sturm muß jedoch mindestens Windstärke 8 gehabt haben.

Die Hagelversicherung

Nach den neuen Bedingungen sind Hagelschäden mitversichert. Die Windstärke-8-Klausel zählt hier nicht. Nach den alten Bedingungen mußte der Hagelschutz vereinbart werden. Grundsätzlich trifft die folgende Aussage zu: Versichert ist das Gebäude einschließlich aller seiner Bestandteile, wie zum Beispiel die Einbauküche oder die Heizung. Nicht zum Versicherungsschutz zählt der Hausrat.

Elementarschäden

Bisher waren Elementarschäden durch Erdbeben, Überschwemmungen, Lawinen, Erdsenkung und Erdrutsch von der Wohngebäudeversicherung ausgeschlossen. Einige Versicherungen bieten inzwischen diesen zusätzlichen Schutz an. Dieser Schutz hat natürlich seinen zusätzlichen Preis.

Monopol- und Zwangsrechte

Eine lange Tradition hat bald ihr Ende. Mit der Realisierung des EG Binnenmarktes naht das Ende der öffentlich-rechtlichen Versicherungsmonopole in Deutschland. Der Markt für die Gebäudeversicherung öffnet sich voraussichtlich zum 1.7.1994 für alle Versicherungsunternehmen und für alle Sparten. Somit ergibt sich ein größerer Wettbewerb.

Berechnung der Versicherungssumme

Im Gegensatz zu den meisten anderen Versicherungsformen ist die Berechnung der Versicherungssumme in der Wohngebäudeversicherung etwas komplizierter.

Ein Beispiel: Die Baukosten für ein 1993 erbautes Haus betragen 350 000,– DM. Die Berechnung der Versicherungssumme bezieht sich auf den Versicherungswert von 1914. Weiterhin benötigt man dazu den aktuellen Baukostenindex von 1914.

1. Versicherungswert 1914 $= \frac{\text{Baukosten DM 350 000,–}}{\text{Index 1830 \% (1993)}}$ = DM 19 126,–
2. Der Beitrag für die verbundene Wohngebäudeversicherung soll beispielhaft DM 0,60 pro DM 1000,– Versicherungssumme betragen. Er richtet sich nach der Bauartklasse und Region des Objektes:
   DM 19 126,–/DM 1000 x 0,60 = DM 10,90
3. Dieser Beitrag wird mit dem gleitenden Neuwertfaktor multipliziert und ergibt die Nettoprämie:
   DM 10,90 x 23,1 (1993) = DM 251,80
4. Zuzüglich der aktuellen Versicherungssteuer für verbundene Wohngebäudeversicherungen mit Feuer:
   DM 251,80 + 11,5 % = DM 280,10 (Bruttoprämie)

Sind die Neubaukosten nicht bekannt, kann anhand eines von den Versicherungsgesellschaften zur Verfügung gestellten Wertermittlungsbogens der Wert des Gebäudes festgestellt werden.

Bauartklassen

Bauartklasse I
Die Außenwände müssen massiv (Mauerwerk, Beton) konstruiert sein.
Bauartklasse II
Die Außenwände müssen aus Stahl- oder Holzfachwerk mit Stein- oder Glasfüllung, Stahl- oder Stahlbetonkonstruktion mit Wandplattenverkleidung aus nicht brennbarem Material (z.B. Profilblech, Asbestzement, kein Kunststoff) bestehen.
Fertighausgruppe I
Die Außenwände müssen in allen Teilen – einschließlich der tragenden Konstruktion – aus feuerbeständigen Bauteilen bestehen. Das Dach muß hart, z.B. mit Ziegeln, Schiefer, Betonplatten, Asbestzementplatten, Metall oder gesandeter Dachpappe, gedeckt sein.

Zwei Wohngebäudebedingungswerte im Vergleich (wichtigste Kriterien)

Leistungen	**VGB 88**	**VGB 62**
Gebäudezubehör, das der Instandhaltung des Gebäudes oder dessen Nutzung zu Wohnzwecken dient	Versichert	Nicht versichert
Bewegungs- und Schutzkosten	Versichert	Nicht versichert
Entschädigungsgrenze für versicherte Kosten	5 % der VS (x gleitender Neuwertfaktor)	1 % der VS
Haftzeit Mietverlust	12 Monate	6 Monate
Schäden durch Sprinkler- oder Berieselungsanlagen	Versichert	Nicht versichert
Schäden durch Hagel	Versichert	Nicht versichert
Sturmschäden an künstlerisch bearbeiteten Scheiben und Scheiben von mehr als 3 m^2	Versichert	Nicht versichert
Außen angebrachte Sachen in der Sturmversicherung	Versichert	Nicht versichert
Selbstbehalt in der Sturmversicherung	Kein Selbstbehalt	80,–DM
Mehrkosten infolge Preissteigerungen	Versichert	Nicht versichert
Mehrkosten infolge behördlicher Auflagen	Versichert	Nicht versichert
Vorsorgeversicherung	Keine	3 % der VS
Weiteres Zubehör und sonstige Grundstücksbestandteile	Versicherbar	Nicht vorgesehen
Überspannungsschäden durch Blitz	Versicherbar	Eingeschränkt versicherbar
Schäden durch Aquarien	Versicherbar	Nicht vorgesehen
Schäden durch Klima-, Wärmepumpen- und Solarheizungsanlagen	Versicherbar	Eingeschränkt versicherbar
Erweiterte Versicherung von Wasserzuleitungs- und Heizungsrohren	Möglich	Möglich
Mehrkosten infolge behördlicher Wiederherstellungsbeschränkungen für Restwerte	Versicherbar	Nicht versicherbar

Tarifzonen Sturm (St) für Wohngebäude auf der Basis neuer (Zustell-)PLZ

Tarifzone I

01067–19417	33014–33039	38640–39649	58706–58849	
23923–23999	34117–38388	51545–51789	59755–99998	
29410–29416	38486–38489	53111–57648		

Tarifzone II

20095–23919	29439–32839	38440 –38479	40210–51519	58089–58675
24103–29399	33098–33829	38518–38559	52062–52538	59063–59609

Unterversicherung

Um die Verantwortung einer Unterversicherung auszuschließen, kann ein vereidigter Bausachverständiger das Haus schätzen. Im Falle einer Unterversicherung reagiert die Versicherungsgesellschaft wie bei der Hausratversicherung. Beträgt der Wert des Gebäudes 350 000,– DM und die Höhe der Absicherung 250 000,– DM, bekommt der Versicherungsnehmer den möglichen Schaden auch nur im Verhältnis der Versicherungssumme zum realen Wert erstattet. Für ein neues Haus würde die finanzielle Entschädigung dann sicherlich nicht reichen.

Ist die Versicherungssumme einmal richtig errechnet, schützt der gleitende Neuwertfaktor vor einer Unterversicherung.

Außerordentliches Kündigungsrecht

Erwirbt man eine Immobilie, wird auch automatisch die Versicherung des Gebäudes übernommen. Jedoch hat man die Möglichkeit eines außerordentlichen Kündigungsrechtes innerhalb von vier Wochen nach der Eintragung des Eigentumswechsels im Grundbuch. Dies bietet die Chance, sich nach einer günstigeren Versicherungsgesellschaft umzusehen bzw. den Versicherungsschutz zu aktualisieren.

Im Zusammenhang mit einer Immobilienfinanzierung ist zumindest der Feuerversicherungsschutz unerläßlich. Die Kreditinstitute bestehen auf einem Brandversicherungsnachweis für die Auszahlung des Kredites.

Was viele nicht wissen: Man sollte darauf achten, den Grundstücksanteil in der Berechnung der Versicherungssumme unberücksichtigt zu lassen. Also effektiv nur den Gebäudewert versichern.

Versicherungen in Verbindung mit einem Neubau

Die Wohngebäudeversicherung tritt bei Schäden bestehender Gebäude ein, aber nicht im Neubaubereich. Ist das Gebäude erst geplant, sollte man ebenfalls über die Gefahren im Zusammenhang mit Neubauvorhaben nachdenken.

Die Bauherrenhaftpflicht

Sie ist wohl die wichtigste Versicherung bei Neubauten, auf die nicht verzichtet werden sollte. Versichert ist die gesetzliche Haftpflicht des Versicherungsnehmers als Bauherr und als Haus- und Grundbesitzer für das zu bebauende Grundstück oder das zu errichtende Gebäude für die Dauer der Bauzeit.

Die Bauwesen-/Bauleistungsversicherung

Die Bauwesenversicherung ist relativ teuer, so daß man sich genau überlegen sollte, wie hoch der auftretende Schaden sein könnte und wieviel Prämie dafür gezahlt werden muß.

Die Überlegung sollte man auf jeden Fall mit dem Architekten bzw. Bauträger diskutieren. Versichert sind hierbei alle Bauleistungen, Baustoffe und Bauteile für den Roh- und Ausbau des Gebäudes gegen unvorhergesehen eintretende Schäden – Beschädigungen oder Zerstörungen – sowie Verluste durch Diebstahl mit dem Gebäude festverbundener Bestandteile.

Die Feuer-Rohbauversicherung

Gegen einen geringen Beitrag kann die Feuer-Rohbauversicherung abgeschlossen werden. Hierbei sind versichert: Schäden durch Brand, Blitzschlag, Explosion und Anprall oder Absturz bemannter Flugkörper, die am versicherten Gebäude und den zu seiner Einrichtung notwendigen – auf dem Versicherungsgrundstück befindlichen – Baustoffen entstehen.

Die Kraftfahrzeugversicherungen

Die Autohaftpflichtversicherung

Hierbei über den Sinn oder Unsinn zu diskutieren, ist müßig, denn die Autohaftpflicht ist nicht nur sinnvoll, sondern auch eine Pflichtversicherung. Seit dem 1.1.1991 gibt es eine neue Struktur der Regionalklassen. Inzwischen gibt es fünf dieser Regionalklassen (früher vier), die wiederum in Großstädte und Regierungsbezirke aufgeteilt sind.

Prämie in %	Rabatt-klasse	Rückstufung im Schadensfall	Prämie in %
35	SF 15	SF 9	45
40	SF 14	SF 7	50
40	SF 13	SF 6	55
40	SF 12	SF 6	55
40	SF 11	SF 5	60
40	SF 10	SF 5	60
45	SF 9	SF 5	60
45	SF 8	SF 4	65
50	SF 7	SF 4	65
55	SF 6	SF 3	70
60	SF 5	SF 3	70
65	SF 4	SF 2	85
70	SF 3	SF 2	85
85	SF 2	SF 1	100
100	SF 1	SF ½	125
125	SF ½	S	155
155	S	M	200
175	O	M	200

Ab dem 1.1.1994 wird die Rabattstaffel für PKW um die Rabattklassen 16, 17 und 18 erweitert. Für die Klassen SF 16 und SF 17 gilt ein Beitragssatz von 35%, für SF 18 ein Beitragssatz von 30%.

Seit dem 1.1.1990 gibt es auch einen neu kalkulierten Haftpflichttarif, mit dem ebenfalls das Schadensfreiheitsrabattsystem geändert wurde. Ein Versicherter, der 15 Jahre oder länger schadensfrei mit dem Auto fährt, zahlt nur noch 35 % der Grundprämie. In der vorstehenden Tabelle ersieht man die sämtlichen Rabattklassen und die Rückstufungen im Schadensfall.

Sollte man das Unglück haben, in einen Unfall schuldhaft verwickelt zu sein, kann der Versicherer dem Versicherten ausrechnen, ob es langfristig günstiger ist, den Schaden aus der eigenen Tasche zu finanzieren. Reguliert die Versicherungsgesellschaft den Unfallschaden, wird man für das nächste Versicherungsjahr entsprechend zurückgestuft, und man benötigt mehrere Jahre, um das alte Rabatt- und somit Prämienniveau zu erreichen.

Regionalklassen in der Autohaftpflichtversicherung

Ab 1.1.1994 gilt folgende Zuordnung:

Kl.	RS (Großstädte)	RL (Regierungsbezirke)
1	Bremen, Halle (3), Hannover, Stuttgart	Braunschweig, Hannover
2	Bielefeld, Dresden (3), Düsseldorf, Duisburg	Brandenburg (3), Detmold, Lüneburg, Sachsen (3), Schleswig-Holstein, Stuttgart, Tübingen (3), Weser-Ems
3	Berlin (4), Bochum, Dortmund, Essen, Hamburg, Köln, Leipzig, Nürnberg, Wuppertal	Arnsberg, Düsseldorf, Freiburg, Gießen (2), Kassel, Koblenz, Mittelfranken, Münster, Oberfranken, Rheinhessen-Pfalz, Sachsen-Anhalt,Trier
4	Frankfurt (3), Mannheim	Darmstadt, Karlsruhe, Köln, Mecklenburg-Vorpommern (3), Niederbayern, Oberpfalz, Saarland, Schwaben (3), Unterfranken
5	München	Oberbayern, Thüringen (3)

Kl.	BS	BL
1	Bielefeld, Bremen, Düsseldorf (2), Duisburg, Halle (2), Hannover, Nürnberg, Stuttgart	Brandenburg (2), Braunschweig, Detmold, Hannover, Kassel, Lüneburg, Mittelfranken, Oberfranken, Sachsen (2), Stuttgart, Tübingen (2)
2	Berlin, Dortmund, Dresden, Köln (1), Mannheim, Wuppertal	Arnsberg, Gießen, Freiburg, Karlsruhe, Koblenz, Mecklenburg-Vorpommern, Münster, Niederbayern (1), Oberpfalz, Rheinhessen-Pfalz, Sachsen-Anhalt, Schleswig-Holstein, Schwaben, Trier, Unterfranken, Weser-Ems
3	Bochum (2), Essen (2), Frankfurt, Hamburg, Leipzig (2), München	Darmstadt, Düsselfdorf, Köln, Oberbayern,Saarland, Thüringen (2)

Quelle: HUK-Verband

Tips für Anfänger

Wenn ein Anfänger am 1.1. eines Jahres ein Fahrzeug versichert und das erste Jahr unfallfrei übersteht, rutscht er im Folgejahr von der Rabattstufe O (175 %) auf die Rabattstufe SF 1 (100 %).

Beginnt der Vertrag im ersten Halbjahr des Jahres (1.7.), kommt der Versicherte im Folgejahr in die SF-Klasse 1/2 (125 %).

Ganz schlecht sieht es aus, wenn das Fahrzeug nach dem 2.7. des Jahres angemeldet wird. Für das restliche und das Folgejahr bleibt der Anfänger auf 175 %!

Besitzt man den Führerschein mindestens drei Jahre, wird man mit anfänglich 125 % eingestuft. Der restliche Verlauf ist analog zum vorher beschriebenen.

Der Autounfall im Ausland

Ein Autounfall ist immer eine ärgerliche Angelegenheit. Erst recht, wenn er im Ausland geschieht. Wer mit seinem eigenen Auto ins Ausland fährt, sollte unbedingt an die sogenannte »Grüne Versicherungskarte« denken. Sie dient als Bestätigung einer in Deutschland bestehenden Haftpflichtversicherung und garantiert, daß die Unfallgeschädigten Schadensersatz erhalten.

Autoversicherung im Ausland

Land	Gesetzliche Mindestdeckungssummen in DM		Besonderheiten: Die Grüne Versicherungskarte ist immer empfehlenswert; sollte sie für die Einreise zwingend vorgeschrieben sein, wird dies ausdrücklich erwähnt.
	Personenschaden	Sachschaden	
Österreich	pauschal 1,7 Mio.		Polizei nimmt Sachschäden meist nicht auf. Kein Nutzungsausfall.
Italien	Pro Person 924 000	396 000	Grüne Karte dringend zu empfehlen. Die auf der Plakette an der Windschutzscheibe des Unfallgegners angegebene Vers-Nr. und Vers-Ges. notieren. Unbeteiligte Zeugen ermitteln!
	pro Unfall insgesamt 1,98 Mio.		
Schweiz	pauschal 3,3 Mio.		Polizei nimmt auf Verlangen alle Unfälle auf. Schaden bei Versicherung des Unfallgegeners feststellen lassen. Kein Nutzungsausfall.
Frankreich	1,5 Mio.	882 000	Bei größeren Schäden Gutachten eines Sachverständigen anfertigen lassen; Kosten hierfür werden in der Regel erstattet, kein Ersatz außergerichtlicher Anwaltskosten. Mietwagenkosten nur bei beruflicher Nutzung.
Niederlande	pauschal 1,8 Mio.		Außergerichtliche Anwaltskosten werden oft nicht erstattet. Ansprüche gegen Unfallgegner können zuweilen im Strafverfahren geltend gemacht werden. Kein Nutzungsausfall.
Spanien	pro Person 126 000	35 000	Alle erforderlichen Daten des Unfallgegners sorgfältig notieren, da Vers.-Ges. usw. durch Kfz-Kennzeichen nicht festzustellen ist. Gutachten durch Versicherung des Unfallgegners. Reparatur möglichst in Spanien, da deutsche Rechnung auf Niveau

Autoversicherung im Ausland (Fortsetzung)

			der spanischen Preise gekürzt wird. In der Regel keine Erstattung von Anwaltsgebühren. Kein Nutzungsausfall.
Portugal	pro Person 138 000		Polizei nimmt Sachschaden meist nicht auf. Kein Ersatz für Anwaltskosten. In der Regel keine Erstattung von Nutzungsausfall und Mietwagenkosten.
	pro Unfall insgesamt 236 000		
Schweden	pauschal 82,4 Mio.		Außergerichtliche Anwaltskosten nur bei größeren Schäden. Wertminderung nur bei neueren, schwerbeschädigten Fahrzeugen.
Norwegen	unbegrenzt	38 000	Bei größeren Schäden Gutachten durch Versicherung des Unfallgegners. Mietwagenkosten nur bei beruflicher Nutzung; Schmerzensgeld nur bei schweren Verletzungen.
Dänemark	15,9 Mio.	3,1 Mio.	Unfallaufnahme durch Polizei verlangen. Gutachten durch Versicherung des Unfallgegners. Weder Nutzungsausfall noch Ersatz außergerichtlicher Anwaltskosten.
Großbritannien	unbegrenzt	713 000	Kfz-Kennzeichen, Vers.-Ges. und Vers.-Nr. des Unfallgegners notieren; Zulassungsstellen geben hierüber keine Auskunft. Ansprüche können gerichtlich zunächst nur gegen den Schädiger geltend gemacht werden. Kein Nutzungsausfall.
Griechenland	128 000	26 000	Grüne Karte empfehlenswert. Jeden Unfall der Polizei melden. Unfallaufnahme allerdings nur bei Personenschäden. Erstattung der Reparaturkosten meist nach griechischen Preisverhältnissen. Weder Nutzungsausfall noch Erstattung von Anwaltsgebühren.

Autoversicherung im Ausland (Fortsetzung)

Belgien	unbegrenzt	Kostenvoranschlag an gegnerische Versicherung schicken. Versicherung auffordern, Schaden innerhalb von 8 Tagen zu begutachten. Kein Ersatz außergerichtlicher Anwaltskosten.
Staaten des ehemaligen Jugoslawien	pauschal 10 000	Grüne Karte für ehemalige ČSFR und Ungarn empfehlenswert, sonst erforderlich.
ehemalige ČSFR, Ungarn	unbegrenzt	Jeden Unfall von der Polizei aufnehmen lassen. Unbeteiligte Zeugen ermitteln. Kein Nutzungsausfall. Mietwagenkosten nur bei beruflicher Nutzung des Fahrzeugs; in der ehemaligen ČSFR kein Ersatz der Mietwagenkosten.
Polen	Pauschal 873 000	

HUK-Verband 4/92

Die vorstehende Tabelle gibt Aufschluß über die unterschiedlichen Besonderheiten bei Unfällen im europäischen Ausland.

Noch immer sind in einigen europäischen Ländern die gesetzlich vorgeschriebenen Mindestdeckungssummen in der Kraftfahrzeug-Haftpflichtversicherung für Personen- und Sachschäden völlig unzureichend. Dies gilt insbesondere für Spanien, Griechenland und die Staaten des ehemaligen Jugoslawien. Zudem sind in einigen Staaten die Ersatzleistungen geringer als in der Bundesrepublik.

Wie verhält man sich im Schadensfall?

Nach dem Unfall kann der Geschädigte eine umgehende Regulierung seines Schadens von der Versicherung des Unfallschuldigen verlangen. Wurden bei einem Unfall Personen schwer verletzt oder sogar getötet, dann sollten die Hinterbliebenen einen Rechtsanwalt mit der Wahrnehmung ihrer Interessen beauftragen. Die Kosten übernimmt die Haftpflichtversicherung des Unfallverursachers. Ist der Versicherer des Unfallverursachers nicht bekannt, so kann man diese beim Zentralruf der Autoversicherer erfragen.

Dazu benötigt man das Kennzeichen, den Fahrzeugtyp und den Namen des Fahrzeughalters. Diesen Zentralruf erreicht man in fast allen größeren Städten Deutschlands. Ist der Schädiger im Ausland versichert, wendet man sich am besten an den HUK-Verband in Hamburg, Glockengießerwall 1.

Selbst wenn der Unfallverursacher Unfallflucht begangen hat, muß man nicht leer ausgehen. Der Verein Verkehrsopferhilfe e. V. (Adresse wie der HUK-Verband) zahlt bei Schäden durch unversicherte Fahrzeuge oder bei vorsätzlicher Handlung, als wäre der Schuldige mit der gesetzlichen Mindestdeckungssumme versichert. Bei Unfällen mit Fahrerflucht werden Schäden am Auto nicht ersetzt. Sonstige Sachschäden werden nur ab 1000,– DM erstattet, Personenschäden hingegen bis zu 1,5 Millionen und unter bestimmten Voraussetzungen auch Schmerzensgeld.

Der Unfallschaden sollte ebenfalls umgehend der eigenen Haftpflichtversicherung gemeldet werden, auch wenn man nicht der Unfallverursacher ist oder es glaubt zu sein. Je nach Unfallfolge ist die Kasko-, Insassenunfall-, Rechtsschutz-, Kranken-, Renten-, Unfall- oder Lebensversicherung sowie der Arbeitgeber zu informieren.

Die Kaskoversicherungen

Im Gegensatz zur Autohaftpflichtversicherung sind die Kaskoversicherungen freiwillig. Unterschieden wird zwischen der Teilkasko- und der Vollkaskoversicherung.

Was leistet die Teilkasko?

Die Teilkasko übernimmt die Kosten für Schäden am eigenen Fahrzeug durch Brand, Explosion und Diebstahl sowie Raub, Unterschlagung und unbefugten Gebrauch durch betriebsfremde Personen. Weiterhin zahlt die Teilkasko bei Schäden durch Sturm (ab Windstärke 8), Hagel, Blitzschlag, Überschwemmung und Schmorschäden an der Verkabelung. Sogar der Zusammenstoß mit Haarwild ist versichert. Sobald man jedoch nur den Versuch macht, dem

Tier zuliebe auszuweichen, zahlt die Versicherung nichts mehr. Mitversichert sind auch unter Verschluß verwahrte oder am Fahrzeug befestigte Teile, zum Beispiel ein Radio oder Werkzeug (zumindest in der Regel bis 1000,– DM). Wer sich eine teure HiFi-Anlage ins Auto einbaut, muß den über 1000,– DM hinausgehenden Betrag extra versichern.

Der Beitrag richtet sich nach der Typenklasse des Fahrzeuges. Man kann davon ausgehen, daß je teurer ein Auto ist und je mehr PS es hat, auch in der Typenklasse höher eingestuft wird. Es besteht die Wahlmöglichkeit zwischen einer Vereinbarung ohne Selbstbeteiligung oder mit 300,– DM Selbstbeteiligung. Je höher die Typenklasse ist, um so eher lohnt sich der Einschluß dieser Selbstbeteiligung.

Unsinnig wird eine Teilkasko, wenn das zu versichernde Fahrzeug kaum noch einen Wert hat. Die Prämie kann man sich sparen. Ein praktisch wertloses Auto stiehlt niemand, und wenn es doch der Fall sein sollte, ist der Schaden bestimmt zu verschmerzen.

Was leistet die Vollkasko?

Sie haftet über den Teilkaskoschutz hinaus für Schäden am eigenen Fahrzeug durch Unfälle sowie durch mut- oder böswillige Handlungen Dritter. Ausgenommen sind vom Versicherten vorsätzlich und grob fahrlässig herbeigeführte Schäden. Als Unfall zählt ebenfalls das Schleudern wegen Straßenglätte und das Umschlagen des Fahrzeuges in einer Kurve, nicht jedoch Schäden durch Verschleiß (z. B. Bremsenschäden). Bei einem Totalschaden erhält der PKW-Erstbesitzer in den ersten beiden Jahren den Neupreis ersetzt. Dieser steht ihm auch zu, wenn die Reparaturkosten im ersten Jahr 80 % und im zweiten Jahr 70 % des Neupreises erreichen oder überschreiten.

In allen anderen Fällen, so auch der Zweitbesitz, ersetzt die Versicherung den Wiederbeschaffungswert des Fahrzeuges. Was viele Vollkaskoversicherte nicht wissen: der Schadensfreiheitsrabatt wird nicht berührt, wenn der Schaden in den Teilkaskobereich fällt. Bei der Vollkasko wird eine Verlängerung der Rabattstaffel eingeführt, und zwar auf 18 SF-Klassen. Der Beitragssatz ab 18 schadensfreien Jahren beträgt dann 30 %.

Wonach richtet sich der Beitrag?

Wie in der Teilkaskoversicherung bestimmt in erster Linie die Typenklasse und die Selbstbeteiligung die Versicherungsprämie, aber auch wie bei der Autohaftpflicht spielt der Wohnort und der Schadensfreiheitsrabatt eine gewichtige Rolle.

Eine effektive Form des Selbstbehaltes, bezogen auf die Prämie im Verhältnis zur Leistung, scheint bei der Vollkasko der Selbstbehalt von 650,– DM gekoppelt mit der Teilkasko mit einem Selbstbehalt von 300,– DM zu sein, zumindest laut Statistik. Denn durch die Selbstbeteiligungen spart man in der Prämie viel Geld, und ein Schadensfall ereignet sich relativ selten. Diese Entscheidung muß jedoch jeder für sich selbst ausmachen.

Kasko-Änderungen ab 15.07.1993

Autodiebstähle ungebremst

Als Folge der weiteren Zunahme der Diebstähle und der dramatischen Schadensituation war es unvermeidbar, die Kasko-Ersatzleistung bei Diebstahl, Zerstörung oder Totalschaden neu zu regeln.
Wie bereits zahlreiche Mitbewerber werden wir den geänderten § 13 Allgemeine Bedingungen für die Kraftfahrzeugversicherung (AKB) ab 15.07.1993 einführen. Die wesentlichen Änderungen ergeben sich aus den neugefaßten Absätzen 2 und 4.

Keine Neupreis-Entschädigung mehr

Weggefallen ist die bisherige Neupreis-Entschädigung für Schäden innerhalb der ersten beiden Jahre, die häufig über dem tatsächlichen Schadenbetrag lag. Leistungsgrenze ist künftig – wie bei allen anderen Fahrzeugen schon bisher – auch bei **PKW** grundsätzlich der Wiederbeschaffungswert. Die gleiche Regelung gilt für das Fahrzeug-Zubehör.

10 % Abschlag bei Diebstahl

Bei Zerstörung oder Verlust eines Fahrzeuges durch Diebstahl wird die Höchstentschädigung um den vereinbarten Abschlag von 10 % vermindert, und zwar bei allen Fahrzeugarten und jedem Fahrzeughalter. Eine Selbstbeteiligung wird zusätzlich berücksichtigt.

Wegfahrsicherung vermeidet Abschlag

Der Abschlag entfällt bei PKW (auch Mietwagen, Taxen, Selbstfahrvermiet-PKW) sowie bei Camping-Kraftfahrzeugen, wenn das Fahrzeug mit einer **selbstschärfenden elektronischen Wegfahrsperre** ausgestattet ist. Eine Liste von qualifizierten Diebstahlsicherungen sollten Sie von Ihrem Kaskoversicherer anfordern.

Stichtag 15.07.1993

Der neue § 13 AKB muß für alle ab 15.07.1993 beginnenden Neu- und Ersatzverträge besonders vereinbart werden.

Nachweis im Schadenfall

Der Nachweis, daß die angegebene Wegfahrsperre in dem Fahrzeug installiert worden ist, muß vom Kunden im Schadenfall durch Vorlage der Kauf-/Einbaurechnung geführt werden.

Die Insassenunfallversicherung

Die Zusatzversicherung in Verbindung mit einer Autohaftpflicht zahlt – unabhängig von der Schuldfrage – bei Unfalltod, Invalidität Tagegeld bzw. Krankenhaustagegeld, je nach Vereinbarung. Wichtig zu wissen ist, daß die Insassenunfall (IUV) nur dann für einen Schaden aufkommt, wenn der Unfall im ursächlichen Zusammenhang mit dem Lenken, Benutzen, Behandeln, dem Be- und Entladen, dem Ein- und Aussteigen oder beim Abstellen des Fahrzeuges entstanden ist. Weiterhin ist die IUV fahrzeuggebunden. Das bedeutet, daß der Fahrzeughalter, auf dessen Fahrzeug eine IUV besteht, wenn er mit einem fremden Fahrzeug unterwegs ist, keinen Unfallversicherungsschutz hat. Wer zahlt bei einem Autounfall den Personenschaden?

1. Unfall durch fremdes Verschulden:
   - Autounfall = Kfz-Haftpflicht des Unfallverursachers.
   - Unfall durch einen Fußgänger oder Radfahrer = Die Privathaftpflicht des Schuldigen bzw. er selbst.
2. Unfall durch eigenes Verschulden:
   - Die eigene Autohaftpflicht für den Unfallgegner und den Insassen, jedoch nicht für den Schuldigen.
3. Unfall ohne Verschulden (z. B. Steinschlag, Ölspur):
   - Die Autohaftpflicht zahlt nicht.

Sinn ergibt die IUV also nur im 3. Fall, der jedoch relativ selten vorkommt.

Meine persönliche Meinung:

Die IUV ist sehr teuer und bezieht sich nur auf das versicherte Auto. Aus diesem Grunde halte ich sie für überflüssig. Den universellen Unfallversicherungsschutz sollte man für sich und seine Familie bei der privaten Unfallversicherung unterbringen.

Die Autoschutzbriefe

Die klassischen Schutzbriefmodelle in Deutschland übernehmen die Kosten für Hilfsdienste, Mietwagen, Übernachtungen oder den Krankenrücktransport. Der Versicherungsschutz bezieht sich auf das Auto, das im Versicherungsschein genannt ist mit den jeweiligen Fahrzeuginsassen.

Die Leistungen sind bei vielen Schutzbriefen nur bis zu einer bestimmten Höhe definiert. Kommen Zweifel auf, sollte ein Schutzbriefinhaber zuerst mit dem Versicherungsunternehmen telefonisch in Kontakt treten, um die Ansprüche abzuklären. Abweichungen bei den Leistungen der einzelnen Anbieter erschweren den Vergleich.

Tip: Schließen Sie einen Familienschutzbrief ab, wenn Sie und die Familie mehrere Autos haben. Die Kosten reduzieren sich erheblich, bezogen auf das einzelne Auto.

Schließen Sie, trotz eventueller Rabatte, keinen Fünf-Jahres-Vertrag ab, sondern nur Jahresverträge.

Die Rechtsschutzversicherung

Mehr als zwei Millionen Rechtsschutzfälle finden pro Jahr statt, wobei die meisten Streitigkeiten auf Verkehrsunfälle zurückzuführen sind. Allerdings ist die Rechtsschutzversicherung eine teure Angelegenheit, und man sollte sich den Abschluß genau überlegen. Denn die Kosten eines Rechtsstreites sind in der Regel nicht existenzbedrohend. Höchstens sehr ärgerlich, wenn Ihnen das Recht nicht zugesprochen wird. Bekommt man Recht, muß der Streitgegner sämtliche Kosten für das Gericht und die Anwälte bezahlen. In vielen Fällen übernimmt auch eine andere Versicherungsform den Rechtsschutz. Zum Beispiel würde eine Haftpflichtversicherung unberechtigte Ansprüche Dritter abwehren. Da aber die meisten Streitigkeiten im Verkehrsbereich stattfinden, kann zumindest der Abschluß einer Verkehrsrechtsschutzversicherung sinnvoll sein.

Was zahlt eine Rechtsschutzversicherung?

Sie deckt die Kosten und auch Kostenvorschüsse, die zur Wahrnehmung der rechtlichen Interessen des Versicherungsnehmers dienen. Dies sind vor allem

- Anwaltskosten nach der gesetzlichen Gebührenordnung,
- die Gerichtskosten, einschließlich der Zeugengelder und Sachverständigengebühren sowie Vollstreckungskosten,
- die Kosten des Streitgegners, soweit diese zu tragen sind,
- die Strafkaution im Ausland, die aufzuwenden ist, um von einer Inhaftierung freizukommen, bis zu der im Versicherungsvertrag vereinbarten Versicherungssumme.

Was kann versichert werden?

Kurz und bündig beispielhaft umschrieben:

Der Schadensersatz-RS

Wenn man Ansprüche auf Schadensersatz gegenüber einem Schädiger durchsetzen will,

Straf-RS

wenn man sich in einem Strafverfahren wegen fahrlässiger Verletzung von Strafvorschriften, in einem Bußgeld- oder Disziplinarverfahren verteidigen muß,

Führerschein-RS

wenn es in einem Widerspruchsverfahren vor einer Verwaltungsbehörde und in einem anschließenden Verfahren vor dem Verwaltungsgericht um den Führerschein geht,

Kfz-Vertrags-RS

wenn man Ärger mit dem gekauften Auto hat, zum Beispiel bei einem Kaufvertrag, einem Reparaturauftrag oder einem Versicherungsvertrag,

Arbeits-RS

wenn es zu Auseinandersetzungen mit dem Arbeitgeber kommt,

Sozialgerichts-RS

wenn ein Prozeß vor dem Sozialgericht angestrengt werden muß, weil zum Beispiel die gesetzliche Kranken-, Unfall-, Renten- oder Arbeitslosenversicherung nicht zahlt,

Steuer-RS

wenn man wegen der Steuern oder anderer Abgaben, wie zum Beispiel Gebühren oder Zölle, in einem Prozeß vor das Finanz- oder Verwaltungsgericht muß,

Beratungs-RS

wenn sich der Versicherte bei veränderter Rechtslage in Fragen des Familien- und Erbrechtes beraten lassen will,

Allgemeiner Vertrags-RS

wenn man im privaten Lebensbereich Ansprüche aus den Verträgen des täglichen Lebens geltend machen will oder abwehren muß. Zum Beispiel aus einem Kaufvertrag, einem Reparaturauftrag, einer Kreditaufnahme oder einem Versicherungsvertrag,

RS für Grundstückseigentum und Miete

wenn man die Interessen als Haus-, Wohnungs- und Grundstückseigentümer oder als Mieter behaupten muß. Zum Beispiel bei einer Mieterhöhung, Kündigung oder Belästigung, die von einem Nachbargrundstück ausgeht.

Die Rechtsschutzpakete und was sie enthalten

Bausteine	Schadensersatz-Rechtsschutz	Straf-Rechtsschutz	Führerschein-Rechtsschutz	Kfz-Vertrags-Rechtsschutz	Arbeits-Rechtsschutz	Sozialgerichts-Rechtsschutz	Steuer-Rechtsschutz	Beratungs-Rechtsschutz	Allgemeiner Vertrags-Rechtsschutz	Rechtsschutz für Grundstückseigentum und Miete
Verkehrs-Rechtsschutz (§ 21 ARB)	●	●	●	●			●			
Fahrzeug-Rechtsschutz (§ 22 ARB)	●	●	●	●			●			
Fahrer-Rechtsschutz (§ 23 ARB)	●	●	●				●			
Familien-Rechtsschutz (§ 25 ARB)	●	●			●	●	●	●	●	○ § 29 ARB
Familien- und Verkehrs-Rechtsschutz für Lohn- und Gehaltsempfänger (§ 26 ARB)	●	●	●	●	●	●	●	●	●	○ § 29 ARB
Firmen-Rechtsschutz (§ 24 ARB)	●	●			●	●				○ § 29 ARB
Landwirtschafts- und Verkehrs-Rechtsschutz (§ 27 ARB)	●	●	●	●	●	●	●	●	●	● § 29 ARB

● Grundangebot ○ Ergänzungsangebot Quelle: HUK-Verband

Diese Leistungen sind in verschieden zusammengesetzten Rechtsschutzpaketen (siehe Tabelle) enthalten.

Was ist nicht versicherbar?

Vom Versicherungsschutz ausgeschlossen sind in der Regel besonders schwere oder nicht abschätzbare Risiken sowie rechtliche Randgebiete, die in der Praxis nur für Minderheiten von Interesse sind, wie zum Beispiel

- Streitigkeiten vor internationalen Gerichtshöfen,
- Konkursverfahren gegenüber Versicherten,
- Streitigkeiten in einem unmittelbaren Zusammenhang mit einem Baurisiko,
- das Familien- und Erbrecht, soweit nicht lediglich eine Beratung bei einer veränderten Rechtslage gewünscht wird.

Ebenso ausgeschlossen sind Streitfälle, die vor dem Versicherungsbeginn eingetreten sind. Weiterhin ist zu beachten, daß eine Wartezeit von drei Monaten besteht. Also darf der Versicherungsfall frühestens drei Monate nach dem Versicherungsbeginn eintreten.

Grundsätzlich sind alle Verfahren wegen vorsätzlicher Straftaten (z.B. Diebstahl oder Betrug) vom Versicherungsschutz ausgeschlossen.

Wie verhält man sich im Schadensfall?

Im Schadensfall lassen Sie von Ihrem »Hausanwalt« prüfen, ob die Versicherungsgesellschaft eine Deckungszusage für das Verfahren gibt. Auf jeden Fall sollte auch die Versicherung umgehend benachrichtigt werden.

Tip: Hat man keine Rechtsschutzversicherung, sollte man das zuständige Amtsgericht der Gemeinde bezüglich einer Prozeßkostenhilfe befragen.

Was die Rechtsschutzversicherung genau tut

Sie zahlt

1. Vorschüsse und Kosten für Anwalt, Gerichtsvollzieher und Gericht (einschließlich der Entschädigung für Zeugen und Sachverständige, die vom Gericht hinzugezogen werden).
2. In verkehrsrechtlichen Straf- und Bußgeldverfahren auch die Kosten für das Gutachten eines öffentlich bestellten technischen Sachverständigen, der vom Versicherten oder dessen Anwalt zugezogen wurde – also auch schon im Ermittlungsverfahren!
3. Die Kosten für ein technisches Gutachten, das in einer Auseinandersetzung um einen Kaufvertrag oder Reparaturauftrag des versicherten Kraftfahrzeugs notwendig wird.
4. In inländischen Zivilprozessen auch die Kosten eines Korrespondenzanwalts, wenn der Wohnsitz des Versicherten mehr als 100 km vom Gerichtsstand entfernt ist.
5. Die Reisekosten, wenn der Versicherte aufgrund richterlicher Anordnung als Prozeßpartei oder Beschuldigter vor dem zuständigen ausländischen Gericht persönlich erscheinen muß.
6. Bei Strafverfahren die Kosten für den gegnerischen Nebenkläger, falls der Versicherte hierzu verpflichtet ist.
7. Die Kosten, die dem Prozeßgegner zu erstatten sind.

Die genannten Kosten übernimmt der Rechtsschutzversicherer durch alle Instanzen bis zur vertraglich vereinbarten Höhe (diese Versicherungssumme geht normalerweise bis 100 000,– DM je Rechtsschutzfall). Das gilt in ganz Europa und den nichteuropäischen Anrainerstaaten des Mittelmeeres.

8. Die Kaution im Ausland, bis zur Höhe von 50 000,– DM, damit der Versicherte von Strafverfolgungsmaßnahmen verschont bleibt.

Auch im Ausland besteht freie Wahl des Anwalts, wobei die Rechtsschutzversicherer, wo möglich, deutschsprechende Anwälte nachweisen werden.

Rechtsanwalts- und Gerichtskosten in Zivilverfahren

Kosten eines verlorenen Prozesses: eigener Anwalt, gegnerischer Anwalt, Gerichtsgebühren

Streitwert	I. Instanz	I. und II. Instanz	I. bis III. Instanz
900,– DM	663,– DM		
1 200,– DM	809,– DM		
1 500,– DM	944,– DM	2 120,– DM	
2 100,– DM	1 205,– DM	2 713,– DM	
3 000,– DM	1 596,– DM	3 602,– DM	
4 000,– DM	2 009,– DM	4 545,– DM	
5 000,– DM	2 422,– DM	5 487,– DM	
10 000,– DM	4 486,– DM	10 198,– DM	
20 000,– DM	6 985,– DM	15 898,– DM	
30 000,– DM	8 098,– DM	18 429,– DM	
40 000,– DM	9 211,– DM	20 960,– DM	
50 000,– DM	10 324,– DM	23 491,– DM	
60 000,– DM	11 437,– DM	26 022,– DM	43 127,– DM
70 000,– DM	12 546,– DM	28 550,– DM	47 318,– DM
80 000,– DM	13 663,– DM	31 085,– DM	51 516,– DM
90 000,– DM	14 776,– DM	33 616,– DM	55 711,– DM
100 000,– DM	15 889,– DM	38 147,– DM	59 905,– DM
150 000,– DM	19 039,– DM	43 248,– DM	71 620,– DM

Dies sind die Mindestkosten, die in jedem Fall entstehen. In den meisten Fällen kommen noch weitere hohe Aufwendungen für Nebenkosten hinzu, insbesondere, wenn das Gericht Sachverständige oder Zeugen vernimmt. Das gilt auch für Strafverfahren und Bußgeldsachen.

Rechtsanwaltsgebühren in Straf- und Bußgeldsachen

	Vertretung nur im Vorverfahren (in Bußgeldverfahren vor der Verwaltungsbehörde und in Strafsachen im Ermittlungsverfahren der Staatsanwaltschaft)	Vertretung nur in der Haupt - verhandlung (Rechtsanwalt war nicht im Vorverfahren tätig)	Vertretung im Vorverfahren und anschließender Hauptverhandlung
I. Instanz			
Amtsgericht			
Schöffengericht	52 bis 644 DM	105 bis 1253 DM	157 bis 1897 DM
Jugendkammer	52 bis 644 DM	105 bis 1253 DM	157 bis 1897 DM
Große	66 bis 747 DM	132 bis 1460 DM	198 bis 2207 DM
Strafkammer	66 bis 747 DM	132 bis 1460 DM	198 bis 2207 DM
II. Instanz (Berufung) Kleine Strafkammer Jugendkammer Große Strafkammer		132 bis 1460 DM	
III. Instanz (Revision) Oberlandesgericht		132 bis 1460 DM	

Die Gebühren sind Rahmengebühren, deren Höhe sich im Einzelfall unter Berücksichtigung aller Umstände, insbesondere der Bedeutung der Angelegenheit, des Umfangs und der Schwierigkeit der anwaltlichen Tätigkeit bemißt.

Dauert die Hauptverhandlung länger als einen Tag, erhält der Verteidiger zusätzlich für jeden weiteren Tag etwa die Hälfte der in der zweiten Spalte genannten Gebühren.

Die Todesfallabsicherung

Stirbt eine Person und hinterläßt eine Familie, bedeutet das meist nicht nur einen harten persönlichen Verlust. Ist derjenige auch der Familienernährer, kann sein Tod für die restliche Familie auch finanziell existenzbedrohend sein. Die Witwen- bzw. Witwerrente ist nicht mehr als ein Trostpflaster und reicht nicht einmal für die Dinge des täglichen Lebens.

Zumindest finanzielle Absicherung bieten Lebensversicherungen, die in unterschiedlichen Formen angeboten werden: *die Kapitallebensversicherung (KLV)*, die eine Mischung aus einem Todesfallschutz und einem »Sparvertrag« darstellt, *die fondsgebundene Lebensversicherung (FLV)*, die eine Kombination aus einem Todesfallschutz und einer Kapitalanlage ist, *die Risikolebensversicherung (RLV)*, die ein reiner Todesfallschutz und damit auch deutlich preiswerter als die KLV und FLV ist.

Die Risikolebensversicherung

Eine klassische und pure Todesfallabsicherung bietet die Risikolebensversicherung (RLV). Sie ist nicht nur sehr preiswert, sondern auch besonders wichtig. Insbesondere für junge Familien. Preiswert deshalb, weil bei dieser Versicherungsform keinerlei Sparvorgang stattfindet. Mit dem Versicherungsbeitrag wird ausschließlich das Todesfallrisiko abgedeckt. Weiterhin mitenthalten im Beitrag sind noch die Verwaltungskosten und die Vermittlerprovisionen.

Das heißt aber auch, daß für den Erlebensfall nicht vorgesorgt wird. Nach dem Ablauf der Versicherung werden keinerlei Auszahlungen fällig.

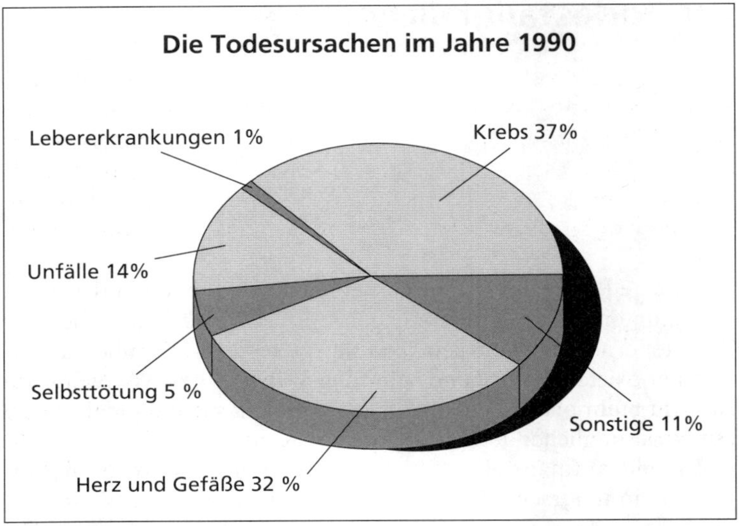

Geht man langfristige Zahlungsverpflichtungen ein, wie zum Beispiel bei einem Immobilienerwerb, ist die RLV sogar unerläßlich. Sollte der Familienernährer während der Rückzahlungsphase der Grundschuld versterben, ist nicht nur die weitere Rückzahlung in Gefahr, hier droht dann folglich auch die Zwangsversteigerung. Das Resultat würde lauten: der Familienernährer wäre verstorben, das Haus wäre weg und obendrein blieben noch jede Menge Schulden. Dies sollte Warnung und Empfehlung genug sein. Eine noch preiswertere Alternative zur RLV in Verbindung mit einem Kredit stellt die Restschuldversicherung dar. Bei einem solchen Vertrag sollte darauf geachtet werden, daß der Todesfallschutz der tatsächlichen Restschuld entspricht, und zwar für die gesamte Laufzeit des Kredites. Dies bieten nur wenige Versicherungsgesellschaften. Dagegen ist eine Todesfallabsicherung für Alleinstehende unwichtig.

Vergleiche von Versicherungsprämien im Verhältnis zum effektiven Versicherungsschutz sind bei der RLV besonders einfach. Denn nichts ist eindeutiger als der Tod. Die Gesellschaft mit dem niedrigsten Beitrag ist die beste.

Verwendung der Überschüsse

Die Beiträge zur Risikolebensversicherung sind, wie auch bei der Kapitallebensversicherung, vorsichtig kalkuliert, so daß in aller Regel Überschüsse anfallen. Dies passiert, wenn weniger Versicherte vorzeitig sterben oder andere Kosten geringer ausfallen als geplant. Um diese Überschüsse den Versicherten direkt zugute kommen zu lassen, werden hauptsächlich zwei Methoden angewandt.

Der Bonus

Hierbei werden die Überschüsse dazu verwendet, die Versicherungssumme aufzustocken. Wenn zum Beispiel die Grundversicherungssumme 100 000,– DM beträgt, erhöht sich die Todesfallleistung je nach Gesellschaft um 50 000,– DM bis 125 000,– DM.

Die Beitragsverrechnung

Die anfallenden Überschüsse werden bei diesem Verfahren sofort mit dem Bruttobeitrag verrechnet. Die Versicherungsleistung bleibt konstant, während der Beitrag auf den sogenannten Nettobeitrag sinkt.

Beide Methoden hängen von der Überschußentwicklung des Tarifes der Versicherungsgesellschaft ab. Verändern sich die Gewinne, wird auch der Bonus bzw. die Beitragsverrechnung neu berechnet. Die Leistung kann sich verbessern, aber auch verschlechtern. Beide Methoden werden von den Gesellschaften für jeweils maximal zwei Jahre garantiert.

Für einen Vergleich zählt die effektive Leistung im Todesfall im Verhältnis zum Beitrag. Sonst nichts!

Die Gesundheitsprüfung

Die Möglichkeit einer Gesundheitsprüfung zur objektiven Risikoeinschätzung muß dem Versicherungsunternehmen eingeräumt werden. Die Prüfung erfolgt aufgrund des Lebensversicherungsantragsformulars und der daraus eventuell resultierenden Arztanfragen oder ärztlichen Untersuchungen.

Der Prüfungsumfang richtet sich primär nach der Höhe der beantragten Versicherungssumme und dem Eintrittsalter. Im allgemeinen wird keine ärztliche Untersuchung fällig bei einer Versicherungssumme

- bis zu 250 000,– DM und einem Eintrittsalter bis 50 Jahre,
- bis zu 150 000,– DM und einem Eintrittsalter von 51 bis 60 Jahre
- und darüber hinaus bis 50 000,– DM.

Darüber hinaus muß sich die zu versichernde Person einer Untersuchung bei einem Arzt ihrer Wahl unterziehen. Die Kosten der ärztlichen Untersuchung trägt die Versicherungsgesellschaft. Diese Richtlinie gilt für die Risiko-LV wie für die Kapital-LV und die Fonds-LV.

Grundsätzliches

Beim Ausfüllen der Gesundheitsfragen im Antragsformular müssen die Fragen unbedingt wahrheitsgemäß beantwortet werden. Verschweigt der Antragsteller gesundheitliche Probleme oder gar chronische Krankheiten, kann der Versicherer im Schadensfall zu Recht die Leistung verweigern. Der Dumme ist am Ende derjenige, der die Beantwortung der Gesundheitsfragen nicht so genau genommen hat.

Man nennt dies die Verletzung der vorvertraglichen Auskunftspflicht. Dieser Grundsatz ist nicht nur für die RLV maßgebend, sondern für alle Versicherungssparten wie bei der KLV, Fonds-LV, private Krankenversicherungen oder der Unfallversicherung.

Die RLV und Zusatzversicherungen

Die Risikolebensversicherung kann mit zwei Formen der Zusatzversicherung gekoppelt werden. Einerseits die Unfalltodzusatzversicherung. Sie ist meines Erachtens überflüssig, weil zu teuer. Wer sich gegen den Unfalltod absichern möchte, kann das günstiger bei einem preiswerten Unfallversicherer. Andererseits die Berufsunfähigkeitszusatzversicherung. In einem separaten Kapitel wird ausführlich darauf eingegangen.

Die Berufsunfähigkeitsversicherung

Die Berufsunfähigkeit ist ein Risiko, das sehr oft unterschätzt wird, denn über 1 Million Bundesbürger können aufgrund eines Unfalles oder einer Krankheit ihrer Tätigkeit nicht mehr nachkommen. Im Falle der Berufsunfähigkeit ist die gesetzliche Rentenversicherung unzureichend, so daß immer mit finanziellen Einbußen zu rechnen ist. Die Berufsunfähigkeits- (BU) bzw. Erwerbsunfähigkeitsrenten (EU) der GRV erreichen häufig nicht einmal das Niveau der möglichen Sozialhilfeleistungen.

Monatsbeitrag	Entspricht einem Bruttoeinkommen von	Rentenart	Rentenhöhe (45 Versicherungsjahre)
200,– DM	1143,– DM	BU-Rente EU-Rente	353,12 DM 529,66 DM
400,– DM	2286,– DM	BU-Rente EU-Rente	706,37 DM 1059,50 DM
649,25 DM Regelbeitrag	3710,– DM	BU-Rente EU-Rente	1146,46 DM 1719,61 DM
800,– DM	4570,– DM	BU-Rente EU-Rente	1412,74 DM 2119,01 DM
1000,– DM	5715,– DM	BU-Rente EU-Rente	1765,87 DM 2648,67 DM
1260,– DM Höchstbetrag	7200,– DM	BU-Rente EU-Rente	2225,01 DM 3337,35 DM

Werte aus der Rententabelle 1993

Wer bereits in jungen Jahren berufs- bzw. erwerbsunfähig wird, hat erst minimale Ansprüche aus der GRV aufbauen können. Um dennoch eine einigermaßene Sicherung zu erhalten, wurde die sogenannte Zurechnungszeit geschaffen. Dabei wird bei der Berechnung der BU-/EU-Renten so getan, als ob der Beitragszahler bis zur Vollendung des 60. Lebensjahres weiterhin beschäftigt gewesen sei. Diese Zurechnungszeit endet nach der Rentenreform mit der Vollendung des 60. Lebensjahres (vorher des 55. Lebensjahres). Dies gilt ebenso für die Beamtenversorgung. Von der zusätzlichen Zurechnungszeit von fünf Jahren wird in der GRV nur ein Drittel angerechnet. Wer gar weniger als 60 Beitragsmonate aufweisen kann, hat keinerlei Ansprüche aus der GRV. Die Durchschnittsrentenbeträge belaufen sich bei der Arbeiterrentenversicherung auf 848,44 DM und bei der Angestelltenversicherung auf 906,50 DM. Ähnlich sieht es bei den Beamten aus. Beamte auf Widerruf oder auf Probe sind den Angestellten gleichgestellt. Nur die Beamten auf Lebenszeit erhalten in den ersten zehn Dienstjahren 35 % ihrer ruhegehaltsfähigen Dienstbezüge. Da sie dem Staat dienen, heißt es bei den Beamten nicht Berufsunfähigkeit, sondern Dienstunfähigkeit.

Vergleicht man sein aktuelles Nettoeinkommen mit den Ansprüchen bei einer Berufsunfähigkeit aus der gesetzlichen Rentenversicherung, stellt man leicht ein Defizit fest. Dieses Defizit wird auch Versorgungslücke genannt, die mit dem Inkrafttreten der Rentenreform keinesfalls kleiner wird.

Um im Falle einer Berufsunfähigkeit nicht in ein finanzielles und soziales Fiasko zu stürzen, kann man sich dagegen bei den Versicherungsgesellschaften privat absichern. Bei fast allen Versicherungsformen kann folgende Aussage getroffen werden: Die billigste Versicherung ist die beste. Bei der privaten BU-Versicherung stellt sich jedoch heraus, daß viele Bedingungsunterschiede bei den Versicherungsgesellschaften bestehen. Hierbei kommt es also nicht nur auf den Preis an, sondern auch auf die Leistungen!

Was bedeutet die Berufsunfähigkeit laut Definition?

In den Normativbedingungen wird bei den Versicherungsgesellschaften wie folgt definiert:

Eine vollständige BU liegt vor, wenn der Versicherte infolge einer Krankheit, Körperverletzung oder eines Kräfteverfalles, was ärztlich nachzuweisen ist, voraussichtlich dauernd außerstande ist, seinen Beruf oder andere Tätigkeiten auszuüben, die aufgrund seiner Ausbildung und Erfahrung ausgeübt werden können und seiner bisherigen Lebensstellung entsprechen.

Hinweis:

Durch diese Definition können die Versicherungsgesellschaften den Versicherten unter Umständen auf einen anderen Beruf verweisen (sog. Verweisklausel). Aus diesem Grund sollte im Falle der Berufsunfähigkeit unbedingt ein Fachmann hinzugezogen werden, der einem bei der Durchsetzung der BU-Rente hilft.

Dienstunfähig ist ein Beamter, so das Bundesbeamtengesetz, wenn er infolge eines körperlichen Gebrechens oder wegen Schwäche seiner körperlichen oder geistigen Kräfte zur Erfüllung seiner Dienstpflichten dauernd unfähig ist.

Achtung:

Als Beamter sollte man unbedingt eine Dienstunfähigkeitsklausel innerhalb der Berufsunfähigkeitsversicherung vereinbaren, jedoch gibt es innerhalb der Dienstunfähigkeitsklausel einige rechtliche Fallstricke, die die Gesellschaften eingebaut haben.

Erwerbsunfähig ist nach der Reichsversicherungsordnung, wer infolge von Krankheit oder anderer Gebrechen oder von Schwäche seiner körperlichen oder geistigen Kräfte auf nicht absehbare Zeit eine Erwerbstätigkeit in gewisser Regelmäßigkeit nicht mehr ausüben kann oder nicht mehr als nur geringfügige Einkünfte durch Erwerbstätigkeit zu erzielen in der Lage ist.

Die Rente und die Beitragsbefreiung

Im Falle eines selbständigen BU-Versicherungsvertrages ist im Vertrag neben der Rentenzahlung im »Schadensfall« eine Beitragsbefreiung mitvereinbart. Dies gilt ebenso bei den BU-Zusatzversicherungen in den Lebens- und Rentenversicherungen. Dies bedeutet, daß im BU-Fall keine Beiträge mehr geleistet werden müssen und trotzdem am Laufzeitende des Versicherungsvertrages die volle Kapitalauszahlung geleistet wird, als ob der Vertrag »normal« weitergelaufen wäre, und zwar neben den Rentenleistungen. Bei den Zusatzversicherungen kann auch auf die Rentenzahlungen verzichtet werden und ausschließlich eine Beitragsbefreiung im BU-Fall vereinbart werden. Die Höhe der BU-Rentenleistungen sind bei den Zusatzversicherungen maximiert. Maximal 600 % pro Jahr, bezogen auf die Versicherungssumme, können vereinbart werden. Also bei einer Versicherungssumme von 10 000,– DM maximal 60 000 DM BU-Rente. Die Rentenleistung erfolgt bis zum Laufzeitende des Hauptvertrages. Deshalb ist es sinnvoll, den Versicherungsvertrag zumindest bis zum Endalter 60 abzuschließen. Einige Versicherer bieten Verträge an, in denen die Leistungsdauer der Rente über die Versicherungsdauer hinausgeht. Der Ansatz ist grundsätzlich nicht schlecht. Die Beitragsdifferenzen sind jedoch relativ gering, so daß die Versicherungszeit ebenfalls länger vereinbart werden sollte.

Tip: Die Absicherung gegen die finanziellen Folgen einer Berufsunfähigkeit gehört für mich zur Phase 1 in der Versicherungsstrategie. Beim Einholen von Angeboten einer selbständigen Berufsunfähgikeitsversicherung sollte man sich zusätzlich die Prämie inklusive eines reinen Todesfallschutzes mitteilen lassen. Der Mehrbeitrag für den Todesfallschutz ist im Regelfall minimal. Nur wer sich ganz sicher ist, nie eine Familie zu haben, kann darauf verzichten.

Was sind die Ursachen einer Berufsunfähigkeit?

Anhand der folgenden Graphik kann man die Ursachen der Berufsunfähigkeit erkennen. Bemerkenswert ist, daß Unfälle nur zu 10 % die Ursache für eine BU darstellen. Die Hauptgründe sind Herz- und Kreislauferkrankungen.

Der Abschluß einer Berufsunfähigkeitsversicherung ist also eigentlich ein Muß. Bedenklich erscheinen jedoch die vielen Lücken und Verweisungsklauseln in den Bedingungswerken der Versicherungsgesellschaften, so daß beim Abschluß einer solchen Versicherung sehr darauf geachtet werden sollte. Die BU-Versicherung ist in verschiedenen Varianten abschließbar, und zwar in der Form eines selbständigen Versicherungsvertrages oder als Zusatzversicherung bei der Kapitallebensversicherung, Risikolebensversicherung sowie der fondsgebundenen LV und der aufgeschobenen Leibrente.

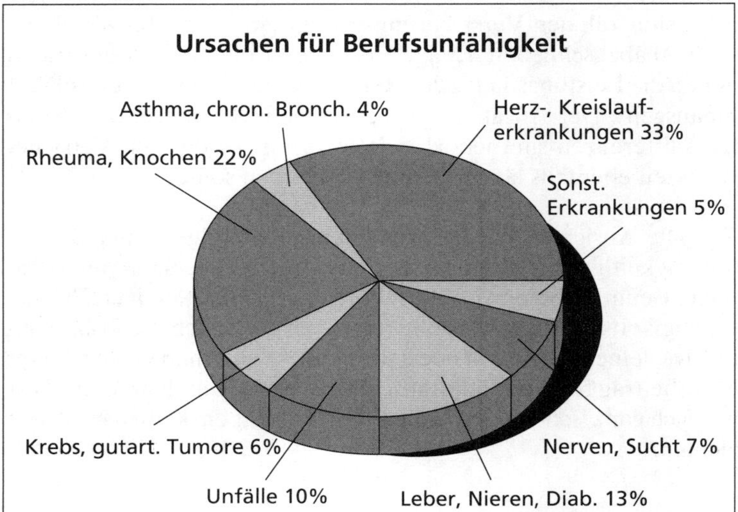

Ab wann kann der Versicherte die Leistung verlangen?

Wenn der Arzt nicht eine dauernde BU bestätigen kann, gilt nach den Normativbedingungen »die Fortdauer dieses Zustandes als vollständige oder teilweise Berufsunfähigkeit«. Daraus resultiert, daß der Versicherte erst nach einer sechsmonatigen BU eine Rente erhalten kann. Der Versicherer hat hier nichts anderes als eine Karenzzeit gegenüber dem Versicherten. Die ersten sechs Monate muß er mit eigenen Mitteln überbrücken. Wenige Versicherer leisten dagegen auch rückwirkend zum Zeitpunkt des Monats, in dem die BU eingetreten ist.

Versäumnis der Anmeldefrist

Versäumt der Versicherte, die Berufsunfähigkeit rechtzeitig dem Versicherer anzuzeigen, so entsteht der Anspruch auf die Versicherungsleistung erst mit dem Beginn des Monats der Mitteilung. Rechtzeitig heißt, innerhalb von drei Monaten nach dem Eintritt der BU, und zwar schriftlich. Nur wenige Versicherer verzichten auf diesen Passus.

Stundung der Leistungspflicht

Bis zur endgültigen Entscheidung über die Leistungspflicht müssen die Beiträge zum Versicherungsvertrag weitergezahlt werden. Dieser Passus ist sehr unglücklich, denn gerade in dieser Zeit können finanzielle Engpässe entstehen. Im Falle der Leistungspflicht werden die Beiträge zurückgezahlt. Einige Gesellschaften verzichten darauf und stunden dem Versicherten die Beiträge. Daß hier die meisten Versicherungen auf eine Beitragsweiterzahlung bestehen, ist schon mehr als unglücklich.

Ab wann leisten die Versicherer?

Die meistverwendete Vereinbarung ist die 50-%-Regelung. Sie besagt, daß der Versicherer ab einer ärztlich festgestellten Berufsunfähigkeit von 50 % zur Rente bzw. Beitragsbefreiung verpflichtet ist (in der Regel bis Laufzeitende des Versicherungsvertrages).

Nur wenige Versicherer bieten eine Staffelregelung an, die bereits bei einer Berufsunfähigkeit ab 25 % bis 75 % eintritt. Die Leistung des Versicherers richtet sich nach dem BU-Grad.

Ein Beispiel: In Verbindung mit einer KLV (Versicherungssumme 100 000,– DM) wird eine 24%ige BU-Zusatzversicherung vereinbart. Bei einer 40%igen BU erhält der Versicherte nach der 50-%-Regelung nichts, während er bei der Staffelregelung bereits 40 % der vereinbarten Rente (= 800,– DM) bekommt und auch 40 % weniger Beiträge für den Versicherungsvertrag zahlen muß.
Wie schon erwähnt, zählt bei dem Abschluß einer Berufsunfähigkeitsversicherung nicht nur der Preis, sondern auch die Versicherungsbedingungen. Wenige Versicherungen weichen von den Normativbedingungen ab und definieren die BU etwas anders. Sie verzichten auf den Passus »voraussichtlich dauernd außerstande ist« und ersetzen ihn mit den Worten »voraussichtlich sechs Monate ununterbrochen«. Diese Definition ist verbraucherfreundlicher, da sie eine zeitliche Eingrenzung beinhaltet (sechs Monate).

Die Leistungszusage

Nach der Rechtsprechung ist eine zeitliche Begrenzung nach den alten BU-Bedingungen ohne die Zustimmung des Versicherungsnehmers nicht möglich.

Ausschlüsse

Gemäß den Normativbedingungen sind viele Ausschlüsse bei der Berufsunfähigkeitsversicherung definiert. Es wird nicht geleistet, wenn die BU verursacht ist

- unmittelbar oder mittelbar durch Kriegsereignisse oder innere Unruhen, sofern der Versicherte auf seiten der Unruhestifter teilgenommen hat;
- durch vorsätzliche Ausführung oder strafbaren Versuch eines Verbrechens oder Vergehens des Versicherten;
- durch die absichtliche Herbeiführung von Krankheit oder Kräfteverfall, absichtliche Selbstverletzung oder versuchte Selbsttötung. Geleistet wird jedoch, wenn der Versicherte diese Handlung in einem Zustand krankhafter Störung der Geistestätigkeit begangen hat;
- durch eine widerrechtliche Handlung, mit der der Versicherungsnehmer vorsätzlich die BU herbeiführt;
- durch Beteiligungen an Fahrveranstaltungen mit Kraftfahrzeugen, bei denen es auf die Erzielung einer Höchstgeschwindigkeit ankommt und den dazugehörigen Übungsfahrten;
- durch energiereiche Strahlen mit einer Härte von mindestens 100 Elektronen-Volt, durch Neutronen jeder Energie, durch Laser- oder Maserstrahlen und durch künstlich erzeugte ultraviolette Strahlen. Wenn eine Bestrahlung für Heilzwecke durch den Arzt oder unter ärztlicher Aufsicht erfolgt, wird geleistet.
- Bei Luftfahrten wird eine Zahlung nur geleistet, wenn die BU bei einer Reise oder Rundflügen als Fluggast in einem Propeller- oder Strahlflugzeug oder in einem Hubschrauber verursacht wird. Fluggäste sind, mit der Ausnahme der Besatzungsmitglieder, die Insassen, denen das Luftfahrzeug ausschließlich zur Beförderung dient.

Wie in den vorangegangenen Punkten machen auch hierbei einige wenige Versicherungsgesellschaften gegenüber den Normativbedingungen Ausnahmen und bemühen sich, ihre Bedingungen verbraucherfreundlicher zu gestalten.
Berufszuschläge:

Für einzelne Berufe verlangen die Versicherungsgesellschaften Berufszuschläge bis zu 100 % des normalen Beitrages. Diese Zuschläge können von Gesellschaft zu Gesellschaft sehr unterschiedlich sein. Bevor man einen Berufszuschlag akzeptiert, sollten unbedingt andere Angebote eingeholt werden.

Kündigung der Berufsunfähigkeits-zusatzversicherung

Nach den Normativbedingungen kann die BU-Zusatzversicherung für sich alleine jederzeit gekündigt werden, mit Ausnahme der letzten fünf Versicherungsjahre, in denen die BUZ nur in Verbindung mit der Hauptversicherung gekündigt werden kann. Dies ist eine eindeutige Benachteiligung des Versicherten, denn wollte er innerhalb dieser Frist die BUZ kündigen, weil er keinen BU-Schutz mehr benötigt, würde ebenfalls die Hauptversicherung zur Auszahlung kommen. Da die Laufzeit des Hauptvertrages nicht eingehalten wurde, verliert der Versicherte in der Regel die Schlußgewinnanteile des Vertrages. Meines Wissens hat lediglich eine Versicherungsgesellschaft diesen Passus nicht.

Neue Berufsunfähgikeitsbedingungen

Im Laufe der Jahre 1992/93 sollen bei den Versicherungsgesellschaften neue Versicherungsbedingungen für die BU eingeführt werden.

Tip:
Man sollte seinen Versicherungsvertreter nach den Unterschieden zwischen alten und neuen Bedingungen fragen. Weiß er dies nicht, sollte man sich nach einem neuen Berater umsehen.

Bislang hatten die deutschen Lebensversicherungsgesellschaften die Prämien der Berufsunfähigkeitsversicherung auf der Basis der Rechnungsgrundlagen aus den 30er Jahren kalkuliert. Dies wurde nun überarbeitet, so daß für jüngere Frauen der Versicherungsschutz nach der neuen Kalkulation bis 25 % billiger wird. Frauen, die älter als 42 Jahre sind, müssen dagegen mehr Beiträge bezahlen. Männer bis zu einem Alter von 35 Jahren und über einem Alter von 50 Jahren müssen nach der neuen Berechnung ebenfalls mehr bezahlen.

Im Bedingungswerk hat sich an der Definition, wann die Berufsunfähigkeit vorliegt, nichts geändert. Auch hier bleibt das Problem der Verweisung weiter bestehen. Zwar wurde in die neuen Bedingungen die Pflegebedürftigkeit aufgenommen, d.h. wenn keine Berufsunfähigkeit vorliegt, erhält der Versicherte im Falle der Pflegebedürftigkeit unter bestimmten Voraussetzungen einen bestimmten Prozentsatz der Berufsunfähigkeitsrente, jedoch besteht hier die Gefahr, daß die Versicherungsgesellschaft dem Kunden eine geringere Pflege-Rente anbietet, obwohl dem Kunden eigentlich die Berufsunfähigkeitsrente zustehen würde. Die meisten Kunden akzeptieren diesen Vorschlag, damit sie einen langen Prozeß um ihre Berufsunfähigkeitsrente vermeiden.

In den neuen Versicherungsbedingungen haben die Versicherungsgesellschaften nun nach § 5 Absatz 2 die Möglichkeit, die Verweisungsfrage, ohne daß es (wie bisher) des schriftlichen Einverständnisses des Verbrauchers bedarf, zurückzustellen, d.h. die Versicherungsgesellschaften können nun ein befristetes Anerkenntnis aussprechen. Wird es der Versicherungsgesellschaft zu teuer, kann immer noch eine Verweisung nach dieser Frist vorgenommen werden. Hier ist dem Mißbrauch Tür und Tor geöffnet worden. Der Kunde muß warten, bis die Gesellschaft sich entschieden hat, ob er verwiesen wird oder nicht.

In den alten Berufsunfähigkeitsbedingungen konnte zwecks der Nachprüfung, ob weiterhin Berufsunfähigkeit besteht, »einmal jährlich eine Untersuchung« des Versicherten verlangt werden. Nach den neuen Bedingungen kann jetzt die Versicherungsgesellschaft dem Versicherten »umfassende Untersuchungen« auferlegen. Dies ist ein weiterer deutlicher Nachteil.

Ein aktuelles Gerichtsurteil:

Harte Klauseln

Die Berufsunfähigkeitsversicherung muß nicht leisten, wenn sie einen Versicherten im Schadensfall auf eine andere, gleichwertige Tätigkeit verweisen kann. Dabei sind Einkommenseinbußen von 30 % zumutbar, entschied das Oberlandesgericht Nürnberg (Az.: 8 U 2890/91). Berufsunfähig im Sinne der Versicherungsbedingungen ist nicht, wer noch keine Tätigkeit ausüben kann, die seiner Lebensstellung sowie seinen Erfahrungen und Fertigkeiten bei Vertragsabschluß entspricht. Keine Rolle spielt, ob der Versicherte tatsächlich Chancen hat, einen entsprechenden Arbeitsplatz zu finden. Für Versicherte ohne spezielle Ausbildung, etwa ein Hochschulstudium mit Zusatzqualifikation, lohnt sich eine Berufsunfähigkeitsversicherung deshalb nicht immer.

Die Pflegebedürftigkeit

Ganz neu hinzugekommen ist, daß das Pflegefallrisiko mitversichert ist. Beträgt der Berufsunfähigkeitsgrad weniger als 50 %, entfällt die Verpflichtung zur Beitragszahlung (sofern es sich um eine BU-Zusatzversicherung handelt) für die BU-Versicherung und den Hauptvertrag. Der Versicherte erhält die versicherte BU-Rente in Höhe von

- 100 % bei der Pflegestufe III
- 70 % bei der Pflegestufe II und
- 40 % bei der Pflegestufe I.

Die Pflegestufen hängen von der persönlichen Hilfe ab, auf die der Versicherte täglich angewiesen ist. Der Maßstab hierfür ist eine sogenannte Punktetabelle. Mit jeweils einem Punkt wird bewertet, wenn der Versicherte bei folgenden Tätigkeiten täglich Pflege oder Unterstützung benötigt:

- Aufstehen und Zubettgehen
- An- und Auskleiden
- Waschen, Kämmen und Rasieren
- Einnehmen von Mahlzeiten und Getränken
- Stuhlgang
- Wasserlassen

Von den sechs möglichen Punkten müssen erreicht sein:

in der Pflegestufe III – sechs Punkte;
in der Pflegestufe II – vier Punkte;
in der Pflegestufe I – drei Punkte.

Hierbei besteht aber die grundsätzliche Gefahr, daß die Versicherungsgesellschaften ihren Versicherten eine geringere Pflegerente anbietet, obwohl dem Verbraucher eigentlich die Berufsunfähigkeitsrente zustehen würde.

Warnung: Bedingungsfallen in der Berufsunfähigkeitsversicherung

Im Jahr 1990 hat das Bundesaufsichtsamt für das Versicherungswesen für die Versicherungsunternehmen überarbeitete Musterbedingungen der Berufsunfähigkeitsversicherung herausgegeben. Die meisten Versicherungsgesellschaften haben daraufhin im Laufe der Zeit ihre Versicherungsbedingungen bezüglich der Berufsunfähigkeitsversicherung bzw. der Berufsunfähigkeitszusatzversicherung überarbeitet. Bei dieser Überarbeitung haben aber einige Versicherungsgesellschaften zwei sehr eilige Abänderungen zu den Musterbedingungen vorgenommen:

1. Definition der Berufsunfähigkeit

Nach den alten und neuen Musterbedingungen liegt vollständige Berufsunfähigkeit vor, wenn der Versicherte infolge Krankheit, Körperverletzung oder Kräfteverfalls, die ärztlich nachzuweisen sind, voraussichtlich dauernd außerstande ist, seinen Beruf oder eine andere Tätigkeit auszuüben, die aufgrund seiner Ausbildung und Erfahrung ausgeübt werden kann und seiner bisherigen Lebensstellung entspricht.

Aufgrund dieser Definition hat es in der Vergangenheit schon öfters wegen Verweisungsmöglichkeiten auf andere Berufe langwierige Prozesse zwischen Versicherten und Versicherungsgesellschaften gegeben.

Nun aber haben einige Versicherungsgesellschaften diese weite Definition der Berufsunfähigkeit noch erweitert, und zwar so, daß auf den ersten Blick keine wesentliche Änderung ersichtlich ist. Die Versicherungsgesellschaften haben die Begriffe »Ausbildung« und »Erfahrung« durch die Wörter »Kenntnisse« und »Fähigkeiten« ersetzt.

Dies bedeutet für den Versicherten, daß schon dann ein anderer Beruf gefunden worden ist, wenn dafür die Kenntnisse und Fähigkeiten ausreichen. Mit dieser Klausel ist also grundsätzlich auch eine Verweisung auf sogenannte Anlernberufe möglich. Dieser Anlernberuf muß dann nur noch seiner bisherigen Lebensstellung entsprechen.

Nach Expertenmeinung handelt es sich durch die Begriffe »Kenntnisse und Fähigkeiten« zwar noch um eine Berufsunfähigkeitsversicherung, aber die Tendenz geht hin zu einer Erwerbsunfähigkeitsversicherung.

Dies ist schlecht für jeden Versicherten, denn es besteht die Gefahr, daß die Versicherungsgesellschaften im Versicherungsfall sehr weit interpretieren. Es ist auch anzunehmen, daß die Gerichte diese Klausel, wenn sie nicht nach dem AGBG sogar unzulässig ist, zum Nachteil des Versicherten auslegen werden.

2. Pflegeversicherung

Auch bei den Bedingungen für das Pflegefallrisiko haben einige Versicherungsgesellschaften Änderungen an den Musterbedingungen vorgenommen.
Sie haben folgende Punktzahl für die Stufen verteilt:

in der Pflegestufe III: sechs Punkte,
in der Pflegestufe II: fünf Punkte,
in der Pflegestufe I: vier Punkte.

Durch diese Änderung erhält der Versicherte erst eine Pflegerente, wenn er vier der zuvor beschriebenen Punkte erfüllt. Nach den Musterbedingungen würde er aber bereits ab drei Punkten eine Pflegerente erhalten. Die Schwelle für eine Pflegerente ist somit erheblich angehoben worden.

Meine persönliche Meinung:

Daß solche wichtigen Abänderungen der Musterbedingungen zu Lasten des Versicherten möglich sind, zeigt, daß der Verbraucherschutz durch das Bundesaufsichtsamt für das Versicherungswesen nicht funktioniert. Eigentlich ist es ein Skandal, daß dies mit einer behördlichen Genehmigung passieren kann. Der Verbraucher ist auf sich alleine gestellt. Aber auch die unabhängigen Berater und Vermittler sind hier gefordert.

Übrigens hat das Bundesaufsichtsamt für das Versicherungswesen bestätigt, daß durch die begriffliche Erweiterung der Kriterien »Kenntnisse und Fähigkeiten« die Gefahr besteht, daß die Versicherer in der Frage der Verweisbarkeitsprüfung regelmäßig zu einer extensiven Auslegung zu Lasten der Versicherten gelangen könnten!

Die Absicherung vor den finanziellen und sozialen Folgen einer Berufsunfähigkeit ist prinzipiell ein Muß für jeden. Ich würde diese Versicherung zur 1. Phase der Versicherungsstrategie zählen. Im Gegensatz zu fast allen anderen Versicherungsformen sollte man im Vergleich hier nicht unbedingt auf den Preis achten. Die Leistungen, also die Versicherungsbedingungen, spielen hier eine wesentliche Rolle, übrigens wie bei der privaten Krankenversicherung.

Dieses Kapitel entstand mit der maßgeblichen Hilfe der Firma LOGOS Wirtschaftsberatungsgesellschaft mbH (Karl-Halle-Str. 82, 58097 Hagen), die sich auf BU-Versicherungen spezialisiert hat.

Die Pflegerenten-Zusatzversicherung

Über 1,6 Millionen Menschen in Deutschland sind pflegebedürftig. Diese Zahl wird aufgrund des steigenden Durchschnittsalters sicherlich noch größer werden. Vater Staat hat mit der Einführung der gesetzlichen Pflegeversicherung diesem Umstand Rechnung getragen. Im Prinzip stellt diese Pflichtversicherung aber nur eine Grundversorgung dar. Ein Pflegeheimplatz ist heue kaum unter

DM 5000,– pro Monat zu haben. Die private Versicherungsgesellschaft hat bereits reagiert.

Seit Anfang 1993 gibt es diese neue Form der Zusatzversicherung zur Kapitallebensversicherung. Weiterhin wird zukünftig sicherlich eine Kopplungsmöglichkeit mit der privaten Rentenversicherung und der Risikolebensversicherung möglich sein.
Die Beiträge sind für den Zeitraum analog zur Hauptversicherung zahlbar, während der Versicherungsschutz lebenslang bestehen bleibt. Zur Zeit kann die jährliche Rente mit maximal 36 % der Hauptversicherungssumme vereinbart werden. Bei einer Versicherungssumme von DM 100 000,– also max. DM 36 000,– jährliche Pflegerente.
Für den Anspruch auf Zahlung der Pflegerente müssen einige Voraussetzungen erfüllt sein, die genauso aussehen, wie eine Seite zuvor bei der BUZ beschrieben. Je höher das Eintrittsalter, um so höher liegen die Beiträge und um so genauer wird die Gesundheitsprüfung bei der Beantragung ausfallen.

Unterschiedlich zur BUZ ist die Leistungsdauer der Pflegerente. Bei der entsprechenden Vereinbarung leistet die Gesellschaft, selbst wenn der Hauptvertrag schon beendet ist und keine Beiträge mehr gezahlt werden.

Die Krankenversicherung – gesetzlich oder privat?

Wie sollte es anders sein, als daß auch über die Möglichkeiten der Absicherung im Krankheitsfalle kontrovers diskutiert wird. Gesetzlich oder privat krankenversichert, das ist hier die Frage. Vielen stellt sich die Frage jedoch nicht, denn wer als Arbeiter oder Angestellter unterhalb der Beitragsbemessungsgrenze verdient, für den gilt die gesetzliche Versicherungspflicht. Sie beläuft sich für 1994 in den alten Bundesländern auf 68 400,– DM pro Jahr bzw. 5700,– DM pro Monat und in den neuen Bundesländern auf 51 300,– DM pro Jahr bzw. 4275,– DM pro Monat. Liegt man mit seinen regelmäßigen Einkünften oberhalb dieser Grenzen, wird man automatisch freiwilliges Mitglied in der gesetzlichen Krankenkasse oder kann zu einer privaten Krankenversicherung wechseln. Zu den regelmäßigen Einkünften zählen die Bruttogehälter einschließlich der durch einen Tarifvertrag oder einer betrieblichen Vereinbarung zugesicherten Bezüge wie Urlaubs- und Weihnachtsgeld, die vermögenswirksamen Leistungen sowie Gratifikationen. Andererseits haben Selbständige seit dem Gesundheitsreformgesetz vom 1.1.1989 kein Beitrittsrecht mehr zur gesetzlichen Krankenversicherung.

Worin liegen die wesentlichen Unterschiede?

Die Mitglieder gesetzlicher Krankenkassen können leicht anhand des Bruttoeinkommens ihren Versicherungsbeitrag errechnen. Je nach Kasse (AOK, IKK, BKK oder die Ersatzkassen) gibt es etwas unterschiedliche Beitragssätze (s. Tabelle), wobei sich der Arbeitnehmer und der Arbeitgeber diesen Beitrag teilen. Ein Beispiel: Der Arbeitnehmer ist bei der KKH versichert. Der Beitragssatz beträgt 1994 13,3 % vom Bruttoeinkommen, welches sich monatlich auf 4000,– DM beläuft. Daraus ergibt sich ein Monatsbeitrag in Höhe von je 266,– DM für den Arbeitgeber und den Arbeitnehmer.

Die Krankenversicherungspflichtgrenze beläuft sich seit dem 1.1.1994 auf monatlich 5700 DM (1993: monatlich 5400). Dies ist auch die Beitragsbemessungsgrenze der gesetzlichen Krankenversicherung.

Anders bei den privaten Krankenversicherungen. Hier bestimmen in erster Linie die wählbaren Versicherungsleistungen die Höhe des Beitrages.

Die ambulante Heilbehandlung

Sie besteht unter anderem aus ärztlichen Leistungen, Vorsorgeuntersuchungen, Röntgendiagnostik und Strahlentherapie, Hebammenhilfe, physikalischen Behandlungen, Hilfsmitteln wie Brillen und Hörgeräten, Medikamenten usw.

Die stationäre Heilbehandlung

Sie beinhaltet die Unterkunft, die Versorgung und die Pflege im Krankenhaus. Eine Wahlmöglichkeit besteht darin, daß der Kranke sich in eine Station für Mitglieder der gesetzlichen Krankenkasse legen lassen kann – meist ein Mehrbettzimmer – oder in ein Ein- bzw. Zweibettzimmer mit privatärztlichen Leistungen, die sogenannte Privatstation. Letzteres ist natürlich auch im Prämienaufkommen teurer.

Die Zahnkosten

Ersetzt werden die Kosten, die durch die Zahnbehandlung, Zahnersatz und die Kieferorthopädie entstehen. Je nachdem wie hoch die Kostenerstattung vereinbart wird, liegt das Prämienaufkommen. Je höher die Leistungen, um so teurer der Beitrag.

	Barmer Ersatzkasse	Deutsche Angest. Krankenkasse	Hamburg Münchener Ersatzkasse	Kaufm. Krankenkasse	Techniker Krankenkasse
Beitragssatz in Prozent (Normaltarif):Stand 01/93	13,5	13,5	13,3	13,3	11,0
Freiwillig versicherte Angestellte und Arbeiter:					
Tarif ohne Krankengeldanspruch	686,00	686,00	676,00	676,00	551,00
Tarif mit Krankengeldanspruch+)	729,00	729,00	719,00	719,00	594,00
Freiwillig versicherte Selbständige:					
Tarif ohne Krankengeldanspruch	686,00	686,00	676,00	676,00	551,00
Tarif mit Krankengeldanspruch*)	816,00	793,00	776,00	751,00	648,00
Nicht erwerbstätige Ehefrauen:***)	343,00	°)	°)	338,00	°)
Pflichtversicherte Studenten: SS1992	69,96	69,96	69,96	69,96	69,96
Kinder, Schüler und nicht versicherungspflichtige Studenten **)	158,00	158,00	155,00	155,00	

Das Krankengeld für freiwilig versicherte Angestellte, Arbeiter und Selbständige mit einem Einkommen oberhalb der Beitragsbemessungsgrenze beträgt einheitlich 144 DM pro Tag.

*) Krankengeldanspruch nach drei Wochen; Techniker Krankenkasse jedoch erst nach vier Wochen
**) Mindestbeitrag (bei DAK und Hamburg Münchener nach Einkommenshöhe gestaffelt)
***) Ohne eigene Einkünfte
°) Bei der Einstufung wird das halbe Einkommen des Ehegatten bis höchstens zur Hälfte der Beitragsbemessungsgrenze zugrundegelegt. (Beispiel: Bei einem Einkommen des Ehegatten von 5400 DM erfolgt Einstufung nach 2700 DM)
+) Bei einer Entgeldfortzahlung von weniger als sechs Wochen gilt ein höherer Beitrag

Das Krankentagegeld

Dies wird auch als Verdienstausfallversicherung bezeichnet. In der Regel zahlt ein Arbeitgeber seinem Arbeitnehmer im Krankheitsfall sechs Wochen lang sein Gehalt weiter. Ab dem 43. Tag muß dies dann die Krankentagegeldversicherung übernehmen. Die zu vereinbarende Tagegeldhöhe sollte dem Monatsnetto, zuzüglich den zu zahlenden Sozialversicherungsbeiträgen, entsprechen, denn für die Weiterzahlung der Renten- wie Krankenversicherungsbeiträge muß der Privatversicherte selbst sorgen.

Das Krankenhaustagegeld

Hierbei würde der Versicherer für jeden verbrachten Tag im Krankenhaus, der medizinisch notwendig ist, ein Tagegeld in vereinbarter Höhe zahlen. Sinnvoll ist diese Ergänzung nur selten, außer bei Hausfrauen, die mit dem Krankenhaustagegeld zum Beispiel eine Haushaltshilfe bezahlen könnten.

Einige wesentliche Leistungsunterschiede im Überblick

Beim Arzt

Privat: Behandlung im Vertragsverhältnis als Privatpatient durch niedergelassene Ärzte und Zahnärzte. Ferner durch Heilpraktiker, sofern die Behandlungsmethoden wissenschaftlich anerkannt sind.

Gesetzlich: Behandlung im gesetzlichen Rahmen der ausreichenden und zweckmäßigen Versorgung durch Ärzte und Zahnärzte, soweit sie zur kassenärztlichen Versorgung zugelassen sind. Es muß ein Krankenschein vorgelegt werden.

Krankenhaus

Privat: Freie Wahl des Krankenhauses in Europa. Je nach Tarif Unterbringung im Mehrbett-, Zweibett- oder Einzelzimmer sowie Chefarztbehandlung. Individuelle Besuchszeiten, Krankenhaustagegeld bei Nichtinanspruchnahme vereinbarter Tarifleistungen.

Gesetzlich: Anspruch auf stationäre Behandlung in zugelassenen Krankenhäusern. Unterbringung im Mehrbettzimmer. Einzelzimmer nur bei medizinischer Notwendigkeit. Finanzielle Beteiligung in Höhe von 10,– DM pro Tag in den ersten 14 Tagen. Mehrkosten durch die Inanspruchnahme privatärztlicher Leistungen müssen selbst getragen werden. Allgemeine Besuchszeiten.

Arznei-, Heil- und Hilfsmittel

Privat: Anspruch auf Rezepte der Ärzte, Zahnärzte und Heilpraktiker für alle anerkannten Mittel, Hilfsmittel (z.B. Brillengestelle und Hörgeräte) in tariflich vereinbarter Höhe.

Gesetzlich:

a) Arzneimittel. Zuzahlungen von 3,– DM pro Mittel. Ab 1992 für alle verordneten Medikamente, für die keine Festbeträge vereinbart wurden, prozentuale Zuzahlung von 15 %, aber maximal 15,– DM je Arzneimittel. Zuzahlung nach Vollendung des 18. Lebensjahres.

b) Heilmittel. Keine Festbeträge, sondern eine prozentuale Zuzahlung von 10 % der Behandlungskosten für Personen ab dem 18. Lebensjahr.

c) Hilfsmittel. Einführung von Festbeträgen bei erforderlichen Hilfsmitteln, u.a. für Hörgeräte, Brillengläser und Kontaktlinsen. Letztere nur bei medizinischer Notwendigkeit. Festzuschuß von 20,– DM für Brillengestelle. Anspruch auf eine neue Brille ab dem vollendeten 14. Lebensjahr nur bei einer Veränderung der Sehstärke um mindestens 0,5 Dioptrien.

Verdienstausfall

Privat: Krankentagegeld bis zum Nettoeinkommen. Zahlungsbeginn nach Bedarf vereinbar. Zahlungsdauer nach den meisten Tarifen unbegrenzt.

Gesetzlich: Krankengeld bei allen Kassen in Höhe von 80 % des bis zur Bemessungsgrenze berücksichtigten Bruttoentgelts, höchstens das Nettoentgelt. Es wird bei einer Sozialversicherungspflicht gekürzt um 50 % des Versicherungsanteils am Renten- und Arbeitslosenversicherungsbeitrag. Die Zahlungsdauer wegen derselben Krankheit beträgt bis zu 78 Wochen innerhalb von drei Jahren.

Zahnersatz

Privat: Je nach Versicherungstarif bis zu 100 %.

Gesetzlich: Zuschuß in Höhe von 50 % der Gesamtkosten des

Zahnersatzes. Gewährung eines zusätzlichen Bonus zu diesem Zuschuß von 10 %, wenn eine regelmäßige Zahnvorsorge vom Versicherten betrieben wurde. Befreiung von der Zuzahlung bei niedrigem Einkommen.

Kieferorthopädie

Privat: Je nach Versicherungstarif bis zu 100 %.

Gesetzlich: Erstattung von zunächst höchstens 80 % der Kosten. Die restlichen 20 % bei Abschluß der medizinisch notwendigen Behandlung.

Kuren

Privat: Erstattung von Kosten oder Zahlung eines Kurtagegeldes nach tariflicher Vereinbarung.

Gesetzlich: Vorsorge- und Rehabilitationskuren im Abstand von wenigstens drei Jahren als Ermessensleistung. Bei offenen Badekuren Bezahlung von Kurarzt und Kurmitteln und einem Zuschuß von 15,– DM pro Tag für die Unterkunft, Verpflegung und Kurtaxe. Befreiung der Zuzahlung bei niedrigem Einkommen. Volle Kostenübernahme für Müttergenesungskuren möglich.

Sterbegeld

Privat: Über einen Abschluß einer Kleinlebensversicherung.

Gesetzlich: Einheitliches Sterbegeld in Höhe von 2100,– DM bei allen Kassen für alle ab dem 1. Januar 1989 in der GKV Versicherten, für Angehörige 1050,– DM.

Fahrtkosten

Privat: Übernahme der Kosten für die Fahrt im Krankenwagen oder im Notfall-Rettungsdienst zur stationären Behandlung in tariflich vereinbartem Umfang.

Gesetzlich: Bei medizinischer Notwendigkeit Übernahme der Kosten, die über 20,– DM hinausgehen, bei einem Transport in

Rettungsfahrzeugen und Krankentransportwagen. Übernahme aller Kosten nur bei einer unzumutbaren Belastung des Versicherten.

Früherkennung

Privat: Vorsorgeuntersuchungen: mindestens wie bei den gesetzlichen Kassen. Je nach Versicherungstarif gelten die Leistungen darüber hinaus für jede gezielte Vorsorgeuntersuchung ohne Diagnose- und Altersbeschränkung.

Gesetzlich: Alle zwei Jahre Untersuchung zur Früherkennung von Krankheiten, insbesondere von Herz-, Kreislauf- und Nierenerkrankungen sowie der Zuckerkrankheit, für Personen ab dem 35. Lebensjahr, Untersuchungen von Krebserkrankungen für Frauen ab dem 20. und für Männer ab dem 45. Lebensjahr einmal pro Jahr. Vorsorgeuntersuchungen für Kinder in den ersten sechs Jahren.

Ausland

Privat: Geltung in Europa einschließlich Osteuropa, bis zu einem Monat auch außerhalb Europas. Die Kosten für den medizinisch notwendigen Rücktransport sind versicherbar.

Gesetzlich: Geltung nur noch in Ländern mit EG-Vereinbarungen oder Sozialversicherungsabkommen mit Auslandsberechtigungsschein, u. U. mit Zuzahlungen im Krankheitsfalle. Keine Finanzierung des Rücktransportes.

Die Beitragsentwicklungen der Krankenversicherungssysteme

1. Aspekt: Kostenexplosion im Gesundheitswesen. Wer hat nicht schon einmal von der Kostenexplosion im Gesundheitswesen gehört? Beide Krankenversicherungssysteme haben unter ihr zu leiden und müssen auf die drastischen Ausgabensteigerungen mit Beitragserhöhungen reagieren. Die privaten Krankenversicherer haben ihre Beiträge teilweise, je nach Tarif und Versicherer, deutlich erhöht. Gefolgt ist Anfang 1992 ein Großteil der gesetzlichen Krankenkassen. Zum einen wurden die Beitragssätze angehoben, zum anderen diskutiert man wieder über höhere Selbstbeteiligungen der Versicherten an den Kosten.

Tip für Privatversicherte: Werden Ihnen die Beiträge zur PKV zu hoch, vereinbaren Sie mit dem Versicherer eine Selbstbeteiligung (SB) bzw. erhöhen Sie eine bereits vorhandene SB zur Beitragssenkung.

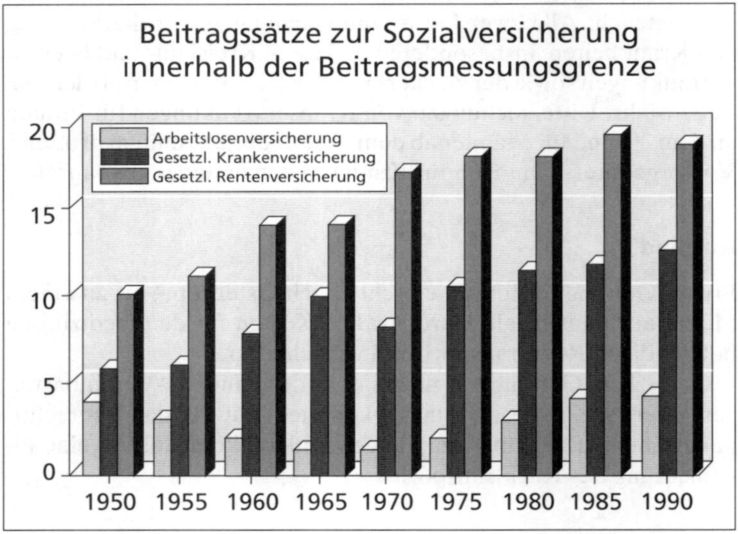

Da beide Versicherungssysteme von den erhöhten Ausgabensteigerungen betroffen sind, neutralisiert sich dieser Effekt in etwa für beide – bezogen auf die Beitragsentwicklung – wenn man die Möglichkeit der Beitragssenkung durch eine Selbstbeteiligung in der privaten Krankenversicherung (PKV) berücksichtigt.

2. Aspekt: Beitragssteigerung durch die Erhöhung der Beitragsbemessungsgrenze. Anhand der folgenden Graphik erkennt man die Entwicklung der Beitragsbemessungsgrenze seit 1960. Sie ist der

Maßstab für die maximalen Beiträge zu den Sozialversicherungen. Wer als Arbeitnehmer ab 1994 jährlich 91 200,– DM oder mehr verdient, zahlt von dieser Höchstgrenze 19,2 % Rentenversicherung und 6,5 % Arbeitslosenversicherung, wobei der Arbeitgeber sich zur Hälfte beteiligt. Die Beitragsbemessungsgrenze für die Krankenversicherung beträgt 75 % von 91 200,– DM, nämlich 68 400,– DM für 1994 (alte Bundesländer).

Entwicklung der Beitragsbemessungsgrenze

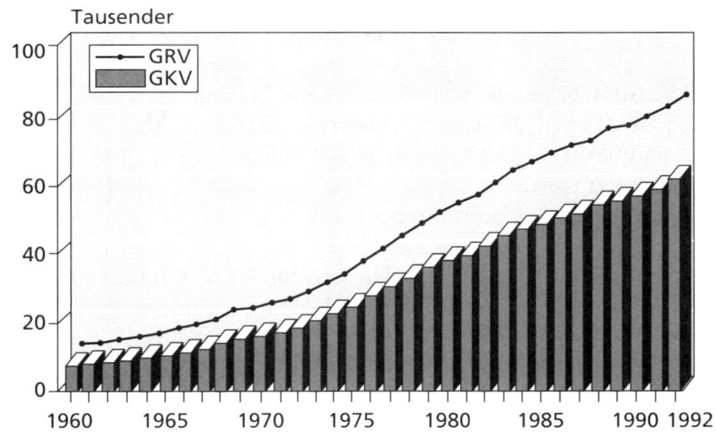

Wer also permanent über der Beitragsbemessungsgrenze der Krankenversicherung liegt, hat automatisch eine jährliche dynamische Beitragssteigerung in der GKV.

Ein Zahlenbeispiel

Ausgehen muß man für diesen Vergleich davon, daß der Versicherte ständig oberhalb der Beitragsbemessungsgrenze für die Krankenversicherung liegt oder selbständig ist und mein erster Aspekt Voraussetzung ist.

Die Eckdaten: Alter des Versicherten: 35 Jahre

Familienstand:	ledig
Berufsstand:	Arbeitnehmer
Betrachtungszeitraum:	30 Jahre
Erhöhung der Bemessungsgrenze pro Jahr:	5 %
Ausgangszeitpunkt 1992 (alte Bundesländer) Bemessungsgrenze p. M.:	5100,– DM
Beitrag zur PKV (Eigenanteil) konstant:	250,– DM
Beitragssatz zur GKV (Eigenanteil) konstant:	6 %

1. Die Summe der Beiträge in der PKV beträgt:
   250,– DM x 12 Monate x 30 Jahre = 90 000,– DM.
   Angemerkt sei hierbei, daß dieser Beitrag von mir relativ hoch angesetzt wurde.
2. Die Summe der Beiträge zur GKV.

Das Resultat: Die Summe der Beiträge zur GKV beträgt *240 999,40 DM.* Der Beitragsunterschied zur PKV beträgt in diesem Beispiel stolze *150 999,40 DM.*

Jahr	Beitragssatz Eigenanteil	Bemessungsgrenze pro Monat	Monatsbeitrag	Mehrbeitrag zur GKV
1992	6%	5 100,– DM	306,– DM	56,– DM
1993	6%	5 355,– DM	321,30 DM	71,30 DM
1996	6%	6 200,– DM	372,– DM	122,– DM
2001	6%	7 912,– DM	474,70 DM	224,70 DM
2006	6%	10 098,– DM	606,– DM	356,– DM
2011	6%	12 888,– DM	773,50 DM	523,50 DM
2016	6%	16 448,– DM	987,– DM	737,– DM
2021	6%	20 992,– DM	1259,50 DM	1009,50 DM

Legt man den monatlichen Differenzbetrag zur PKV mit einem kalkulatorischen Zins von 7 % an, erhöht sich der Unterschiedsbetrag um *332 888,75 DM* auf sage und schreibe *483 888,15 DM!*

Das Ergebnis ist verblüffend. Anmerken möchte ich, daß dieser Vergleich lediglich eine finanzmathematische Hochrechnung auf der Basis vorgegebener Daten darstellt. Wie die tatsächliche Beitragsentwicklung der Krankenversicherungssysteme in der Zukunft verläuft, ist kaum vorhersehbar.

Für wen lohnt sich die PKV?

Sicherlich für denjenigen, der ledig ist. Aber auch für doppelverdienende Ehepaare, da jeder Ehepartner für seine eigene Krankenversicherung zu zahlen hat. Kommen Kinder hinzu, kann es sich finanziell lohnen, in der GKV zu bleiben. Hier sollte man einmal Angebote einholen (siehe PKV-Computeranalyse).

Ein Tip: Sollte man sich entschließen, in die private Krankenversicherung zu wechseln, würde ich für die Beitragsersparnis einen langfristigen Sparvertrag abschließen (z. B. eine Kapital-LV). Dann können einen selbst eventuell hohe PKV-Beiträge im Rentenalter nicht schocken (siehe »Krankenversicherung der Rentner«)! Der Beitragsvorteil entfiele zwar, aber der deutliche Leistungsvorteil wäre gegeben.

Welche private Krankenversicherung?

Ist man zu dem Entschluß gekommen, von der gesetzlichen in die private Krankenversicherung zu wechseln, drängt sich die Frage nach der für Sie individuell günstigsten Versicherungsgesellschaft auf. In keiner weiteren Versicherungssparte gibt es so große Unterschiede, was den Preis und die Leistung betrifft, wie bei der privaten Krankenversicherung. Daraus resultiert, daß ein Vergleich der Versicherungsgesellschaften und deren Tarife sehr schwierig ist. Ohne Computer und natürlich die entsprechende Software sind solche Gegenüberstellungen müßig.

Die wohl zwei wichtigsten Kriterien habe ich in einem Beispiel hervorgehoben: Den Leistungsvergleich und den Prämienver-

Der Leistungsvergleich

für: Mustermann Fritz, geb. am 01. 01. 57	Vers.-Beginn 01.01.92		Gesell-schaft	Gesell-schaft	Gesell-schaft	Gesell-schaft	Gesell-schaft	Gesell-schaft	Gesell-schaft	Gesell-schaft	Gesell-schaft
Leistungskriterium	Ge-wichtg.	Maxi-mum	Nr. 711	Nr. 626	Nr. 524	Nr. 713	Nr. 511	Nr. 512	Nr. 814	Nr. 813	Nr. 422
Allgemeine Leistungsdaten											
3. Ruhevereinb. b. Arbeitslos.	2	20	20	20	14	20	20	20	20	4	4
4. Geltungsbereich weltweit	4	5	5	5	5	5	2	4	2	3	2
5. Beitragsrückerst. letzt. Jahr	5	12	0	0	2	1	6	5	8	2	1
Ambulante Heilbehandlung											
11. Behandl. in Heilbad/Kurort	3	10	10	10	10	10	10	10	10	10	10
12. Ambulante Kurbehandlung*	4	20	20	12	15	19	0	0	0	0	0
13. Ambulanter Krankentransp.	4	5	5	5	5	5	0	0	1	5	0
14. Psychoth. ohne Genehmigung	3	10	10	10	10	10	10	10	10	0	10
15. Psychoth. ohne Sitzgszahlbegr.	3	80	80	64	80	64	80	26	80	80	40
16. Heilpraktikerbehandlung	2	40	40	40	40	20	40	40	40	40	40
17. Vorsorge über GKV-Rahmen	3	10	10	10	0	10	10	0	2	0	0
19. Hilfsmittelerstattung	1	224	136	144	216	124	96	128	224	96	104
21. Häufigkeit Hilfsmittelerstg.	1	120	120	120	120	120	120	120	108	116	120
22. Erstattung Brillenfassungen	1	40	28	16	32	32	40	16	32	32	0
24. GOÄ-Begrenzung	3	20	20	20	0	20	20	0	0	20	0
Stationäre Heilbehandlung											
32. KHT b. Wahlleistungsverz.	5	10	7	3	4	8	7	9	8	7	6
33. Kinderbegl. durch Elternteil	3	20	0	20	3	0	0	0	0	0	0
34. Ohne SB im Krankenhaus	2	20	20	20	20	16	20	18	20	20	20
35. Kurbeh. (Rekonvaleszbeh.)*	3	20	1	16	0	11	0	2	0	0	0
36. Transport in geeignetes KH	3	20	20	20	20	20	20	20	12	4	12
37. Auslandsrücktransport*	2	80	80	80	80	80	80	80	0	0	80
38. GOÄ-Begrenzung	3	80	80	80	0	80	80	80	0	80	0

für: Mustermann Fritz geb. am 01. 01. 57	Vers.-Beginn 01.01.92		Gesell-schaft	Gesell-schaft	Gesell-schaft	Gesell-schaft	Gesell-schaft	Gesell-schaft	Gesell-schaft	Gesell-schaft	Gesell-schaft
Zahnbeh./Zahnersatz (ZB/ZE)											
51. Kieferorthopädie 100 %	2	60	48	60	54	46	46	50	60	48	48
52. Zahnbehandlung 100 %	1	80	80	80	68	68	80	72	80	80	80
53. Zahnersatz 100 %	2	160	128	128	132	124	120	136	128	128	128
54. Ohne Summenbegrenzung	2	160	160	58	160	58	160	156	160	142	78
55. Summenbegrenz. bei Unfall	2	160	128	128	132	124	120	136	128	128	128
Verdienstausf. für Arbeitnehmer											
71. Kündigungsverzicht	2	160	120	120	120	120	120	40	120	120	120
72. Unbegrenzte Leistungsdauer	1	320	320	320	320	320	320	320	320	320	320
73. Zahlung nach Kündigung	1	240	240	240	240	240	120	0	0	0	120
74. Umstufung bei Statuswechsel	2	60	60	60	0	60	0	0	0	36	0
75. Erhöhung bei Karrieresprung	2	80	80	80	80	80	0	64	0	64	80
76. Dynamisierungsaktionen	3	80	50	50	50	50	0	70	70	44	50
78. Karenzzeitanr. b. Arb.vers.	3	30	30	30	30	30	30	30	30	30	30
79. Alkoholklausel	2	160	160	160	160	160	160	160	160	160	160
80. Verdienstausfall bei EU/BU	2	72	18	36	0	18	72	0	0	0	0
81. Verdienstausfall b. Kur/Reha	5	18	9	13	8	9	0	16	0	0	16
Summe			2343	2278	2230	2182	2009	1838	1833	1819	1807

* Durch Zusatztarife abzudecken

Leistungsanalyse	Gesellschaft	Monatsbeitrag	Leistungspunktzahl
Rang 1	Nr. 711	529,80 DM	1203
Rang 2	Nr. 626	414,90 DM	1165
Rang 3	Nr. 713	360,90 DM	1129

Der Prämienvergleich

für: Mustermann, Fritz, geb. am 01. 01. 57	Vers.–Beginn 01.01.92	Gesell-schaft	Gesell-schaft	Gesell-schaft	Gesell-schaft	Gesell-schaft	Gesell-schaft	Gesell-schaft	Gesell-schaft	Gesell-schaft
Versicherungsleistung	Ihr Wunsch	Nr. 823	Nr. 528	Nr. 713	Nr. 622	Nr. 712	Nr. 213	Nr. 814	Nr. 511	Nr. 321
Ambulante Heilbehandlung durch Arzt oder Heilpraktiker mit Arzneien, Hilfs- oder Heilmittel, ggf. ambulanter Kurbehandlung, Psychonanalyse und Psychotherapie – Erstattungsquote in Prozent	100 %	144,44	149,60	297,26	143,00	183,10	217,20	165,20	141,70	157,50
Zahnbehandlung operativ und konservierend Zahnersatz und Kieferregulierung	Erstattung hoch	51,58	67,40	inkl.	66,40	19,05*	21,50	71,80	76,30	59,90
Erstattungsquoten Zahnbehandlung		100 %	100 %	100 %	100 %	100 %	100%	100 %	100 %	100 %
Zahnersatz		80 %	80 %	100 %	80 %	100 %	90 %	80 %	75 %	80 %
Kieferorthopädie		80 %	80 %	75 %	90 %	100 %	90 %	100 %	75 %	80 %
Stationäre Krankenhausbehandlung ggf. mit privatärztl. Behandlung	100% 1-Bett-Zimmer	84,97	78,10	inkl.	120,20	116,40	90,80	98,30	119,10	123,90
Verdienstausfall-Versicherung Krankentagegeld bei Arbeitsunfähigkeit	150,00 DM ab 43. Tag	55,95	46,50	63,60	34,20	48,60	42,00	42,00	45,00	52,50
zu zahlender Monatsbeitrag		336,94	341,60	360,86	363,80	367,15	371,50	377,30	382,10	393,80
Arbeitnehmeranteil		168,47	170,80	180,43	181,90	183,58	185,75	188,65	191,05	196,90

Nicht einberechnet sind mögliche Beitragsrückerstattungen bei Nichtinanspruchnahme der Versicherungsleistung.

* Bei den Gesellschaften 524, 211, 712 und 625 gilt 100% Erstattungsquote nur bis zu einem geringen Rechnungsbetrag.

gleich. Beim Leistungsvergleich wird nach einem Gewichtungsverfahren die für den Interessenten individuell richtige Versicherung ermittelt (Spalte 1 der nachf. Tabelle). Die Leistungsfragen werden vom Interessenten zwischen sehr wichtig (1) und unwichtig (5) klassifiziert.

Beispiel: 21. Frage nach der Häufigkeit der Hilfsmittelerstattung = 1 (sehr wichtig). Nach dieser Gewichtungsmethode ermittelt dann der Computer die richtige Versicherungsgesellschaft.

Bei dem Prämienvergleich wird lediglich die preiswerteste Versicherungsgesellschaft für den Interessierten herausgefunden.
Wie aus den beiden Analysen erkennbar ist, kommt die Gesellschaft Nr. 713 jeweils auf den 3. Rang. Für mich wäre diese Versicherung die richtige Wahl.

Prämienanalyse	Gesellschaft	Monatsbeitrag
Rang 1	Nr. 823	336,90 DM
Rang 2	Nr. 528	341,60 DM
Rang 3	Nr. 713	360,90 DM

Quelle: PKV-Vergleichssoftware von Furtwängler, Graefe & Partner, München

Das Gesundheitsstrukturgesetz 1993

Ab dem 1.1.1993 ist das Gesundheitsstrukturgesetz in Kraft getreten. Um die Beitragslast für die Mitglieder gesetzlicher Krankenversicherungen nicht ins Uferlose wachsen zu lassen, haben der Bundestag und der Bundesrat folgende Punkte geändert, die die Versicherten teilweise nicht unerheblich belasten werden:

Das Wichtigste in Kürze:

1. Arznei- und Verbandmittel

Für alle Arznei- und Verbandmittel gibt es ab 1993 eine nach Preisklassen abgestufte Zuzahlungsregelung.

Preisklasse	Zuzahlung
bis 30 DM	3,– DM
30–50 DM	5,– DM
über 50 DM	7,– DM

Ab 1994 soll die Zuzahlung an der Packungsgröße orientiert werden. Für kleine Packungen (z. B. 20 Tabletten) beträgt die Zuzahlung dann 3,– DM, für mittlere Packungen (z. B. 50 Tabletten) 5,– DM und für große Packungen (z. B. 100 Tabletten) 7,– DM.

2. Stationäre Behandlung

Bei stationären Krankenhausbehandlungen müssen GKV-Versicherte für bis zu 14 Tage zuzahlen. In den alten Bundesländern beträgt die tägliche Zuzahlung 11,– DM (früher 10,– DM), in den neuen Bundesländern 8,– DM (früher 10,– DM).

3. Stationäre Vorsorgekuren/Müttergenesungskuren

Für stationäre Vorsorge- und Müttergenesungskuren gelten ab 1.1.1993 dieselben Zuzahlungsregelungen wir für stationäre Krankenhausbehandlungen.

4. Zahnersatz

Die von Bundesgesundheitsminister Horst Seehofer geplante Unterteilung in Regel- und Wahlleistungen wurde aus dem Gesundheitsstrukturgesetz gestrichen. Dafür wurden folgende Maßnahmen aus dem Leistungskatalog der Gesetzlichen Krankenversicherung ausgeschlossen:

- große Brücken zum Ersatz von mehr als vier fehlenden Zähnen je Kiefer oder mehr als drei fehlenden Zähnen je Seitenzahngebiet.
- Kombinationsversorgungen mit mehr als zwei Verbindungselementen je Kiefer (Ausnahme: Es sind nur noch maximal drei Zähne je Kiefer vorhanden).

5. Kieferorthopädie

Kieferorthopädische Behandlungen für Erwachsene (ab Vollendung des 18. Lebensjahres) wurden wie geplant aus der Leistungspflicht der Gesetzlichen Krankenversicherung herausgenommen.

6. Urlaubsreisen ins Ausland

Bei notwendigen Behandlungen im Ausland (in Staaten, die kein Sozialversicherungsabkommen mit der BRD haben) übernimmt die Krankenkasse nur dann noch die Kosten, wenn:

- aufgrund von Vorerkrankungen nachweislich keine Absicherung über eine private Auslandsreisekrankenversicherung möglich war und
- vor Reiseantritt von der zuständigen Krankenkasse eine Leistungszusage abgegeben wurde.

Die Kosten werden nur bis zu der Höhe, in der sie im Inland entstanden wären und nur für längstens sechs Wochen im Kalenderjahr übernommen.

7. Schutzimpfungen

bei Urlaubsfernreisen werden nicht mehr von der Krankenkasse bezahlt.

8. Krankenversicherung der Rentner

a) Als Rentner in der GKV

Ein »starkes Stück« hat sich der Gesetzgeber für die Rentner ausgedacht. Für die meisten freiwillig Versicherten steigen im Rentenalter die Beiträge zur GKV. Wer in der zweiten Hälfte seines Arbeitslebens zu 90 Prozent freiwillig in der GKV verweilte, muß für alle Einkünfte bis zur Beitragsbemessungsgrenze (1994 = pro Monat 5700,– alte Bundesländer) Krankenversicherungsbeiträge zahlen.

Zu diesen Einkünften zählen auch Zinserträge, Einkünfte aus Vermietung und Verpachtung sowie Betriebsrenten und natürlich der gesetzlichen Rentenversicherung.

Ein Beispiel (angenommener Prämiensatz der GKV = 13%)

1.	Einkünfte aus der GRV	= DM 2500,–
	Hiervon zahlt der Rentner 6,5%	= DM 162,50
	Die GRV zahlt den gleichen Beitrag in die GKV.	
2.	Einkünfte aus der Betriebsrente	= DM 1000,–
	Hiervon zahlt der Rentner 13%	= DM 130,–
3.	Weitere Einkünfte (Zinsen, Mieten)	= DM 2500,–
	Die Summe der Einkünfte liegt bei DM 6000,–. Es sind aber lediglich bis zu DM 5700,– Beiträge zu entrichten.	
	Der Rentner zahlt 13% von DM 2200,–	= DM 286,–
	Gesamtbeitrag zur GKV	= DM 578,50

Erhöht sich für 1995 die Beitragsbemessungsgrenze auf DM 6000,– pro Monat, muß der Rentner den neuen Betrag von DM 617,50 akzeptieren. Dieses Rechenbeispiel kann man beliebig fortführen, denn es werden mit Sicherheit seine Einkünfte steigen (Mieten- und Rentensteigerungen), aber ebenso wird die Beitragsbemessungsgrenze von Jahr zu Jahr steigen. Die Kostenspirale für die betroffenen Rentner ist vorprogrammiert. Ab 1.7.1993 stieg der Beitragssatz in den alten Bundesländern auf 13,4%.

b) Als Rentner in der PKV

Ebenfalls hat der Gesetzgeber mit dem Gesundheitsstrukturgesetz die privaten Krankenversicherer unter Druck gesetzt. Der PKV-Verband reagierte ebenso wie der Gesetzgeber auf teilweise gerechtfertigte Kritik am Beitragssystem der PKV-Unternehmen. Zum Teil beruhte die Kritik aber ausschließlich auf reiner Polemik und Profilierungsversuchen einiger Verbraucherschützer. Die privaten Krankenversicherungen einigten sich auf einen Standardtarif für Rentner, der sicherstellen soll, daß keine höheren Beiträge gezahlt werden müssen als der durchschnittliche Höchstbeitrag der gesetzlichen Krankenversicherung. Dieser Tarif soll allen Rentnern offenstehen, die älter als 65 Jahre sind und die mindestens 10 Jahre bei ihrem PKV-Unternehmen versichert sind. Für die ambulante Behandlung einschließlich der Kosten für Arznei- und Hilfsmittel ist eine Selbstbeteiligung von 20% des jeweiligen Rechnungsbetrags, höchstens aber DM 600,– im Jahr vorgesehen. Der Leistungsstand dieses Tarifs soll sich dem der GKV anpassen. Das heißt: Werden die Leistungen der GKV gekürzt, folgt die PKV der Rentner. Außerdem sieht das Gesundheitsstrukturgesetz in Art. 32 für Personen, die keinen Arbeitgeberzuschuß erhalten (Selbständige und Beamte) ein außerordentliches Kündigungsrecht vor, falls ihr Versicherungsunternehmen keinen Standardtarif für Rentner anbietet.

Weiterhin hat das Bundesaufsichtsamt für das Versicherungswesen angeordnet, daß alle bestehenden und neuen Versicherungsverträge, bei denen eine Deckungsrückstellung für das mit dem Älterwerden des Versicherten wachsende Risiko über das 65. Lebensjahr hinaus gebildet wird, eine Zusage auf Beitragsermäßigung im Alter erhalten.

Zur Finanzierung einer Anwartschaft auf die Beitragsermäßigung im Alter sind der Deckungsrückstellung aller in Betracht kommenden Tarifversicherten des Unternehmens einheitliche Beiträge in Höhe von mindestens 1% der jeweiligen, zum Ende des Vorjahres vorhandenen Deckungsrückstellungen jährlich zuzuschreiben. Außerdem werden die Verwaltungskosten in Zukunft auf Stückkosten umgestellt. Bisher orientierte sich der Kostenanteil für Verwaltung am Beitrag, und somit zahlte der Älterversicherte auch einen höheren Verwaltungskostenanteil. Somit wird der Älterversicherte bis zu 10% entlastet. Einige Krankenversicherer haben bereits (4/93) Tarife, bei denen garantiert wird, daß sich der Beitrag im Rentenalter bis zu 33% reduziert (ohne Leistungseinschränkungen).

Meine persönliche Meinung:

Die privaten Versicherungsunternehmen sind als eigentlicher Gewinner aus dem Gesundheitsstrukturgesetz hervorgegangen. Die öffentlichen Diskussionen um die Nichtbezahlbarkeit der Beiträge der privaten Krankenversicherungen im Rentenalter hat seine Früchte getragen. Die GKV wird teurer und in immer größere Schwierigkeiten geraten. Übrigens nochmals erwähnt sein sollte, daß der meist gegebene Preisvorteil der PKV während des Arbeitslebens nicht verpraßt, sondern, wie auch immer, angelegt werden sollte. Dann hat man im Rentenalter wohl keine Sorgen mehr bezüglich der Bezahlbarkeit der Krankenversicherungsbeiträge. Es bleiben die nicht zu unterschätzenden Vorteile der Leistungen der PKV!

Zurück in die GKV (ab dem 1.1.1993)

Wer trotz allem im Rentenalter in die GKV zurück möchte, muß allerdings einige Voraussetzungen erfüllen. Grundsätzlich kann man jedoch sagen: Wer sich einmal für die PKV entschieden hat, muß in ihr bleiben. Obwohl gerade ältere Menschen einen erhöhten Bedarf an besseren ärztlichen Leistungen haben, durch die im übrigen auch die Lebenserwartung steigt.

Die Voraussetzungen sind Arbeitslosigkeit und ein Verdienst unterhalb der Beitragsbemessungsgrenze (z. B. durch Arbeitsplatzwechsel oder aufgrund der gesetzlichen Anhebung der Beitragsbemessungsgrenze). War der Versicherte in den letzten 5 Jahren mindestens 2 Jahre in der GKV oder hat er in den letzten 12 Monaten unterhalb der Beitragsbemessungsgrenze verdient, kann er zurück in die GKV.

Bei wem sind die Kinder zu versichern?

Diese Frage ist gar nicht so einfach zu beantworten. Folgende Aufstellung soll hier Klarheit verschaffen:

Bei wem die Kinder zu versichern sind, hängt davon ab, ob die Eltern privat oder gesetzlich versichert sind, wer jeweils mehr verdient und ob das Einkommen oberhalb der Beitragsbemessungsgrenze liegt.

1. Fall:

Eltern	1:	berufstätig, pflichtversichert, Einkommen mtl. 3000,– DM	= GKV
	2:	nicht erwerbstätig	= GKV von 1.
		Kind	= GKV von 1.

2. Fall:

Eltern	1:	berufstätig, pflichtversichert, Einkommen mtl. 3000,– DM	= GKV
	2:	berufstätig, pflichtversichert, Einkommen mtl. 2000,– DM	= GKV
		Kind	= GKV von 1.

3. Fall:

Eltern	1:	berufstätig, privatversichert, Einkommen ≥ der Bemessungsgrenze	= PKV
	2:	berufstätig, pflichtversichert	= GKV
		Kind	= eigene GKV oder PKV

4. Fall:

Eltern	1:	berufstätig, privatversichert, Einkommen > der Bemessungsgrenze	= PKV
	2:	berufstätig, pflichtversichert, Einkommen mtl. 2000,– DM	= GKV
		Kind	= GKV von 2.

5. Fall:

Eltern	1:	berufstätig, freiwillig versichert, Einkommen mtl. 6000,– DM	= GKV
	2:	berufstätig, privatversichert, Einkommen mtl. 5500,– DM	= PKV
		Kind	= GKV von 1.

Der Wechsel innerhalb der PKV

Wenn ein Privatversicherter die PKV wechseln möchte, sollte er einige Aspekte beachten. Die Beitragshöhe richtet sich nach dem Eintrittsalter. Bei dem Wechsel könnte er einen Sprung in die nächsthöhere Altersklasse vollziehen und somit in der Regel einen höheren Beitrag zahlen müssen. Oder es sind während der Laufzeit des bestehenden Vertrages Krankheiten aufgetaucht, die bei einem neuen Vertrag nur noch mit einem Risikozuschlag oder eventuell einem Risikoausschluß abschließbar sind. Weiterhin sind bei einem Wechsel – PKV zu PKV – Wartezeiten zu akzeptieren, die nur aufgrund einer ärztlichen Untersuchung auf Kosten des Versicherungsnehmers erlassen werden.

Dennoch kann sich ein Wechsel lohnen. Entweder weil man einen zu teuren Vertrag abgeschlossen hat oder weil man mit dem Leistungspaket des bisherigen Versicherers unzufrieden ist.

Die Beitragsrückerstattung

Die meisten privaten Krankenversicherungen zahlen ihren Versicherten einen Teil des Jahresbeitrages – bis zu sechs Monatsbeiträgen – bei einer Nichtinanspruchnahme der Versicherungsgesellschaft zurück: die sogenannte Beitragsrückerstattung. Der Privatversicherte sollte sich bei seiner Gesellschaft genau danach erkundigen.

Wenn nämlich die im Kalenderjahr angelaufenen Krankheitskosten geringer sind als die mögliche Rückerstattung, sollte man die Rechnungen natürlich nicht an den Versicherer zur Abrechnung einreichen.

Die Auslandsreisekrankenversicherung

Für viele, die in der privaten Krankenversicherung sind, lohnt sich der zusätzliche Abschluß einer Auslandsreisekrankenversicherung bei einer Reise ins Ausland. Die Beiträge sind minimal, und man kann, falls man tatsächlich im Ausland krank werden sollte, davon in zwei Bereichen profitieren.

1. Die Beitragsrückgewähr ist nicht von dieser Krankheit betroffen, wenn die Auslandsreisekrankenversicherung zahlt.
2. Eine im Hauptvertrag eventuell vereinbarte Selbstbeteiligung käme nicht zum Tragen.

Die Krankenzusatzversicherungen

Gesetzlich Versicherte haben über die privaten Krankenzusatzversicherungen ebenfalls die Möglichkeit, »Patienten erster Klasse« zu werden. Allerdings kostet dieser »Spaß« auch einiges. Wer interessiert ist, sollte sich zum Beispiel über eine Computeranalyse ein Angebot unterbreiten lassen. Ein solcher Abschluß ist meines Erachtens eine Angelegenheit der individuellen Einstellung zum Gesundheitswesen. Wer über der Beitragsbemessungsgrenze verdient, sollte keine Zusatzversicherung abschließen, sondern direkt einen Krankheitskostenvolltarif. Die Vereinbarungen in der Zusatzversicherung können – je nach Versicherungsgesellschaft – so vereinbart werden, als wäre man von den Leistungen her gesehen direkt in der Vollversicherung.

Was geschieht, wenn man PKV-Mitglied ist und zum Beispiel durch die Anhebung der Beitragsbemessungsgrenze wieder versicherungspflichtig wird?

Wenn man privat versichert ist und auch bleiben möchte, gibt es die Möglichkeit, durch einen Antrag bei der zuständigen Krankenkasse sich von der Krankenversicherungspflicht befreien zu lassen. Dieser Antrag muß bis zum 31.3. des laufenden Jahres gestellt werden. Wer sich einmal befreien lassen hat, braucht diesen Antrag nicht zu wiederholen. Hat man ihn einmal gestellt, werden Sie von der GKV tatsächlich nicht mehr aufgenommen. Aber warum auch?

Der § 41 Versicherungsvertragsgesetz (VVG)

Anfang 1992 kamen in den Medien Diskussionen um den § 41 VVG auf, die viele Privatversicherten verunsicherten. Der Hintergrund ist:

Wer einen Krankenversicherungsantrag stellt, muß die gestellten Antragsfragen nach Vorerkrankungen und Beschwerden wahrheitsgemäß und umfassend beantworten. Stellt sich nachträglich heraus, daß er dies nicht getan hat, kann der Versicherer eine höhere und damit risikogerechte Prämie verlangen oder vom Versicherungsvertrag zurücktreten. Der § 41 VVG räumt dem Versicherer darüber hinaus das Recht auf eine höhere Prämie oder gar Kündigung ein, wenn der Versicherte bei Antragstellung nichts von der Vorerkrankung wußte.

Die meisten Versicherer verzichten mittlerweile auf das außerordentliche Kündigungsrecht gemäß § 41 VVG. Dennoch sollte sich jeder Privatversicherte (Neu- wie Altverträge) eine Verzichtserklärung seines Versicherers schriftlich geben lassen.

Mutterschaftsgeld – der Unterschied GKV / PKV

Die gesetzlich krankenversicherten Frauen erhalten von ihren Kassen Mutterschaftsgeld, sofern sie vor der Geburt des Kindes fest angestellt waren. Das gleiche gilt für Mütter, die als Selbständige freiwilliges Mitglied einer GKV sind. Das Nettogehalt muß jedoch vor der Entbindung mindestens DM 25,– pro Tag betragen haben. Bei niedrigeren Einkünften wird es entsprechend weniger. Ebenso zahlt der Arbeitgeber einen Zuschuß zum Mutterschaftsgeld, so daß der Lohnersatz in der Summe dem Nettogehalt der Frau in etwa entspricht.

Privatversicherte erhalten von der Krankenkasse kein Mutterschaftsgeld. Als einmalige Abfindung kann man beim Bundesaufsichtsamt in Berlin eine Zahlung von DM 400,– beantragen. Hier zahlt der Arbeitgeber ebenfalls einen Zuschuß. Er muß aber nur die Differenz zwischen dem Nettogehalt der Frau und dem Betrag von DM 25,– pro Tag ausgleichen.

Die privatversicherte Arbeitnehmerin ist somit schlechter gestellt als die gesetzlich Versicherte. Vielfach wird von den PKV-Unternehmen eine Entbindungspauschale in Höhe des zehnfach versicherten Krankentagegeldes entrichtet.

Eine Ausnahme bilden die privat versicherten Beamtinnen, die während der Schutzfrist ihre vollen Dienstbezüge erhalten.

Der Nachteil für die privat Versicherte gleicht sich zum Teil durch die von Geburt an erhältlichen DM 600,– Erziehungsgeld aus. Bei den gesetzlich Versicherten wird das Mutterschaftsgeld auf das Erziehungsgeld angerechnet.

Änderungen im Bundeserziehungsgeldgesetz

Für Kinder, die ab dem 01. Januar 1993 geboren wurden, haben Eltern für bis zu 24 Monate nach der Geburt Anspruch auf Bundeserziehungsgeld in Höhe von 600,– DM monatlich. Das Bundeserziehungsgeld wird nur in den ersten sechs Monaten einkommensunabhängig gezahlt. Liegt das Jahresnettoeinkommen ab dem siebten Monat nach der Geburt über den gesetzlichen Einkommensgrenzen (siehe Übersicht), wird das Erziehungsgeld um 40% des übersteigenden Betrages gemindert. Liegt der daraus resultierende monatliche Anspruch unter 40,– DM, wird kein Erziehungsgeld ausgezahlt. Gerade bei Personen mit guten Einkommen kommt es dadurch in der Regel immer zur Minderung oder sogar zum Entfall des Anspruchs.

Beispiel

Ehepaar, 1 Kind, Jahresnettoeinkommen	45 000 DM
Einkommen:	45 000 DM
Einkommensgrenze (s. Übersicht):	–29 400 DM
Differenz:	15 600 DM
davon 40%:	6 240 DM
Minderung im Monat:	520 DM
Maximales Erziehungsgeld:	600 DM
Minderung im Monat:	– 520 DM
Erziehungsgeld ab dem 7. Monat:	**80 DM**

Einkommensgrenzen beim Erziehungsgeld ab dem 7. Lebensmonat (Jahresnettoeinkommen)		
	Anzahl Kinder	Einkommens-grenzen
Ehepaar	1	29 400,– DM
Alleinerziehende	1	23 700,– DM
Ehepaar	2	33 600,– DM
Alleinerziehende	2	27 900,– DM
Ehepaar	3	37 800,– DM
Alleinerziehende	3	32 100,– DM
Ehepaar	4	42 000,– DM
Alleinerziehende	4	36 300,– DM

Quelle: Bundesratsdrucksache 502/93

Zur Berechnung der Minderung wurde **bisher** das Jahresnettoeinkommen des vorletzten Kalenderjahres vor der Geburt herangezogen. Die Minderung wurde einmalig berechnet und galt für die gesamte Dauer.

Neu ist für Kinder, die ab dem 1. Juli 1993 geboren wurden:
- Ausschlaggebend für die Minderung des Erziehungsgeldes ab dem 7. Monat nach der Geburt ist das aktuelle Jahreseinkommen im Geburtsjahr (bisher das Einkommen im vorletzten Kalenderjahr).
  Wenn keine Teilzeitbeschäftigung während des Erziehungsgeldbezugs aufgenommen wird, bleibt das vor der Geburt erzielte Einkommen des Erziehungsgeldberechtigten unberücksichtigt.
- Das Bundeserziehungsgeld kann immer nur für ein Lebensjahr beantragt werden. Für das zweite Lebensjahr kann ein Antrag frühestens ab dem 9. Lebensmonat des Kindes gestellt werden.
- Der Anspruch bzw. die Höhe der Minderung des Erziehungsgeldes wird einmal für den Zeitraum vom 7.-12. und einmal vom 13.-24. Lebensmonat des Kindes beurteilt. Bei Veränderungen des Nettoeinkommens zwischen der ersten und der zweiten Beurteilung (z.B. durch Gehaltserhöhung) kann sich der Anspruch bei der zweiten Beurteilung erneut vermindern oder dann eventuell ganz entfallen.

– Wird während des Erziehungsurlaubs eine Teilzeitbeschäftigung aufgenommen, muß der Anspruch neu ermittelt werden. Die Einkünfte aus dieser Teilzeitbeschäftigung werden ebenfalls zur Berechnung mit herangezogen.

In der Frage der Beitragsgestaltung während des Erziehungsgeldbezugs bzw. während des Erziehungsurlaubs hat es keine Änderung gegeben. **Freiwillig versicherte Arbeitnehmerinnen** in der GKV müssen im Gegensatz zu pflichtversicherten Arbeitnehmerinnen während der Zeit des Erziehungsgeldbezugs **Mindestbeiträge** nach § 240 Abs. 4 SGB V zahlen.

So beträgt der Beitrag für eine freiwillig in der DAK versicherte Arbeitnehmerin in den alten Bundesländern 158,– DM und in den neuen Bundesländern 106,– DM monatlich. Wenn während des Erziehungsurlaubs sonstige Einnahmen erzielt werden, z.B. aus Vermietung und Verpachtung oder aus Kapitalvermögen, müssen diese bei der Beitragsberechnung ebenfalls herangezogen werden.

Ein beitragsfreier Anspruch auf Familienversicherung während des Erziehungsurlaubs besteht ebenfalls nicht, da das Arbeitsverhältnis rechtlich nach wie vor weiterbesteht.

Ganz aktuell

Im Rahmen ihres Konsolidierungsprogramms plant die Bundesregierung für Personen mit hohen Einkommen (Ehepaare ab 100 000 DM Jahresnettoeinkommen/Alleinerziehende ab 75 000 DM Jahresnettoeinkommen) den Bezug von Erziehungsgeld in den ersten 6 Lebensmonaten des Kindes ganz auszuschließen.

(Quelle: Bundesratdrucksache 502/93)

Die Pflegeversicherung

Leider konnten sich die politischen Kräfte des Landes nicht zur Realisierung der Pflegeversicherung durchringen. Eine Politik, die auf dem Rücken der Pflegebedürftigen ausgetragen wird.

Die nächsten Seiten zeigen Ihnen kurz auf, wie die Pflegeversicherung geplant war.

Gesetzlich und Privat

Als eigenständige Säule der Sozialversicherungen wurde die gesetzliche Pflegeversicherung eingeführt, die eine zusätzliche soziale Sicherheit bieten soll. Die Durchführung und Verwaltung übernehmen die Krankenversicherer.

Ebenso wurde für alle privat krankenversicherten Personen eine private Pflichtpflegeversicherung ab dem 1.1.1994 eingeführt, die über die bisherige Krankenversicherungsgesellschaft zusätzlich abgeschlossen werden mußte.

Beiträge

Gesetzlich Versicherte zahlen ab dem 1.1.1994 ein Prozent des Bruttoeinkommens bis zu max. der Beitragsbemessungsgrenze der Krankenversicherung. Somit dürfte für 1994 der Höchstbetrag bei DM 57,– pro Monat liegen, wobei der Arbeitgeber die Hälfte trägt. Familienangehörige sind wie bei der GKV automatisch mitversichert. Ab dem 1.1.1996 soll der Beitrag auf 1,7 Prozent p.a. angehoben werden.

Privatversicherte zahlen einen altersabhängigen, für Männer wie Frauen gleichen Beitrag. Falls die PKV bereits vor dem 1.1.1994 bestand, darf der Beitrag max. 150 Prozent des Höchstbeitrages zur gesetzlichen Pflegeversicherung betragen. Nicht erwerbstätige Kinder sind bis zum 20. Lebensjahr beitragsfrei mitversichert. Für über 65-jährige Versicherungsnehmer darf der Beitrag den Höchstbeitrag der sozialen Pflegeversicherung nicht übersteigen. Auch hier zahlt der Arbeitgeber einen Zuschuß wie zur Krankenversicherung. Der PKV-Verband hat hier einen einheitlichen, bei allen Versicherern gleich teuren Pflegetarif mit gleichen Leistungen geschaffen.

Leistungsberechtigte

Als pflegebedürftig gelten Personen, die wegen einer Krankheit oder einer Behinderung bei gewöhnlichen Alltagstätigkeiten in erheblichen Maße hilfsbedürftig sind. Die Pflegebedürftigen werden in drei Gruppen aufgeteilt:

Stufe 1: erheblich pflegebedürftig	– Hilfe mindestens einmal täglich notwendig
Stufe 2: schwer pflegebedürftig	– Hilfe mindestens dreimal täglich
Stufe 3: schwerst-pflegebedürftig	– Hilfe rund um die Uhr

Leistungen

Die wesentlichen Leistungen der Pflegeversicherung sind:

1. Pflegegeld in Höhe von maximal DM 400,–/800,–/1200,– pro Monat je nach Pflegestufe oder
2. Pflegesachleistungen (z.B. Bezahlung einer Fachkraft oder der hauswirtschaftlichen Versorgung) in Höhe von maximal DM 750,–/1500,–/2100,– pro Monat

3. Urlaubsvertretung bis zu 4 Wochen im Wert bis zu DM 2100,–
4. Zuschüsse für technische Hilfsmittel bis zu DM 5000,– je Maßnahme (nur Kann-Leistung).

Ab 1996 sollen auch stationäre Leistungen bezahlt werden. Für die häuslichen Pflegekräfte übernimmt die Pflichtversicherung die Beitragszahlung der gesetzlichen Rentenversicherung in Höhe von DM 173,–/346,–/519,– pro Monat.

Die Leistungen der privaten Pflegeversicherung werden, auch bei zukünftigen Änderungen, immer den Leistungen der gesetzlichen Pflegeversicherung angepaßt.

Geplant ist den Beitrag der Pflegeversicherung zusätzlich als steuerlich wirksame Sonderausgabe in Höhe von DM 360,– pro Jahr zu gewähren, jedoch für Steuerpflichtige, die nach dem 31.12.1962 geboren sind.

Festzuhalten bleibt, daß die Pflegeversicherung zwar ein richtiger, aber nicht ausreichender Schritt ist, um die Kosten einer wirklich pflegebedürftigen Person zu decken. Geht man von monatlichen Pflegekosten von DM 5000,– bei einer maximalen Leistung der Pflegeversicherung von DM 2100,– aus, bleibt eine stolze Versorgungslücke.

Die gesetzliche Rentenversicherung

Die Absicherung der Altersversorgung steht vor schweren Problemen. Durch die Entwicklung der Altersstruktur in Deutschland ergeben sich zwangsläufig Liquiditätsprobleme in der Sozialversicherung mit der Folge, daß in der Zukunft entweder die Beitragssätze steigen oder die Rentenzahlungen reduziert werden müssen. Vielleicht sogar beides. Anhand der folgenden Graphik kann man die wahrscheinliche Entwicklung der Beitragszahler im Verhältnis zu den Altersrentnern erkennen. Sollten diese Prognosen eintref-

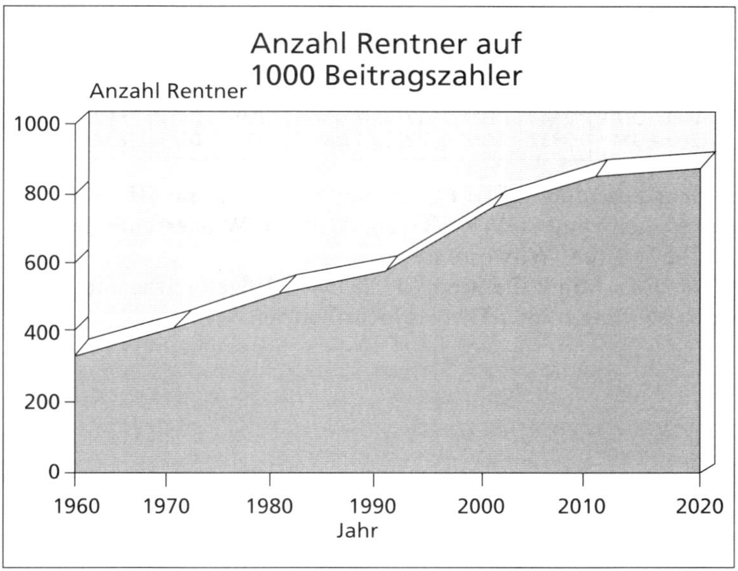

fen, kommt im Jahre 2020 fast auf jeden Beitragszahler ein Rentner. Daraus ergibt sich, daß praktisch jeder Beitragszahler für die Versorgung eines Rentners aufkommen müßte – kaum vorstellbar.

Aktuelle Eckdaten der gesetzlichen Rentenversicherung

Die Realität wird wohl so aussehen, daß die Leistungen aus der gesetzlichen Rentenversicherung (GRV) zunehmend nur als Basisabsicherung für die Altersvorsorge dienen werden. Um die Situation zu verdeutlichen, werden folgend einige Eckdaten aufgezeigt. Stand: 1.1.1993.

Rente nach einer Beitragszeit von 45 Jahren

Monatsbeitrag	AR/EU	BU	GWR	KWR
92,75 DM	245,74 DM	163,84 DM	147,44 DM	61,44 DM
200,– DM	529,66 DM	353,12 DM	317,79 DM	132,41 DM
400,– DM	1059,50 DM	706,37 DM	635,70 DM	264,88 DM
649,25 DM	1719,61 DM	1146,46 DM	1031,77 DM	429,90 DM
800,– DM	2119,01 DM	1412,74 DM	1271,41 DM	529,90 DM
1000,– DM	2648,67 DM	1765,87 DM	1589,20 DM	662,17 DM
1260,– DM	3337,35 DM	2225,01 DM	2002,41 DM	834,34 DM

AR = Altersrente, EU = Erwerbsunfähigkeitsrente, BU = Berufsunfähigkeitsrente, GWR = Große Witwen-/Witwerrente, KWR = Kleine Witwen-/Witwerrente.
92,75 DM = Mindestbeitrag, 649,25 DM = Regelbeitrag und Handwerkerbeitrag, 1260,– DM = Höchstbeitrag.

Durchschnittsrentenbeträge 1993

Rentenart	Arbeiterrentenvers.	Angestelltenvers.
Altersrenten 65 Jahre	698,11 DM	1079,16 DM
Altersrenten 60 Jahre/Frauen	888,49 DM	1287,60 DM
EU-Renten	918,83 DM	1094,51 DM
BU-Renten	848,44 DM	906,50 DM
Witwenrenten	841,57 DM	1161,96 DM

Die Versorgungslücke

Mit Hilfe der vorangegangenen Tabellen sollte man versuchen, seine persönliche Situation zu betrachten.

Ein Beispiel: Der zukünftige Rentner zahlte 45 Jahre lang 800,– DM pro Monat in die GRV ein (Arbeitgeber + Arbeitnehmerbeitrag). Sein Altersrentenanspruch beläuft sich dann auf monatlich 2119,01 DM (Stand: 1.1.1993). Der durchschnittliche Prozentsatz zur Beitragszahlung in die GRV beträgt ca. 18%.

800,– DM dividiert durch 18% = 4450,– DM (Bruttoeinkommen).

Bruttoeinkommen	4450,– DM
Gesetzl. Rentenvers.	400,– DM
Krankenvers./Arbeitslosenvers.	380,– DM
Lohnsteuer/Klasse III/0	550,– DM
Nettoeinkommen	*3120,– DM*

Der Rentenanspruch beläuft sich auf 2119,01 DM, während das Nettoeinkommen um über 1000,– DM höher liegt. Die Differenz, bezogen auf die Altersrente, nennt man auch *Versorgungslücke.* Will die Person ihren Lebensstandard halten, muß diese Versorgungslücke geschlossen werden.

Hierzu gibt es mehrere Möglichkeiten. Entweder über die Kapitalbildung oder über den Immobilienerwerb. Der Erwerb einer Eigentumswohnung oder eines Hauses kann aber nur dann zur Schließung der Versorgungslücke dienen, wenn diese zum Zeitpunkt des Renteneintrittes auch schulden- und lastenfrei sind. Beim Aufstellen sogenannter Tilgungspläne muß unbedingt darauf geachtet werden. Ist dies nämlich nicht der Fall, geht der Schuß nach hinten los. Die monatliche Belastung bleibt in der Regel gleich hoch, während sich die Altersrente verringert. Vorsicht!

Soll die Versorgungslücke durch Kapital abgedeckt werden, sollte die Berechnung folgendermaßen aussehen:

Wie im vorangegangenen Beispiel festgestellt wird, bewegt sich die Versorgungslücke um die 1000,– DM pro Monat bzw. 12 000,– DM pro Jahr. Diese Beträge müssen die Zinseinkünfte eines bestimmten Kapitals darstellen. Um den Betrag zu berechnen, werden die 12 000,– DM mit dem am Kapitalmarkt dauerhaft erzielbaren Zins kapitalisiert. Ein durchaus realistischer Zins ist 6%. Vom Arbeitgeber zugesagte Renten reduzieren die Versorgungslücke entsprechend.

$$\frac{\text{Versorgungslücke p.a. 12 000,– DM}}{\text{Kapitalmarktzins 6\%}}$$

Das angesammelte Kapital sollte also nach heutigem Stand mindestens 200 000,– DM betragen (Inflationsraten und Rentenreformen nicht mitkalkuliert). Um diese Summe zu erreichen, gibt es verschiedene Wege. Zu den bekanntesten zählt sicher die Kapitallebensversicherung. Weniger bekannt, aber unter Umständen durchaus interessante Alternativen sind die Leibrentenversicherung, die fondsgebundene Lebensversicherung, das Investmentsparen oder unter Umständen ausländische Lebensversicherungen, insbesondere die britischen Kapitaltarife. Ob und welche Alternativen sich für die Altersvorsorge eignen, werde ich in den einzelnen Kapiteln versuchen aufzuzeigen.

Aber nicht nur in der Altersvorsorge gibt es die Versorgungslücke. Ein wichtiger Aspekt ist die Berufsunfähigkeitsabsicherung.

Hierzu werde ich ebenfalls in einem separaten Kapitel Stellung nehmen.

Differenzierte Betrachtung der Versorgungslücke und deren Deckung

Höhe der Versorgungslücke =
  Nettoeinkommen
– Leistung aus der GRV
– Betriebliche Altersvorsorge
– Mietwert einer zukünftig schuldenfreie Immobilie
– Sonstiges

– Monatliche Versorgungslücke (heutiger Geldwert)

Nach dieser Berechnung soll ein 35-jähriger Mensch eine Versorgungslücke von DM 1000,– pro Monat aufweisen.
Weitere Eckdaten: Rentenbeginn mit 65 Jahren, durchschnittliche Inflationsrate = 3% p.a., Alterserwartung 90 Jahre, durchschnittlicher Geldanlagezinssatz = 6% p.a.

Ergebnis:
Um in 30 Jahren bei einer angenommenen jährlichen Inflationsrate von 3 % eine monatliche Kaufkraft zu gewährleisten, die nach heutigem Wert von DM 1000,– entspricht, müssen dann monatlich DM 2427,– zur Verfügung stehen.

Um diesen Betrag jeden Monat über einen Zeitraum von 25 Jahren zahlen zu können, müssen DM 384 444,– zu Beginn des Entnahmezeitraums zu jährlich 6 % angelegt werden.

Soll die Rente während der Rentenbezugszeit gegen die Inflation geschützt werden (Dynamisierung), beträgt der dazu notwendige Anlagebetrag DM 513 412,–. Damit ist eine jährliche Rentensteigerung von 3 % finanzierbar.

Um in 30 Jahren ein Kapital von DM 513 412,– aufzubauen, müssen linear DM 524,– pro Monat gespart werden, oder bei einer 5%-igen jährlichen Anspardynamik DM 291,– pro Monat im 1. Jahr.

Entnahmeplan zum Rentenbeginn:

Jahr	Restkapital Jahresbeginn	Entnahme pro Monat	Entnahme pro Jahr	Zins-einnahmen
1	513 412,–	2427,–	29 124,–	29 858,–
2	514 146,–	2500,–	30 000,–	29 874,–
3	514 020,–	2575,–	30 900,–	29 837,–
4	512 957,–	2652,–	31 824,–	29 743,–
5	510 876,–	2732,–	32 784,–	29 587,–
6	507 679,–	2814,–	33 768,–	29 363,–
7	503 274,–	2898,–	34 776,–	29 066,–
8	497 564,–	2985,–	35 820,–	28 690,–
9	490 434,–	3075,–	36 900,–	28 227,–
10	481 761,–	3167,–	38 004,–	27 671,–
11	471 428,–	3262,–	39 144,–	27 014,–
12	459 298,–	3360,–	40 320,–	26 247,–
13	445 225,–	3461,–	41 532,–	25 364,–
14	429 057,–	3565,–	42 780,–	24 353,–
15	410 630,–	3672,–	44 064,–	23 206,–
16	389 772,–	3782,–	45 384,–	21 911,–
17	366 299,–	3895,–	46 740,–	20 459,–
18	340 018,–	4012,–	48 144,–	18 836,–
19	310 710,–	4132,–	49 584,–	17 031,–
20	278 157,–	4256,–	51 072,–	15 030,–
21	242 115,–	4384,–	52 608,–	12 817,–
22	202 324,–	4516,–	54 192,–	10 378,–
23	158 510,–	4651,–	55 812,–	7 697,–
24	110 395,–	4791,–	57 492,–	4 755,–
25	57 658,–	4935,–	59 220,–	1 535,–

Nicht berücksichtigt wurden bei den Berechnungen die gegebenenfalls auf die Zinserträge des Anlagebetrages zu zahlenden Steuern.

Das 3-Säulen-Konzept

Um nochmals das Vorangegangene auf einen Nenner zu bringen: Soll der Lebensstandard bei Renteneintritt erhalten bleiben, müssen neben der gesetzlichen Rentenversicherung als Basisvorsorge betriebliche und private Maßnahmen getroffen werden. Ein allgemein publiziertes Konzept stellt das 3-Säulen-Konzept dar, das in der folgenden Graphik anschaulich aufgezeigt ist.

Steuerliches in Sachen Rente

Vielfach meint der Verbraucher, daß Rentenzahlungen steuerfrei sind. Dies ist nicht richtig. Renten, ob aus der gesetzlichen Rentenversicherung oder aus einer privaten Versicherung, sind sonstige Einkünfte gemäß § 22 EStG und sind mit dem Ertragsanteil zu versteuern (siehe unter Leibrentenversicherung). Dieser Ertragsanteil ist abhängig vom Rentenbeginn. Je höher das Alter zu Rentenbeginn, um so geringer ist der Ertragsanteil. Einige Beispiele: Beginnt die Rente mit der Vollendung des 40. Lebensjahres, ist der Ertragsanteil 52% der Rente, mit Vollendung des 60.

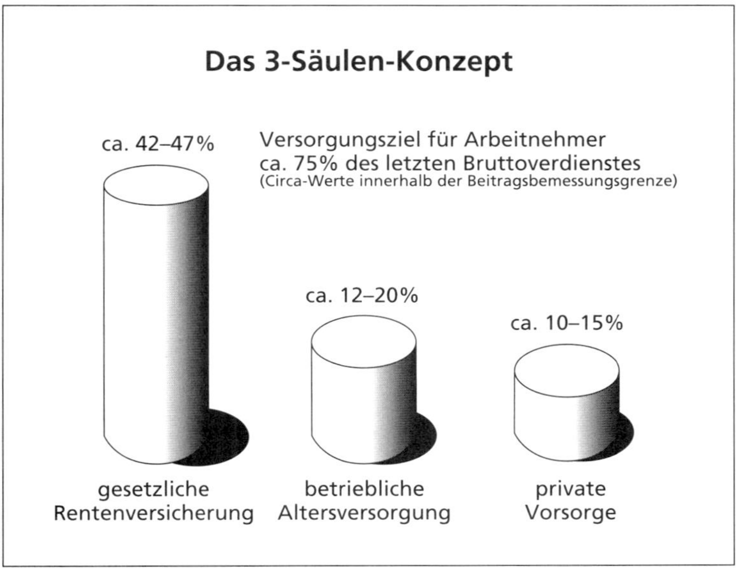

Lebensjahres 32%. Das heißt: Multipliziert man die Rentenleistung mit dem Prozentsatz, ergibt sich das steuerpflichtige Einkommen. Meistens liegt der steuerpflichtige Ertragsanteil unter dem Grundfreibetrag, so daß in der Regel keine Einkommensteuer von der Rente abgeführt werden muß.

Im Gegensatz übrigens zu den Beamtenpensionen. Pensionen sind keine Leibrenten und somit in voller Höhe steuerpflichtig.

Die Kapitallebensversicherung

Die deutschen Lebensversicherer rechnen im Jahr 1994 mit einem Beitragsaufkommen von rund 70 Mrd. DM. Grund genug, sich einmal ausführlich mit der Thematik zu beschäftigen. Die Kapitallebensversicherung (KLV) gerät immer wieder ins Kreuzfeuer der Kritik. Ist die KLV ein legaler Betrug, wie einige Verbraucherschützer meinen, oder ist sie besser als ihr Ruf? Mehr als 100 Versicherungsgesellschaften bieten in Deutschland ihre KLV-Tarife an, und mit der Einführung des EG-Binnenmarktes Mitte 1994 werden es noch viel mehr.

Bei den deutschen KLV, so ein Test der Stiftung Warentest (6/91), gibt es immerhin Leistungsunterschiede, die bei 35% liegen können. Der Unterschied liegt nicht in den Beitragssätzen, denn die differieren von Anbieter zu Anbieter nur unwesentlich. Die wirtschaftliche Leistungsfähigkeit in der Ganzheit betrachtet ist hier maßgebend. Bemerkenswert ist, daß gerade die so bekannten und großen Versicherungsgesellschaften fast nie in der Spitzengruppe zu finden sind. Das liegt sicherlich einerseits an dem großen Werbe- und Verwaltungsetat und andererseits an dem riesigen Vertreterheer der Gesellschaften. Denn die Bekanntheit kommt ja nicht von ungefähr. Die Versicherungsvertreter kosten Geld. Abschluß- und Bestandspflegeprovisionen fallen in der Regel für den Abschluß eines Vertrages an. All diese Kosten trägt zunächst der Versicherungsnehmer, sie spiegeln sich in der Rückkaufswertentwicklung und Ablaufleistung wider. Laut der Tabelle auf Seite 134 bekommt der Versicherungsnehmer bei einer vorzeitigen Kündigung nach fünf Jahren den Betrag 12 326,– DM ausgezahlt, reduziert um die sogenannte Kapitalertragssteuer von 290,– DM. Eingezahlt wurden bis zu diesem Zeitpunkt jedoch 15 000,– DM.

Was ist eine Kapitallebensversicherung?

Vom Prinzip her ist die KLV ein kombinierter Vertrag aus einer Risikolebensversicherung und einem Sparvertrag.

Der Abschluß einer KLV ist ein Versprechen der Versicherungsgesellschaft, gegen einen vereinbarten Beitrag bei Eintritt des Versicherungsfalles jederzeit die volle Versicherungssumme auszuzahlen, unabhängig von der Höhe der bis dahin gezahlten Versicherungsbeiträge. Um dieses Versprechen halten zu können, wird von dem Beitrag ein Risikoanteil abgezweigt, der dazu dient, die Leistungen für die vorzeitigen Versicherungsfälle zu erbringen. Weiterhin wird ein Kostenanteil für Verwaltung und Provisionen einbehalten, um die Versicherungsvermittler zu bezahlen und um die Verwaltung in ihren »dezenten Unterkünften« zu unterhalten. Nun kommt endlich der Sparanteil, der zunächst mit dem garantierten sogenannten Rechnungszins von 3,5 % verzinst wird. Natürlich erwirtschaftet eine Versicherungsgesellschaft höhere Renditen. Diese höhere Rendite nennt man auch Überschußbeteiligung.

Bei einem Vertragsabschluß ist diese Überschußbeteiligung nicht

Klassische Deckungsstockstruktur einer deutschen Lebensversicherung

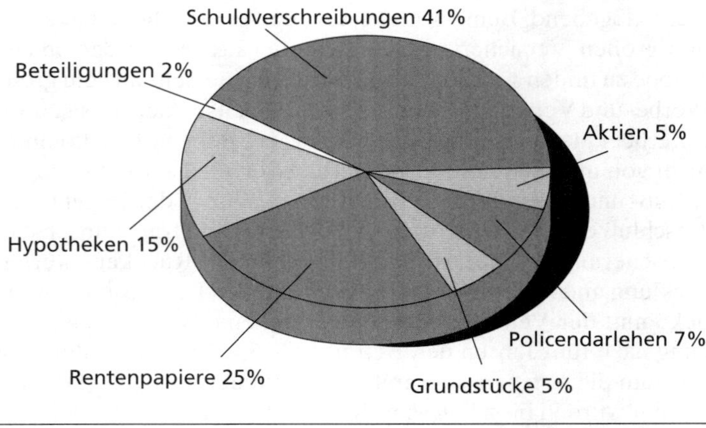

garantiert. Hochrechnungen sind nicht mehr als Prognosen und beziehen sich auf die zuletzt festgesetzten Eckdaten eines Versicherungsunternehmens. Sind jedoch die jährlichen Gewinne den Kunden einmal zugeteilt, so bleiben sie garantiert. Zum Sparvorgang steht also nie der ganze Beitrag zur Verfügung. Dieser Tatsache sollte man sich beim Abschluß einer Kapitallebensversicherung bewußt sein. Der Graphik kann man entnehmen, wie deutsche Lebensversicherer die Sparanteile ihrer Kunden anlegen. Dieser »Topf« wird Deckungsstock genannt. Diese Aufteilung ist als Beispiel zu betrachten, die zwischen den Gesellschaften geringfügig differiert.
Vergleicht man dieses »Musterdepot« mit dem einer britischen Kapitallebensversicherung, werden die Unterschiede deutlich, und es erklärt unter anderem, warum die Briten mit ihren Kapitallebensversicherungen höhere Gewinne für ihr Versicherungsnehmer erwirtschaften können.
Die Deckungsstockstruktur der deutschen KLV ist als risikoarm zu bezeichnen und somit relativ sicher, während die britischen KLV's eher mit einer fondsgebundenen Lebensversicherung vergleichbar sind. Näheres im Kapitel »Die britischen Kapitallebensversicherungen«.

Die Kapitallebensversicherung – Tarif-Analyse

In dieser Tarifanalyse werden die einzelnen Positionen, die eine KLV beeinflussen, aufgezeigt. Sie ist aber als Beispiel zu betrachten.

Versicherungsbeitrag:			3 000,– DM p. a.
Versicherte Person:	Mann	Eintrittsalter:	35 Jahre
Laufzeit und Beitragszahlungsdauer:			25 Jahre
Versicherungssumme:			92 336,– DM
Ablaufleistung:			211 467,– DM
Beitragsaufwand:			75 000,– DM
Rendite pro Jahr:			7,27%

Jahr (1)	Beitrag (2)	Rück-vergütung (3)	Zins-überschuß (4)	Risiko-überschuß (5)	Sonstiger Überschuß (6)	Schluß-überschuß (7)	laufender Überschuß (8)	angesam. Überschuß (9)	Kap.Ertr.-steuer (10)	Todesfall-Leistung (10)	Beleihungs wert (12)
1	3000,–	1 579	39	96	37	0	172	172	0	92 508	1 751
2	3000,–	3 207	120	100	37	0	257	443	0	92 813	3 650
3	3000,–	4 974	205	105	37	0	346	824	32	93 272	5 766
4	3000,–	7 716	317	110	37	0	465	1 355	127	93 922	8 944
5	3000,–	10 543	456	116	37	0	609	2 072	290	94 804	12 326
6	3000,–	13 459	600	121	37	0	758	2 996	518	95 938	15 937
7	3000,–	16 466	748	126	37	0	911	4 147	815	97 347	19 798
8	3000,–	19 570	901	130	37	0	1068	5 547	1184	99 057	23 932
9	3000,–	22 772	1059	135	37	60	1230	7 281	1628	101 094	28 425
10	3000,–	26 077	1221	140	37	147	1398	9 344	2151	103 488	33 270
11	3000,–	29 488	1389	144	37	267	1570	11 769	2757	106 271	38 500
12	3000,–	33 008	1562	149	37	424	1749	14 595	0	109 478	47 603
13	3000,–	36 638	1741	156	37	627	1934	17 866	0	113 147	54 504
14	3000,–	40 383	1926	162	37	884	2124	21 626	0	117 318	62 009
15	3000,–	44 251	2116	165	37	1 205	2318	25 924	0	122 033	70 176
16	3000,–	48 251	2313	167	37	1 601	2517	30 815	0	127 339	79 066
17	3000,–	52 395	2516	165	37	2 086	2718	36 355	0	133 285	88 750
18	3000,–	56 693	2727	161	37	2 676	2925	42 611	0	139 924	99 304
19	3000,–	61 159	2946	153	37	3 388	3136	49 654	0	147 317	110 812
20	3000,–	65 804	3174	141	37	4 245	3352	57 564	0	155 525	123 368
21	3000,–	70 643	3411	126	37	5 272	3574	66 431	0	164 621	137 074
22	3000,–	75 693	3658	106	37	6 499	3801	76 352	0	174 678	152 045
23	3000,–	80 974	3917	80	37	7 962	4034	87 436	0	185 778	168 410
24	3000,–	86 511	4187	45	37	9 702	4269	99 804	0	198 010	186 315
25	3000,–	92 336	4471	0	37	17 313	4508	119 131	0	211 467	211 467

Graphik zur KLV-Tarif-Analyse

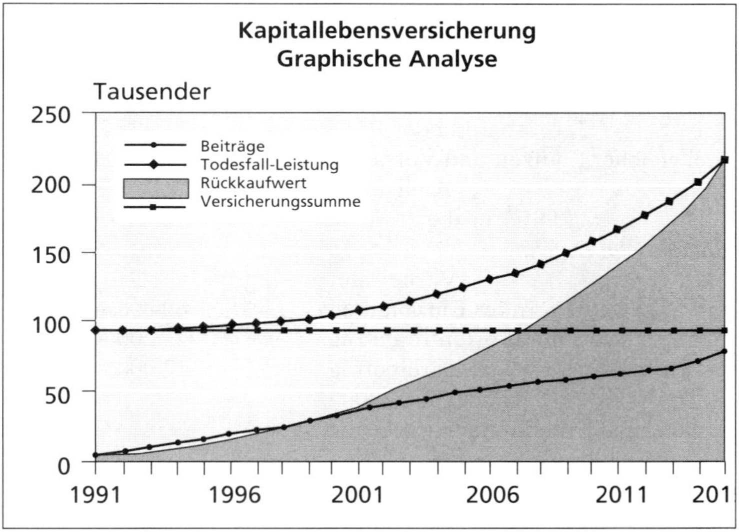

Ist die Kapitallebensversicherung besser als ihr Ruf?

Am besten wird dies meines Erachtens anhand einer finanzmathematischen Betrachtung dargestellt. Wie schon erwähnt, setzt sich die KLV aus einem Todesfallschutz und einem »Sparvertrag« zusammen. Zum Vergleich muß natürlich Entsprechendes herangezogen werden, sonst vergleicht man Äpfel mit Birnen. Als KLV-Beispiel soll hier die vorangegangene KLV-Tarifanalyse dienen. Alternativ dazu wird eine Risikolebensversicherung (RLV) abgeschlossen, und der Differenzbetrag wird mit einem Zins von acht Prozent angelegt.

Zur Erinnerung:	Daten der Kapitallebensversicherung	
	Jahresbeitrag:	3000,– DM
	Versicherungssumme:	92 336,– DM

Laufzeit und Beitragszahlungsdauer:	25 Jahre
Ablaufleistung:	211 467,– DM
Nettorendite:	7,27%

Zum Vergleich: RLV + festverzinsliche Anlage

Jahresbeitrag der RLV:	325 DM
(bei gleicher Laufzeit und Versicherungssumme wie bei der KLV)	
Anlagezins:	8,0%
Differenzbetrag p. a.:	2 675,– DM

Persönliche Daten:

Verheiratet:	Ja
Zu versteuerndes Einkommen:	60 000,– DM
Werbungskostenfreibetrag:	200,– DM
Sparerfreibetrag:	12 000,– DM
Kirchensteuersatz:	9%
Jährliche Einkommenssteigerung:	3%

Meist hat man neben einem solchen Sparvertrag weitere Geldanlagen, die zu Einkünften aus Kapitalvermögen führen. Aus diesem Grund habe ich auf den folgenden Seiten drei Beispiele aufgeführt und durchgerechnet. Im 1. Beispiel hat der Sparer keine weiteren Einkünfte aus Kapitalvermögen, im 2. Beispiel 3000,– DM pro Jahr und im 3. Beispiel 6100,– DM pro Jahr. Das letzte Beispiel ist ebenso maßgebend für einen Ledigen ohne weitere Einkünfte aus Kapitalvermögen.

Das Resultat

Betrachtet man die Anlageergebnisse, wird die Frage bezüglich des Rufes der Kapitallebensversicherung schon beantwortet. Die Steuerehrlichkeit vorausgesetzt, schafft nicht einmal der im Durchschnitt relativ hohe Anlagezins von 8,0%, die KLV zu schlagen. Das Steuerprivileg macht die KLV nach wie vor zu einer sehr interessanten langfristigen Kapitalanlage. Nochmals sei erwähnt, daß natürlich nur die besten deutschen Kapitallebensversicherungen so gute Ergebnisse schaffen. Kommen noch weitere Steuervorteile hinzu, wie zum Beispiel die Absetzbarkeit der KLV-Beiträge bei den Sonderausgaben oder die Einsetzung als Direktversicherung, wird die KLV zu einer kaum zu schlagenden Kapitalanlage. Dank der Steuer, und sofern die Prognosen der Versicherungen eintreffen!

Die Alternative »Bonussparen«

Fast alle Banken und Sparkassen bieten dem Verbraucher Sparverträge nach dem Bonussparprinzip an. Sie werben mit der Höhe der Bonussumme, aber leider nicht mit der effektiven Jahresrendite. Verständlich, die ist ja auch nicht sehr hoch.

Ein Angebot: Laufzeit 25 Jahre, Zinssatz 3,5% und einen Bonus von sage und schreibe 100% auf die Spareinlagen. Ein Geschenk des Himmels! Oder?
Die Spareinlage soll beispielhaft monatlich 250,– DM betragen. Die Ratenleistung erlischt drei Monate vor Vertragsende.

Das Resultat:	Einzahlungen	74 250,00 DM
	+ Zinsen	44 049,18 DM
	+ Bonus	74 250,00 DM
	= Auszahlungsbetrag	192 549,18 DM
	= Bruttorendite	6,85%

Der Bonus plus die im letzten Vertragsjahr anfallenden Zinsen unterliegen wiederum den Einkünften aus Kapitalvermögen:

Betrachtung nach Steuern:	Bonus	74 250,00 DM
	+ Zinsen (letztes Jahr)	3 974,88 DM
	- Freibeträge	12 200,00 DM
	= Eink. aus Kap.-verm.	66 024,88 DM

Anlageverläufe der Alternativen vor und nach Steuern

				1. Beispiel	
Jahr	Sparraten	Sonstige Raten	Zinsen	Steuer-ergebnis	Anlageertrag
	1	2	3	4	5
1992	2675,00	325,00	213,41	0,00	213,41
1993	2675,00	325,00	444,48	0,00	444,48
1994	2675,00	325,00	694,04	0,00	694,04
1995	2675,00	325,00	963,56	0,00	963,56
1996	2675,00	325,00	1 254,64	0,00	1 254,64
1997	2675,00	325,00	1 569,02	0,00	1 569,02
1998	2675,00	325,00	1 908,54	0,00	1 908,54
1999	2675,00	325,00	2 275,22	0,00	2 275,22
2000	2675,00	325,00	2 671,24	0,00	2 671,24
2001	2675,00	325,00	3 098,94	0,00	3 098,94
2002	2675,00	325,00	3 560,85	0,00	3 560,85
2003	2675,00	325,00	4 059,72	0,00	4 059,72
2004	2675,00	325,00	4 598,50	0,00	4 598,50
2005	2675,00	325,00	5 180,38	0,00	5 180,38
2006	2675,00	325,00	5 808,81	0,00	5 808,81
2007	2675,00	325,00	6 487,51	0,00	6 487,51
2008	2675,00	325,00	7 220,51	0,00	7 220,51
2009	2675,00	325,00	8 012,15	0,00	8 012,15
2010	2675,00	325,00	8 867,12	0,00	8 867,12
2011	2675,00	325,00	9 790,49	0,00	9 790,49
2012	2675,00	325,00	10 787,73	0,00	10 787,73
2013	2675,00	325,00	11 864,75	0,00	11 864,75
2014	2675,00	325,00	13 027,93	320,46	12 707,47
2015	2675,00	325,00	14 284,17	778,26	13 505,91
2016	2675,00	325,00	15 640,90	1334,16	14 306,74
Summe:	66 875,00	8125,00	144 284,60	2432,88	141 851,72

Laufzeit vom 30.12.1991 bis 30.12.2016 = 25 Jahre	Sparraten	DM 66 875,00
	Sonstige Raten	DM 8 125,00
	Kosten	DM 0,00
	Einzahlungen	DM 75 000,00
	Guthabenzinsen	DM 144 284,60
	– Steuerergebnis	DM 2 432,88
	Anlageertrag	DM 141 851,72
Bruttorendite (vor Steuern):	7,26%	7,26% 7,26%
Nettorendite (nach Steuern):	7,18%	7,02% 6,72%

	2. Beispiel		3. Beispiel	
	Steuer-ergebnis	Anlage-ertrag	Steuer-ergebnis	Anlage-ertrag
	6	7	8	9
	0,00	213,41	0,00	213,41
	0,00	444,48	0,00	444,48
	0,00	694,04	0,00	694,04
	0,00	963,56	0,00	963,56
	0,00	1 254,64	0,00	1 254,64
	0,00	1 569,02	0,00	1 569,02
	0,00	1 908,54	0,00	1 908,54
	0,00	2 275,22	0,00	2 275,22
	0,00	2 671,24	0,00	2 671,24
	0,00	3 098,94	0,00	3 098,94
	0,00	3 560,85	0,00	3 560,85
	0,00	4 059,72	0,00	4 059,72
	0,00	4 598,50	0,00	4 598,50
	0,00	5 180,38	0,00	5 180,38
	0,00	5 808,81	0,00	5 808,81
	0,00	6 487,51	141,70	6 345,81
	0,00	7 220,51	366,24	6 854,27
	0,00	8 012,15	636,56	7 375,59
	0,00	8 867,12	985,36	7 881,76
	191,84	9 598,65	1 316,72	8 473,77
	586,42	10 201,31	1 687,32	9 100,41
	991,90	10 872,85	2 114,60	9 750,15
	1412,64	11 615,29	2 605,10	10 422,83
	1933,66	12 350,51	3 141,38	11 142,79
	2472,12	13 168,78	3 706,00	11 934,90
	7588,58	136 696,02	16 700,98	127 583,62

	2. Beispiel			3. Beispiel		
	Sparraten	DM	66 875,00	Sparraten	DM	66 875,00
	Sonstige Raten	DM	8 125,00	Sonstige Raten	DM	8 125,00
	Kosten	DM	0,00	Kosten	DM	0,00
	Einzahlungen	DM	75 000,00	Einzahlungen	DM	75 000,00
	Guthabenzinsen	DM	144 284,60	Guthabenzinsen	DM	144 284,60
	– Steuerergebnis	DM	7 588,58	– Steuerergebnis	DM	16 700,98
	Anlageertrag	DM	136 696,02	Anlageertrag	DM	127 583,62

Zusätzliche Einkommensteuer	11 671,72 DM
= Nettorendite	6,43%

Bei dieser Berechnung sind die persönlichen Daten des Sparers aus dem vorangegangenen Beispiel herangezogen worden.

Von einem »Geschenk des Himmels« kann also keine Rede sein! Die Werbung mit dem »100%« halte ich für eine Täuschung des Verbrauchers. Die Kreditinstitute müßten nicht nur für ihre Kredite den Effektivzins nach der Preisangabenverordnung angeben, sondern auch für ihre Sparvertragsangebote!

Die dynamische Kapitallebensversicherung

Gerade die Dynamik in einer KLV wird von einigen Verbraucherschützern vermehrt als »legaler Betrug« angegriffen. Ob diese Behauptung gerecht ist, werde ich in den später folgenden Berechnungen untersuchen.

Was ist eigentlich die Dynamik in einem Lebensversicherungsvertrag?

Die Dynamik wird in dem KLV-Antrag vereinbart und kann zwischen 5 und 10 % liegen. Der prozentuale Satz bezieht sich auf den Versicherungsbeitrag. Die Vereinbarung im Antrag bedeutet nicht, daß der Versicherte die Dynamik über die ganze Laufzeit des Vertrages über sich ergehen lassen muß. Bei jeder Erhöhung wird der Versicherungsnehmer von der Gesellschaft angeschrieben und informiert. Widerruft der Versicherungsnehmer nicht innerhalb der angegebenen Frist, wird die Erhöhung zum Bestandteil des Vertrages. Dieser Aspekt hat einen Vor- und einen Nachteil. Vorteilhaft dahingehend, daß für die Erhöhung, die ja auch eine Erhöhung der Versicherungssumme nach sich zieht, keine erneute Gesundheitsprüfung verlangt wird.

Allerdings darf der Dynamisierung nur zweimal widersprochen werden. Will man anschließend erhöhen, müssen die Gesundheitsfragen erneut beantwortet werden.

Versicherungssummen- und Beitragsverlauf einer dynamischen Kapitallebensversicherung

Angaben zur versicherten Person:

Eintrittsalter:	35
Laufzeit des Vertrages:	25 Jahre
Laufzeit der Dynamik:	25 Jahre
Anfangsmonatsbeitrag:	250,00 DM

Vers.-jahr	Dynamiksatz 5 %		Dynamiksatz 10 %	
	Monatlicher Gesamt-beitrag DM	Vers.-summe DM	Monatlicher Gesamt-beitrag DM	Vers.-summe DM
1	250,00	87 076	250,00	87 076
2	262,50	91 239	275,00	95 402
3	275,63	95 379	302,50	104 074
4	289,41	99 486	332,75	113 090
5	303,88	103 554	366,03	122 447
6	319,07	107 573	402,63	132 132
7	335,02	111 536	442,89	142 135
8	351,77	115 433	487,18	152 440
9	369,36	119 253	535,90	163 023
10	387,83	122 986	589,49	173 854
11	407,22	126 618	648,44	184 898
12	427,58	130 138	713,28	196 110
13	448,96	133 533	784,61	207 438
14	471,41	136 789	863,07	218 819
15	494,98	139 891	949,38	230 179
16	519,73	142 823	1044,32	241 428
17	545,72	145 568	1148,75	252 460
18	573,01	148 107	1263,63	263 150
19	601,66	150 419	1389,99	273 350
20	631,74	152 483	1528,99	282 888
21	663,33	154 275	1681,89	291 562
22	696,50	155 769	1850,08	299 138
23	731,33	156 937	2035,09	305 345
24	767,90	157 749	2238,60	309 868
25	806,30	158 173	2462,46	312 341
Voraus. Ablaufleistung:	299 969,– DM		528 441,– DM	
Nettorendite:	6,54 %		6,41 %	

Die Nettorendite des Vertrages ohne Dynamik liegt bei 6,62 %.

Der Nachteil liegt darin, daß der Versicherte ein Jahr älter ist, und daß sich der Beitrag der Erhöhung nach dem neuen Eintrittsalter richtet.

Die Assekuranz bietet die Dynamik ihrer Kundschaft sehr gerne an und verkauft sie als wirksames Mittel gegen die Inflation. Dies ist sicherlich nur die halbe Wahrheit.

Anmerkungen zur Dynamik

Wie in der vorangegangenen Berechnung zu ersehen ist, geht die Rendite aufgrund der Dynamik nach unten.

Woran liegt das eigentlich?

Wie schon erwähnt, ist die Erhöhung durch die Dynamik wie ein Neuabschluß zu behandeln. Das heißt: Für die Erhöhung fallen erneut Vermittlerprovisionen sowie Verwaltungskosten an!

Daraus resultiert, daß die Rückkaufswertentwicklung für die neue Versicherungssumme sich genauso bescheiden verhält wir für die Anfangsversicherungssumme. Aus der Tabelle der KLV-Tarifkalkulation kann man die Konsequenz erkennen.

Unsinnig ist es folglich, aus Renditegesichtspunkten eine Dynamik bis zum Ende der Versicherung durchlaufen zu lassen. Denn für den Mehrbeitrag im 25. Versicherungsjahr bekommt der Versicherte zum Beispiel so gut wie nichts wieder. Fast ebenso für den Mehrbeitrag im 24. Versicherungsjahr usw.

Wann ergibt die Dynamik einen Sinn?

- Wenn der Versicherte in jungen Jahren eine KLV für die Altersvorsorge abschließt, sich jedoch zu diesem Zeitpunkt keine hohe monatliche Belastung leisten kann.
- Die Dynamik sollte aber spätestens im 10. Versicherungsjahr widerrufen werden.
- Erkrankt der Versicherte während der Laufzeit, erhöht sich trotzdem die Versicherungssumme ohne erneute Gesundheitsprüfung und somit eine eventuelle Versicherungsleistung.

Wenn man sich zum Abschluß einer KLV entschließt, kann dieser Vertrag durchaus mit einer Dynamik beantragt werden. Der Dynamik kann ja jederzeit widersprochen werden. Es ist zunächst einmal eine kostenlose »Zusatzversicherung«.

Die Kapitallebensversicherung und Steuern

Daß praktisch jeder Bundesbürger eine zusätzliche private Altersvorsorge treffen muß, hat auch Vater Staat erkannt. Um dies zu fördern, hat er die KLV in verschiedener Weise steuerlich begünstigt.

1. *Bei den Sonderausgaben gemäß § 10 Abs. 3 des Einkommensteuergesetzes, den Vorsorgeaufwendungen*
   Wie in diesem Buch schon mehrfach erwähnt, können auch die Beiträge zur Kapitallebensversicherung steuerlich abgesetzt werden. Folgende Aspekte sind allerdings dabei zu berücksichtigen:
   a. Die Laufzeit des Versicherungsvertrages muß mindestens zwölf Jahre betragen.
   b. Die Beiträge müssen laufend gezahlt werden, und die Beitragszahlungsdauer darf fünf Jahre nicht unterschreiten. Also keine Einmalzahlung.
   c. Die Förderungshöchstgrenzen dürfen nicht überschritten werden. Siehe Berechnungsschema nicht ausgenutzter Höchstbeträge für Vorsorgeaufwendungen – im Teil »Allgemeines«.

2. *Die Befreiung von der Besteuerung der Kapitalerträge*
   Legt man seine Spargelder in Geldanlagen an und erhält Zinsen oder Dividenden, sind diese nach § 20 des Einkommensteuergesetzes zu versteuern. Anlage KSO beim Lohnsteuerjahresausgleich bzw. bei der Einkommensteuererklärung. Bei der Ermittlung der Einkünfte aus Kapitalvermögen werden von der Summe der Erträge bei einem Ledigen ein Werbungskostenfreibetrag von 100,– DM und ein Sparerfreibetrag von 600,– DM (6000,– DM ab 1993) abgezogen. Fallen höhere Wer-

bungskosten an, sind natürlich diese anzusetzen. Bei Verheirateten sind die Freibeträge zu verdoppeln.

3. *Die Direktversicherung als Barlohnumwandlung*
Die Gesetzesgrundlage für die Gehaltsumwandlung findet sich in § 40 b des Einkommensteuergesetzes. Richtig gestaltet bietet diese steuerbegünstigte Form der Anlage in einer KLV sehr hohe Renditen, die allerdings auch von der Höhe des zu versteuernden Einkommens abhängig sind. Dies gilt im übrigen fast immer, wenn eine Steuerersparnis in Aussicht steht. Je höher die Steuerprogression, um so mehr lohnen sich die Steuermodelle.
Vom Prinzip her funktioniert die Gehaltsumwandlung so: Der Arbeitgeber schließt zugunsten des Arbeitnehmers eine KLV ab. Der Versicherungsnehmer wird der Arbeitgeber und der Arbeitnehmer wird die versicherte Person. Der maximale zu fördernde Beitrag beträgt monatlich 250,– DM beziehungsweise 3000,– DM im Jahr. Der Beitrag reduziert bezüglich der Lohnsteuer das Bruttoeinkommen, so daß die abzuführende Lohnsteuer nicht mehr zum Beispiel von 5000,– DM brutto, sondern von 4750,– DM (eventuell abzüglich der Pauschalsteuer) brutto berechnet wird. Anstelle der gesparten fällt nun eine sogenannte Pauschalsteuer an. Sie liegt zur Zeit bei 15% plus Kirchensteuer. Diese Pauschalsteuer kann der Arbeitnehmer, aber auch der Arbeitgeber übernehmen. Über diese Möglichkeit sollte man mit seinem Arbeitgeber sprechen.
Ferner unterliegt die Gehaltsumwandlung einer weiteren Bestimmung. Das im Versicherungsvertrag vereinbarte Endalter muß zwischen dem 60sten und 65sten Lebensjahr sein. Ist die Zahlungsweise jährlich und wird der Beitrag durch Tantiemen oder Gratifikationen entrichtet, werden auch die Sozialversicherungen eingespart.
Die Begünstigung der KLV sieht folgendermaßen aus: Die Auszahlungen der KLV sind dann von § 20 des Einkommensteuergesetzes befreit, wenn die Laufzeit mindestens zwölf Jahre und die Beitragszahlungsdauer mindestens fünf Jahre betragen.
Doch sicher ist man vor dem Gesetzgeber nicht. Einige Vor-

Schematische Darstellung der Direktversicherung aus Gehaltsumwandlung

Fall 1 – Der Arbeitnehmer läßt sich sein Gehalt bar auszahlen:

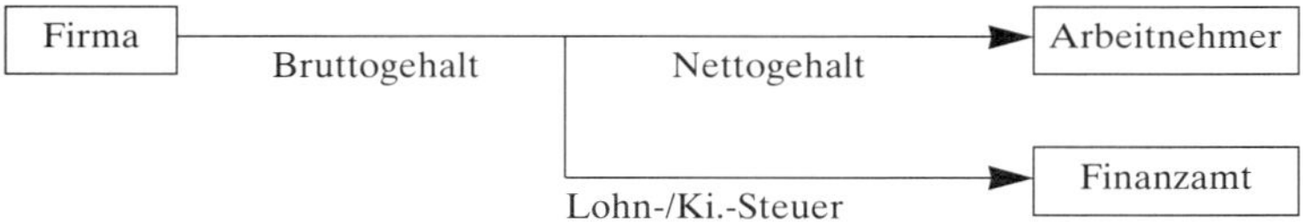

Fall 2 – Der Arbeitnehmer wandelt einen Teil seines Gehaltes zur Direktversicherung um (max. mtl. 250,- DM) und trägt die Pauschalsteuer:

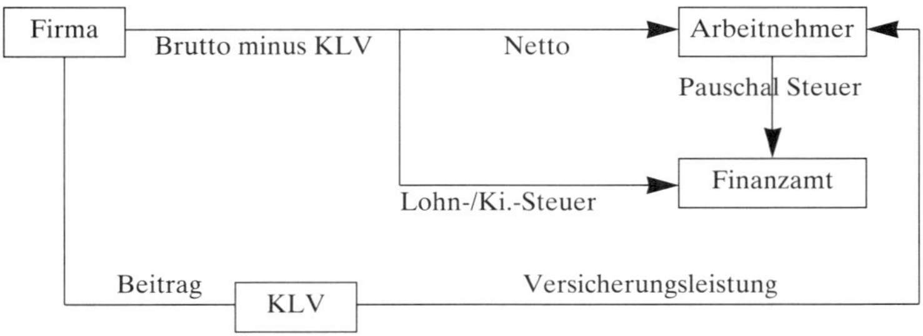

Fall 3 – Wie Fall 2, jedoch der Arbeitgeber übernimmt die Pauschalsteuer:

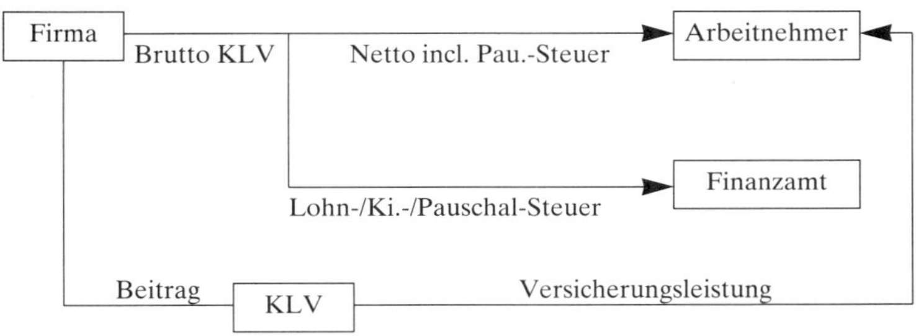

stöße, wie zum Beispiel die versuchte Einführung der Quellensteuer, können immer wieder vorkommen. 10% der Kapitalerträge wollte Vater Staat kassieren. Zum Glück wurde die Quellensteuer kurz nach ihrer Einführung wieder abgeschafft.

Kündigt man einen KLV-Vertrag innerhalb der Zwölfjahresfrist und sind bereits Kapitalerträge angefallen, wird der KLV-Sparer doppelt bestraft. Als Beispiel nehme ich mal das Ende des fünften Versicherungsjahres. Siehe Tabelle KLV-Tarif-Analyse auf S. 134

In der Spalte 3 ersieht man die Rückvergütung bei einer vorzeitigen Kündigung und in der Spalte 10 die Höhe der abzuführenden Kapitalertragssteuer an das Finanzamt. Diese Kapitalertragssteuer (25% vom Ertrag) wird direkt von der Versicherungsgesellschaft an das zuständige Finanzamt abgeführt. Sollte man mit seinen Kapitalerträgen unter oben aufgeführten Freibeträgen liegen, kann man sich diesen Betrag über den Lohnsteuerjahresausgleich/Einkommensteuererklärung zurückholen. Über die Höhe der abgeführten Steuer bekommt der Versicherungsnehmer von seiner Versicherungsgesellschaft eine Benachrichtigung. Automatisch bekommt man die Steuer allerdings nicht zurück. Es muß schon entsprechend beantragt werden.

Die Renditebetrachtung der Direktversicherung

Von der Rendite her betrachtet gibt es keine alternative Anlageform für die Altersvorsorge. Trotzdem gilt auch hierbei: Nicht das erstbeste Angebot annehmen! Wie anfangs erwähnt, gibt es Leistungsunterschiede bis zu 35% bei den Kapitallebensversicherungen. Meist hat der Arbeitgeber mit einer oder mehreren Versicherungsgesellschaften Gruppenversicherungsverträge oder sogenannte Versorgungswerke ausgehandelt. Zweck dabei ist es, rabattierte Versicherungsverträge zu erlangen. Vom Grundsatz her eine sehr positive Entscheidung. Hat der Arbeitgeber aber nur mit einem durchschnittlichen Versicherer eine solche Vereinbarung getroffen, ist es ratsam, ihn darauf aufmerksam zu machen. Der Arbeitgeber sollte im Interesse der Arbeitnehmer ausschließlich eine der marktführenden Versorgungswerke aussuchen. Auch hierbei gibt es drastische Unterschiede. Eine solche Selektion gehört meines Erachtens zu den Fürsorgepflichten eines Arbeitgebers.

Die Renditen

Als Beispiel nehme ich einen 35jährigen Mann. Endalter der Versicherung 60 Jahre, also eine Laufzeit von 25 Jahren. Der Monatsbeitrag beträgt 250,– DM und die Ablaufleistung ohne Versorgungswerk 197 642,– DM und mit Versorgungswerk 209 000,– DM (5,5%iger Rabatt). Die Pauschalversteuerung wird mit 15% angenommen (ohne Kirchensteuer).

Beispiel 1: Der Arbeitnehmer übernimmt die Pauschalsteuer.

Monatsbeitrag	250,– DM		
+ 15% Pauschalsteuer	37,50 DM		
Bruttoaufwand	287,50 DM		
– Steuervorteil bei			
Progression 30%	86,25 DM		
Progression 40%		115,– DM	
Progression 50%			143,75 DM
Nettoaufwand	201,25 DM	172,50 DM	143,75 DM

Durch den Steuervorteil ergeben sich folgende Renditen:

Rendite netto	30% Steuersatz	40% Steuersatz	50% Steuersatz	reine KLV
Rendite ohne Versorgungswerk	8,46%	9,50%	10,64%	7,02%
Rendite mit Versorgungswerk	8,83%	9,83%	11,00%	7,40%

Beispiel 2: Der Arbeitgeber übernimmt die Pauschalsteuer.

Monatsbeitrag	250,– DM (gleich Bruttoaufwand)		
– Steuervorteil bei			
Progression 30%	75,– DM		
Progression 40%		100,– DM	
Progression 50%			125,– DM
Nettoaufwand	175,– DM	150,– DM	125,– DM

Rendite netto	30% Steuersatz	40% Steuersatz	50% Steuersatz	reine KLV
Rendite ohne Versorgungswerk	9,38%	10,34%	11,53%	7,02%
Rendite mit Versorgungswerk	9,74%	10,73%	11,88%	7,40%

Möchte man entsprechende Bruttorenditen (vergleichbare Rendite vor Steuer) erwirtschaften, dürfte dies sehr schwerfallen, wenn nicht unmöglich sein. Die Direktversicherung bietet in Verbindung mit einer KLV geradezu traumhafte Renditen bei einer relativ großen Sicherheit. Bevorteilt werden mal wieder diejenigen, die sowieso schon viel Geld verdienen. Je höher der Progressionssatz (Steuersatz), um so höher die Effizienz der Altersvorsorge.

Bei den oben aufgeführten Beispielen handelt es sich natürlich um eine der marktführenden Gesellschaften.

Allgemeine Hinweise zur Direktversicherung

Die Direktversicherung aus Gehaltsumwandlung ist nicht nur mit einer Kapitallebensversicherung möglich. Machbar ist diese Form der Altersvorsorge auch mit der fondsgebundenen Lebensversicherung sowie mit der Leibrentenversicherung.

Die Strukturen und Erklärungen zu diesen beiden Geldanlageformen sind in separaten Abschnitten des Buches beschrieben. Als Direktversicherung halte ich jedoch die KLV für favorisiert.

Arbeitgeber und Gruppentarife

Sollte während der Laufzeit der Direktversicherung der Arbeitgeber gewechselt werden, so geht zunächst der Lebensversicherungsvertrag in das Privateigentum des Sparers über und kann auch als private Altersversorgung weitergeführt werden. Wie vielfach angenommen wird, gehen dem Sparer die Beiträge also nicht verloren, wenn diese Vertragsgestaltung, wie zuvor beschrieben, gewählt wird.

Der Vertrag kann aber auch bei dem neuen Arbeitgeber wieder als Direktversicherung aus Gehaltsumwandlung eingesetzt werden. Die Steuervorteile bleiben die gleichen.

Anders sieht es mit dem Gruppenversicherungsrabatt aus. Hat der neue Arbeitgeber keine Vereinbarung mit dem Versicherungsunternehmen, beziehungsweise kein Versorgungswerk, entfällt auch der Rabatt. Verhandlungen mit dem Arbeitgeber können durchaus sinnvoll sein, gerade in Verbindung mit einem Versorgungswerk. Um einen Gruppenversicherungsvertrag zu installieren, benötigt man zehn oder mehr Personen, die sich versichern wollen. Für ein Versorgungswerk reichen meist zwei Personen aus.

Voraussetzungen für die Lohnsteuerpauschalierung

- Das Endalter des Direktversicherungsvertrages muß zwischen dem 60. und 65. Lebensjahr abgeschlossen sein. Der versicherte Arbeitnehmer muß bei der Fälligkeit der Ablaufleistung mindestens das 59. Lebensjahr vollendet haben.
- Eine Beleihung oder Abtretung, zum Beispiel für die Eigenheimfinanzierung, eines dem Arbeitnehmer unwiderruflich eingeräumten Bezugsrechts muß ausgeschlossen sein.
- Die Beiträge zur Direktversicherung müssen aus dem ersten Dienstverhältnis bezogen werden.
- Eine vorzeitige Kündigung durch den Arbeitnehmer muß ausgeschlossen sein.

Die maximale Förderbarkeit bezüglich der Steuervergünstigung liegt zur Zeit bei einem Jahresbeitrag von 3000,– DM. Sind jedoch mehrere Arbeitnehmer gemeinsam in einem Direktversicherungsvertrag versichert, so können für einzelne Arbeitnehmer Jahresbeiträge bis zu 4200,– DM bzw. monatlich 350,– DM abgeschlossen und pauschal versteuert werden. Wichtig hierfür ist die Durchschnittsbildung der Verträge. Der Durchschnittsbeitrag pro Arbeitnehmer und Jahr darf den Betrag von 3000,– DM nicht überschreiten.

Nicht zu unterschätzen – die Erbschaftssteuer

Vielfach völlig unbekannt ist die Tatsache, daß die Leistungen und somit die Auszahlungen der Lebensversicherungen im Todesfall der Erbschaftssteuer unterliegen. Zwar liegen die Erbschaftssteuerfreibeträge innerhalb einer Familie relativ hoch, unter Ehegatten bei 250 000,– DM und je Kind bei 90 000,– DM. Ist jedoch der Familienhaushalt recht vermögend, sind diese Freibeträge schnell verbraucht.

Der Regelfall sieht folgendermaßen aus: Die abzusichernde Person ist gleichzeitig Versicherungsnehmer, versicherte Person und auch Beitragszahler. Stirbt sie und ergibt die Summe des Erbnachlasses einen Betrag von über 250 000,– DM (unter Ehegatten) inkl. der Lebensversicherungssumme, wird die Erbschaftssteuer fällig.

Die Lebensversicherungsgesellschaften sind grundsätzlich verpflichtet, sämtliche Versicherungsleistungen dem zuständigen Erbschaftssteuerfinanzamt zu melden, die einem anderen als dem Versicherungsnehmer zufließen.

Eine Möglichkeit, dies zu umgehen, gibt es jedoch. Der Lebensversicherungsvertrag wird so abgeschlossen, daß der Versicherungsnehmer diejenige Person wird, die Erbe werden sollte. Gleichzeitig sollte der Versicherungsnehmer auch der Beitragszahler sein. Der Erblasser wird die versicherte Person. Dann entfällt nicht nur die Erbschaftssteuer, sondern auch die Anzeigepflicht der Versicherungsgesellschaft an das zuständige Finanzamt.

Sind die versicherte Person und der Beitragszahler identisch, käme die Beitragszahlung einer Schenkung gleich und würde somit der Schenkungssteuer unterliegen. Allerdings mit den gleichen Freibeträgen, die alle zehn Jahre erneut in Anspruch genommen werden können.

Das Policendarlehen

Diese Darlehensform bezieht sich auf eine schon länger bestehende Kapitallebensversicherung, die inzwischen einen Rückkaufswert entwickelt hat. Sinnvoll ist ein Policendarlehen, wenn Anschaffungen für den privaten Bereich getätigt werden und diese nicht in bar gezahlt werden können oder sollen (z.B. Auto, Möbel etc.). Gewährt wird ein solches Policendarlehen maximal in Höhe des Rückkaufswertes der KLV (siehe Tabelle der KLV-Tarif-Analyse – Spalte 12/Beleihungswert). Hierdurch ergeben sich vier wesentliche Vorteile:

1. Die Zinsen liegen in der Regel deutlich niedriger als bei den Bankkrediten.
2. Der Policendarlehensnehmer muß keine zusätzlichen Sicherheiten bei dem Kreditgeber hinterlegen, wie zum Beispiel den Kfz-Brief, da der Gegenwert der KLV dem gegenüber steht.
3. Eine Rückzahlungsmöglichkeit zu jeder Zeit des Policendarlehens.
4. In der Regel keinerlei Bearbeitungsgebühren.

Kurzum eine günstige Möglichkeit für einen Anschaffungskredit.

Die Endaltertarife

Um es vorwegzunehmen, schließe ich mich hier den Verbraucherschützern an und behaupte, daß diese Endaltertarife legaler Betrug sind.

Diese Tarife werden meist auf das Endalter von 85 Jahren abgeschlossen. Durch die lange Laufzeit des Vertrages erhöht sich die Versicherungssumme im Verhältnis zu einer »normallang« laufenden KLV beträchtlich. Erreichen die eingezahlten Versicherungsbeiträge plus den anfallenden Überschußbeteiligungen die Versicherungssumme, wird der Vertrag fällig und ausgezahlt. Deshalb werden diese Tarife auch Abkürzungsversicherung genannt. Der Begriff »Rendite-Killer« wäre wohl passender.

Das Beispiel: Alle folgenden Werte sind ausschließlich von einer Versicherungsgesellschaft!

Um nicht Äpfel mit Birnen zu vergleichen, habe ich bei der Alternative die Versicherungssumme mit Hilfe einer Risikolebensversicherung (RLV) und dem Beitrag entsprechend dem Endaltertarif angepaßt.

Die versicherte Person ist 35 Jahre/männlich.

Tarif	KLV/EndA 85	KLV + RLV
Versicherungssumme	155 000,– DM	90 000,– DM + 65 000,– DM
Monatsbeitrag	250,– DM	224,50 DM + 25,50 DM
Ablauf nach	25 Jahre	25 Jahre 25 Jahre
Ablaufleistung	155 786,– DM	177 320,– DM + 0,– DM
Rendite	5,40 %	6,29 %

Ergänzung: Die voraussichtliche Rendite der KLV ohne RLV beträgt 7,02%!

Warum werden solche Tarife dem Verbraucher verkauft? Diese Frage ist recht einfach zu beantworten. Der Versicherungsvermittler verdient auf Kosten des Verbrauchers ungefähr zwischen 1000,– und 1500,– DM mehr. Meines Erachtens ein unglückliches Produkt der Assekuranz.

Das Beitragsdepot

Eine zunächst durchaus interessante Variante der Kapitallebensversicherung als Kapitalanlage stellt die Kombination mit einem Beitragsdepot dar. Das Prinzip ist einfach und sieht folgendermaßen aus:

In dieses Beitragsdepot, oder auch Prämiendepot genannt, zahlt der Versicherungsnehmer einen Betrag, den er langfristig anlegen möchte. Dieser Betrag wird verzinst, und aus dem Depot werden die Beiträge für die KLV gezahlt.

Das Beitragsdepot ist letztlich eine Art Sparkonto, das aber höher verzinst wird. Gekoppelt wird ein solcher Vertrag in der Regel mit der Vereinbarung der Mindestbeitragszahlungsdauer von fünf Jahren und der Mindestlaufzeit für die KLV von zwölf Jahren. Die Anforderungen für eine steuerfreie Ausschüttung der Kapitalerträge sind damit gegeben. Ob dies einen Sinn ergibt, wird das folgende Beispiel zeigen:

Einmaleinzahlung ins Beitragsdepot:	20 000,– DM
Depotverzinsung:	7,5%
Eintrittsalter (männlich):	35 Jahre
Laufzeit:	12 Jahre
Beitragszahlungsdauer:	5 Jahre

Aus den vorgegebenen Daten resultieren die KLV-Werte:

Jahresbeitrag:	4600,– DM
Versicherungssumme:	29 000,– DM
Ablaufleistung:	45 979,– DM

Eingezahlt wurden 20 000,– DM, und die Ablaufleistung ist 45 979,– DM nach zwölf Jahren. Das entspricht einer Nettorendite von 7,18%. Unberücksichtigt bleibt die eventuelle Versteuerung der Zinserträge aus dem Beitragsdepot, die in diesem Beispiel auch unter dem Freibetrag bei Verheirateten liegt. Müssen diese Zinserträge versteuert werden, sinkt entsprechend auch die Rendite.

Verlauf des Beitragsdepots

Jahr	Einzahlungen	Auszahlungen	Zinsen	Guthaben
1	20 000,– DM	4600,– DM	1155,– DM	16 555,– DM
2	0,– DM	4600,– DM	896,63 DM	12 851,63 DM
3	0,– DM	4600,– DM	618,87 DM	8 870,– DM
4	0,– DM	4600,– DM	329,50 DM	4 600,– DM
5	0,– DM	4600,– DM	0,– DM	0,– DM

Alternativ zu der Anlage Beitragsdepot und Kapitallebensversicherung werden die 20 000,– DM in festverzinsliche Wertpapiere mit einem Zinssatz von 8,5% angelegt.

20 000,– DM + 33 233,72 Zinsen = 53 233,72
Ansammlung: Bruttorendite = 8,5%

53 233,72 DM – 4640,21 Steuern = 48 593,51
Nettorendite = 7,88 %

Der Freibetrag für Verheiratete wurde bei der Steuerberechnung ebenfalls berücksichtigt. Angenommenes zu versteuerndes Einkommen liegt bei 60 000,– DM, zuzüglich der Kirchensteuer. Das Ergebnis zeigt, daß sich die Einzahlungen in ein Beitragsdepot nicht lohnen. Auch das Argument der steuerfreien Auszahlung ist hier nicht angebracht.

Ein weiterer Nachteil der KLV/Depot-Variante ist die nicht vorhandene Verfügbarkeit des Geldes. Kündigt man vor Ablauf der zwölf Jahre, hat dies erhebliche Auswirkungen auf die Rendite.

Weitere Möglichkeiten der Geldanlage stellen Zero-Bonds oder Investmentfonds dar, die in der Regel schnell liquidierbar sind. Der Bereich der Investmentfonds wird in dem Kapitel der fondsgebundenen Lebensversicherung erläutert.

Verbundene Kapitallebensversicherung

Diese Vertragsform beinhaltet, daß sich zumeist zwei Personen in einem Versicherungsvertrag absichern. Durch die Doppelabsicherung, die für das Versicherungsunternehmen auch ein doppeltes Risiko darstellt, liegt der Beitrag naturgemäß etwas höher als für einen Einzelvertrag. Diese Versicherungsform eignet sich unter Umständen für Ehegatten wie für Geschäftspartner, die sich gegenseitig absichern wollen.

Diese Vertragsform bieten einige Versicherungsgesellschaften auch als Risikolebensversicherung an. Für den Absicherungsaspekt reicht der RLV völlig aus. Bedacht werden muß, daß die verbundene Kapitalleben nicht zwei Verträge ersetzen kann, wenn diese notwendig sind. Tritt der Versicherungsfall ein, erlischt der Vertrag automatisch. Bestünden zwei Einzelverträge, bliebe die zweite Person versichert.

Ausbildungs- und Aussteuerversicherung

Wer an die Zukunft seiner Kinder denkt, weiß, daß er auch etwas in finanzieller Hinsicht tun sollte. Die Berufsausbildung oder auch eine neue Wohnungseinrichtung kosten viel Geld. Natürlich bietet auch die Assekuranz Lösungsmöglichkeiten. Klassisch wird das Kindergeld hierfür eingesetzt.

Die Ausbildungsversicherung: Der Beitragszahler und die versicherte Person ist meist ein Elternteil. Stirbt der Versicherte vor dem Vertragsende, läuft der Vertrag beitragsfrei weiter. Die Versicherungsleistung wird zum vereinbarten Termin ausgezahlt. Zum Beispiel zum Studienbeginn.

Die Auszahlungsversicherung: Hierbei gibt es ebenfalls einen festen Auszahlungstermin. Meist das 25. Lebensjahr des Kindes. Heiratet es vorher, wird die Versicherungsleistung fällig. Auch bei der Aussteuerversicherung läuft der Vertrag beim vorzeitigen Tod des Versorgers beitragsfrei weiter. Stirbt das Kind, werden die eingezahlten Beiträge erstattet.

Aufgrund der mangelnden Flexibilität empfehle ich, die Beträge eher in einem Investmentfonds zu zahlen. Schon deshalb, weil die Chancen für höhere Renditen durchaus gegeben sind.

Vermögenswirksame Kapitallebensversicherung

Arbeitnehmer bekommen in der Regel von ihrem Arbeitgeber sogenannte vermögenswirksame Leistungen nach dem fünften Vermögensbildungsgesetz. Diese können in verschiedener Weise angelegt werden. Eine davon ist die vermögenswirksame KLV. Vater Staat belohnt die Sparer in dieser Anlageform mit der Arbeitnehmer-Sparzulage. Für die KLV muß der Vertrag vor dem 1. Januar 1989 abgeschlossen sein, und der Sparer darf grundsätzlich kein höheres zu versteuerndes Einkommen als 27 000,– DM (Ledige) bzw. 54 000,– DM (Verheiratete) haben, um gefördert zu werden. Die Förderung wäre 10% von 624,– DM pro Jahr. Wer heutzutage vor der Entscheidung steht, seine vermögenswirksamen Leistungen anzulegen, wird mit der KLV nicht mehr gefördert.

Ausschließlich das Beteiligungssparen (z.B. Aktieninvestments) und das Bausparen wird über die Arbeitnehmer-Sparzulage gefördert. Je nach der zukünftigen persönlichen Zielsetzung würde ich die Anlageform wählen. Die KLV ist hierfür nicht mehr geeignet.

Die Arbeitnehmer-Sparzulage beim Beteiligungssparen und beim Bausparen beträgt 10% von maximal 936,– DM pro Jahr bzw. 78,– DM pro Monat, wenn das zu versteuernde Einkommen weniger als 27 000,– (Ledige) bzw. 54 000,– DM (Verheiratete) beträgt. Dies zumindest spricht für das Beteiligungssparen. Die Beiträge zu einer KLV, die nicht mit der Arbeitnehmer-Sparzulage gefördert werden, können jedoch im Rahmen der Höchstbeträge bei den Vorsorgeaufwendungen steuerlich abgesetzt werden.

Die Zusatzversicherungen in der KLV

Mit dem Abschluß einer KLV werden meist vom Vermittler neben dem Hauptvertrag sogenannte Zusatzversicherungen angeboten und verkauft. Ein zusätzliches Geschäft für den Vermittler, aber meist nicht für die Versicherten.

1. Die Unfallzusatzversicherung (UZV)

In fast allen Lebensversicherungsverträgen ist die Unfallzusatzversicherung (UZV) eingeschlossen. Zusätzlicher Versicherungsschutz kostet natürlich auch zusätzliches Geld. Durch die UZV erhält der Anspruchberechtigte eine weitere Versicherungsleistung, wenn die versicherte Person durch einen Unfall stirbt. Meist entspricht die Versicherungssumme der UZV der Summe der Hauptversicherung. Das bedeutet, stirbt der Versicherte durch einen Unfall, wird die »doppelte« Versicherungssumme ausgezahlt.

Meines Erachtens ist die UZV überflüssig. Sie reduziert die Rendite der KLV auch nicht unerheblich. Hat der Versicherte einen Versicherungsbedarf für den Unfalltodesfallschutz, hat er die Möglichkeit, sich über die private Unfallversicherung abzusichern. Dies hat zwei Vorteile. Einerseits ist der Preis bei einem günstigen Unfallversicherer niedriger und andererseits kann man bei der richtigen Vertragsgestaltung von Jahr zu Jahr den Unfalltodesfallschutz aus der privaten Unfallversicherung herauskündigen. Die UZV begleitet die KLV vertragsgemäß über die gesamte Vertragsdauer, ist jedoch ebenfalls jederzeit aus dem Hauptvertrag heraus kündbar.

2. Die Berufsunfähigkeitszusatzversicherung (BUZ)

Die BUZ entspricht von den Bedingungen her denen der selbständigen Berufsunfähigkeitsversicherung (BU). Die BU wird in einem gesonderten Kapitel erörtert. Deshalb hier nur ein kurzes Beispiel. Bei der BUZ kann vereinbart werden, daß im Versicherungsfall keine Beiträge mehr für den Versicherungsvertrag gezahlt werden müssen und daß eine BU-Rente in vereinbarter Höhe bis zum Vertragsende gezahlt wird. Nach dem Vertragsende wird bei der KLV trotz der Nichtbeitragszahlung die volle Versicherungssumme plus Überschußbeteiligung ausgeschüttet. Die maximale BU-Versicherungssumme beträgt z. Zt. 600% pro Jahr der Versicherungssumme des Hauptvertrages. Also bei einer Lebensversicherungssumme von 10 000,– DM x 600% = 60 000,– DM.

3. Die Pflegerenten-Zusatzversicherung (siehe Seite 91 f.)

Die Überschußsysteme

Unterschiedliche Auszahlungsergebnisse bei den Kapitallebensversicherungsgesellschaften müssen aber nicht nur an der Kostenstruktur der KLV-Gesellschaft liegen bzw. daran, wie sie gewirtschaftet hat. Mitunter sind es auch die unterschiedlichen Überschußsysteme. Es wird zwischen dem Bonussystem und der verzinslichen Ansammlung differenziert.

Das Bonussystem: Bei einem Vertrag mit Bonussystem erhöht sich Jahr für Jahr die Leistung für den Todesfall in Form einer beitragsfreien Versicherungssumme (Bonus), die zu einer weiteren Überschußbildung beiträgt. Bei einem vorzeitigen Vertragsende durch Tod oder Rückkauf kommt mehr Kapital zur Auszahlung.

Verzinsliche Ansammlung: Bei diesem System werden die verzinsten Überschüsse beim Vertragsende zusätzlich ausgezahlt. Im Erlebensfall gibt es dann eine etwas höhere Auszahlung als beim Bonussystem.

Beitragsverrechnung der Überschüsse: Einige Versicherungsgesellschaften bieten auch diese Form der Überschußverwendung an. Dadurch reduziert sich die laufende Beitragszahlung etwas, bei gleicher Versicherungssumme. Natürlich dann auch die Ablaufleistung.

Wenn man Lebensversicherungen vergleichen will, muß man auch auf das verwendete Überschußsystem achten!

Die Dread-Disease-Police (3D-Police)

Neue, innovative Versicherungsprodukte drängen auf den Markt. Die bekannte klassische Kapitallebensversicherung zahlt ihren Versicherungsnehmern im Erlebensfall nach der vereinbarten Laufzeit oder im Todesfall, wenn die versicherte Person verstirbt, das Versorgungskapital aus. Und zwar in Höhe der Versicherungssumme zuzüglich den angefallenen Gewinnanteilen.

Die dritte und neue Komponente heißt:

Die Absicherung des finanziellen Risikos einer schweren Krankheit während der Versicherungsdauer. Sollte die versicherte Person während der Vertragslaufzeit folgende Erkrankungen erleiden, wird ebenfalls das vereinbarte Versorgungskapital, zusammen mit den bis dahin angefallenen Gewinnanteilen, ausgezahlt:

- Schwerer Herzinfarkt
- Legung von einem bzw. zwei Bypässen
- Krebs
- Schlaganfall
- Chronisches Nierenversagen
- Multiple Sklerose
- Lähmung
- Herztransplantation

Worin liegt hierbei der spezielle Bedarf?

Bei den versicherten Krankheiten handelt es sich um sogenannte Zivilisationskrankheiten, die immer häufiger auftreten. Im Versorgungsfall hat der Betroffene Kapital, um z. B. eine spezielle medizinische Behandlung im Ausland zu erhalten, eine wissenschaftlich noch nicht anerkannte Heilmethode anzuwenden, Pflegepersonal und Haushaltshilfen zu haben oder einen Wohnortwechsel in klimatisch günstigere Gegenden zu vollziehen usw. Also für sich und seine Genesung entsprechende Maßnahmen zu treffen, die von den Sozialversicherungsträgern nicht übernommen werden.

Dieser ergänzende Schutz kostet natürlich zusätzlich Geld, ähnlich wie bei der Berufsunfähigkeits- und Pflegerentenzusatzversicherung. Mit etwa 10% Mehrbeitrag als bei der klassischen Kapitallebensversicherung muß der Verbraucher rechnen. Ich halte diese Innovation für durchaus interessant, jedoch müßte man die Leistungsbedingungen bei den einzelnen Versicherungen vergleichen, da es dort Unterschiede gibt.

Wie bewertet man eine Kapitallebensversicherung?

Versicherungsvermittler leben zunehmend gefährlich. Insbesondere diejenigen, die sich als unabhängige Finanz- oder Vermögensberater bezeichnen oder als Makler auftreten. Die Qualität einer Beratungshaftung ist sicherlich schwierig zu definieren, doch der »Unabhängige« hat selbstverständlich eine Sorgfaltspflicht. So muß man sich als seriöser Versicherungsvermittler die Frage stellen, ob man noch guten Gewissens Versicherungsprodukte verkaufen kann, die nicht zu den besten der Branche zählen. Dies gilt nicht nur für Kapitallebensversicherungen.

Um eine Lebensversicherungsgesellschaft beurteilen zu können, benötigt man die betriebswirtschaftlichen Kennzahlen und natürlich eine Bewertungsmethode. Mein Versuch der Beurteilung bezieht sich auf die ABC-Analyse aus der Betriebswirtschaftslehre. Grundsätzlich werden in meiner ABC-Analyse Aspekte bewertet wie die Vergangenheits- und Zukunftsentwicklung, die Sparsamkeit (bzw. Verschwendung), und der Erfolg der Finanzmanager bzw. Finanzanalyten bei der Anlage des Kapitalanteils der Versicherungsbeiträge. Welche Gesellschaft in der Summe den größten berechneten Wert hat, ist nach dem Zeitpunkt der Analyse die beste Gesellschaft. Diese ABC-Analyse, wie überhaupt alle Versuche einer Bewertung, gibt jedoch keine Garantie dafür, daß man tatsächlich die beste Kapitallebensversicherung erwischt hat. Das kann nur die Zukunft zeigen.

Nochmals zum Versicherungsvermittler:

Ein unabhängiger Finanzberater oder Versicherungsmakler kann nur objektiv sein, wenn er kein Provisionsinteresse hat. Da er allerdings auch ein Kaufmann ist und Geld verdienen möchte, sollte er gegen Honorar arbeiten und eventuelle Provisionen auf das Honorar anrechnen. Nur so ist er in der Lage, objektiv und fair zu beraten. Wie sonst könnte er Produkte vermitteln, die keinen oder nur einen geringen Provisionsanteil beinhalten.

Die ABC-Analyse

Für meine ABC-Analyse habe ich sechs Kennzahlen als Gewichtungskriterien wie folgt verwandt:

	Gewichtung
1. Die Prognose Sie ist eine Zukunftsbetrachtung, die sich auf die mögliche Ablaufleistung der KLV bezieht. Der Faktor resultiert aus der voraussichtlichen Ablaufleistung der Summe der Einzahlungen (Beiträge).	20%
2. Der Vergangenheitswert Er ist die Betrachtung des tatsächlichen Verlaufes der KLV, also was die Gesellschaft real erwirtschaftet hat. Der Faktor resultiert aus der tatsächlichen Ablaufleistung zur Summe der Einzahlungen.	35%
3. Die Abschlußkostenquote Sie sagt aus, in welcher Höhe Kosten für den	15%

	Gewichtung
Vertragsabschluß bzw. für die Verwaltung in den Beiträgen enthalten sind.	
4. Die Stornoquote Sie sagt aus, wie viele Verträge im Verhältnis zum Gesamtbestand vorzeitig gekündigt werden.	5%
5. Laufende Durchschnittsverzinsung Sie sagt aus, mit welcher Rendite sich der Kapitalanteil des Beitrages verzinst.	15%
6. Der Rückkaufwert nach zwei Jahren Er sagt aus, wieviel der Versicherungsvertrag nach zwei Versicherungs- und Beitragszahlungsjahren in DM wert ist. Der Faktor resultiert aus dem Rückkaufwert nach zwei Jahren im Verhältnis zu den bis dahin gezahlten Beiträgen.	10%
Summe der Gewichtungen =	100%

Anmerkung zu den Gewichtungen:

Die Punkte 1 und 2 habe ich stärker gewichtet, weil sie eine Langzeitbetrachtung darstellen. Insbesondere halte ich den Vergangenheitswert für sehr wichtig, da er die langfristige Geschäftspolitik der Gesellschaft widerspiegelt.

Die Punkte 3 bis 6 sind operative Ergebnisse einer Gesellschaft, die sich von Jahr zu Jahr ändern. Sie habe ich deshalb geringer gewichtet.

Kürze Erläuterung zum Kapitallebensversicherungsbeitrag:

Der KLV-Beitrag setzt sich aus drei Komponenten zusammen: dem Risikoanteil für den Todesfallschutz, dem Kostenanteil für die Bezahlung des Vermittlers sowie den Kosten für die Verwaltung und dem Kapitalanteil für den Sparvorgang.

Die Bewertung einer Kapitallebensversicherung mittels ABC-Analyse

ABC-Analyse		Kapitallebensversicherungsgesellschaft					
		X		Y		Z	
Faktoren	Gewichtung	Faktor	Ergebnis	Faktor	Ergebnis	Faktor	Ergebnis
Prognose	20 %	2,88	0,576	2,77	0,554	2,51	0,502
Vergangenheitswert	35 %	2,31	0,809	2,61	0,914	2,27	0,795
Abschlußkostenquote	15%	2,43	0,364	2,44	0,366	2,40	0,360
Stornoquote	5 %	2,45	0,123	2,39	0,119	2,45	0,123
Lfde. Durchschnittsverzinsung	15 %	2,57	0,386	2,45	0,368	2,43	0,365
Rückkaufwert nach 2 Jahren	10 %	2,34	0,234	2,21	0,221	1,49	0,149
Bewertung		Summe = 2,492		Summe = 2,542		Summe = 2,294	

Das Ergebnis der ABC-Analyse zeigt die meines Erachtens beste Gesellschaft. Die Kapitallebensversicherung B ist sozusagen mein persönlicher Testsieger. Nochmals erwähnt sei, daß selbst die genaueste und ausgefeilteste Analyse keine Aussage darüber treffen kann, welche Gesellschaft tatsächlich die beste in 12, 20 oder 30 Jahren ist, aber sie gibt zumindest eine Richtlinie.

Allgemeine Hinweise zur Kapitallebensversicherung

Frauen/Männer

Laut Statistik leben Frauen in Deutschland länger als Männer. Schließt eine Frau einen Lebensversicherungsvertrag ab, geht das Versicherungsunternehmen somit ein kleineres Risiko ein als bei einem Mann. Zumindest der Statistik nach. Daraus resultiert, daß

Auswirkungen der Abschluß- und Verwaltungskosten

sowie der Risikoprämie auf die Todesfall-Leistung, der Rückkaufswertentwicklung sowie der Ablaufleistung

Beispiel: Alter: 35 Jahre, Laufzeit: 25 Jahre, männlich, Jahresprämie: DM 3000,–

		Ungezillmerter Vertrag[1]		Vertrag mit hohen Abschluß- und Verwaltungskosten		Direktversicherer		Vertrag mit geringen Abschluß- und Verwaltungskosten	
Jahr	Jahresprämie (kumuliert)	Rückkauf-wert	Todesfall-Leistung	Rückkauf-wert	Todesfall-Leistung	Rückkaufs-wert	Todesfall-Leistung	Rückkauf-wert	Todesfall-Leistung
1994	3 000	2 610	92 789	0	92 633	2 156	97 566	1598	94 515
1995	6 000	5 414	93 145	2 049	93 368	5 087	97 897	3313	94 729
1996	9 000	8 428	93 676	4 526	94 468	8 222	98 391	5197	95 113
1997	12 000	11 666	94 398	7 410	95 705	11 574	99 061	7871	95 687
1998	15 000	15 144	95 328	10 608	97 094	15 158	99 923	11 587	96 469
1999	18 000	18 884	96 484	14 053	98 650	18 993	100 992	15 624	97 481
2000	21 000	22 903	97 884	17 988	100 389	23 098	102 286	20 010	98 746
2001	24 000	27 225	99 549	22 296	102 329	27 492	103 823	24 774	100 289
2002	27 000	32 138	101 501	27 019	104 490	32 276	105 624	29 947	102 139
2003	30 000	37 240	103 765	32 138	106 892	37 360	107 710	35 563	104 325
2004	33 000	42 748	106 366	37 690	109 558	42 823	110 105	41 659	106 880
2005	36 000	48 699	109 333	43 715	112 513	48 696	112 832	48 272	109 841
2006	39 000	55 130	112 697	50 251	115 783	55 015	115 920	55 445	113 247
2007	42 000	62 086	116 489	57 347	119 397	61 826	119 396	63 225	117 140
2008	45 000	69 616	120 745	65 054	123 385	69 181	123 291	71 662	121 563
2009	48 000	77 777	125 500	73 386	127 598	77 144	127 641	80 814	126 564
2010	51 000	86 632	130 794	82 432	132 256	85 790	132 481	90 744	132 194
2011	54 000	96 251	136 668	87 692	137 398	95 206	137 854	101 885	138 508
2012	57 000	106 713	143 171	107 399	143 069	105 495	143 801	113 532	145 567
2013	60 000	118 104	150 352	118 801	149 316	116 778	150 372	126 176	153 438
2014	63 000	130 524	158 265	131 109	156 189	129 200	157 618	139 902	162 192
2015	66 000	144 081	166 971	144 404	163 745	142 937	165 596	154 805	171 906
2016	69 000	158 904	176 531	158 772	172 045	158 205	174 367	170 989	182 664
2017	72 000	175 134	187 014	174 315	181 154	175 269	184 001	188 570	194 555
2018	75 000	198 431	198 431	186 847	186 847	194 432	194 432	207 621	207 621
		Rendite: 6,85 %		Rendite: 6,46 %		Rendite: 6,71 %		Rendite: 7,15 %	

[1] Zillmerung siehe unter »Die steuerliche Ausnutzung von Vorsorgeaufwendungen«

Frauen für den gleichen Versicherungsschutz weniger Beitrag zahlen müssen. Dies gilt ebenso für die Risikolebensversicherung.

Rückdatierungen

Eine Rückdatierung einer KLV bedeutet, daß der Versicherungsbeginn auf einen bestimmten Zeitpunkt in der Vergangenheit zurückgelegt wird. Dies hat seit neuestem steuerliche Auswirkungen für den KLV-Vertrag.

Für Verträge, deren Policierung nach dem 30.12.1990 erfolgt ist, gilt die sogenannte »Drei-Monats-Regelung«. Das bedeutet, daß KLV-Verträge um nicht mehr als drei Monate rückdatiert werden dürfen. Sinnvoll wäre es, wenn aufgrund der Rückdatierung ein niedrigeres Eintrittsalter angerechnet würde.

Legt man den Versicherungsbeginn trotzdem davor, werden diese Beiträge wie Einmalbeiträge behandelt. Somit sind sie weder bei den Sonderausgaben steuerlich abzugsfähig, noch sind die daraus resultierenden Zinserträge steuerfrei. Voraussetzung für die Einhaltung der »Drei-Monats-Regelung« ist neben der Policierung des Vertrages die Zahlung des Erstbeitrages. Wird eine Einzugsermächtigung bzw. ein Abbuchungsauftrag erteilt, so gilt die Voraussetzung der Beitragszahlung als geleistet.

Was geschieht bei der Kündigung der Kapitallebensversicherung?

Die Kündigung einer KLV bringt immer Nachteile. Je kürzer die fortgeschrittene Laufzeit und Beitragszahlungsdauer, um so geringer ist der Rückkaufswert im Verhältnis zu den bereits eingezahlten Beiträgen. Auch dies kann man in der Tabelle der KLV-Tarif-Analyse erkennen. Die Frage, die sich jedoch stellt, ist:

Ist die Kündigung einer KLV eventuell das kleinere Übel? Die Frage ist in der Regel eigentlich nur individuell zu beantworten. Pauschal würde ich die Frage bei den Endaltertarifen bejahen und verneinen bei den klassischen Tarifen, sofern es sich um eine der führenden Versicherungsgesellschaften handelt.

Die meisten Gesellschaften garantieren eine Mindestrückvergütung von 85% der ab dem zweiten Versicherungsjahr gezahlten Versicherungsprämien. Andere vereinbaren eine Rückvergütung von 50% der ab dem Versicherungsbeginn gezahlten Prämien. Eines ist allerdings sicher, der finanzielle Verlust für den Versicherungsnehmer!

Wer vorübergehend in Liquiditätsschwierigkeiten gekommen ist und die KLV nicht kündigen will, hat folgende Möglichkeiten:

1. Die Versicherungssumme kann gesenkt werden, womit sich auch die Prämien erniedrigen.
2. Bei Arbeitslosigkeit können die Prämien für ein halbes bzw. ein Jahr gestundet werden, die später nachgerichtet werden müssen. Es fallen dafür Zinsen an.
3. Der Vertrag kann beitragsfrei weiterlaufen, wobei die Versicherungssumme reduziert wird.
4. Die Überschüsse können in den Beiträgen verrechnet werden. Dadurch verringert sich die Leistung.

Sammel- und Gruppenversicherungsverträge

Meist mittelständische bis Großunternehmen haben im Rahmen der betrieblichen Vereinbarungen Verträge mit einem oder mehreren Versicherungsunternehmen geschlossen, die zu rabattierten Versicherungsverträgen führen. Daraus resultieren günstigere Beiträge für die gleiche Leistung bzw. eine höhere Leistung bei gleichbleibendem Beitrag.

Nochmals erwähnt sei, daß eine Einzelversicherung bei einem führenden Unternehmen günstiger sein kann als ein Vertrag bei einem durchschnittlichen Versicherer mit Rabatt.

Sollte man eine solche Konstitution bei seinem Arbeitgeber feststellen, müßte er darauf aufmerksam gemacht werden. Die Auswahl eines besseren Versicherungsunternehmens gehört meines Erachtens zu den Fürsorgepflichten jedes Arbeitgebers. Falls der Arbeitgeber hierfür nicht zugänglich sein sollte, bleibt noch der Weg zum Betriebsrat.

Neben Firmen können auch Vereinigungen oder Versorgungswerke die Vertragspartner von Lebensversicherungsunternehmen sein. Der Arbeitgeber kann wiederum Mitglied eines solchen Versorgungswerkes werden und damit auf rabattierte Versicherungsverträge zurückgreifen.

Bei einem Gruppenversicherungsvertrag müssen mindestens zehn Arbeitnehmer zusammengefaßt werden, um eine rabattierte Vereinbarung zu installieren. Bei einem Versorgungswerk reichen mitunter zwei Personen aus.

Rabattierungen von 3%, 5,5% bis zu einem Niveau von 8 bis 10% sind, bezogen auf die Normaltarife, möglich. Ein weiterer Vorteil ist, daß vielfach bei installierten Gruppenversicherungsverträgen bzw. Versorgungswerken die Risikoprüfung bei den Gesundheitsfragen zumindest reduziert wird.

Alle genannten Möglichkeiten müssen mit dem Versicherer vereinbart werden. Er muß nicht darauf eingehen. Nur auf eine Kündigung oder Umwandlung in eine beitragsfreie KLV muß das Versicherungsunternehmen eingehen.

Wenn man festgestellt hat, zum Beispiel durch die Testvergleiche der Stiftung Warentest, daß man bei einem zweit- bzw. drittklassigen Lebensversicherer gelandet ist, und der Vertrag besteht erst seit einigen Monaten, kann ein Wechsel durchaus sinnvoll sein. Hierzu noch einige Tips:

1. Die Beitragszahlung sollte sofort eingestellt werden.
2. Bei einem Lastschriftverfahren können die Prämien bis zu sechs Wochen zurückgeholt werden.
3. Auch wenn noch keine volle Jahresprämie in den Vertrag eingezahlt ist, werden die Prämien nicht eingeklagt, obwohl der Versicherungsnehmer laut den Bedingungen dazu verpflichtet ist. Das Bundesaufsichtsamt für das Versicherungswesen hat die Lebensversicherer hierzu angewiesen. Trotzdem versuchen viele Versicherungsunternehmen nach wie vor, die Versicherten mit Klagedrohungen einzuschüchtern.
4. Grundsätzlich besteht nach der Antragstellung ein zehntägiges Rücktrittsrecht, auch wenn die Policierung bereits erfolgte.
5. Der Vertrag kann für ein Jahr ruhen, wenn er bereits minde-

stens zwei Jahre besteht. Der Vertragsbeginn wird verlegt. Hierbei fallen weder Zinsen an, noch müssen Beiträge nachentrichtet werden.

6. Ein Policedarlehen kann zur Beitragszahlung vereinbart werden. Jedoch nur in der Höhe des Rückkaufswertes der KLV.
7. Es wird nur der Risikoanteil der KLV für ein bis zwei Jahre weitergezahlt. Hier fallen wieder Zinsen an, und die fehlenden Prämien müssen nachentrichtet werden.

Meine persönliche Meinung:

Die Kapitallebensversicherung kann ein wichtiges Instrument zur Ergänzung der Versorgungslücken der Gesetzlichen Rentenversicherung sein. Die durchaus gravierenden Nachteile bestehen in den je nach Versicherungsgesellschaft sehr hohe Kosten für die Verwaltung und Vermittler, die eine vernünftige Renditeentwicklung nicht erwarten lassen. Der Geldanlagemarkt bietet mittlerweile Möglichkeiten, den Deckungsstock einer KLV nachzubilden, ohne den immensen Kostenapparat mitschleppen zu müssen (siehe im Kapitel »Der Geldanlageberater«).

Hinzu kommen Nachteile wie die mangelnde Transparenz und eine relativ schlechte Zugriffsmöglichkeit auf das Guthaben.

Für »Kleinsparer«, bis zu ca. 200,– DM pro Monat, bleibt die KLV jedoch eine interessante Sparform (siehe aber auch das Kapitel »Aufgeschobene Leibrente«). Wichtig ist aber auf jeden Fall, die richtige Versicherungsgesellschaft zu wählen.

Spielen jedoch steuerliche Aspekte eine entscheidende Rolle, z.B. bei der Direktversicherung oder eine Absetzungsmöglichkeit bei den Vorsorgeaufwendungen, kann die KLV zum Renditehit werden.

Die private Rentenversicherung

Eine unter Umständen günstige Alternative zu der klassischen Kapitallebensversicherung bietet die Form der privaten Rentenversicherung, auch Leibrente genannt. Die Leibrente fristet ein relatives Schattendasein. Die Anzahl der bestehenden Verträge sind im Verhältnis zu der KLV gering. Der Grund: Wie immer spielt das liebe Geld eine Rolle, denn für den Abschluß einer KLV bekommt der Abschlußvermittler mehr Provision als für die entsprechende Leibrentenversicherung.

Die private Rentenversicherung enthält keinen Todesfallschutz wie die KLV und ist deshalb in der Regel nur für die interessant, die für einen Hinterbliebenenschutz nicht sorgen müssen. Entweder weil man alleinstehend ist (und bleiben will) oder der Partner berufstätig ist (und bleiben will) und er bei einem Todesfall auf eigenen Füßen stehen kann. Dies bedeutet nicht, daß die eingezahlten Beiträge im Todesfall verlorengehen. Der Bezugsberechtigte bekommt im Todesfall sowohl die eingezahlten Beiträge als auch die bis dahin angefallenen Gewinnanteile ausgezahlt. Einige Gesellschaften bieten allerdings einen Tarif an, bei dem sich die Versicherungsgesellschaft die Beiträge einverleibt. Der Sinn soll sein, die Rendite für den Erlebensfall zu erhöhen. Ein tolles Geschäft, aber nicht für den Versicherten. Man weiß ja nie, was einem im Leben noch so widerfährt. Diese Variante halte ich für bedenklich.

Beim Abschluß der Rentenversicherung interessiert natürlich die Höhe der zu erwartenden Rente. Wie bei der KLV gibt es auch hier einen garantierten Wert und die Überschußrente, wobei letztere von der Überschußentwicklung des Deckungsstockes und der tatsächlichen Sterblichkeitsrate abhängt.

Die garantierte Rente kalkuliert sich wie bei der KLV nach dem

Rechnungszins, der 3,5 % beträgt. Die darüber hinausgehenden Erträge fließen in die Überschußrente.

Wenn Leibrenten verglichen werden sollen, muß man auf das Verrentungssystem (Verteilung der Überschüsse) achten.

Drei unterschiedliche Rentenzahlungssysteme werden angeboten:

1. Das dynamische Verrentungssystem. Hier ist die Anfangsrente relativ gering und erhöht sich Jahr für Jahr um einen bestimmten Prozentsatz.
2. Das fallende Verrentungssystem. Die Anfangsrente ist relativ hoch und fällt jährlich.
3. Die gleichbleibende Rente. Hierbei werden die Überschüsse auf die Laufzeit verteilt, und der Versicherte erhält eine fast konstant hohe Rentenleistung von Beginn an.

Die Rente selbst wird lebenslang gezahlt. Im Falle des vorzeitigen Todes nach Rentenbeginn bieten die Versicherer wiederum mehrere Varianten an. Die sogenannte Rentenmindestzahlungsdauer für die eventuell Hinterbliebenen. Die meist gewählte Form ist die fünfjährige Mindestlaufzeit. Auch zehnjährige oder längere Mindestlaufzeiten werden angeboten, sie schmälern allerdings die Rendite des Vertrages, wenn auch unerheblich.

Es gibt zwei Formen der privaten Rentenversicherung. Die Sofortleibrente und die aufgeschobene Leibrente.

Die Sofortleibrente

Bei der Sofortleibrente zahlt der Versicherte einen einmaligen Betrag in den neu abzuschließenden Vertrag, zum Beispiel aus einer Erbschaft. Der Betrag wird verrentet, und der Versicherte bekommt eine lebenslange Rentenzahlung, je nach Verrentungssystem, wie o. a. beschrieben.

Wie bei der gesetzlichen Rentenversicherung sind Rentenauszahlungen nicht steuerfrei. Sie sind mit dem Ertragsanteil der Rente anzusetzen. Dieser Ertragsanteil resultiert aus dem bei Beginn der

Rentenzahlung vollendeten Lebensjahr des Rentenberechtigten und ist in § 22 des Einkommensteuergesetzes verankert. Dies ist also keine Willkür der Versicherungsgesellschaft.
Was bedeutet das im Klartext? Bekommt eine 50jährige Person 100 000,– DM aus einer Erbschaft, zahlt den Betrag in eine Sofortrentenversicherung ein und bezieht daraus eine monatliche Rente in Höhe von 600,– DM, so beträgt der versteuerbare Ertragsanteil der Rente 43 % von 600,– DM, also 258,– DM pro Monat bzw. pro Jahr 3096,– DM. Normalerweise hat ein 50jähriger auch noch weitere Einkünfte, so daß der Ertragsanteil oberhalb des Grundfreibetrages liegt und somit voll versteuert werden muß. Anhand der folgenden Tabelle kann man weitere Beispiele durchkalkulieren.

Neue Ertragsanteile bei Renten von 1994 an

Die in § 22 EStG enthaltene Tabelle der Ertragsanteile wurde neu gefaßt. Die Ertragsanteile für Leibrenten aus privaten Rentenversicherungen werden ab 01.01.94 **auf der Grundlage der Sterbetafel 1986/88 angehoben**. So erhöht sich der Ertragsanteil für einen bei Rentenbeginn 65jährigen von 1994 an von bisher 24 % seiner Rentenbezüge auf 27 %.

Rentenbeginn im Alter	Ertragsanteil (in %)	
	bisher	ab 1994
40	50	52
50	41	43
60	29	32
63	26	29
65	24	27
70	19	21
75	14	16

Die höheren Ertragsanteile sind erstmals für den Veranlagungszeitraum 1994 anzuwenden. **Sie gelten** ab 1994 **auch für** Steuerpflichtige, **die bereits vor 1994 Rente bezogen haben** und die bis einschließlich 1993 mit den niedrigeren Ertragsanteilen zur Steuer veranlagt werden.

Die aufgeschobene Leibrente

Vereinfacht umschrieben, ist die aufgeschobene Leibrente eine Kapitallebensversicherung ohne Todesfallabsicherung. Sie ist also ein Sparvorgang, den man Aufschubzeit nennt. Nach der Aufschubzeit hat man zwei Möglichkeiten. Die erste ist die Auszahlung der Versicherungsleistung als Rente. Die zweite Möglichkeit besteht darin, sich die garantierte sowie die Überschußrente kapitalisieren und als Kapitalabfindung auszahlen zu lassen. Die Kapitalabfindung ist, wie die Auszahlung aus der KLV, von der Einkommensteuer befreit, wenn die Mindestlaufzeit (Aufschubzeit) zwölf Jahre und die Mindestbeitragszahlungsdauer mindestens fünf Jahre beträgt. Man sollte nun meinen: Prima, ich bin alleinstehend und benötige keinen Todesfallschutz. Den kann ich mir sparen. Da müßte doch mehr herausspringen als bei der KLV.

Eigentlich müßte das so sein, denn der Risikoanteil des Versicherungsvertrages fällt weg, so daß mehr Beitrag in den Kapitalanteil fließen kann.

Aufgrund dessen ist kaum zu glauben, daß die besten Kapitallebensversicherungen höhere Ablaufleistungen prognostizieren als der Durchschnitt der Leibrentenverträge. Nur wenige übertreffen die guten KLV's, so auch das folgende Beispiel. Äußerst bemerkenswert ist allerdings, daß die Kapitaltarife eines Hauses besser sind als die eigenen Leibrenten!?

Warum das so ist, wird wohl das Geheimnis der Versicherungsmathematiker bleiben.

Wie die KLV ist die aufgeschobene Leibrente eine durchaus interessante, aber langfristige Kapitalanlage. Die besten prognostizieren Renditen von über 7 %. Möchte man vergleichbare Kapitalanlagen finden, müßten sie schon Bruttorenditen von über 10 % aufweisen (je nach Steuersatz), um nach Steuern das gleiche Ergebnis zu erzielen.

Der Unterschied zwischen Frauen und Männern

Da die durchschnittliche Lebenserwartung der Frauen höher liegt als die der Männer und die Leibrenten schließlich lebenslang gezahlt werden, muß dies auch Auswirkungen auf die Höhe der Rentenzahlung haben. Eine Frau lebt länger, zumindest statistisch, und somit wird die Höhe der Leibrente geringer ausfallen und umgekehrt. Andererseits sind kaum Auswirkungen auf die Kapitalabfindung festzustellen. Diese Aspekte sind im folgenden Beispiel über den Verlauf einer aufgeschobenen Leibrentenversicherung berücksichtigt.

nach Vers.-Jahren	Gesamtleistung			
	weiblich		männlich	
	bei Tod	Kündigung	bei Tod	Kündigung
1	3 000,–	0,–	3 000,–	0,–
5	16 431,–	14 394,–	16 404,–	14 242,–
10	38 317,–	37 948,–	38 234,–	37 704,–
15	68 893,–	68 893,–	68 718,–	68 718,–
20	112 870,–	112 870,–	112 559,–	112 559,–
24	162 275,–	162 275,–	161 825,–	161 825,–

	weiblich	männlich
Kapitalabfindung		
Garantiert	103 213,–	103 238,–
inklusive Überschüsse	205 417,–	204 957,–
Leibrente		
Garantiert p.a.	5 941,–	6 316,–
inklusive Überschußrente p.a.	11 824,–	12 539,–
Rentendynamik	5,25%	5,25%
Rendite der Kapitalabfindung	7,28%	7,27%

Beispiel: Eintrittsalter: 35 Jahre, weiblich und männlich
Laufzeit und Beitragszahlungsdauer: 25 Jahre
Monatsbeitrag: 250,– DM
Mindestlaufzeit der Rente: 5 Jahre (bei vorzeitigem Ableben nach Beginn der Rentenzahlung).
Aufschubzeit: 25 Jahre.

Erhöht man die Mindestlaufzeit der Rente, bei vorzeitigem Tod des Versicherten, auf zehn Jahre, ändern sich die Versicherungsleistungen wie folgt:

Die Rendite der Kapitalabfindung beträgt dann bei der Frau 7,24 % und beim Mann 7,28 %. Die Leibrente inklusive der Überschußrente verringert sich bei der Frau um 228,– DM p.a. auf 11 285,– DM und beim Mann um 234,– DM p. a. auf 12 285,– DM pro Jahr. Die Rentenzahlung beginnt mit dem 60. Lebensjahr, und somit hat der/die Versicherte das 59. Lebensjahr vollendet. Daraus resultiert, daß die Leibrente einen Ertragsanteil von 32 % hat. Bezogen auf das o. a. Beispiel der Frau heißt das, daß 32 % von 11 596,– DM = 3595,– DM auf den Gesamtbetrag der Einkünfte hinzugerechnet werden müssen. Überschreitet man unter Hinzurechnung des Ertragsanteils der Leibrente den Grundfreibetrag zuzüglich sämtlicher Freibeträge, ist auf den Ertragsanteil ganz oder teilweise Einkommensteuer zu zahlen.

Die Zusatzversicherungen

Wie bei fast jeder Versicherungsform, können auch bei der Leibrente Zusatzversicherungen gegen Aufpreis vereinbart werden.

1. Die Unfalltodzusatzversicherung: Sie sollte wie bei der Kapitallebensversicherung aus dem Vertrag ausgeklammert werden. Die UZV ist bei Bedarf in der privaten Unfallversicherung besser aufgehoben.
2. Die Berufsunfähigkeitszusatzversicherung: Hier wiederum der Verweis auf das separate Kapitel »Die Berufsunfähigkeitsversicherung«.

3. Die Witwen-/Witwerrente: Sollten im Todesfall Hinterbliebene zu versorgen sein, ist die Kapitallebensversicherung besser geeignet. Deshalb halte ich den Zusatz für überflüssig. Eine andere Möglichkeit ist, bei einem günstigen Versicherer eine zusätzliche Risiko-LV für den Aufpreis zu vereinbaren.

Meine persönliche Meinung:

Ist grundsätzlich keine Absicherung des Todesfallrisikos nötig, würde ich eine aufgeschobene Leibrente der KLV vorziehen. Ansonsten gilt das gleiche wie für die KLV hinsichtlich der hohen Kosten der Versicherungsgesellschaften.

Kreditfinanzierte Sofortleibrenten

Vergleich mit Berlin-Darlehen

Nach Wegfall des Berlin-Darlehens werden immer häufiger sog. Rentenkonzepte angeboten, die grundsätzlich so aufgebaut sind: Der Kunde schließt eine sofort beginnende Rentenversicherung ab, der dafür aufgewandte Einmalbeitrag wird in voller Höhe über ein Darlehen finanziert, die Tilgung dieses Darlehens erfolgt über eine Lebensversicherung.

Im Vergleich zu den früheren Berlin-Darlehens-Programmen gilt dabei als Kapitalanlage statt des Berlin-Darlehens der Einmalbeitrag für die sofort beginnende Rentenversicherung. Der besondere Effekt soll dadurch entstehen, daß sämtliche Finanzierungskosten steuerlich abzugsfähig sind, während von den Renten nur ihr sog. Ertragsanteil bei den sonstigen Einkünften versteuert werden muß. Durch die Tilgungsaussetzung beim Refi-Darlehen und die Rückzahlung über die Tilgungsversicherung soll eine zusätzliche Reduzierung der Finanzierungskosten erzielt werden. Dadurch liegen die Nettokreditkosten konzeptmäßig unter den versteuerten Erträgen.

Steuerliche Unklarheiten

Aus steuerlicher Sicht sind also folgende Punkte von Bedeutung:

1) Besteuerung der Rente mit dem Ertragsanteil
2) Schuldzinsen für das Refi-Darlehen
3) Steuerliche Behandlung der Tilgungsversicherung

Besteuerung der Rente mit dem Ertragsanteil

Nach § 22 EStG sind Leibrenten aus privaten Rentenversicherungen nur mit dem sog. Ertragsanteil in der Einkommensteuer bei den sonstigen Einkünften anzusetzen. Diese werden dort mit dem persönlichen Steuersatz des Rentenempfängers besteuert.

Schuldzinsen für das Refi-Darlehen

Ob und in welchem Umfang die für das Refi-Darlehen aufgewandten Schuldzinsen bei den sonstigen Einkünften als Werbungskosten abzugsfähig sind, ist nicht entschieden. In einem BMF-Schreiben vom 19.06.1991 wird ein Schuldzinsabzug verneint, weil rechnerisch ein sog. Totalüberschuß der mit dem Ertragsanteil zu versteuernden Einnahmen über die abzusetzenden Schuldzinsen nicht möglich ist. Stellt man aber beim Betrachtungszeitraum auf eine Rentenzahlungsdauer gemäß statistischer Lebenserwartung ab, so kann in den meisten Fällen dieser steuerliche Totalüberschuß doch dargestellt werden. Ob sich Finanzverwaltung und Finanzgerichte dieser Betrachtungsweise anschließen, bleibt jedoch abzuwarten. Aber selbst dann ist noch fraglich, ob die Schuldzinsen in voller Höhe anerkannt werden; denn bei den vergleichbaren Berlin-Darlehens-Programmen wollte die Finanzverwaltung durch Erlaß die abzugsfähigen Schuldzinsen auf die Höhe der steuerpflichtigen Einnahmen in jedem Veranlagungszeitraum begrenzen.

Es ist also strittig, ob die Schuldzinsen in voller Höhe oder nur im Verhältnis der Ertragsanteile der Rente oder überhaupt nicht absetzbar sind.

Steuerliche Behandlung der Tilgungsversicherung

Bei einem Rentenstammrecht handelt es sich nach allgemeiner Meinung um eine Forderung. Deshalb führt die Verbindung des Refi-Darlehens mit einer Lebensversicherung zur Steuerschädlichkeit dieser Tilgungsversicherung. Die Beiträge sind somit nicht als Sonderausgaben abzugsfähig, und die in der Ablaufleistung enthaltenen Zinserträge sind nach § 20 Abs. 1 Nr. 6 EStG zu versteuern.

Meine persönliche Meinung:

Aufgrund der steuerlichen Unklarheiten sollte man solchen Konzepten sehr kritisch gegenüber eingestellt sein. Im Zweifelsfall sollte der Steuerberater sein o.k. geben. Falls etwas schiefgeht mit dem Finanzamt, haftet der Steuerberater.

Die steuerliche Absetzbarkeit von Versicherungsbeiträgen

Die steuerliche Absetzbarkeit von Versicherungs- und Bausparbeiträgen stößt jedoch auf Höchstgrenzen, die im Verkauf von Versicherungen gerne übergangen werden. Für die Vorsorgeaufwendungen gelten pro Kalenderjahr folgende Höchstbeträge:

1. Ein Grundhöchstbetrag von 2610,– DM, im Fall der Zusammenveranlagung von Ehegatten 5220,– DM,
2. dazu zusätzlich der Sonderausgaben-Vorwegabzug von 6000,– DM, im Fall der Zusammenveranlagung von Ehegatten 12000,– DM, bei Arbeitnehmern kommt hierbei der steuerfreie Anteil der Arbeitgeberbeiträge zu den Sozialversicherungen von z. Zt. 16 % zum Abzug,
3. soweit die Vorsorgeaufwendungen den Grundhöchstbetrag und den Vorwegabzug übersteigen, können sie zur Hälfte, höchstens bis zu 50 % des Grundhöchstbetrages abgezogen werden (hälftiger Höchstbetrag). Also nochmals 2610,– DM bzw. 5220,– DM, die nachgewiesen werden müssen, zu 50 %.

Eine Anmerkung zu den Bausparbeiträgen

Bei den Sonderausgaben können nur die Beiträge abgesetzt werden, die nicht gemäß dem 5. Vermögensbildungsgesetz oder dem Wohnungsbauprämiengesetz gefördert wurden. Hier besteht ein sogenanntes Kumulierungsverbot. Hinzu kommt, daß steuerlich abgesetzte Bausparverträge nachversteuert werden müssen, wenn der Bausparvertrag innerhalb seiner Bindungsfrist gekündigt wird bzw. nicht zu wohnwirtschaftlichen Zwecken genutzt wird.

Diese Regelung gilt nicht für die anderen Vorsorgeaufwendungen wie zum Beispiel die Kapitallebensversicherung. Ein sicherlich interessanter Aspekt.

Ein vielfach im Verkauf verwendetes Argument für den Abschluß einer Versicherung, hierbei insbesondere der Kapitallebensversicherung, ist die steuerliche Absetzbarkeit der Beiträge.

Maßgebend für die gesetzliche Regelung ist der § 10 im Einkommensteuergesetz. Demnach ist folgendes absetzbar: Beiträge zu

1. Kranken-, Unfall- und Haftpflichtversicherungen,
2. den gesetzlichen Rentenversicherungen und an die Bundesanstalt für Arbeit,
3. Risikoversicherungen, die nur für den Todesfall eine Leistung vorsehen,
4. Rentenversicherungen ohne Kapitalwahlrecht,
5. Rentenversicherungen mit Kapitalwahlrecht gegen laufende Beitragsleistung, wenn das Kapitalwahlrecht nicht vor Ablauf von zwölf Jahren seit dem Vertragsabschluß ausgeübt werden kann,
6. Kapitalversicherungen gegen laufende Beitragsleistung mit Sparanteil, wenn der Vertrag für die Dauer von mindestens zwölf Jahren abgeschlossen worden ist (die Beiträge müssen mindestens über fünf Jahre geleistet werden),
7. 50 %, die an Bausparkassen zur Erlangung von Baudarlehen geleistet wurden.

Alle weiteren Versicherungen sind keine Sonderausgaben und konsequenterweise nicht steuerlich abzugsfähig. Dazu gehören die fondsgebundene Lebensversicherung, die Rechtsschutzversicherung, die Hausratversicherung, die Wohngebäudeversicherung sowie sämtliche Kaskoversicherungen.

Von der Theorie zur Praxis

Wie schon angedeutet, ist es mit der Absetzbarkeit der Versicherungsbeiträge nicht weit her. Die Argumente der Versicherungs-

und Bausparverkäufer greifen hierbei in der Regel nicht, da fast jeder Arbeitnehmer allein schon mit den Sozialversicherungen über die Höchstgrenzen hinausschießt. Lediglich Selbständige oder Beamte haben meist noch Möglichkeiten.

Das Beispiel: Familie Mustermann möchte eine Kapitallebensversicherung zur zusätzlichen Altersvorsorge abschließen. Das Familienbruttoeinkommen beträgt 60 000,– DM pro Jahr, und die Familie hat bereits folgende Versicherungen abgeschlossen:

		Jahresprämie
Familienunfallversicherung	:	240,– DM
Private Haftpflicht	:	80,– DM
Kfz-Haftpflicht	:	500,– DM
Private Krankenzusatzvers.	:	280,– DM

Die Sozialversicherungsbeiträge errechnen sich wie folgt:
Jahresbrutto x den Prozentsätzen zu den Sozialversicherungen

1. *Gesetzliche Rentenversicherung/GRV*
   (1994 = 19,2 % von max. 91 200,– DM
   [= Beitragsbemessungsgrenze für die GRV
   und der ArLV])
   60 000,– DM x 19,2 % = 11 520,– DM
   Diese 11 520,– DM teilen sich in den Arbeitgeber(AG)-Anteil und dem Arbeitnehmer(AN)-Anteil zu je 50 % auf.
   11 520,– DM x 50 % = 5 750,– DM
   je AG- und AN-Anteil.

2. *Arbeitslosenversicherung/ArLV*
   (1994 = 6,5 % von max. 91 200,– DM)
   60 000,– DM x 6,5 % = 3 900,– DM
   3 900,– DM x 50 % = 1 950,– DM
   je AG- und AN-Anteil.

3. *Gesetzliche Krankenversicherung/GKV (1994 ca. 13 %)*
   (1994 = ca. 13 % von max. 68 400,– DM)
   [= Beitragsbemessungsgrenze für die GKV = 75 %
   von 91 200,– DM])

60 000,– DM x 13 %	=	7 800,– DM
7 800,– DM x 50 %	=	3 900,– DM
je AG- und AN-Anteil.		

Schema zur Berechnung nicht ausgenutzter Höchstbeträge für Vorsorgeaufwendungen

A: Vorwegabzug für Versicherungsbeiträge

	1994
ledig:	6 000,– DM
oder	
verheiratet:	12 000,– DM
hiervon ist bei Arbeitnehmern der Arbeitgeberanteil zur gesetzlichen Rentenversicherung abzuziehen. Bei Arbeitnehmern ist der steuerfreie Anteil der Arbeitgeberbeiträge von 16 % vom Jahresbruttogehalt a zuziehen.	9600,– DM
A =	2400,– DM

B: Höchstbeträge für Vorsorgeaufwendungen

ledig:	2610,– DM
oder	
verheiratet: B =	5220,– DM

C: A + B = C = 7620,– DM

D: Vorhandene Vorsorgeaufwendungen

Summe Sozialversicherung AN-Anteil	11 610,– DM

+ Kapital-LV (lfd. Beitragszahlung)	0,– DM
+ Risiko-LV	0,– DM
+ Berufsunfähigkeitsversicherung	0,– DM
+ Private Rentenversicherung	0,– DM
+ Private Krankenversicherung	280,– DM
+ Unfallversicherung	240,– DM
+ Kfz-Haftpflicht (kein Kasko)	500,– DM
+ Privat-Haftpflicht	80,– DM
+ Bausparbeiträge (nicht beim 5. VermBG und wenn WohBauP beantragt wurde)/2	0,–DM
D =	12 710,– DM

E: Nicht ausgenutzte voll abzugsf. Höchstbeträge

C – D = E =	5090,– DM

F: Nicht ausgenutzte halb abzugsf. Höchstbeträge

B – evtl. Minusbetrag von E = F =	130,– DM

G: Abzugsfähige Vorsorgeaufwendungen

Summe E (wenn E > 0) + Summe F/2 = G =	65,– DM

H: Steuerersparnis

Summe G x Steuersatz z.B. 25 % = H =	16,25 DM

Anmerkungen

Wenn Familie Mustermann 130,– DM pro Jahr in zum Beispiel eine Kapitallebensversicherung einzahlt und der persönliche Steuersatz beträgt 25 %, resultiert daraus ab 1994 immerhin eine Steuerersparnis in Höhe von ca. 16,– DM.

Nochmals erwähnt sei, daß nur für die wenigsten das Argument der steuerlichen Absetzbarkeit zählt. Anhand des vorangegangenen Berechnungsschemas kann jeder seine individuellen Möglichkeiten selbst berechnen.

Die steuerliche Ausnutzung von Vorsorgeaufwendungen

Sollte man sich in der glücklichen Lage befinden und KLV-Beiträge noch steuerlich in Abzug bringen können, wird diese KLV zu einer sehr interessanten Anlageform. Nicht nur bei einer langfristigen Betrachtung, sondern erst recht, je kürzer die Betrachtung ausfällt. Dies funktioniert allerdings nur mit sogenannten ungezillmerten Verträgen. Die Zillmerung ist benannt nach dem Versicherungsmathematiker Zillmer (1831–1893) und dient der Berechnung der Prämienreserve bei Versicherungsanstalten. Bei diesem Verfahren werden die ersten Versicherungsprämien (1. bis 3. Jahr) ganz oder teilweise zur Deckung der Erwerbsnebenkosten benutzt. Die Bildung des Deckungskapitals (Rückkaufswert) wird daher verzögert. Dies hat erhebliche Nachteile für den Versicherungsnehmer, denn bei einer Kündigung der KLV in den ersten Jahren erhält er nur Bruchteile seiner Einzahlungen zurück. Anders bei den sogenannten ungezillmerten Verträgen. Hierbei verteilen sich die Kosten für die Verwaltung und Verprovisionierung auf die Laufzeit des Vertrages. Dadurch erhöhen sich die Rückkaufswerte des Vertrages in den ersten Jahren erheblich.

Das folgende Beispiel bezieht sich auf einen solchen ungezillmerten Vertrag:

Versicherungsnehmer:	männlich, 35 Jahre, zu versteuerndes Einkommen: 100 000 DM, KirchSt: 9 %
Versicherungsvertrag:	Versicherungssumme: 93 000 DM, Laufzeit: 25 Jahre, Jahresbeitrag: 3000 DM
Allgemeines:	keine Berücksichtigung der Kapitalertragsteuer, es wird vorausgesetzt, daß die Versicherungsbeiträge in voller Höhe steuerlich abzugsfähig sind.

Laufzeit (Jahre)	Beitrag (kumuliert)	Rückkaufwert (RW)	Steuerersparnis (StE)	RW + StE	Rendite (%)
1	3 000,00 DM	2 556,00 DM	1 003,00 DM	3 559,00 DM	18,63
2	6 000,00 DM	5 299,00 DM	2 006,00 DM	7 305,00 DM	13,86
3	9 000,00 DM	8 201,00 DM	3 009,00 DM	11 210,00 DM	11,39
4	12 000,00 DM	11 246,00 DM	4 012,00 DM	15 258,00 DM	9,84
5	15 000,00 DM	14 468,00 DM	5 015,00 DM	19 483,00 DM	8,85
12	36 000,00 DM	47 255,00 DM	12 036,00 DM	59 291,00 DM	7,47
25	75 000,00 DM	193 456,00 DM	25 075,00 DM	218 531,00 DM	7,48

Vor allem Selbständige sollten einmal überprüfen, ob sie ihre Vorsorgeaufwendungen bereits erschöpft haben. Wenn nicht, bietet sich hier eine lukrative Steuersparanlage.

Der Sinn der Versicherungsoptimierung

Man könnte sich natürlich fragen: Wozu das Ganze?

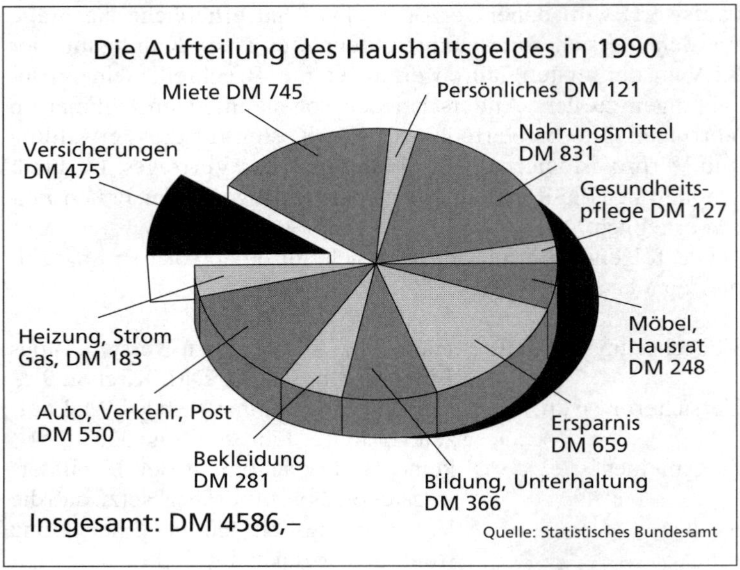

Ob ich nun 120,– DM oder 80,– DM pro Jahr für meine Privathaftpflichtversicherung bezahle, die Differenz von 40,– DM macht mich auch nicht ärmer. Eine solche Einstellung und Ignoranz käme jeden Versicherungsnehmer in der Regel teuer zu stehen. Man muß auch seine Finanz- und Versicherungsstrategie immer ganzheitlich und nicht ausschnittsweise betrachten, denn erstens hat man meist nicht nur eine Privathaftpflichtversicherung, sondern eine Vielfalt an Versicherungen und zweitens begleiten einen die meisten Versicherungsverträge den größten Teil des Lebens. Die 40,– DM würde der Betreffende ja nicht nur für ein Jahr sparen!

Ein Zahlenbeispiel

Wie man aus der vorangegangenen Graphik 12 erkennen kann, gibt jeder Haushalt in Deutschland (alte Bundesländer) etwa 475,– DM durchschnittlich pro Monat für Versicherungen aus. Geht man davon aus, daß durch den Wechsel zu preisgünstigeren Versicherungsgesellschaften und durch die Kündigung unnötiger Verträge etwa ein Drittel an Versicherungsprämien eingespart werden kann, kann man folgende Berechnung aufstellen: 475,– DM pro Monat x 1/3 = 158,– DM pro Monat. Legt man diese 158,– DM monatlich zu einem kalkulatorischen Zins von 7 % an, ergeben sich folgende Kapitalbeträge:

Laufzeit in Jahre	kalkulatorisches Kapital
10	27 184,– DM
15	49 442,– DM
20	80 660,– DM
25	124 444,– DM
30	185 854,– DM

Betrachtet man nicht nur die eventuelle Prämienersparnis bei der Privathaftpflicht für ein Jahr, sondern erkennt auch, welche finanziellen Auswirkungen eine ganzheitliche Betrachtung der Versicherungsstrategie und seiner Versicherungsoptimierung nach sich zieht, wird bei einer konsequenten Umsetzung der Erkenntnisse sehr viel Geld gespart. Im obigen Beispiel nach 15 Jahren schon 49 442,– DM usw.

Was tun im Schadensfall?

Spätestens wenn man im Schadensfall die Versicherung in Anspruch nehmen muß, schlägt die Stunde der Wahrheit. Beim Ablauf der Schadensregulierung sollte man auf die allgemeinen Verhaltensgrundsätze achten.

Jeden Schaden unverzüglich melden

Das Kleingedruckte in den Versicherungsbedingungen schreibt vor, daß dem Versicherer das Schadensereignis unverzüglich – innerhalb von drei Tagen (das heißt ohne schuldhaftes Verzögern) – zu melden ist. Sobald der Kontakt zum zuständigen Sachbearbeiter aufgenommen wurde, sollte man sich die Gewißheit verschaffen, ob man – eventuell nachträglich – die Polizei hinzuziehen muß. Bei Unfällen mit Verletzten oder gar Toten, aber auch bei Feuer-, Diebstahl- und Einbruchschäden ist ein Polizeiprotokoll unabdingbar.

Das Ausfüllen der Schadensformulare

Mit der telefonischen Mitteilung an den Versicherer allein ist es natürlich längst nicht getan. Die Versicherungsgesellschaft wird dem Versicherten ein umfangreiches Formular zusenden, in dem sämtliche mit dem Schaden in Zusammenhang stehenden Fakten auszufüllen sind. Man sollte die Beantwortung der im Schadensformular aufgeführten Fragen nicht auf die leichte Schulter nehmen. Viele Schadensansprüche werden abgelehnt oder nur teilweise befriedigt, weil in der Schadensanzeige falsche, ungenaue oder sogar widersprüchliche Angaben oder Skizzen gemacht wurden. Zusätzlich kann der Versicherer sachdienliche Auskünfte verlangen, die er für notwendig hält. Der Versicherte ist zur Beantwortung dieser Fragen verpflichtet.

Grundsätzliches im Schadensfall

Der Schaden muß, soweit er noch nicht eingetreten ist, möglichst vermieden, ein bereits eingetretener Schaden zu mindern versucht werden. Es sollte unbedingt auf Weisungen des Versicherers geachtet werden. Liegen keine Weisungen vom Versicherer vor, sollten diese eingeholt werden. Auch unzweckmäßige Anweisungen des Versicherers dürfen nicht ignoriert werden.

Ist ein Schaden eingetreten, muß die Schadensstätte grundsätzlich unverändert bleiben, bis Versicherer und Polizei die Freigabe erteilen.

Zerstörte und beschädigte Sachen sicherstellen und unter Umständen zur Beweissicherung fotografieren. Um eine Verhältnismäßigkeit bei den Fotos zu erreichen, sollte gegebenenfalls eine Meßlatte angehalten werden oder eine Tageszeitung mit dem Erscheinungsdatum erkennbar sein. Die Rechnungen gekaufter Gegenstände sollte man sorgfältig aufbewahren, um unnötige Diskussionen über den Wert der Gegenstände (z.B. bei einem Einbruch) zu vermeiden.

Checkliste zur Schadensanzeige

Sinnvoll ist es, das Formular der Versicherungsgesellschaft für die Schadensanzeige zu verwenden.

Inhalt:
- Versicherungsscheinnummer,
- Ort und Zeitpunkt des Schadenseintrittes,
- die vermutliche Schadensursache,
- das geschätzte Schadensausmaß (unter Vorbehalt),
- die bereits getroffenen Maßnahmen zur Schadensabwendung bzw. Schadensminderung,
- das Anspruchschreiben (Rechnungen beifügen),
- Anfragen zur Abwicklung des Schadens, ob und welche Schadensminderungsmaßnahmen zu treffen sind, ob mit der Behebung des Schadens begonnen werden kann und welche Belege beizubringen sind.

Der Gutachter

Sie sollten sich im Zweifelsfall nicht nur mit einem Gutachten zufrieden geben. Ist der Gutachter gar von der Versicherungsgesellschaft beauftragt worden, wäre eine zweite Meinung zur Schadenshöhe durchaus angebracht. Sehr schlecht könnte man bei der Schadenstaxierung des versicherungseigenen Schnellregulierers abschneiden. Es ist durchaus möglich, daß Sie weniger Schadensersatz erhalten, als Ihnen regulär zusteht.

Wie aus falschen Versicherungsverträgen herauskommen?

Hier sind prinzipiell zwei Möglichkeiten gegeben. Die ordentliche und die außerordentliche Kündigung des Vertragsverhältnisses.

Die ordentliche Kündigung

Bei ihr wartet man die Vertragslaufzeit ab und kündigt drei Monate vor Laufzeitende. Um sicher zu gehen, sollte eine Kündigung immer per Einschreiben an die Versicherungsgesellschaft geschickt werden.

Die außerordentliche Kündigung

Laut § 31 VVG kann ein Versicherungsvertrag gekündigt werden, wenn der Versicherer aufgrund einer Prämienanpassungsklausel das Entgelt erhöht, ohne daß sich der Umfang der Versicherung ändert, und zwar bis zum Zeitpunkt der Änderung, sofern das Entgelt pro Jahr um mehr als 5 % des zuletzt gezahlten Beitrages oder um mehr als 25 % des Erstbeitrages steigt.

Dies trifft nicht zu, wenn die Prämie aufgrund gesetzlicher Regelungen erhöht wird. Zum Beispiel bei der Wohngebäudeversicherung: Steigt der gleitende Neuwertfaktor, erhöht sich dadurch die Prämie.

Nach einem Schadensfall hat man die Möglichkeit, den Versicherungsvertrag zu kündigen. Die Frist beträgt einen Monat nach Abschluß der Vertragsverhandlungen, unabhängig davon, ob der Versicherer geleistet hat oder nicht. Dieses Recht hat allerdings auch die Versicherungsgesellschaft.

Keine Regel ohne Ausnahme. In der Rechtsschutzversicherung kann der Versicherungsnehmer seinen Vertrag innerhalb eines Monats kündigen, wenn der Versicherer in einem Versicherungsfall die Leistung verweigert, zum Beispiel aufgrund geringer Erfolgsaussichten. Der Versicherer kann hier dem Versicherungsnehmer kündigen, wenn dieser in einer Versicherungskategorie zweimal die Deckungszusage innerhalb eines Jahres gewähren mußte.

Aus Lebensversicherungen kann man immer heraus – selbst im ersten Versicherungsjahr, obwohl man laut Vertragsbedingungen diesen Zeitraum auf jeden Fall einhalten muß. Das Bundesaufsichtsamt für das Versicherungswesen in Berlin hat den Versicherungsunternehmen diese Richtlinie empfohlen, so daß der Versicherungsnehmer auch nicht mit Prämieneinklagungen rechnen muß, obwohl im Kündigungsfalle einige Gesellschaften ihren Nochversicherten bedrohliche Mahnbriefe schicken. Man sollte sich hier nicht einschüchtern lassen. Wird die »Bedrohung« zu massiv, sollte man das Bundesaufsichtsamt hiervon unterrichten.

Kündbarkeit von 10-Jahres-Verträgen

Der Verbraucherschutzverein (VSV) in Berlin hat gegen verschiedene Versicherungsgesellschaften Musterprozesse geführt. Eine Kündigungsmöglichkeit besteht, wenn die Laufzeit der Versicherung zehn Jahre beträgt und diese Laufzeit bereits im Versicherungsantrag vorgedruckt war. Gegen diese Urteile wollen einige Versicherer beim Bundesgerichtshof (BGH) Revision einlegen. Interessant bei diesem Verfahren wird sein, zu welcher Auffassung der BGH bei Verträgen kommt, bei denen im Antragsformular eine Vertragsdauer nicht vorgedruckt war.

Tips für den Vertragsabschluß

Schon bei der Versicherungsantragsausfüllung kann man kostspielige Fehler vermeiden. Die wichtigsten Aspekte sind:

Die Vertragslaufzeit

Man sollte nach Möglichkeit immer die kürzeste Vertragslaufzeit wählen. Für die Sachversicherungen bedeutet dies Einjahresverträge. So ist man flexibler bei einer eventuellen Neugestaltung des Versicherungsschutzes. Die Ausnahme bildet hier die Lebensversicherung, deren Zielsetzung die Altersvorsorge sein sollte.

Jährliche bzw. unterjährliche Zahlungsweise

Bezüglich der Zahlungsweise hat der Beitragszahler die Möglichkeiten, zwischen der jährlichen, der halbjährlichen (2 % teurer), der vierteljährlichen (3 % teurer) und der monatlichen Zahlung (5 % teurer) zu wählen.
Die jährliche Zahlungsweise ist meines Erachtens eindeutig zu empfehlen, sofern der Beitragszahler liquiditätsmäßig dazu in der Lage ist. Die Einsparung, bezogen auf den Effektivzins, liegt bei sage und schreibe über 10 %. Grundsätzlich sind die Beiträge vorschüssig zu zahlen.

Die Gesundheitsfragen

Bei den Personenversicherungen, wie zum Beispiel der Lebens- oder Krankenversicherung, werden im Versicherungsantrag sogenannte Gesundheitsfragen gestellt. Diese Fragen sollten Sie gewissenhaft beantworten. Stellt nämlich der Versicherer in einem Schadensfall fest, daß die versicherte Person bei der Antragstellung Krankheiten aus der Gegenwart wie aus der Vergangenheit verschwiegen hat, absichtlich oder unabsichtlich, kann dies zu unangenehmen Überraschungen führen. Durch die Verletzung der vorvertraglichen Anzeigepflicht kann der Versicherer nämlich die Versicherungsleistung zu Recht verweigern. Ist man bezüglich sei-

Die Musterverfahren des VSV

Gesellschaft	Sparte	Urteil vom	Aktenzeichen	VSV hat
	»10 Jahre« handschriftlich eingetragen			
Aachener und Münchener	Hausrat, Glas Privathaftpflicht	4.11.1992	LG Köln, 26 O 174/92 Berufung, OLG Köln 6 U 217/92	verloren[1]
Hamburg-Mannheimer*	Unfall	16. 4.1992	LG Hamburg, 324 O 729/91 OLG Hamburg, 5 U 137/92	verloren[1]
R + V	Hausrat, Glas Privathaftpflicht	10.11.1992	LG Frankfurt, 2/13 O 44/92	Beweisbeschl. des Gerichts
	»10 Jahre« vorgedruckt			
Agrippina	Haftpflicht, Glas, Hausrat		Klage eingereicht LG Köln	
Albingia	Hausrat	16. 4.1992	LG Hamburg, 324 O 743/91 Beruf. OLG Hamburg 5 U 151/92	gewonnen[1]
Allianz*	Hausrat, Haftpflicht Unfall	18. 2.1993	OLG München, 29 U 4048/92	gewonnen[2]
Arag Allgemeine	Unfall	5. 4.1990	OLG Düsseldorf, 6 U 167/89	gewonnen
Barmenia	Unfall		Klage wird eingereicht	
Bayerische Versicherungsbank*	Unfall, Hausrat Privathaftpflicht	18. 2.1993	OLG München, 29 U 4100/92	gewonnen[2]
Colonia*	Unfall	1. 7.1992	LG Köln, 26 O 20/91 Berufung OLG Köln, 6 U 192/92	gewonnen[1]
Concordia	Unfall		abgemahnt	

Deutscher Lloyd	Unfall	5.11.1992	LG München I, 7 O 1531/92 Ber. OLG München, 29 U 7112/92	gewonnen[1)]
Deutscher Ring Sach*	Unfall, Hausrat, Glas Reisegepäck, Haftpflicht		Klage eingereicht LG Hamburg	
Erste Allgemeine*	Unfall	23.11.1989	LG München I, 7 O 7818/89	gewonnen
Erste Allgemeine*	Hausrat, Glas Privathaftpflicht	9. 7.1992	LG München I, 7 O 1534/92 Ber. OLG München 29 U 5361/92	gewonnen[1)]
Gothaer*	Unfall		Klage eingereicht LG Köln	
Hamburg-Mannheimer*	Unfall	16. 4.1992	LG Hamburg, 324 O 792/91 Beruf. OLG Hamburg, 5 U 137/92	gewonnen[1)]
Hamburger Phoenix Gaedesche	Unfall, Haftpflicht Hausrat, Glas		Klage wird eingereicht	
Hanse-Merkur*	Haftpflicht, Hausrat, Glas, Unfall		Klage eingereicht LG Hamburg 324 O 55/93	
Iduna Allgemeine*	Unfall, Hausrat, Glas Privathaftpflicht	22. 1.1993	LG Hamburg, 324 O 648/92	gewonnen[1)]
Interunfall Allgemeine	Unfall	16. 4.1992	LG Hamburg, 324 O 71992/91 Beruf. OLG Hamburg SU 152/92	gewonnen[1)]
Inter Allgemeine*	Unfall		Klage eingereicht LG Mannheim	
Mannheimer*	Hausrat, Haftpflicht, Unfall		Klage eingereicht LG Mannheim	
Münchener Verein Allgemeine*	Unfall	23. 7.1992	LG München I, 7 O 1530/92	gewonnen
Nova	Unfall	10. 1.1992	Unterlassungserklärung	gewonnen
Nürnberger Allgemeine*	Unfall	10. 6.1992	LG Nürnberg, 3 O 8748/91 Beruf. OLG Nürnberg, 3 U 2403/92	gewonnen[1)]

Öffentl. Sachvers.	Hausrat, Glas, Privathaftpflicht	10. 2.1992	Unterlassungserklärung	gewonnen
ÖVA	Unfall, Hausrat	17. 1.1992	Unterlassungserklärung	gewonnen
Provinzial Brandkasse	Unfall, Hausrat	30.10.92	LG Kiel, 11 O 492/91 Berufung OLG Schleswig	verloren[1]
R + V Allgemeine	Unfall	30. 6.1992	LG Frankfurt, 2/13 O 489/91 Beruf. OLG Frankfurt 6 U 164/92	gewonnen[1]
Saarland Feuer	Wohngeb., Haftpfl., Hausrat, Glas		Klage eingereicht LG Saarbrücken	
Schweitzer National*	Unfall		abgemahnt	
Signal	Unfall	28.12.1992	Unterlassungserklärung	gewonnen
Stuttgarter Allgemeine*	Unfall	24.11.1992	LG Stuttgart, 20 O 98/92 Beruf. OLG Stuttgart, 2 U 4/93	gewonnen[1]
Thuringia	Unfall, Hausrat, Privathaftpfl.	23. 7.1992	LG München I, 7 O 1532/92	gewonnen[1]
Transatlantische Sach*	Unfall	16. 4.1992	LG Hamburg, 324 O 741/91	gewonnen
Vereinte	Unfall, Hausrat, Glas	23. 7.1992	LG München I, 7 O 1531/92	gewonnen[1]
Victoria Feuer	Wohngebäude	22.10.1991	Unterlassungserklärung	gewonnen
VHG*	Hausrat, Haushalt, Glas Haftpflicht, Reise		Klage eingereicht LG Hannover 14 O 58/93	
Volksfürsorge*	Hausrat, Glas Privathaftpflicht Privathaftpflicht	16. 4.1992	LG Hamburg, 324 O 744/91 Beruf. OLG Hamburg, 5 U 138/92 Beruf. OLG München, 25 U 5415/92	gewonnen[1]
Winterthur*	Unfall, Haftpflicht, Hausrat Glas, Gebäude		Klage eingereicht LG München I	
Zürich*	Unfall, Hausrat, Glas Privathaftpflicht	28. 7.1992	LG Frankfurt, 2/13 O 497/91 Beruf. OLG Frankfurt, 6 U 174/92	gewonnen[1]

* Auch bei handschriftlicher Ergänzung. [1] Urteil noch nicht rechtskräftig. [2] Revision angekündigt.

ner Krankheiten unsicher, sollte zumindest der Hausarzt konsultiert werden.

Doppelversicherungen

Es sollte vor dem Neuabschluß einer Versicherung darauf geachtet werden, ob man nicht schon in dieser Sparte ausreichend versichert ist. Doppelt hält nämlich nicht besser, sondern kostet nur das Doppelte.

Versicherungspakete

In den Versicherungspaketen, die auch als Kombiangebot bezeichnet werden, sind meist unwichtige Risiken eingeschlossen. Deshalb sind sie in der Regel unpraktisch und zu teuer.

Alle Verträge bei einer Gesellschaft

Auch wenn eine Versicherungsgesellschaft, ein bestimmtes Risiko betreffend, besonders günstig ist, gilt dies noch lange nicht für die anderen Versicherungssparten. Man sollte sich nur das günstige Angebot herauspicken und die anderen Risiken woanders abdecken.

Versicherungssummen

Die Höhe der Versicherungssummen sollten realistisch gewählt werden. Sie orientieren sich an Einkommen, Vermögen und Umfeld des Versicherten. Es hat überhaupt keinen Sinn, eine geringere Versicherungssumme zu wählen, als erforderlich wäre, um die Versicherungsprämie niedrig zu halten. Man wäre dann unterversichert.

2 Der Finanzierungs- und Immobilienberater

Inhaltsverzeichnis

Einleitung

Einer der meistgeäußerten Wünsche der Deutschen ist, in den eigenen vier Wänden zu wohnen. Vielen ist jedoch nicht bewußt, daß sie bei einer unkritischen Auswahl der Finanzierungsmodalität sehr viel Geld verschenken oder in Extremfällen sogar in Zahlungsschwierigkeiten geraten können, mit der Folge einer möglichen Zwangsversteigerung.

Eine Zwangsversteigerung bedeutet nicht nur den Verlust der Immobilie, sondern auch eine sehr hohe Verschuldung meist bis an das Lebensende. Eine wahrhaft grauenhafte Vorstellung. Sicher ist jedoch, daß eine schlechte Finanzierung Sie mitunter mehrere zehntausend DM kostet. Ich meine, daß dies genügend Gründe sind, sich umfassend mit dem Thema der Immobilienfinanzierung zu beschäftigen.

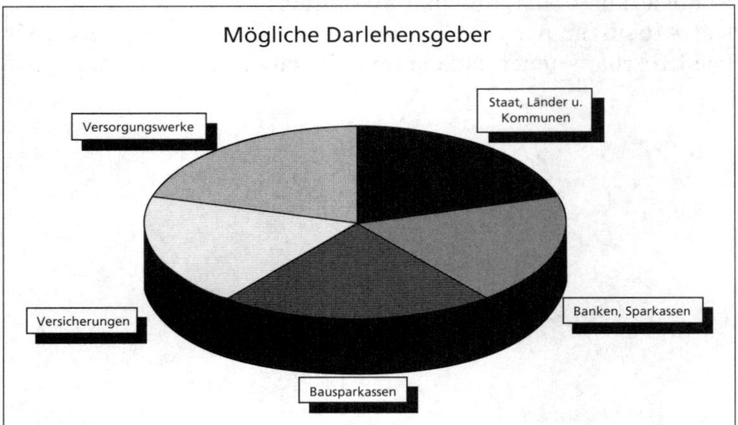

»Aus Erfahrung wird man klug«, sagt ein Sprichwort, doch bei einem Immobilienerwerb ist es mit der Erfahrung oft nicht weit her, denn die meisten erwerben nur einmal in ihrem Leben eine Immobilie.
Über 1000 Darlehensanbieter und eine größere Anzahl an Finanzierungsmodellen stehen dem ratsuchenden und zukünftigen Immobilieneigentümer zur Auswahl. Hinzu kommen die steuerlichen, juristischen und versicherungstechnischen Aspekte, die entscheiden, ob sich das Eigenheim als Luxusobjekt entpuppt oder durch eine intelligente Planung und Finanzierung ein rentables Objekt wird. Die Kunst der »Richtigen Finanzierung« liegt darin, das jeweils individuell optimale Finanzierungskonzept zu finden, wobei der Zinssatz zunächst eine untergeordnete Rolle spielt.

In diesem Abschnitt des Buches werden Themen behandelt wie: Was kann ich mir leisten? Strukturen der Darlehensformen. Welches Finanzierungsmodell ist für mich das günstigste? Lohnt sich ein Disagio? u.v.m. Die einzelnen Themen sind mit vielen Kommentaren und Beispielrechnungen versehen.

Was kann ich mir leisten?

Eine sicherlich sehr entscheidende Frage, die sich als erste jeder stellen sollte, der den Wunsch hat, eine Immobilie zu erwerben. Leider gibt es immer wieder Bau- und Kaufinteressenten, die sich zuerst ihr Traumschloß aussuchen, obwohl es gar nicht in ihrem finanziellen Rahmen liegt. Die Folgen sind entweder, daß sie nach einem Finanzierungsberatungsgespräch frustriert nach Hause gehen oder – was noch viel schlimmer ist – daß sie eine »Risikofinanzierung« eingehen, weil sie sich in ihr Traumschloß schon so vernarrt haben, daß sie es mit »allen Mitteln« zu ihrem Eigenheim machen möchten.

Leider wollen viele sogenannte »Finanzberater« in der Regel nur Geschäfte machen. Wie es mit Ihrer finanziellen Situation in einigen Jahren aussieht, kümmert sie meist recht wenig. Dieses gilt sicherlich auch für den Immobilienverkäufer, meist ein Makler oder Bauträger. Viele von ihnen sind ausschließlich daran interessiert, die Immobilien aus ihrem Angebot an den Mann/die Frau zu bringen, um die Maklerprovisionen zu kassieren. Um Ihr persönliches Schicksal schert sich der Verkäufer in aller Regel nicht. Deshalb sollten Sie sich nie von dem Immobilienverkäufer in Sachen Finanzierung beraten lassen. Er »organisiert« Ihnen schon die Finanzierung, sogar umsonst. Umsonst, aber nicht kostenlos?

Von einer neutralen und objektiven Beratung kann hier sicherlich keine Rede sein. Abgesehen davon, daß hierfür wohl die wenigsten Verkäufer ausreichend qualifiziert sind.

Sie sollten deshalb erst einmal nach folgender Anleitung für sich selbst ermitteln, in welcher Größenordnung der Bau- bzw. Kaufpreis anzusetzen ist, um dann gezielt nach entsprechenden Objekten Ausschau zu halten.

Die nachfolgende Beispielrechnung soll hier gleich einen Einblick geben.

Ermittlung der maximalen Fremdmittelaufnahme und der maximalen Objektkosten

Kaufinteressent: Familie Ernst + Frieda Hauskäufer, 2 Kinder

Alter des Familienernährers:	45 Jahre
Familien-Netto-Einkommen:	DM 4 400,–
Fixkosten Vers.beiträge (ohne Sozialvers.):	DM 150,–
Wunschwohnfläche:	150 m2
Barkapital:	DM 70 000,–
Sonstiges Guthaben:	DM 40 000,–
Zinsniveau:	siehe Konditionstableau

1. Wie hoch darf die max. Fremdmittelaufnahme sein?
2. Wie hoch dürfen die max. Objektkosten sein?

Allgemeines hierzu: Banken, Versicherungen und Bausparkassen haben ihre Richtlinien bezüglich der Bonitätsprüfung ihrer zukünftigen Kundschaft. Diese Richtlinien variieren jedoch von Institution zu Institution. Deshalb sind die folgenden Daten als Durchschnittsbedingungen zu betrachten. Nach dem Bedienen der Zins- und Tilgungsraten (Kapitaldienst) muß netto zum Leben übrigbleiben:

– Für einen Alleinstehenden:	DM 1100,–
– Für ein Ehepaar:	DM 1500,–
– Pro Kind zuzüglich:	DM 350,–

Das heißt, eine Familie mit zwei Kindern muß nach dem Bedienen des Kapitaldienstes (Zins + Tilgung) DM 2200,– vom Familiennettoeinkommen zum Leben übrigbehalten.

Das Familiennettoeinkommen sollte dabei um nicht mehr als 45 % unterschritten werden. Auf das Nettoeinkommen werden, sofern sie anfallen, folgende Einkünfte hinzugerechnet:

- Kindergeld zu 100 %
- Mieteinnahmen zu 75 %
- Einkünfte aus Überstunden, sofern sie nachhaltig erzielbar sind, zu 50 % (mit Vorbehalt)
- Aufwendungsdarlehen (öffentliche Mittel) zu 50 %
- Dreizehntes Monatsgehalt (umgelegt auf zwölf Monate)

Unberücksichtigt bleiben in der Regel Steuerersparnisse, die zukünftigen Nebenkosten (Heizung, Strom usw.), eventuelle Gehaltssteigerungen und Weihnachts- bzw. Urlaubsgeld.

Wenn Sie anhand des vorgegebenen Beispiels die Rechnungen einmal nachvollzogen haben, können Sie mit einem Taschenrechner bewaffnet und den Schemata 1 + 2 Ihre »persönlichen Grenzen« hinsichtlich der maximalen Fremdmittelaufnahme und der maximalen Objektkosten ermitteln. Sie brauchen lediglich Ihre persönlichen Daten entsprechend einzusetzen. Lassen Sie sich jedoch vorab von einem Kreditinstitut den aktuellen Nominalzinssatz bei einer Auszahlung von 100 % und einer Zinsfestschreibungszeit von 10 Jahren mitteilen, und setzen Sie diese Kondition in das Schema ein.

Schema 1 – Ermittlung der maximalen Fremdmittelaufnahme

1. Einkommensverhältnisse

Familien-Netto-Einkommen	mtl.: DM	4400,–
– Beiträge (Kranken-, Lebensvers., sonst.)	mtl.: DM	(150,–)
– Zahlungsverpflichtungen (Kredite, Leasing)	mtl.: DM	....
– Kalk. Nebenkostenumlage (DM 3,–/qm)	mtl.: DM	(450,–)
+ Sonst. Einkünfte (Kindergeld, usw.)	mtl.: DM	170,–

Gesamteinkünfte aus der Sicht des Kreditinstitutes	mtl.:	DM	4570,–

2. Personen im Haushalt

Erwachsene:	2	(DM 750,–/Erw.)	mtl.:	DM	1500,–
Kinder:	2	(DM 350,–/Kind)	mtl.:	DM	700,–
Minimaler finanzieller Gesamtbedarf			mtl.:	DM	2200,–

3. Verfügbare Mittel für die Eigentumsmaßnahme

Gesamteinkünfte	DM 4570,– x 12 =	DM	54 840,–
– Gesamtbedarf	DM 2200,– x 12 =	DM	26 400,–
Verfügbare Mittel pro Jahr		DM	28 440,–

4. Kapitaldienst

Jahreszins bei 100 % Auszahlung und 10 Jahre fest	%	8,55
+ Anfangstilgung (?)	%	2,00
Annuität	%	10,55

5. Berechnung der max. Fremdmittel

Verfügbare Mittel (p.a.)		DM	28 440,–
: Annuität		%	10,55
= Darlehenssumme	ca.	DM	269 573,–
+ Zugesagte öffentliche Mittel		DM	....
Maximale Fremdmittelaufnahme		DM	270 000,–

Rentenalter (65. Lebensjahr) minus Alter des Familienernährers ergibt eine maximale Darlehenslaufzeit von 20 Jahren, also mindestens eine Anfangstilgung von 2 %.

Anmerkungen zum Berechnungsschema 1
Die Versicherungsbeiträge und die Nebenkosten, die hier pauschal

mit DM 3,– pro qm angesetzt wurden, werden zur Bereinigung der Einkünfte meist nicht abgezogen. Deshalb bleiben die Kosten auch in meiner Berechnung unberücksichtigt, obwohl sie natürlich anfallen.

Auf Seite 209 sehen Sie Konditionstableaus einer Bank, auf die wir im Verlaufe dieses Buches noch des öfteren zurückgreifen werden. In diesem Kapitel benötigen wir daraus lediglich eine Zinskondition (Zins 8,55 %/Auszahlung 100 %/10 Jahre Zinsfestschreibung).

Der Anfangstilgungssatz sollte so gewählt sein, daß Sie spätestens mit Beginn des Rentenalters (im 65. Lebensjahr) eine schuldenfreie Immobilie besitzen. Denn sicherlich ist Ihnen bekannt, daß die Höhe der Rente wohl geringer ausfällt als Ihre Nettoeinkünfte. Zudem ist eine schuldenfreie Immobilie hervorragend zur Schließung der Versorgungslücke geeignet. In der folgenden Tabelle ersehen Sie Ihren anfänglichen Tilgungssatz, der neben der Höhe des Nominalzinses auch von der Anzahl der Zins- und Tilgungsverrechnungen pro Jahr abhängig ist. Die Prozentsätze in der Tabelle sind die korrekten rechnerischen Werte, die in der Praxis jedoch nicht angewendet werden. Mit den Banken sind Schritte um 0,25 % zu vereinbaren. Den für Sie zutreffenden Wert müssen Sie also entsprechend auf- bzw. abrunden.
Die Anfangstilgungssätze wurden unter Berücksichtigung der monatlichen Zins- und Tilgungsverrechnung ermittelt.

	Laufzeit in Jahren			
Zins in %	15	20	25	30
7,0	3,79	2,30	1,48	0,98
7,5	3,62	2,17	1,37	0,89
8,0	3,47	2,04	1,26	0,81
8,5	3,32	1,91	1,16	0,73

Schema 2 – Ermittlung der maximalen Objektkosten

Die maximalen Objektkosten sind die Summe aus dem Eigenkapital und der maximalen Fremdmittelaufnahme abzüglich der anfallenden Nebenkosten. Sie errechnen sich nach folgendem Schema:

1. Eigenkapital

Vorhandenes Barkapital	DM	70 000,–
+ Vorgesehene Eigenleistung (Lohnanteil DM 30,–/Std.)	DM	....
+ Zinsloses Familiendarlehen o.ä.	DM	....
+ Sonstige Guthaben (z.B. Aktien)	DM	40 000,–
Gesamteigenkapital	DM	110 000,–

2. Pauschale Berechnung der Finanzierungs- und Erwerbsnebenkosten (siehe Zusatzberechnung unten)

Finanzierungsnebenkosten	(pauschal 2,50 %)	DM	6750,–
+ Maklergebühren	(3,45 %)	DM	12 370,–
+ Grunderwerbssteuer	(2,00 %)	DM	7234,–
+ Notar-/Amtsgericht	(ca. 1,00 %)	DM	3617,–
Gesamtnebenkosten		DM	29 971,–

3. Bereinigtes Eigenkapital

Gesamteigenkapital	DM	110 000,–
– Gesamtnebenkosten	DM	29 971,–
Bereinigtes Eigenkapital	DM	80 029,–

4. Berechnung der max. Objektkosten

Max. Fremdmittel (Schema 1)	DM	270 000,–
+ Bereinigtes Eigenkapital	DM	80 000,–
= Maximale Objektkosten	*DM*	*350 000,–*

Berechnung der Nebenkosten

I. Die Finanzierungsnebenkosten, die hier pauschal mit 2,5 % angesetzt sind, beziehen sich auf die max. Fremdmittel.

Max. Fremdmittel DM 270 000,– x 2,5 %	= *DM*	6750,–

II. Erwerbsnebenkosten

Gesamteigenkapital	DM	110 000,–
+ max. Fremdmittelaufnahme	DM	270 000,–
– Finanzierungsnebenkosten	DM	6750,–
	= DM	386 750,–
DM 386 750,–: (1 + [3,45 + 2 + 1] : 100)	= DM	361 720,–

Makler:	DM 361 720,– x 3,45 %	= *DM*	12 370,–
GrErwSt.:	DM 361 720,– x 2 %	= *DM*	*7234*,–
Notar:	DM 361 720,– x 1 %	= *DM*	3617,–

Anmerkungen zum Berechnungsschema 2
Die maximalen Objektkosten liegen in diesem Beispiel um DM 350 000,–, wobei der Eigenkapitalanteil mindestens 20 % betragen soll (350 000,– x 20 % = 70 000,– + Nebenkosten). Bei einem Neubau ist es öfter gegeben, daß Eigenleistungen vom Bauherrn erbracht werden, die wie Eigenkapital behandelt werden. Diese Eigenleistungen (z.B. Fliesen legen), auch Muskelhypothek genannt, dürfen jedoch nur mit dem Lohnanteil (nicht mit Material) angerechnet werden. Hier besteht das Problem, daß viele Bauherren ihre Muskelhypothek überschätzen. Falls Sie vorhaben zu bauen und eine gewisse Eigenleistung erbringen möchten, sollte der Wert DM 15 000,– nicht übersteigen. Das heißt, bei einem Stundensatz von DM 30,– müßten Sie (DM 15 000,– : DM 30,–/Stunde = 500 Stunden an Ihrem Haus arbeiten. Diesen Wert sehe ich als Grenzwert an.

Konditionstableau einer Bank (1989)

Zinsfestschreibung	5 Jahre	8 Jahre	10 Jahre	15 Jahre
Zinssatz % p.a.	Auszahlungskurs %			
5,25	90,65	–	–	–
5,50	91,65	–	–	–
5,75	92,70	90,05	–	–
6,00	93,70	91,50	90,35	–
6,25	94,70	92,95	92,05	–
6,50	95,70	94,40	93,70	90,30
6,75	96,75	95,85	95,35	92,35
7,00	97,75	97,25	97,05	94,40
7,25	98,75	98,70	98,70	96,45
7,50	99,75	–	–	98,45
Zinssatz bei	90 % Auszahlung			
% p.a.	5,09	5,74	5,95	6,46
Zinssatz bei	100 % Auszahlung			
% p.a.	7,56	7,47	7,45	7,69
Anfänglicher effektiver Jahreszins				
%	7,83	7,74	7,71	7,97

Konditionstableau einer Bank (1992)

Zinsfestschreibung	5 Jahre	8 Jahre	10 Jahre	15 Jahre
Zinssatz % p.a.	Auszahlungskurs %			
6,50	90,35	–	–	–
6,75	91,35	–	–	–
7,00	92,30	91,35	90,15	–
7,25	93,30	92,75	91,75	–
7,50	94,25	94,15	93,35	91,55
7,75	95,25	95,50	94,90	93,50
8,00	96,25	96,90	96,50	95,40
8,25	97,20	98,30	98,10	97,35
8,50	98,20	99,65	99,70	99,25
8,75	99,15	–	–	–
Bei 90 % Auszahlung Zinssatz % p.a.				
	6,41	6,75	6,98	7,30
Bei 100 % Auszahlung Zinssatz % p.a.				
	8,96	8,56	8,55	8,60
Anfänglicher effektiver Jahreszins %				
	9,35	8,91	8,90	8,95

Die Zusatzkosten beim Immobilienerwerb

Wer meint, daß es mit dem Kaufpreis für das Grundstück und Gebäude getan ist, täuscht sich, und zwar gewaltig. Eine Vielzahl von Nebenkosten kommen auf den Käufer oder Bauherren zu. Es ist deshalb unerläßlich, diese erheblichen Kostenfaktoren in das Finanzierungsmodell einzubeziehen.

Grundsätzlich sollte man zwischen drei Arten von Nebenkosten differenzieren: die Erwerbs- oder Anschaffungsnebenkosten, die Finanzierungsnebenkosten und die Nebenkosten nach dem Bezug der Immobilie.

Die Erwerbs- oder Anschaffungsnebenkosten

1. Die Grunderwerbssteuer

Das Finanzamt partizipiert an einem Eigentümerwechsel mit 2 Prozent des Kaufpreises, die es vom Immobilienkäufer erhält. Bei einem Kaufpreis von DM 500 000,– beträgt die Grunderwerbssteuer immerhin satte DM 10 000,–. Sollte es sich bei dem Grundstück um ein Erbpachtgrundstück handeln, so wird auf die Jahreserbpacht ebenfalls Grunderwerbssteuer erhoben. Die Bemessungsgrundlage ist die 18fache Jahreserbpacht, wenn die Erbpachtzeit länger als 52 Jahre ist. Beträgt z.B. der Jahreserbpachtzins DM 4000,–, ist die Bemessungsgrundlage 18 x DM 4000,– = 72 000,–. Die Grunderwerbssteuer beträgt hier ebenfalls 2 %, also immerhin DM 1440,–!

2. Maklergebühren

Über 80 Prozent von Eigentümerwechseln entstehen mit der »Hilfe« eines Immobilienmaklers. Diese »Hilfe« ist natürlich nicht kostenfrei. Stolze 3,45 % verlangt er z.B. in NRW für eine erfolgreiche Vermittlung, die er je nach Vereinbarung vom Käufer wie vom Verkäufer kassieren darf. Sollten Sie also Ihre Immobilie über einen Immobilienmakler erwerben, fallen bei einem Objekt von DM 500 000,– Kaufpreis DM 17 250,– Maklercourtage an.

3. Notar- und Amtsgerichtsgebühren

Weiterhin zählen zu den Erwerbsnebenkosten auch die Gebühren für den Notar und das Amtsgericht, die den Kaufakt betreffen: also die Kaufvertragsgestaltung sowie die Eintragungen in Abteilung I und II des Grundbuches. Pauschal muß man hier mit ca. 1 % des Kaufpreises als Gebühr rechnen. Hinzu kämen also nochmals ca. DM 5000,– an Kosten.

Summiert man die Erwerbsnebenkosten, ergibt sich ein Betrag von etwa DM 32 250,–. Steuerlich betrachtet, kann man diese Kosten gemäß der Abschreibungsmethode in Ansatz bringen. Bei Eigennutzung der Immobilie nach dem Bauherrenparagraphen 10e EStG, sofern die Höchstgrenzen von DM 330 000,– bzw. DM 150 000,– noch nicht überschritten wurden. Bei einer Fremdnutzung (Vermietung oder Arbeitszimmer) nach den Paragraphen 7 Abs. 5 (Neubau oder Ersterwerb) bzw. 7 Abs. 4 (Zweiterwerb bzw. Altimmobilie) EStG. Sie werden also über den Abschreibungszeitraum verteilt steuerlich in Ansatz gebracht (siehe Abschnitt »Immobilien und das Finanzamt«).

Die Finanzierungsnebenkosten

1. Notar- und Amtsgerichtsgebühren

Bezogen auf die Finanzierung kommen Kosten in Höhe von etwa 0,5 % des Darlehensvolumens auf den Kreditnehmer zu. Bei einer Darlehenshöhe von DM 400 000,– also etwa DM 2000,– Gebühren für die Grundschuldbestellung und die Eintragungen der Grundschulden in Abteilung III des Grundbuches. Weitere Kosten können hier für ein Notaranderkonto oder Rangattest anfallen.

2. Bearbeitungsgebühren der Kreditinstitute

Fast alle Kreditinstitute erheben für die Darlehensvergabe zusätzliche Gebühren, die durchaus verschiedene Namen tragen und Auswirkungen haben. Nennt das Kreditinstitut seine Gebühr nicht Bearbeitungsgebühr, sondern Tax- bzw. Wertschätzungskosten, hat es sich einen Wettbewerbsvorteil erschlichen, denn es hat damit den § 4 der Preisangabenverordnung (PAngV) unterlaufen, um den anfänglichen Effektivzins künstlich niedrig zu halten. Ebenso werden Bereitstellungszinsen und Teilauszahlungszuschläge, die insbesondere bei Neubauten anfallen können, nicht bei der Effektivzinsberechnung berücksichtigt.

Diese Kosten zu beziffern ist nicht möglich, da sie von Institut zu Institut ganz unterschiedlich ausfallen können.

3. Beratungshonorare und Vermittlungsgebühren

Anzuraten ist bei einer so komplexen Angelegenheit wie der Baufinanzierung, sich den Rat eines unabhängigen Fachmannes einzuholen. Achtung jedoch! Unabhängig, objektiv oder neutral kann sich jeder nennen, die meisten sind es jedoch nicht. Viele solcher unabhängiger Finanzberater kassieren doppelt, indem sie vom Darlehensuchenden eine Vermittlungsgebühr verlangen und vom Kreditinstitut nochmals eine Provision kassieren. Richtig ist es, mit dem Berater ein fixes Honorar zu vereinbaren. Sollten bei der Darlehensbeschaffung Provisionen anfallen, werden diese dem Darlehensuchenden ausgezahlt. Nur so ist der Berater tatsächlich unabhängig, da er keinerlei Provisionsinteresse mehr hat. Über die Qualität des Beraters sagt das allerdings noch nichts aus. Fragen Sie nach Referenzen des Beraters. Ein Honorar von 2 % des Darlehensvolumens bei gleichzeitiger Provisionsanrechnung ist sehr praxisnah. Bei einem Darlehensvolumen von DM 400 000,– können durch die richtige Konzeption der Finanzierung und Wahl des Kreditinstitutes durchaus DM 150 000,– im Gesamtaufwand eingespart werden. Dies weiß ich aus eigener Erfahrung. Die Kosten für einen Honorarberater sind Finanzierungsnebenkosten und können hier zwischen DM 2000,– und 8000,– liegen.

4. Die Bauzeitzinsen

Zinszahlungen während einer Bauphase nennt man auch Bauzeitzinsen. Die Höhe der Zinszahlung resultiert aus dem vereinbarten Darlehenszinssatz zuzüglich eventueller Teilauszahlungszuschläge und den Teildarlehensbeträgen, die in der Regel nach Bautenfortschritt ausgezahlt werden. Maßgeblich für die Auszahlungsmodalitäten ist meist die Makler- und Bauträgerverordnung. Sollten also von einem Darlehensvolumen von insgesamt DM 400 000,– bereits DM 150 000,– ausgezahlt worden sein, sind auf diese DM 150 000,– natürlich Darlehenszinsen, die Bauzeitzinsen, zu zahlen. Sollte der vereinbarte Darlehenszinssatz 8 % betragen, wären dies DM 1000,– pro Monat bis zur nächsten Teilauszahlung.

5. Die Bereitstellungszinsen

Bereitstellungszinsen fallen in der Regel nur bei Neubauten an. Sie sind auf den noch nicht ausgezahlten, aber bereitgestellten Darlehensteil zu zahlen. Um bei dem obigen Beispiel zu bleiben, würden auf DM 250 000,– unter Umständen Bereitstellungszinsen anfallen. Ab wann diese Bereitstellungszinsen anfallen ist durchaus unterschiedlich. Manche Kreditinstitute wollen bereits ab dem 15. Tag der Darlehenszusage kassieren, andere erst ab dem siebten Monat, oder es fallen gar keine an. Der Jahreszinssatz liegt zwischen 2 und 3 %. Sollten also auf DM 250 000,– 3 % Bereitstellungszinsen anfallen, wären dies immerhin DM 625,– pro Monat bis zur nächsten Teilauszahlung.

Bei einem entsprechenden Bautenfortschritt erfolgt eine weitere Darlehensteilauszahlung. Dadurch erhöhen sich die Bauzeitzinsen und die Bereitstellungszinsen werden geringer.

6. Die Teilauszahlungszuschläge

Leider gibt es immer noch Kreditinstitute, die den Bauherren während der Bauphase meines Erachtens völlig unnötig das Geld über den Teilauszahlungszuschlag aus der Tasche ziehen. Er kann bis zu 1 % Aufschlag auf den Darlehensnominalzins betragen. Um widerum beim obigen Beispiel zu bleiben, bedeutet das einen monatlichen Zuschlag von DM 125,–. Er erhöht sich analog zu den Bauzeitzinsen bei weiteren Teilauszahlungen. Der Zuschlag entfällt, wenn die letzte Teilrate des Darlehensvertrages ausgezahlt wurde.

7. Das Disagio

Das Disagio zählt ebenfalls zu den Finanzierungsnebenkosten, das in diesem Kapitel noch separat behandelt wird.

Die Finanzierungsnebenkosten sind nach § 10 Abs. 6 EStG (sofort abzugsfähige Nebenkosten) ebenfalls steuerlich absetzbar, sofern sie vor Bezug der eigengenutzten Immobilie anfallen. Sie sind zum Zeitpunkt des Finanzierungsjahres in voller Höhe abzugsfähig.

Die Nebenkosten nach Bezug

Ich kenne kaum einen Finanzierungsplan, der alle zusätzlich anfallenden Nebenkosten nach Bezug der Immobilie berücksichtigt, die aber durchaus Löcher ins Haushaltsbudget reißen können.

1. Die Grundsteuer

Als Immobilieneigentümer werden Sie von Ihrer Kommune zur Kasse gebeten. Maßgeblich für die Höhe der Grundsteuer ist der vom Finanzamt festgesetzte Einheitswert der Immobilie und der von der Gemeinde festgelegte Hebesatz. Für ein Objekt von DM 500 000,– können bis zu DM 350,– vierteljährlich in Rechnung gestellt werden.

2. Die Wohngebäudeversicherung

Ein Muß für den Immobilieneigentümer ist die Wohngebäudeversicherung. Die Höhe der Prämie richtet sich nach der Bauartklasse, dem Alter des Gebäudes, der Region sowie natürlich nach der Versicherungsgesellschaft.

3. Verwaltergebühren und Instandhaltungsrücklagen

Als Eigentümer einer Eigentumswohnung fallen zusätzlich Gebühren für den Hausverwalter (ca. DM 30,– pro Monat) und eine Instandhaltungsrücklage an. Die Höhe der Rücklagenzahlung ist individuell und wird in der Eigentümerversammlung beschlossen.

4. Die Betriebskosten

Weitere Betriebskosten sind Müllabfuhr, Straßenreinigung, Heizung, Strom, Schornsteinfeger, usw. Wenn man o.a. Kosten nicht mitrechnet und die Einzelpositionen noch nicht kennt, sollte man mit etwa DM 3,– pro qm-Wohnfläche an Betriebskosten kalkulieren.

Summe der Nebenkosten

Bei einer Immobilieninvestition von DM 500 000,– können durchaus bis zu DM 50 000,– (ca. 10 %) an Zusatzkosten entstehen. Sie sehen also, daß es mit dem Kaufpreis für das Grundstück und das Gebäude allein nicht getan ist. In einer Liquiditätsbelastung sollten alle Nebenkosten einkalkuliert sein, um später keine unangenehmen Überraschungen zu erleben.

Der Beleihungswert einer Immobilie

Die Rolle des Beleihungswertes bei der Darlehenskondition

Eine Zins- und Tilgungskondition, die von einem Kreditinstitut angegeben wird, ist selten für den Vergleich geeignet. Man sollte zumindest wissen, welche ergänzenden Fragen gestellt werden sollten und wie sie zu interpretieren sind. Dies gilt ebenso für den anfänglich effektiven Jahreszins nach der Preisangabenverordnung (PAngV).

Das folgende Beispiel soll die Rolle des Beleihungswertes bei der Angebotseinholung verdeutlichen:

Der Kaufpreis einer Immobilie beträgt DM 400 000,–.

Die erste Aussage eines Kreditinstitutes lautet:

Wir finanzieren bis zu 80 % der Anschaffungs-(AK)/bzw. Herstellkosten (HK).

Anschaffungskosten DM 400 000,– x 80 % = DM 320 000,– (= Beleihungswert)

Der Beleihungswert ist DM 320 000,–! Der restliche Kaufpreis sowie die Erwerbs- und Finanzierungsnebenkosten sind aus dem Eigenkapital zu erbringen.

Die zweite Aussage des Kreditinstitutes lautet:

Die angegebene Zinskondition bezieht sich auf 60 % des Beleihungswertes (BW).

Beleihungswert DM 320 000,– x 60 % = DM 192 000,– (= 1a-Hypothek)

Beleihungswert DM 320 000,– x 40 % = DM 128 000,– (= 1b-Hypothek)

Diese Berechnung findet man häufig bei Hypothekenbanken. Man kann also die Aussage treffen, daß bei vielen Bankinstituten etwa 50 % der AK/HK den 60%igen Beleihungswert darstellen.

Für den Nachrang, die 1b-Hypothek, wird ein Zinszuschlag verlangt. Diesen Zuschlag nennt man Avalzins oder auch Bürgschaftsgebühr. Er beträgt zwischen 0,5 und 1,5 % auf den 1a-Hypothekenzins.

Die Lebensversicherer treffen vielfach ebenfalls die Aussage mit dem 60%igen Beleihungswert.

Der interne Risikoabschlag liegt jedoch höher als bei den Banken, so daß hier die pauschale Aussage getroffen werden kann, daß bei den Lebensversicherern etwa 40–45 % der AK/HK dem 60%igen Beleihungswertes entspricht.

Weiterhin bieten einige Kredithäuser durchgehend Zinskonditionen bis zu 80 % der AK/HK an, deshalb ist es bei der Angebotseinholung wichtig zu erfragen, bis zu wieviel % des AK/HK die Zinskondition maßgeblich ist!

Hierzu ein Beispiel:

Ausgangssituation:	1. Herstellungskosten einer Eigentumswohnung = DM 300 000,– 2. Finanzierungsbedarf ist 70 % der HK = 210 000,– 3. Die sonstigen Kreditnebenkosten sollen identisch sein!
Angebot der 1. Bank:	Zins = 7,5 % bei 100 % Auszahlung
Angebot der 2. Bank:	Zins = 7,35 % bei 100 % Auszahlung bis zu 60 % des Beleihungswertes. Zinszuschlag für die 1b-Hypothek = 0,75 %.

Welches Angebot ist das bessere?

Berechnung des internen Zinsfußes des 2. Angebotes:

1. HK von DM 300 000,– x 80 % = BW von DM 240 000,– x 60 % = 1a-Hypo von DM 144 000,–
2. Finanzierungsbedarf von DM 210 000,– – 1a-Hypo DM 144 000,– = 1b-Hypo von DM 66 000,–

$$\textbf{Interner Zinsfuß} = \frac{(\text{1a-Hypo x Zins}) + (\text{1b-Hypo x (Zins} + \text{Zuschlag}))}{(\text{1a-Hypo} + \text{1b-Hypo})} \text{ x } 100$$

$$\textbf{Interner Zinsfuß} = \frac{(144\,000,\!- \text{ x } 7{,}35\,\%) + (66\,000,\!- \text{ x } (7{,}35\,\% + 0{,}75\,\%))}{(144\,000,\!- + 66\,000,\!-)} \text{ x } 100 = \mathbf{7{,}59\,\%}$$

Das zweite Angebot ist somit schlechter als die durchgehende Zinskondition des zunächst schlechter aussehenden ersten Angebotes!

Die Beleihungsunterlagen

Um ein Grundschulddarlehen zu beantragen, braucht man viele Unterlagen. Die Aufstellung zeigt auf, welche Unterlagen man für welchen Immobilienerwerb benötigt und wo man sie erhält.

Unterlagenverzeichnis für Immobilienfinanzierungen

A. Persönliche Unterlagen:

- Einkommensnachweise aller Antragsteller.
  - Bei Arbeitnehmern: Gehaltsabrechnungen der letzten drei Monate, zusätzlich letzter Einkommensteuerbescheid oder letzte Einkommensteuererklärung (soweit vorhanden).
  - Bei Selbständigen: Bilanzen mit Gewinn- und Verlustrechnung der letzten zwei Jahre sowie aktuelle bzw. betriebswirtschaftliche Auswertungen und zusätzlich letzter Einkommensteuerbescheid oder Einkommensteuererklärung,
- Selbstauskunft
- Eigenkapitalnachweis (Kopien von Sparbüchern, Festgeldern, Depotauszügen, Bausparkonten, usw.)

B. Objektunterlagen:

	Erhältlich bei:
1. Neubauvorhaben:	
1.1. Baupläne (Grundrisse, Ansichten, Schnitt)	Architekt/Bauträger
1.2. Berechnung der Wohn- bzw. Nutzfläche	Architekt/Bauträger
1.3. Berechnung des umbauten Raumes	Architekt/Bauträger
1.4. Lageplan mit eingezeichnetem Baukörper	Architekt/Bauträger

1.5. Baubeschreibung	Architekt/Bauträger
1.6. Gesamtkostenaufstellung / Kostenvoranschlag	Architekt/Bauträger
1.7. Werkvertrag	Architekt/Bauträger
1.8. Unbeglaubigter Grundbuchauszug neuesten Standes oder Ausfertigung des Grundstückskaufvertrages (soweit vorhanden)	Grundbuchamt / Notar
2. Fertiggestellte Objekte:	
2.1. Unterlagen von 1.1. bis 1.5. (soweit vorhanden)	
2.2. Unbeglaubigter Grundbuchauszug neuesten Standes	Grundbuchamt
2.3. Flurkarte	Katasteramt / Verkäufer
2.4. Liegenschaftsbuchauszug	Liegenschaftsamt / Verkäufer
2.5. Gebäudeversicherungsnachweis	Versicherung / Verkäufer
2.6. Lichtbilder des Gebäudes	Antragsteller / Verkäufer / Architekt
2.7. Wertschätzung des Objektes (soweit vorhanden)	evtl. Verkäufer
3. Eigentumswohnungen:	
3.1. Teilungserklärung nach § 8 WEG	Notar / Verkäufer
3.2. Grundrißzeichnung der Wohnung	Bauträger / Verkäufer
3.3. Verkaufsprospekt (soweit vorhanden)	Bauträger / Verkäufer
3.4. Hausgeldabrechnung / Wirtschaftsplan	Verwalter / Verkäufer
3.5. Bei fertiggestellten Objekten zusätzlich Unterlagen von 2.2. bis 2.7.	

C. Weitere Unterlagen bei:	Erhältlich bei:
1. Kauf:	
– Beglaubigte Abschrift des Kaufvertrages (soweit vorhanden) oder Kaufvertragsentwurf	Notar
2. Erbbaurechten:	
– Ausfertigung des Erbbaurechtsvertrages	Notar / Verkäufer
3. Umfinanzierung:	
– Erklärung zur Umfinanzierungsmaßnahme (Vordruck)	
– Nachweis über die Höhe der abzulösenden Verbindlichkeiten (Valutenbescheinigung oder Kontoauszüge)	Antragsteller / Darlehensgeber
4. Vermietungsobjekten:	
– Mieteinnahmenverzeichnis (Vordruck)	Antragsteller / Verkäufer
– Mietverträge (soweit vorhanden)	Antragsteller / Verkäufer
5. Erweiterungs-, Umbau- oder Modernisierungsmaßnahmen:	
– Kostenaufstellung / Kostenvoranschlag	Antragsteller / Architekt / Baufirma

Die Darlehensformen und ihre Strukturen

In diesem Kapitel werden in erster Linie die drei klassischen Darlehensformen mit ihren Vor- und Nachteilen im Detail behandelt.

1. Das Annuitätendarlehen oder die Tilgungshypothek
2. Die Festhypothek als Versicherungshypothek
3. Das Bauspardarlehen

Bevor ich mit den Vergleichen der drei Darlehenstypen beginne, möchte ich Ihnen erst einmal ihre Strukturen aufzeigen.

Annuitätendarlehen

Bei diesem Darlehenstyp werden prinzipiell während der gesamten Laufzeit gleichbleibende Raten an den Kreditgeber zurückgezahlt. Diese Annuität setzt sich aus dem Nominalzins und dem Tilgungssatz zusammen. Die in der Annuität enthaltenen Zinsen werden jeweils am Ende der Tilgungsverrechnungsperiode berechnet. Wenn also das Kreditinstitut für Ihr Annuitätendarlehen eine zwölfmalige Zins- und Tilgungsverrechnung anbietet, wird in einem Jahr zwölfmal getilgt, und die Zinsen orientieren sich an der Restschuld eines jeden Monats.

Wie ist es nun möglich, daß bei einer 2%igen Anfangstilgung das Darlehen nur etwa zwanzig anstatt fünfzig Jahre läuft?

Da der Zinsanteil nach jeder Tilgungszahlung und Verrechnung geringer wird, steigt der Tilgungsbetrag um diesen Anteil der ersparten Zinsen, und somit beschleunigt sich die Rückzahlungszeit (siehe Beispiel: Zins- und Tilgungsplan und Graphik eines Annuitätendarlehens).

Annuitätendarlehen erhalten Sie bei Hypothekenbanken, Sparkassen, Geschäftsbanken, Landesbanken, Versorgungswerken und in Einzelfällen sogar von Lebensversicherungsunternehmen.

Struktur eines Annuitätendarlehens: Zins- und Tilgungsplan

Darlehenskondition

Kreditinstitut	:	XY-Bank
Darlehen	:	DM 295 000,–
Normalzinssatz	:	7,45 %
Anfangstilgungssatz	:	2,00 %
Auszahlungskurs	:	100 %
Festschreibungszeit	:	10 Jahre
Datum der Darlehensauszahlung	:	1.1.1990
Datum des Festschreibungsbeginns	:	1.1.1990
Erste Zins- und Tilgungszahlung am	:	30.1.1990
Zins- und Tilgungszahlungszeitraum	:	monatlich
Anzahl der Zins- und Tilgungsverrechnungen	:	12 x pro Jahr
Erste Zins- und Tilgungsverrechnung	:	30.1.1990
Monatliche Belastung	:	DM 2323,13
Anfänglich effektiver Jahreszins (PAngV)	:	7,71 %

Bei der Verlängerung des Darlehens (nach der 10jährigen Zinsfestschreibung) – auch Prolongation genannt – wird hier angenommen, daß sich die Darlehenskondition während der Gesamtlaufzeit nicht ändert.

Die Laufzeit des Annuitätendarlehens beträgt 20,92 Jahre, wobei DM 582 877,24 (Gesamtaufwand) aufgebracht werden müssen, um DM 295 000,– zurückzuzahlen.

Darlehensverlauf mit jährlicher Übersicht			
Datum	Zinsen	Tilgung	Restdarlehen
1.1.1990	–	–	295 000,00
1.1.1991	21 831,60	6 105,69	288 894,31
1.1.1992	21 299,72	6 576,42	282 317,89
1.1.1993	20 792,59	7 083,44	275 234,45
1.1.1994	20 246,36	7 629,56	267 604,89
1.1.1995	19 658,02	8 217,78	259 387,11
1.1.1996	19 024,32	8 851,34	250 535,77
1.1.1997	18 341,77	9 533,76	241 002,01
1.1.1998	17 606,59	10 268,78	230 733,23
1.1.1999	16 814,73	11 060,48	219 672,75
1.1.2000	15 961,82	11 913,21	207 759,53
1.1.2001	15 043,16	12 831,69	194 927,85
1.1.2002	14 053,66	13 820,98	181 106,87
1.1.2003	12 987,88	14 886,54	166 220,33
1.1.2004	11 839,94	16 034,25	150 186,09
1.1.2005	10 603,48	17 270,44	132 915,64
1.1.2006	9 271,70	18 601,95	114 313,70
1.1.2007	7 837,25	20 036,11	94 277,59
1.1.2008	6 292,20	21 580,83	72 696,76
1.1.2009	4 628,03	23 244,66	49 452,10
1.1.2010	2 835,56	25 036,76	24 415,34
30.11.2010	906,84	24 415,34	0,00
Summen:	*287 877,24*	*295 000,00*	*0,00*

Verlauf und Struktur des Annuitätendarlehens

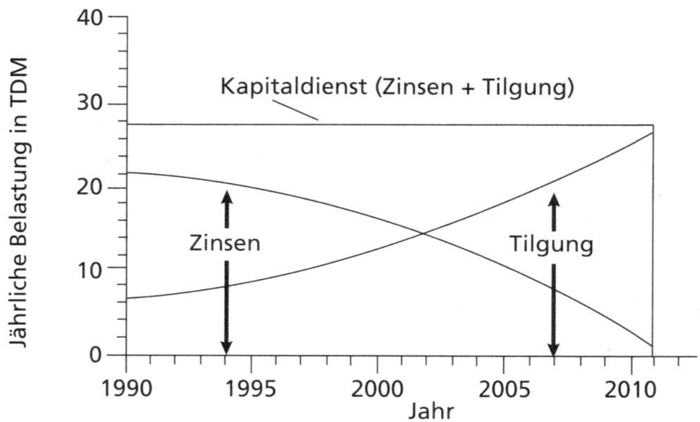

Festhypothek

Eine Lebensversicherung kann in verschiedener Weise zur Finanzierung eines Eigenheims beitragen. In erster Linie dürfte die Festhypothek – auch Versicherungshypothek genannt – für einen Immobilienerwerber interessant sein.

Die Struktur einer solchen Festhypothek sieht jedoch grundsätzlich anders aus als bei einem Annuitätendarlehen. Das heißt:

1. Der Käufer/Bauherr zahlt keine laufenden Tilgungsraten, sondern Darlehenszinsen und Versicherungsbeiträge.
2. Die Hypothek wird in der Regel erst bei Fälligkeit der Kapitallebensversicherung (KLV) auf einmal getilgt.
3. Der Versicherungsnehmer genießt einen Todesfallschutz in Höhe der Versicherungssumme plus der angefallenen Gewinnbeteiligung der Kapitallebensversicherung.
4. Außerdem sind die Versicherungsbeiträge gemäß Paragraph 10 EStG im Rahmen der Vorsorgeaufwendungen steuerlich abzugsfähig, sofern die Höchstgrenze noch nicht überschritten ist (siehe Berechnungsschema).

Der Finanzierungsvorgang einer Festhypothek teilt sich in der Regel in zwei Komponenten auf: Die Inanspruchnahme eines Hypothekendarlehens und der gleichzeitige Abschluß einer Kapitallebensversicherung, die bei der Auszahlung (am Ende der vereinbarten Laufzeit) das Darlehen auf einen Schlag tilgt.

Eine Festhypothek bekommen Sie bei fast allen Lebensversicherungsgesellschaften, aber auch bei den Banken und Sparkassen können Sie eine Kapitallebensversicherung zur Tilgungsaussetzung (anstatt der Tilgung) verwenden.

Struktur einer Festhypothek: Zins- und Tilgungsplan

Darlehenskondition

Kreditinsitut:	AZ-Lebens-versicherung
Darlehen:	DM 295 000,–
Versicherungssumme:	DM 160 000,–
Lebensversicherungsbeitrag jährlich:	DM 6945,75
Eintrittsalter:	45 Jahre
Laufzeit:	20 Jahre
Nominalzinssatz:	7,1 %
Auszahlungskurs:	100 %
Festschreibungszeit:	10 Jahre
Datum der Darlehensauszahlung:	1.1.1990
Datum des Festschreibungsbeginns:	1.1.1990
Erste Zinszahlung am:	1.1.1990
Zinszahlungszeitraum:	vierteljährlich
Monatliche Belastung:	DM 2324,23
Anfänglich effektiver Jahreszins (PAngV):	7,43 %

Auch hier wurde angenommen, daß sich bei der Darlehensprolongation die Darlehenskondition nicht ändert.

Die Laufzeit der Festhypothek beträgt zwanzig Jahre, wobei DM 557 815,– aufgewendet werden müssen, um DM 295 000,– zurückzuzahlen.

Darlehensverlauf mit jährlicher Übersicht				
Datum	Zinsen	LV-Beitrag	Rückkaufwert	Restdarlehen
1.1.1990	–	6945,75	–	295 000,–
1.1.1991	20 945,–	6945,75	962,–	295 000,–
1.1.1992	20 945,–	6945,75	7337,–	295 000,–
1.1.1993	20 945,–	6945,75	14 232,–	295 000,–
1.1.1994	20 945,–	6945,75	21 688,–	295 000,–
1.1.1995	20 945,–	6945,75	29 747,–	295 000,–
1.1.1996	20 945,–	6945,75	38 461,–	295 000,–
1.1.1997	20 945,–	6945,75	48 087,–	295 000,–
1.1.1998	20 945,–	6945,75	58 575,–	295 000,–
1.1.1999	20 945,–	6945,75	70 008,–	295 000,–
1.1.2000	20 945,–	6945,75	82 474,–	295 000,–
1.1.2001	20 945,–	6945,75	96 066,–	295 000,–
1.1.2002	20 945,–	6945,75	110 889,–	295 000,–
1.1.2003	20 945,–	6945,75	127 057,–	295 000,–
1.1.2004	20 945,–	6945,75	144 708,–	295 000,–
1.1.2005	20 945,–	6945,75	171 781,–	295 000,–
1.1.2006	20 945,–	6945,75	192 490,–	295 000,–
1.1.2007	20 945,–	6945,75	214 971,–	295 000,–
1.1.2008	20 945,–	6945,75	239 406,–	295 000,–
1.1.2009	20 945,–	6945,75	266 003,–	295 000,–
1.1.2010	20 945,–	–	295 000,–	–
Summen:	*418 900,–*	*138 915,–*	*0,–*	*0,–*

Verlauf und Struktur der Festhypothek

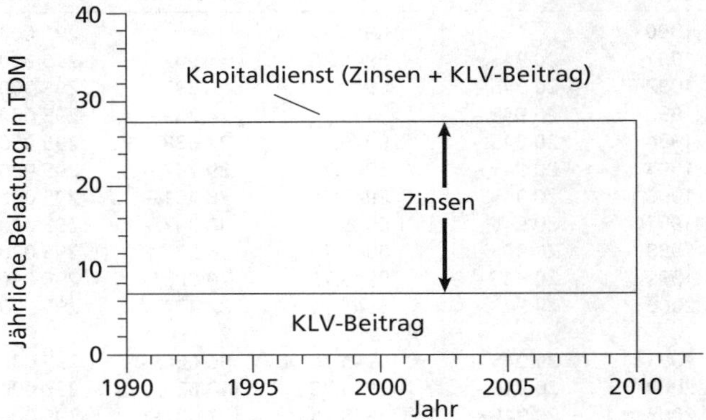

Bauspardarlehen

Die dritte Darlehensform, das Bauspardarlehen, ist eine modifizierte Form des Annuitätendarlehens. Auch hier erhöht sich die Tilgungsleistung um den Betrag, um den der Zinsanteil sinkt.

Bevor eine Bausparkasse ein Bauspardarlehen gewährt, muß ein Bausparvertrag dem Tarif und den Vertragsbedingungen entsprechend angespart werden, oder es müssen entsprechende Einmaleinzahlungen erfolgen. Dies wird bei den Darlehensvergleichen noch ausführlicher besprochen.

Struktur eines Bauspardarlehens: Zins- und Tilgungsplan

Darlehenskondition

Kreditinstitut:	ABC-Bausparkasse
Darlehen:	DM 295 000,–
Bearbeitungsgebühr:	2 % (= DM 5900,–)
Dadurch Erhöhung des Darlehens auf:	DM 300 900,–
Nominalzinssatz:	4,5 %

Anfangstilgungssatz:	7,5 %
Auszahlungskurs:	100 %
Festschreibungszeit:	bis Darlehensende
Datum der Darlehensauszahlung:	1.1.1990
Erste Zins- und Tilgungszahlung am:	1.1.1990
Zins- und Tilgungszahlungszeitraum:	vierteljährlich
Anzahl der Zins- und Tilgungsverrechnungen:	4 x pro Jahr
Erste Zins- und Tilgungsverrechnung:	30.3.1990
Monatliche Belastung:	DM 3009,–
Anfänglich effektiver Jahreszins (PAngV):	5,27 %

Darlehensverlauf mit jährlicher Übersicht

Datum	Zinsen	Tilgung	Restdarlehen
1.1.1990	–	–	300 900,00
1.1.1991	13 156,84	22 951,24	277 948,76
1.1.1992	12 106,47	24 001,61	253 947,15
1.1.1993	11 008,04	25 100,04	228 847,11
1.1.1994	9 859,33	26 248,75	202 598,36
1.1.1995	8 658,05	27 450,03	175 148,33
1.1.1996	7 401,80	28 706,28	146 442,05
1.1.1997	6 088,06	30 020,02	116 422,03
1.1.1998	4 714,19	31 393,89	85 028,14
1.1.1999	3 277,44	32 830,64	52 197,50
1.1.2000	1 774,95	34 333,13	17 864,37
30.9.2000	303,95	300 900,00	0,00
Summen:	*78 349,12*	*300 900,00*	*0,00*

Der Gesamtaufwand des Bauspardarlehens beträgt DM 379 249,12.

Der Unterschied im Aufbau und in der Struktur der drei Darlehensformen dürfte nun anhand der vorangegangenen Zins- und Tilgungspläne und deren Graphiken deutlich geworden sein. Vielleicht ist Ihnen jedoch aufgefallen, daß die drei Darlehenstypen in dieser Form gar nicht vergleichbar sind.

Um sie vergleichen zu können, hat man von denselben Grundvoraussetzungen auszugehen:

1. Entweder müssen die Laufzeiten angepaßt werden, denn ein

Darlehen, das dreißig Jahre läuft, ist zwangsläufig auch im Gesamtaufwand teurer als ein Darlehen, das nur zehn Jahre läuft; oder es müssen die monatlichen Raten mit Hilfe des Anfangstilgungssatzes so angepaßt werden, daß man den gleichen monatlichen Aufwand hat und dennoch sieht, wie sich die Darlehenslaufzeit und somit auch der Gesamtaufwand ändern.

2. Ein bei der Festhypothek mitvereinbarter Todesfallschutz durch die KLV muß auch in entsprechender Höhe beim Annuitätendarlehen und Bauspardarlehen in Form einer Risikolebensversicherung oder Risikorentenversicherung mitberücksichtigt werden (siehe auch Kapitel Risikoversicherungen). Im übrigen sollte die Todesfallabsicherung für den Hauptverdiener einer Familie absolute Pflicht sein.
3. Weiterhin sind unterschiedliche Bearbeitungsgebühren, eventuelle Kontoführungsgebühren und notwendige Zwischenfinanzierungen (in erster Linie bei Bausparkassen) usw. in Rechnung zu stellen.

Festhypothek contra Annuitätendarlehen

Sie haben sich Ihr Wunschhäuschen ausgesucht und in Ihrer Kalkulation festgestellt, daß Sie für den gewünschten Immobilienerwerb DM 200 000,– finanzieren müssen. Als nächstes haben Sie sich von einer Lebensversicherungsgesellschaft sowie von einer Bank je ein Darlehensangebot eingeholt und möchten beide Angebote unter dem Aspekt der gleichen Laufzeit betrachten. Sie sind 40 Jahre alt und wollen vernünftigerweise mit Beginn des Rentenalters die Bezahlung Ihrer Immobilie abgeschlossen haben. Das entspräche also einer maximalen Laufzeit des Darlehens von 25 Jahren.

Festhypothek

Die Festhypothek ist eine Kombination aus einem Darlehen und in der Regel einer Kapitallebensversicherung. Bei der Gestaltung dieser KLV gibt es verschiedene Tarifvarianten:

Der Endaltertarif

Die Versicherungssumme wird in der Höhe des Darlehens abgeschlossen. Dieser Vertrag wird auf ein Endalter der versicherten Person abgestellt, meist auf das Endalter 85. Die Versicherungsleistung wird jedoch wesentlich früher fällig, und zwar am Ende des Versicherungsjahres, in dem die eingezahlten Beiträge plus den Überschußbeteiligungen die Versicherungssumme erreichen. Wie groß diese Abkürzung ist, hängt im wesentlichen von der

Entwicklung der Überschußanteile der Versicherungsgesellschaft ab. Von diesem Tarif kann ich allerdings nur abraten, da er den Gesamtaufwand eines Darlehens beträchtlich erhöht. Er dient hauptsächlich der Provisionsschneiderei des Verkäufers.

Darlehen und Abschluß einer KLV mit geringerer Versicherungssumme

Die von mir zu empfehlende Variante bietet die geringste Belastung für den Immobilienerwerber. Je besser eine Versicherungsgesellschaft mit Ihren Versicherungsbeiträgen wirtschaftet, um so höher sind die Gewinnanteile der KLV. Und je höher die erwirtschafteten Überschüsse ausfallen, um so mehr verringert sich die Versicherungssumme und somit die monatliche Belastung. Bei den meisten Versicherungsgesellschaften ist eine Mindestdeckung von 50 % der Darlehenssumme erforderlich. D. h., bei einem Darlehen in Höhe von DM 200 000,– benötigt man eine Versicherungssumme von mindestens DM 100 000,–. Dies gilt im übrigen auch, wenn man eine Festhypothek mit einer Bank vereinbart. Von besonderer Bedeutung ist neben der Höhe der Ablaufleistung einer KLV die Entwicklung der Rückkaufswerte (siehe auch Zins- und Tilgungsplan einer Festhypothek). Es könnte ja durchaus sein, daß man nach der Zinsfestschreibungszeit den Darlehensgeber wechseln oder die Darlehensform ändern möchte. Je höher der Rückkaufswert der KLV, um so geringer wäre die Restschuld nach der Zinsfestschreibung.

Zusatzversicherungen

Äußerst sinnvoll ist die Kombination einer KLV mit der Berufsunfähigkeitszusatzversicherung (BUZ). Bei Wahl der entsprechenden Versicherungssumme ist man nicht nur im Todesfalle, sondern auch schon bei einer z.B. 50%igen Berufsunfähigkeit abgesichert. Eine Berufsunfähigkeit ist immer mit Einkommenseinbußen verbunden, was wiederum die Bezahlung des Kapitaldienstes gefährdet und eine Zwangsversteigerung zur Folge haben könnte. Wenn Sie sich Angebote von Versicherungsgesellschaften einholen, sollten Sie sich auch die Prämie mit einer BUZ mitteilen lassen.

Für gänzlich überflüssig halte ich die sogenannte Unfalltodzusatzversicherung (UZV), die lediglich die Kosten in die Höhe treibt und nur bei einem Unfall zum Tragen kommt.

Diese Empfehlungen gelten im übrigen auch für die Risikolebensversicherung (RLV). Auch bei RLV kann man die BUZ sehr kostengünstig mitversichern (siehe speziell in dem Kapitel »Der Vorsorge – und Versicherungsberater«).

Der günstigere Zinssatz

Im allgemeinen liegt der Zinssatz für ein Darlehen bei einer Versicherungsgesellschaft mit durchschnittlich 0,4 % bis 1 % (je nach Höhe des allgemeinen Zinsniveaus) niedriger als bei einer Bank.

Nicht immer hat jedoch die Versicherungsgesellschaft mit dem günstigsten Zinssatz auch die höchste prognostizierte Überschußbeteiligung und umgekehrt. Hier muß natürlich abgewogen und nachgerechnet werden.

Die Überschußbeteiligung

Der Knackpunkt einer Versicherungshypothek liegt eindeutig in der Überschußbeteiligung der KLV. Denn die Gewinne der Versicherungsgesellschaft sind Hochrechnungen, müssen jedoch vom Bundesaufsichtsamt für das Versicherungswesen in Berlin genehmigt werden. Ein eventuell rechnerischer Vorteil einer Festhypothek aufgrund der Überschußbeteiligungen kann sich schnell in einen Nachteil verwandeln, wenn die Gewinnentwicklung geringer ausfällt als prognostiziert. Dies könnte ebenfalls geschehen, wenn auf die Überschußbeteiligungen aus den KLV wieder eine Kapitalertragssteuer, auch als Quellensteuer bekannt, erhoben wird.

Trotzdem ist die Höhe der Überschußbeteiligungen ein Qualitätsmerkmal einer Versicherungsgesellschaft. Falls Sie sich zu einer Festhypothek entschließen sollten, wenden Sie sich nur an Gesellschaften, die im Vergleich der Überschüsse einen Spitzenplatz einnehmen.

Darlehenslaufzeiten bei unterschiedlichen Renditen einer KLV

Anhand der folgenden Grafik kann man erkennen, wann bei einer Beitragszahlung von DM 1200,– p.a. und einer wählbaren Rendite (4–10 %) der Sparleistung ein Kapital von DM 40 000,– bis 120 000,– erreicht werden. Sinn dieser Grafik soll sein, zu erkennen was passiert, wenn z.B. die hochprognostizierte voraussichtliche Rendite einer KLV nicht eingehalten wird und sinkt. Wenn die Rendite sinkt, verlängert sich die Laufzeit des Darlehens und somit erhöht sich der Gesamtaufwand des Darlehens erheblich. Anmerken möchte ich noch, daß bei den meisten Versicherungsgesellschaften die prognostizierte Rendite erheblich von den bisher tatsächlichen Renditen aus der Vergangenheit abweichen!

Ein kleines Beispiel:
Die Darlehenshöhe beträgt DM 120 000,– und die jährliche Sparleistung DM 1200,–, dies entspricht einer 1%igen Tilgung. Bei einer Rendite der Sparleistung von 7 % werden in ca. 29 Jahren DM 120 000,– erreicht.

Sollte sich die Rendite auf 5 % reduzieren, erhöht sich die Darlehenslaufzeit auf ca. 36 Jahre. Sage und schreibe etwa 7 Jahre länger. Bei einem Darlehenszins von z.B. 8 % macht das eine Erhöhung im Gesamtaufwand von ca. 75 000,–!

Hinzu kommen noch entgangene Zinserträge (kalkulatorische Zinsen).

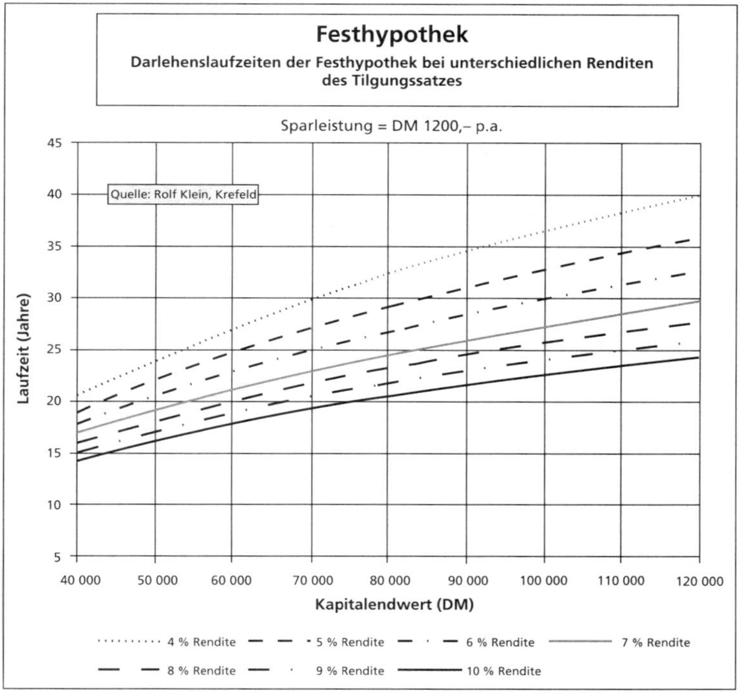

Darlehenskondition und Verlauf der Festhypothek

Angaben zur tilgenden KLV

Eintrittsalter	:	40 Jahre
Laufzeit	:	25 Jahre
Versicherungssumme	:	DM 100 000,–
Erste Beitragszahlung am	:	1.1.1990
Zahlungsweise	:	monatlich
Beitrag	:	DM 280,–
Voraussichtliche Ablaufleistung	:	DM 210 000,–

Darlehenskondition

Darlehenssumme	:	DM 200 000,–
Nominalzins	:	7,0 %
Auszahlungskurs	:	100 %
Erste Zinszahlung am	:	1.1.1990
Zahlungsweise	:	monatlich
Höhe der monatlichen Zinsrate	:	DM 1166,67
Zinsfestschreibungsbeginn	:	1.1.1990
Zinsfestschreibungszeitraum	:	10 Jahre
Anfänglich effektiver Jahreszins (PAngV)	:	7,27 %

Zins- und Tilgungsplan

Datum	Zinsen	KLV-Beitrag	Rückkaufswert	Restschuld
30.12.90	14 000,–	3360,–	198,–	200 000,–
30.12.91	14 000,–	3360,–	2 712,–	200 000,–
30.12.92	14 000,–	3360,–	5 513,–	200 000,–
30.12.93	14 000,–	3360,–	8 707,–	200 000,–
30.12.94	14 000,–	3360,–	12 699,–	200 000,–
30.12.95	14 000,–	3360,–	16 952,–	200 000,–
30.12.96	14 000,–	3360,–	21 563,–	200 000,–
30.12.97	14 000,–	3360,–	26 569,–	200 000,–
30.12.98	14 000,–	3360,–	31 966,–	200 000,–
30.12.99	14 000,–	3360,–	37 784,–	200 000,–
30.12.00	14 000,–	3360,–	43 997,–	200 000,–
30.12.01	14 000,–	3360,–	50 767,–	200 000,–
30.12.02	14 000,–	3360,–	58 085,–	200 000,–
30.12.03	14 000,–	3360,–	65 978,–	200 000,–
30.12.04	14 000,–	3360,–	74 054,–	200 000,–
30.12.05	14 000,–	3360,–	83 792,–	200 000,–
30.12.06	14 000,–	3360,–	93 799,–	200 000,–
30.12.07	14 000,–	3360,–	104 652,–	200 000,–
30.12.08	14 000,–	3360,–	116 412,–	200 000,–
30.12.09	14 000,–	3360,–	129 472,–	200 000,–
30.12.10	14 000,–	3360,–	143 248,–	200 000,–
30.12.11	14 000,–	3360,–	158 208,–	200 000,–
30.12.12	14 000,–	3360,–	174 493,–	200 000,–
30.12.13	14 000,–	3360,–	193 510,–	200 000,–
30.12.14	14 000,–	3360,–	210 000,–	200 000,–
Summen:	*350 000,–*	*84 000,–*	*+ 10 000,–*	*0,–*

Zahlunsplan

am 30.12.1989		Auszahlung des Darlehens	DM	200 000,–
vom 1.1.1990	bis 1.12.2014	300 Raten je	DM	1446,67
am 30.12.2014		Rückzahlung des Darlehens	DM	200 000,–
am 30.12.2014		Auszahlung des Guthabens	DM	10 000,–
am 30.12.2014		Restschuld	DM	0,–

Kalkulatorischer Gesamtaufwand und Liquiditätsabfluß

	Darlehenszinsen	DM	350 000,–
+	KLV-Beiträge	DM	84 000,–
–	Guthaben aus Überschuß	DM	10 000,–
=	*kalk. Gesamtaufwand*	*DM*	*424 000,–*
–	Darlehensauszahlung	DM	200 000,–
=	*Liquiditätsabfluß*	*DM*	*224 000,–*

Der Liquiditätsabfluß ist eine Aussage darüber, wieviel effektiv für das Darlehen bezahlt wurde, nämlich DM 224 000,–. Solche Ergebnisse erreichen aber nur die besten Versicherungsgesellschaften.

Eine wichtige Größe, auf die im Laufe des Buches noch öfter hingewiesen wird, ist die Restschuld nach der Zinsfestschreibungszeit. Im vorangegangenen Zins- und Tilgungsplan beträgt der Rückkaufswert der KLV nach der 10jährigen Zinsfestschreibung DM 37 784,–. Wenn man den Rückkaufswert von der Darlehenshöhe abzieht, bleibt theoretisch eine Restschuld von DM 162 216,–. Nicht berücksichtigt wird hier die Kapitalertragssteuer in Höhe von 25 % der Gewinnanteile, die bei einem Rückkauf der KLV vor dem Ablauf von zwölf Versicherungsjahren anfallen würde. Hier zeigt sich, wie wichtig bei der Beurteilung einer KLV neben der prognostizierten Ablaufleistung die Rückkaufswertentwicklung ist.

Weiterhin wird angenommen, daß sich der Zins nach der Festschreibungszeit nicht ändert. Dies ist natürlich nicht immer der Fall. Der Zins kann höher oder niedriger sein. Wenn man jedoch Darlehensformen miteinander vergleicht, sind lediglich für alle Formen die gleichen Bedingungen zu schaffen. Im weiteren Verlauf werde ich nicht mehr darauf hinweisen.

Die wichtigsten Auswirkungen des Steueränderungsgesetzes 1992 auf die Finanzierungen mit der Kapitallebensversicherung

Der 13. Februar 1992 war ein wichtiger Tag für die Assekuranz. Steidem steht nämlich fest, daß die Zinserträge aus den Lebensversicherungen in den meisten Fällen nach wie vor steuerfrei bleiben. Der Assekuranz ist somit ein wichtiges Geschäftsfeld erhalten geblieben. Ob das Sinn oder Unsinn ist, steht jedoch auf einem ganz anderen Blatt. Nochmals kurz angemerkt, je höher der Effektivzins des Darlehens, um so sinnvoller ist der Einsatz eines Annuitätendarlehens in der Baufinanzierung. Die Ausnahme ist, wenn die Schuldzinsen Werbungskosten darstellen (zum Beispiel bei der Fremdvermietung von Immobilien).

Folgende kurze Erläuterungen sollen die wichtigsten Aspekte und Änderungen aufzeigen:

Dienen begünstigte Lebensversicherungen der Tilgung oder Sicherung eines Darlehens, dessen Finanzierungskosten Betriebsausgaben oder Werbungskosten sind, bleiben der Sonderausgabenabzug und die Steuerfreiheit der Zinsen nur dann erhalten, wenn das Darlehen unmittelbar und ausschließlich der Finanzierung von Anschaffungs- oder Herstellungskosten (AK/HK) eines Wirtschaftsgutes dient, das dauernd zur Erzielung von Einkünften bestimmt und keine Forderung ist und die zur Tilgung oder Sicherung verwendeten Ansprüche aus Versicherungen nicht die mit dem Darlehen finanzierten AK/HK übersteigen.

Zweifelsfragen zur Anwendung der Neuregelung hat der Bundesminister für Finanzen im Schreiben vom 21.12.92 geklärt. Die wesentlichen Regelungen werden nachfolgend beschrieben:

1. Darlehenstilgung nach Auszahlung der Versicherungsleistung unschädlich

Es ist steuerlich unschädlich, wenn nach Fälligkeit der Versicherung der Auszahlungsbetrag zur Tilgung verwendet wird. Die Versicherungsleistung darf nur vorher nicht steuerschädlich abgetreten sein. Mit dem Auszahlungsbetrag dürfen auch steuerschädliche Finanzierungen getilgt werden.

2. Abtretung für den Todesfall

Abtretungen von Lebensversicherungen für den Todesfall sind steuerunschädlich. Der Kunde soll schriftlich sicherstellen, daß nur die Versicherungsleistung im Todesfall an den Empfänger abgetreten wird.

Der Abtretungsempfänger darf keinen weiteren Zugriff auf die Lebensversicherung haben.

3. Betragsmäßige Begrenzung

Die zur Sicherung des Darlehens verwendeten Versicherungsansprüche sind von vornherein zu begrenzen auf die AK/HK und auf die Darlehenshöhe. Eine unbegrenzte Abtretung der Ansprüche ist steuerschädlich, auch wenn später eine Einschränkung vorgenommen wird.

4. Disagio

Umfaßt ein Darlehen Finanzierungskosten, so führt dies grundsätzlich zur Steuerschädlichkeit der Versicherung. Aus Vereinfachungsgründen ist es bei der erstmaligen Finanzierung begünstigter AK/HK nicht zu beanstanden, wenn das Darlehen auch bankübliche einmalige Finanzierungskosten wie Schätzgebühren, Bearbeitungsgebühren, Disagio umfaßt. Zu den einmaligen Finanzierungskosten zählen jedoch nicht laufende Zinsen. Es ist unbedingt darauf zu achten, daß bei der Darlehensvalutierung laufende Zinsen (auch Bereitstellungszinsen) nicht verrechnet werden.

Beispiel:
Zur Finanzierung der HK einer Fabrikhalle in Höhe von 500 000 DM wird ein Darlehen benötigt. Die Bank gewährt das Darlehen unter Einbehaltung eines Disagios von 5 % wie folgt:

Darlehenssumme	526 315 DM
– 5 % Disagio	26 315 DM
ausgezahlte Darlehenssumme	500 000 DM

Der Steuerpflichtige kann die Ansprüche aus Lebensversicherungen bis zu 500 000 DM steuerunschädlich abtreten. Die Begrenzung muß von vornherein in der Abtretungserklärung vorgenommen werden.

5. Einzeldarlehensverträge

Dient ein Darlehen begünstigten *und* nicht begünstigten Aufwendungen, so kann eine steuerunschädliche Abtretung der Lebensversicherung nicht vorgenommen werden. In diesem Fall müssen nach dem Finanzierungszweck getrennte Einzeldarlehensverträge abgeschlossen werden. Dies gilt z.B. bei der Finanzierung von Fondsanleihen.

6. Beteiligungen

Wird ein Betrieb oder ein Anteil an einer Personengesellschaft erworben, kann nur der Teil des Kaufpreises steuerunschädlich finanziert werden, der auf Wirtschaftsgüter des Anlagevermögens entfällt. Damit kann auch der Praxiswert/Geschäftswert steuerunschädlich finanziert werden. Da der Kaufvertrag nicht nur begünstigte Wirtschaftsgüter enthält, ist es erforderlich, getrennte Darlehensverträge abzuschließen.

7. Arbeitszimmer

Die Finanzierung z.B. eines gemischt-genutzten Grundstücks mit einem Gesamtdarlehen ist steuerunschädlich. Dies gilt auch, wenn ein Arbeitszimmer im selbstgenutzten Wohneigentum mitfinanziert wird.

8. Veräußerung

Wird das finanzierte Wirtschaftsgut verkauft, muß der Verkaufserlös zur Tilgung des Darlehens verwendet werden. Erfolgt dies nicht, wird die Versicherung steuerschädlich.

9. Baudarlehen (Vorschaltdarlehen)

Der Einsatz eines Vorschaltkontos während der Bauphase ist möglich. Die Prüfung der Steuerunschädlichkeit erfolgt erst bei der Endfinanzierung. Die Endfinanzierung muß drei Monate nach Fertigstellung erfolgt sein. Die verwendeten Ansprüche dürfen die HK und das Enddarlehen nicht übersteigen.

10. Umfinanzierung und Modernisierung

Hierbei ist die KLV-Abtretung für die eigengenutzte Immobilie steuerunschädlich, jedoch für die fremdgenutzte Immobilie soll sie steuerschädlich sein. Hierbei besteht zur Zeit noch eine Rechtsunsicherheit (Juni 1992), die sich wahrscheinlich erst in Musterprozessen klären läßt.

11. Kontokorrent

Bei einem mit einer Lebensversicherung gesicherten Kontokorrentkredit gilt folgendes: Hat sich der Schuldenstand nach dem 13.02.92 erhöht, ergeben sich hinsichtlich Sonderausgabenabzug und Steuerfreiheit der Zinsen keine Nachteile, wenn vor dem 01.07.93 die Abtretung der Lebensversicherung rückgängig gemacht worden ist.

Dem zuständigen Finanzamt werden unverzüglich die Fälle angezeigt, in denen die Ansprüche aus Versicherungsverträgen nach dem 13.2.1992 zur Sicherung oder Tilgung von Darlehen eingesetzt werden, die den Betrag von DM 50 000,– übersteigen.

Resultat

Der steuerlich unschädliche Einsatz der KLV zur Tilgung von Krediten im selbstgenutzten und Mietwohnungsbau sowie bei der Unternehmens- und Praxisfinanzierung (kein Umlaufvermögen) bleibt im bisherigen Umfang weitgehend erhalten. Neu ist die Umschuldungsproblematik sowie die Beschränkung der Erlebensfallleistung auf die Höhe der Anschaffungs- und Herstellungskosten.

Annuitätendarlehen

Die Auswirkungen verschiedener Zins- und Tilgungsvarianten

Im Vergleich nun das Annuitätendarlehen. Auch bei diesem Darlehenstyp gibt es verschiedene Varianten: z.B. unterschiedliche Zins- und Tilgungsverrechnungsmodalitäten, die Auswirkungen auf die Laufzeit, die Restschuld nach der Zinsfestschreibungszeit und den Gesamtaufwand haben.

Hierzu ein Beispiel

Darlehenssumme	: DM 200 000,–
Nominalzins	: 8,0 %
Auszahlung	: 100 %
Anfangstilgung	: 1 %
Festschreibung	: 10 Jahre

Variante 1: Jährliche nachträgliche Zins- und Tilgungsverrechnung

	Zahlungsweise	: vierteljährlich
	Raten	: 1. Januar, 1. April, ...

Ergebnis:	Laufzeit des Darlehens	: 28,75 Jahre
	Restschuld nach 10 Jahren	: DM 171 026,87
	Gesamtaufwand	: DM 514 068,11
	Liquiditätsabfluß	: DM 314 068,11
	Anfänglich effektiver Jahreszins (PAngV)	: 8,49 %

Variante 2: Vierteljährliche nachträgliche Zins- und Tilgungsverrechnung

	Zahlungsweise	: vierteljährlich
	Raten	: 15. Februar, 15. Mai, ...

Ergebnis:	Laufzeit des Darlehens	: 27,75 Jahre
	Restschuld nach 10 Jahren	: DM 169 799,01
	Gesamtaufwand	: DM 499 304,84
	Liquditätsabfluß	: DM 299 304,84
	Anfänglich effektiver Jahreszins (PAngV)	: 8,34 %

Variante 3: Sofortige Zins- und Tilgungsverrechnung

	Zahlungsweise	: monatlich
	Raten	: 30. Januar, 28. Februar, ...
Ergebnis:	Laufzeit des Darlehens	: 27,58 Jahre
	Restschuld nach 10 Jahren	: DM 169 508,99
	Gesamtaufwand	: DM 496 020,20
	Liquiditätsabfluß	: DM 296 020,20
	Anfänglich effektiver Jahreszins (PAngV)	: 8,12 %

Alle drei Varianten haben den gleichen jährlichen Zins- und Tilgungsaufwand in Höhe von DM 18 000,– und unterscheiden sich lediglich in der Verrechnungsart. Das Ergebnis ist verblüffend, denn die Differenz zwischen der günstigsten und der schlechtesten Variante beträgt immerhin *DM 18 047,91* im Gesamtaufwand.

Eine Vergleichsmöglichkeit bietet in diesem Falle sicherlich der

»anfänglich effektive Jahreszins« gemäß der Preisangabenverordnung (PAngV). Dieses Vehikel soll eine Größe zum Vergleich von Darlehen sein. Dies ist leider nicht immer möglich, denn in der Berechnungsformel bleiben einzelne Aspekte wie die Restschuld nach der Zinsfestschreibungszeit und einige Kreditnebenkosten unberücksichtigt. Hierauf werde ich in späteren Kapiteln nochmals näher eingehen.

Nach dem Bundesgerichtshof-Urteil (BGH) vom 24.11.1988 zur nicht korrekten Tilgungsverrechnung der Zahlungseingänge von Kreditnehmern sind mittlerweile viele Banken dazu übergegangen, die sofortige Zins- und Tilgungsverrechnung in ihren Darlehensverträgen zu vereinbaren. Aus diesem Grund werde ich diese Zins- und Tilgungsverrechnungsmethode für die Darlehensvergleiche anwenden.

Darlehenslaufzeiten in Abhängigkeit von Zins und Tilgung

Anhand der folgenden Grafik erkennt man, daß nicht nur der Tilgungssatz, sondern auch der Zinssatz Auswirkungen auf die Laufzeit eines Darlehens hat. Man könnte die Tilgung auch als Sparvorgang bezeichnen. Dieser Sparvorgang hat die Rendite des Effektivzinses des Darlehens und deshalb reduziert sich bei einem hohen Effektivzinssatz bei gleichem Anfangstilgungssatz die Gesamtlaufzeit des Darlehens.

Die Varianten des Todesfallschutzes

Wenn man nun das Annuitätendarlehen mit der Festhypothek korrekt vergleichen möchte, muß ein Todesfallschutz in gleicher Höhe wie bei der Festhypothek miteinkalkuliert werden. In diesem Beispiel also eine Versicherungssumme von DM 100 000,–.

Dieser Todesfallschutz wäre für einen Familienvater sicherlich nicht ausreichend und dient hier lediglich als Vergleich. Der an-

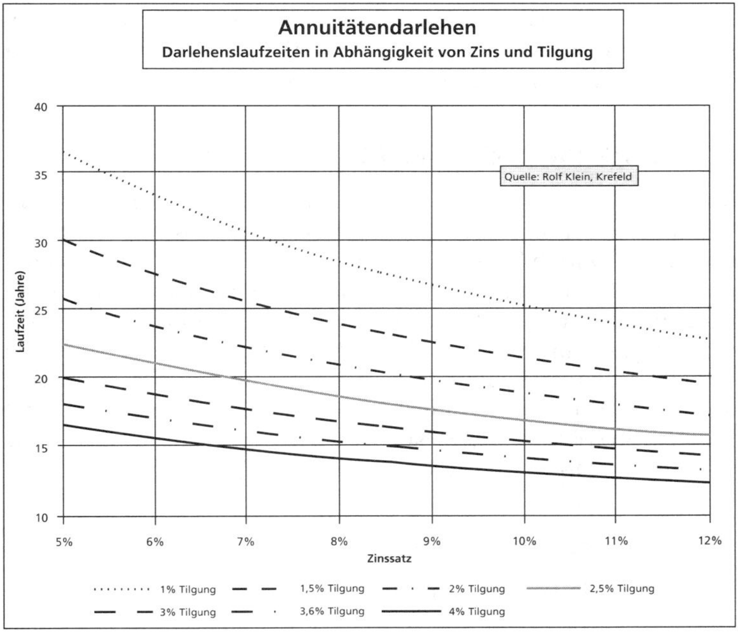

fängliche Todesfallschutz sollte grundsätzlich in der Darlehenshöhe vereinbart werden.

Vergleiche lohnen sich. Dies gilt natürlich auch für den Todesfallschutz. Preisdifferenzen von 100 % sind keine Seltenheit. Aber auch die Versicherungsform spielt eine wesentliche Rolle. Neben der klassischen Risikolebensversicherung gibt es eine Risikorentenversicherung, und eine weitere Alternative wäre die sogenannte Restschuldversicherung.

Auf diese drei Versicherungsformen gegen die finanziellen Folgen des Todes des Familienernährers möchte ich kurz eingehen.

Die klassische Risikolebensversicherung (RLV)

Sie bietet Schutz für den Versicherten in der Höhe der vereinbarten Versicherungssumme und Laufzeit. Sie kostet in diesem Beispiel für einen 40jährigen Mann bei einer Laufzeit von 25 Jahren und einer Versicherungssumme von DM 200 000,– jährlich DM 1310,20. Das ergibt einen Gesamtaufwand von *DM 32 755,–*.

Die Restschuldversicherung (RSV)

Eine schon deutlich preiswertere Variante ist die sogenannte Restschuldversicherung. Hier fällt die Versicherungssumme entsprechend dem Darlehensverlauf auf die Restschuld. Aufgrund der fallenden Versicherungssumme fällt auch das Risiko der Versicherungsgesellschaft und somit der Preis. Bei einer Versicherungssumme von DM 200 000,–, einem Darlehenszins von 7,45 % und einer Laufzeit von 25 Jahren sinkt der Jahresbeitrag auf DM 896,50. Dieser Beitrag muß lediglich 20 Jahre entrichtet werden, obwohl die Vertragslaufzeit und der Versicherungsschutz 25 Jahre ist. Dies ergibt einen Gesamtaufwand von *DM 17 930,–*.

Die Risikorentenversicherung (RRV)

Die Restschuldversicherung scheint zunächst die ideale Kreditabsicherung zu sein. Wenn jedoch der Todesfall während der Zinsfestschreibungszeit eintritt und das Darlehen zurückgezahlt werden muß, weil der Kapitaldienst nicht bezahlt werden kann, fällt eine sogenannte Vorfälligkeitsentschädigung an. Diese Vorfälligkeitsentschädigung ist meist ein immens hoher Betrag. Dieser kann mehr als DM 30 000,– betragen. Es hängt davon ab, wie lange man noch in der Zinsbindung ist und wie hoch das allgemeine Zinsniveau zum Zeitpunkt der vorzeitigen Tilgung ist. Eine Lösung ist meines Erachtens die Risikorentenversicherung. Hier wird eine Rentenzahlung im Todesfall in der Höhe des Kapitaldienstes vereinbart.

Der Bezugsberechtigte (in diesem Fall wohl der Ehegatte) kann im Leistungsfall zwischen zwei Varianten wählen. Entweder er läßt sich die vereinbarte Rente zukommen und bezahlt damit Zins und Tilgung, oder läßt sich die Rente kapitalisieren (siehe folgende Tabelle). Hierbei ist zu berücksichtigen, daß Rentenzahlungen mit dem Ertragsanteil zu versteuern sind, während Kapitalabfindungen einkommensteuerfrei sind.

Dieser Ertragsanteil ist abhängig von der Laufzeit der Rente ab Beginn des Rentenbezuges (z.B. bei einer Restlaufzeit der Rente von 15 Jahren läge der zu versteuernde Ertragsanteil bei 25 %).

Die Annuität in unserem Beispiel beträgt DM 17 660,–. Eine entsprechende Rentenabsicherung kostet jährlich DM 1135,10 (unter Bedingungen wie bei 1. und 2.). Das ergibt bei einer Beitragszahlung von 20 Jahren (siehe 2.) einen Gesamtaufwand in Höhe von *DM 22 702,–.*

Todesfallschutzvergleich für ein Annuitätendarlehen in Höhe von DM 200 000,–, bei 7,45 % Nominalzins und einer Laufzeit von 25 Jahren. Eintrittsalter des zu Versichernden ist 40 Jahre.

	Risikotyp		
	RLV	RSV	RRV
Jahresbeitrag	1 310,–	896,50	1 135,10
Zahlungsdauer	25 Jahre	20 Jahre	20 Jahre
Gesamtaufwand	32 755,–	17 930,00	22 702,00
Vers.-Summe	200 000,–	200 000,00	17 660,00
Todesfallschutz im			bei Kapitalabfindung
1. Jahr	200 000,–	200 000,–	303 310,–
5. Jahr	200 000,–	186 840,–	261 562,–
10. Jahr	200 000,–	164 018,–	211 955,–
15. Jahr	200 000,–	131 254,–	153 042,–
20. Jahr	200 000,–	84 218,–	83 090,–

Darlehenskondition und Verlauf des Annuitätendarlehens

Angaben zur RLV

Eintrittsalter	:	40 Jahre
Laufzeit	:	25 Jahre
Versicherungssumme	:	DM 100 00,–
Erste Beitragszahlung am	:	1.1.1990

Zahlungsweise	:	monatlich
Beitrag	:	DM 59,30

Darlehenskondition

Darlehenssumme	:	DM 200 000,–
Nominalzins	:	7,45 %
Anfangstilgung	:	1,38 %*
Auszahlungskurs	:	100 %
Erste Zins- und Tilgungszahlung am	:	30.1.1990
Erste Zins- und Tilgungsverrechnung am	:	30.1.1990
Anzahl der Zins- und Tilgungsverrech.	:	12 x pro Jahr
Zinsfestschreibungszeitraum	:	10 Jahre
Zinsfestschreibungsbeginn	:	1.1.1990
Anfänglich effektiver Jahreszins (PAngV)	:	7,71 %

* Der Anfangstilgungssatz ist so berechnet, daß die Laufzeit des Darlehens genau 25 Jahre beträgt.

Zahlungsplan

am 30.12.1989	Auszahlung des Darlehens		DM 200 000,–
vom 01.01.1990 bis 01.11.2014		299 Raten je	DM 1530,97
am 01.12.2014	1 Rate		DM 1358,42
am 30.12.2014	Restschuld		DM 0,–

Kalkulatorischer Gesamtaufwand und Liquiditätsabfluß

	Darlehenszinsen	DM 241 340,94
+	Tilgung	DM 200 000,–
–	RLV-Beiträge	DM 17 790,–
=	*kalk. Gesamtaufwand*	*DM 459 130,94*
–	Darlehensauszahlung	DM 200 000,–
=	*Liquiditätsabfluß*	*DM 259 130,94*

Ergebnis des Vergleiches. Die Festhypothek ist rechnerisch um DM 35 130,94 günstiger als das Annuitätendarlehen, während sich die Restschuld nach der Zinsfestschreibungszeit beim Annuitätendarlehen auf DM 159 189,21 beläuft. Also um DM 3026,79 günstiger als bei der Festhypothek.

Zins- und Tilgungsplan				
Datum	Zinsen	Tilgung	RLV-Beitrag	Restschuld
30.12.90	14 844,58	2 856,22	711,60	197 143,78
30.12.91	14 582,94	3 076,43	711,60	194 067,35
30.12.92	14 345,70	3 313,61	711,60	190 753,74
30.12.93	14 090,18	3 569,08	711,60	187 184,66
30.12.94	13 814,96	3 844,25	711,60	183 340,41
30.12.95	13 518,51	4 140,63	711,60	179 199,78
30.12.96	13 199,22	4 459,86	711,60	174 739,92
30.12.97	12 855,30	4 803,70	711,60	169 936,22
30.12.98	12 484,87	5 174,06	711,60	164 762,17
30.12.99	12 085,89	5 572,96	711,60	159 189,21
30.12.00	11 656,14	6 002,62	711,60	153 186,59
30.12.01	11 193,26	6 465,41	711,60	146 721,18
30.12.02	10 694,69	6 963,87	711,60	139 757,31
30.12.03	10 157,68	7 500,77	711,60	132 256,54
30.12.04	9 579,27	8 079,05	711,60	124 177,49
30.12.05	8 956,27	8 701,93	711,60	115 475,56
30.12.06	8 285,24	9 372,82	711,60	106 102,74
30.12.07	7 562,47	10 095,44	711,60	96 007,30
30.12.08	6 783,98	10 873,77	711,60	85 133,52
30.12.09	5 945,47	11 712,11	711,60	73 421,41
30.12.10	5 042,31	12 615,08	711,60	60 806,33
30.12.11	4 069,52	13 587,67	711,60	47 218,66
30.12.12	3 021,73	14 635,24	711,60	32 583,42
30.12.13	1 893,16	15 763,58	711,60	16 819,84
30.12.14	677,61	16 819,84	711,60	0,00
Summen:	*241 340,94*	*200 00,00*	*17 790,00*	*0,00*

Die Vor- und Nachteile der zwei Darlehenstypen in Kürze

1. Festhypothek

Vorteile:

– Ein rechnerisches Plus, aber nur bei der richtigen Wahl der Versicherungsgesellschaft und einem niedrigen Zinsniveau.

- Ein mitenthaltener Todesfallschutz in Höhe der Versicherungssumme.
- Positiv wäre, wenn die Beiträge voll bei den Vorsorgeaufwendungen absetzbar wären.

Nachteile:
- Keine Garantie an der Beteiligung auf die prognostizierten Überschußanteile.
- Eine Umfinanzierung ist deutlich schwieriger als beim Annuitätendarlehen.
- Bei der neuen Zinsfestschreibung berechnet sich die neue monatliche Zinsbelastung aus dem anfänglichen Ursprungsdarlehen, da keine reale Tilgung vorliegt.

2. Annuitätendarlehen

Vorteile:
- Eine kontinuierliche Reduzierung der Restschuld und somit eine Verminderung des Zinsrisikos nach der Zinsfestschreibungszeit.
- Je höher das allgemeine Zinsniveau ist, um so mehr verschiebt sich das Bild zugunsten des Annuitätendarlehens, denn bei einem höheren Zins steigt im Verlauf des Darlehens auch der Tilgungssatz schneller. Das Darlehen wird somit eher getilgt, während bei der Festhypothek eine Erhöhung des Zinses keine Auswirkungen auf die Laufzeit des Darlehens hat.
- Falls kein Todesfallschutz benötigt (z.B. bei Singles) oder erwünscht ist, weil ausreichend andere Sicherheiten vorhanden sind, reduzieren sich die Kosten durch den Wegfall der RLV, oder Sie suchen eine kostengünstigere Risikolebensversicherung.

Nachteile:
- Rechnerisch je nach Zinsniveau manchmal teurer als die Festhypothek.
- Ein Todesfallschutz muß extra vereinbart werden.

Meine persönliche Meinung:

Für ein *rein eigengenutztes Objekt* würde ich ein Annuitätendarlehen vorziehen.

Die Risiken für den Eigennutzer bei der Festhypothek sind einfach zu groß.

Bausparen contra Annuitätendarlehen

Allgemeines zum Thema Bausparen

Nach der Währungsreform im Jahre 1948 begann auch die große Zeit des Aufschwungs der Bausparkassen. Aus dem kleinen Vertragsbestand von rund 300 000 Bausparverträgen wurden bis heute immerhin über 28 Mio. abgeschlossene Verträge. In einer umfangreichen Novellierung der gesetzlichen Grundlagen wurde schließlich ab dem 1.1.1991 auch für die Bausparkassen der Weg in den Europäischen Binnenmarkt eröffnet sowie die Möglichkeit für Blankokreditgewährungen (ohne Grundbucheintragung) bei Bausparkassendarlehen bis zu DM 10 000,– eingeräumt.

Die EG zwang die privaten Bausparkassen zu einem erhöhten Schutz der Spareinlagen der Bausparer. Die zuständigen Institutionen reagierten schon vor dem Inkrafttreten der entsprechenden EG-Richtlinie, indem die deutschen Politiker den Paragraphen 23a dem Kreditwesengesetz (KWG) beifügten. Wenn eine Bausparkasse nicht in einer Sicherungseinrichtung ist, muß sie dies ihren Kunden mitteilen. Dieser Einrichtung etwas positives abzuringen fällt schwer, da die Sicherheit der Bauspareinlagen sowieso als sehr hoch einzustufen ist.

Den riesigen Kuchen der Bauspareinlagen von etwa 130 Mrd. DM teilen sich derzeit 21 private und 13 Landesbausparkassen, die Summe wird zu einem Drittel von den Landesbausparkassen abgedeckt.

Das Bausparsystem stellt in seinen Grundzügen ein autarkes Finanzsystem dar, daß fast unabhängig vom allgemeinen Finanzmarkt ist. Der Ablauf des Bausparens gliedert sich in die Sparphase, die Zuteilungsphase und die Darlehensphase. Kennzeichnend für die Sparphase ist, daß ein Bausparvertrag mit einer festen Bausparsumme abgeschlossen wird, der regelmäßig oder auch durch Sonderzahlungen angespart werden soll. Der Zinssatz für das Bausparguthaben ist festgeschrieben und liegt in der Regel bei Tarifen, die später für eine Finanzierung eingesetzt werden sollen, bei nominal 2,5 bis 3 %.

Eine Voraussetzung für die Zuteilung eines Bausparvertrages ist, daß je nach Tarif 40 bis 50 % der Bausparsumme als Bausparguthaben angespart wurden. Eine weitere Voraussetzung ist das Erreichen der sogenannten Zielbewertungszahl, die je nach der Liquiditätslage einer Bausparkasse verändert werden kann. Hat eine Bausparkasse wenig Geld, verlängern sich die Zuteilungszeiten.

Ist ein Bausparvertrag zugeteilt, kann die Darlehensphase beginnen. Der Bauspardarlehenszins liegt etwa 2 % höher als der Guthabenzins, also nominal 4,5 bis 5 %. Da das Bauspardarlehen ein Annuitätendarlehen mit hoher Tilgung ist, erfolgt die Rückzahlung in gleichbleibenden Raten. Diese Rate wurde im Prinzip schon beim Vertragsabschluß festgelegt und liegt in der Regel bei 6 Promille der Bausparsumme pro Monat. Bei einer Bausparsumme von DM 100 000,– entspricht die Zins- und Tilgungsrate monatlich DM 600,–. Die Rückzahlungszeit hängt vom bereits erreichten Guthaben im Bausparvertrag ab. Je höher das Guthaben, um so schneller wird das Bauspardarlehen getilgt.

Die staatliche Förderung

Bisher wurde das Bausparen dreifach vom Staat gefördert. Eine der Subventionierungen, nämlich die Arbeitnehmer-Sparzulage des 936 DM-Gesetzes, soll, wenn es nach Herrn Finanzminister Waigel geht, entfallen. Eine weitere Subvention, die Wohnungsbauprämie, ist an Einkommens- und Förderhöchstgrenzen gebunden und sollte meines Erachtens ebenfalls dem Rotstift Herrn Waigels zum Opfer fallen. Die dritte Möglichkeit ist die Absetzbarkeit der Bausparbeiträge bei den Vorsorgeaufwendungen, die ebenfalls meist an den gesetzlich absetzbaren Höchstgrenzen scheitert. Sind diese Förderungen in Anspruch genommen worden, sind diese bei einem vorzeitigen Auflösen des Bausparvertrages zurückzuerstatten. Übrigens kann man seine Beiträge nur in einer dieser Varianten nutzen. Beispiele hierzu folgen später.

Der Grundgedanke des Bausparprinzips ist durchaus positiv. Dieses System hat aber seine Knackpunkte, die einerseits im Vertrieb liegen andererseits hausgemacht sind.

Beim Vertrieb ist vielfach zu sehen, daß aus reiner Provisionsgier viel zu hohe Bausparsummen abgeschlossen werden. Der Bausparverkäufer erhält nämlich eine bausparsummenabhängige Abschlußprovision. Je höher die Bausparsumme, umso dicker sein Geldbeutel. Der Ärger ist hier vorprogrammiert, denn wenn der Bausparer nach 5 oder 7 Jahren bei seiner Bausparkasse nachfragt, ob sein Bausparvertrag schon zuteilungsreif ist, bekommt er oft eine sehr enttäuschende Absage, wenn erst 15 % Bausparguthaben angespart wurden.

Die hauseigenen Schwächen des Systems liegen u.a. in der Vielzahl von Gebühren. Die größten Posten liegen in der Abschlußgebühr (1–1,6 %) und in der späteren Darlehensgebühr (2–3 %). Hinzu kommen Kontoführungsgebühren, Kosten für die Info-Broschüre, Gebühren für dies und das. Durch diesen Gebührensalat reduziert sich die effektive Ansparrendite des Bausparguthabens auf bis zu unter 2 %! Die Inflationsrate liegt immerhin bei durchschnittlich 3,8 %. Beim Ansparvorgang findet also eine echte Geldentwertung statt. Garantiert günstig ist das Bauspardarlehen, das im Effektivzins knapp unter 6 % liegt.

Nur ist es völlig unsicher, wann der Bausparer es bekommt. In der Regel ist der vorhandene Bausparvertrag zum Zeitpunkt des Immobilienerwerbes noch nicht zuteilungsreif, z.B. weil die Bausparsumme zu hoch abgeschlossen wurde oder sich die gewünschte Immobilie schon drei Jahre eher fand. Warum auch immer, nun muß der Bausparvertrag zwischenfinanziert oder die Bausparsumme so stark reduziert werden, daß er zum nächsten Stichtag in die Zuteilung kommt. Eine Zwischenfinanzierung ist immer teuer, weil das eigene Bausparguthaben kreditiert werden muß. Bei der Bildung einer Teilbausumme bzw. der Reduzierung der Bausparsumme ist anfänglich zu viel Abschlußgebühr gezahlt worden, die die Ansparrendite ins Negative rutschen läßt. Zwischenfinanziert werden muß jedoch bis zur Zuteilung immer noch.

Was tun, wenn der Bausparvertrag zu hoch abgeschlossen wurde?

Viele Verkäufer von Bausparverträgen schießen bei den abzuschließenden Bausparsummen erheblich über das Ziel hinaus. Ich habe schon 100 000ender Bausparverträge gesehen, die mit DM 78,– pro Monat vermögenswirksame Leistungen angespart wurden. Die voraussichtliche Zuteilungszeit lag bei ca. 40 Jahren Ansparzeit. Diese Vertragskonstruktionen kann man nur als Betrug zugunsten der Bausparkassen bezeichnen. Für jeden Bausparvertrag gibt es einen sogenannten monatlichen Regelsparbeitrag, der je nach Tarif zwischen 0,4 und 0,7 % der Bausparsumme ausmachen sollte. Also bei einer Bausparsumme von DM 100 000,– mindestens DM 400,– Sparbeitrag. Liegt der Sparbeitrag ohne besondere Gründe darunter, ist man vom Verkäufer »über den Tisch gezogen worden«. Übrigens sollte die Bausparsumme auf Basis der vermögenswirksamen Leistungen nicht über DM 15 000,– liegen.

Der Grund für die zu hoch abgeschlossenen Bausparverträge ist schnell gefunden, denn die Höhe der Provision, also das Einkommen des Verkäufers, hängt mit der Bausparsumme zusammen. Je höher die Bausparsumme, um so höher die Provision. Deshalb sollte man eigentlich das Verkaufssystem anprangern und nicht unbedingt nur den Verkäufer. Die Bausparkassen könnten hier nämlich ganz einfache Regularien einführen, die eine solche Falschberatung erst gar nicht aufkommen ließen. Die Regelbausparrate müßte zur Pflichtsparrate werden, dann wäre zumindest dieses Problem gelöst.

Eine Falschberatung führt zu Regressansprüchen. Die Tatsache, daß die Regelsparrate o.k. ist, heißt aber noch lange nicht, daß der Vertrag auch sinnvoll und entsprechend günstig ist. Beispiele folgen!

Tip: Schreiben Sie Ihre Bausparkasse an, beschreiben Sie den Tatbestand und fordern Sie die Abschlußgebühren für den zu hoch abgeschlossenen Teil des Vertrages zurück.

Was tun, wenn der Bausparvertrag beim Kauf/Bau des Wunschhäuschens noch nicht ausreichend bespart ist?

Sollte der bereits vorhandene Bausparvertrag noch nicht zuteilungsreif sein, gibt es eine Möglichkeit ihn schneller in die Zuteilung kommen zu lassen. Und zwar muß die Bausparsumme reduziert werden, so daß er zum nächsten Stichtag in die Zuteilung kommt. Die einfachste Methode ist, die Bausparkasse anzurufen und entsprechende Informationen anzufordern.
So können Sie selbst rechnen: Benötigt wird die aktuelle Bewertungszahl, die Zielbewertungszahl und der Abschlag in %, der bei einer solchen Umstellung anfällt.

Ein Beispiel:	Die Bausparsumme ist:	DM 100 000.–
	Die Zielbewertungszahl ist:	200
	Die aktuelle Bewertungszahl ist:	80
	Der Abschlag ist:	10 %

Formel:

$$\text{Neue Bausparsumme} = \frac{\text{Alte Bausparsumme x aktueller Bewertungszahl}}{\text{Zielbewertungszahl}} \text{ x } (100 - \text{Abschlag})$$

$$\text{Neue Bausparsumme} = \frac{\text{DM } 100\,000,\text{– x } 80}{200} \text{ x } (100 - 10\,\%) = \text{DM } 40\,000,\text{–}$$

Hierzu auch ein Tip: Diesen Trick sollten Sie auch anwenden, wenn der Bausparvertrag gekündigt werden soll, um nicht die eventuell gewährten Arbeitnehmersparzulagen und Wohnungsbauprämien zurückzahlen zu müssen. Bei einer nicht wohnwirtschaftlichen Nutzung des Geldes muß jedoch eine Mindestansparzeit von 7 Jahren berücksichtigt werden.

Der Bausparvertrag von Angehörigen

Sollte in der Verwandtschaft ein zuteilungsreifer Bausparvertrag existieren, der dort keine Verwendung findet, stellt sich die Frage nach seiner Übertragbarkeit.
Die Übersicht auf Seite 257 soll hier einen Überblick verschaffen:

Berechnung der Bausparvariante

Die Familie Mustermann möchte sich eine Eigentumswohnung kaufen und hat ein Angebot erhalten über eine schön geschnittene 3-Zimmer-Wohnung, die inklusive aller Erwerbs- und Finanzierungsnebenkosten DM 200 000,– kostet. Sie selbst haben sich auf ihr Ziel hin schon DM 100 000,– Eigenkapital angespart, so daß DM 100 000,– Fremdkapital benötigt werden. Aspekt des Vergleichs ist die gleiche monatliche Belastung beider Alternativen.

Zuerst gingen die Mustermanns zu einer Bausparkasse und ließen sich folgendes Angebot unterbreiten, das sich in drei Phasen aufgliedert:

1. Zwischenfinanzierungsphase/Guthabenberechnung

Einzahlung des Eigenkapitals von DM 100 000,– auf einen neu abzuschließenden Bausparvertrag in Höhe von 200 000,–.

Einzahlung am	: 1.1.1990
Abschlußgebühr	: 1,0 % (in vielen Fällen sogar 1,6 %)
Guthabenverzinsung	: 2,5 %
Zinsanrechnung	: vierteljährlich zum Quartalsende
Nächste Zinsanrechn.	: 30.3.1990
Kontoführungsgebühr	: DM 12,– pro Jahr

2. Zwischenfinanzierungsphase/Zwischenfinanzierung (ZwiFi)

Die Bausparkasse prognostiziert, daß der Bausparvertrag in drei Jahren zuteilungsreif sein soll und sie für diesen Zeitraum eine Zwischenfinanzierung benötigen. Die Bausparkasse bietet ihnen daraufhin folgende »Sonderkondition« an:

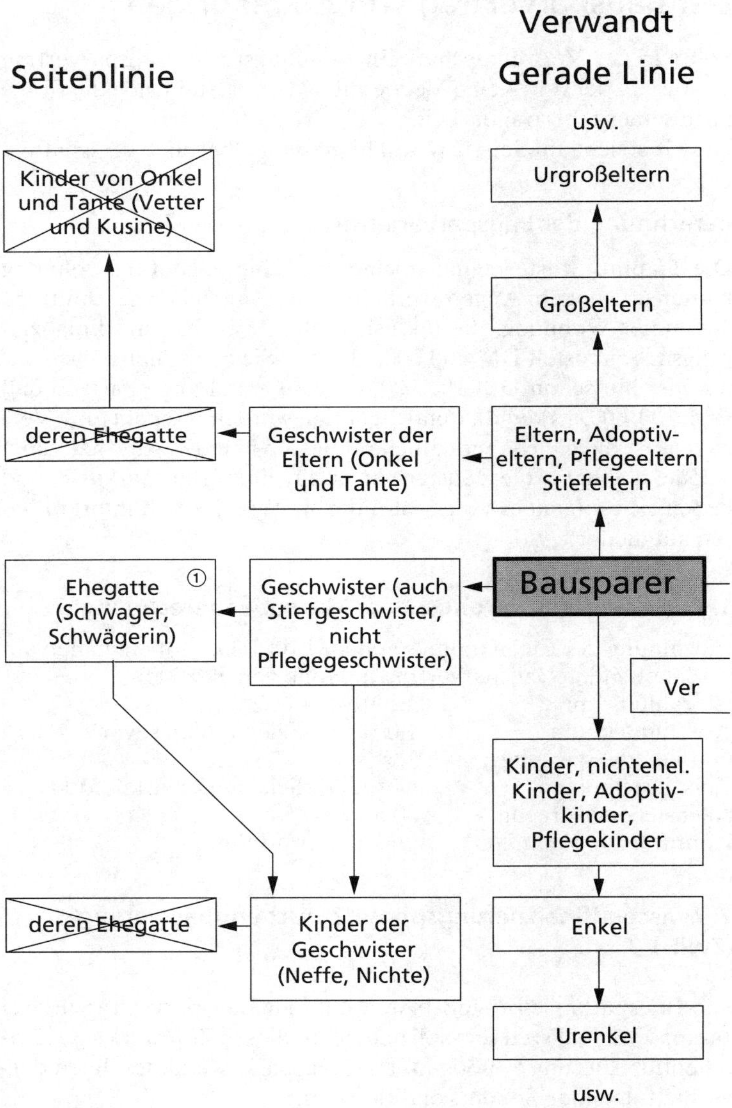
Verwandt
Seitenlinie
Gerade Linie
usw.
Urgroßeltern
Kinder von Onkel und Tante (Vetter und Kusine)
Großeltern
deren Ehegatte
Geschwister der Eltern (Onkel und Tante)
Eltern, Adoptiveltern, Pflegeeltern Stiefeltern
Ehegatte (Schwager, Schwägerin) ①
Geschwister (auch Stiefgeschwister, nicht Pflegegeschwister)
Bausparer
Ver
Kinder, nichtehel. Kinder, Adoptivkinder, Pflegekinder
deren Ehegatte
Kinder der Geschwister (Neffe, Nichte)
Enkel
Urenkel
usw.

Verschwägert

Gerade Linie

Seitenlinie

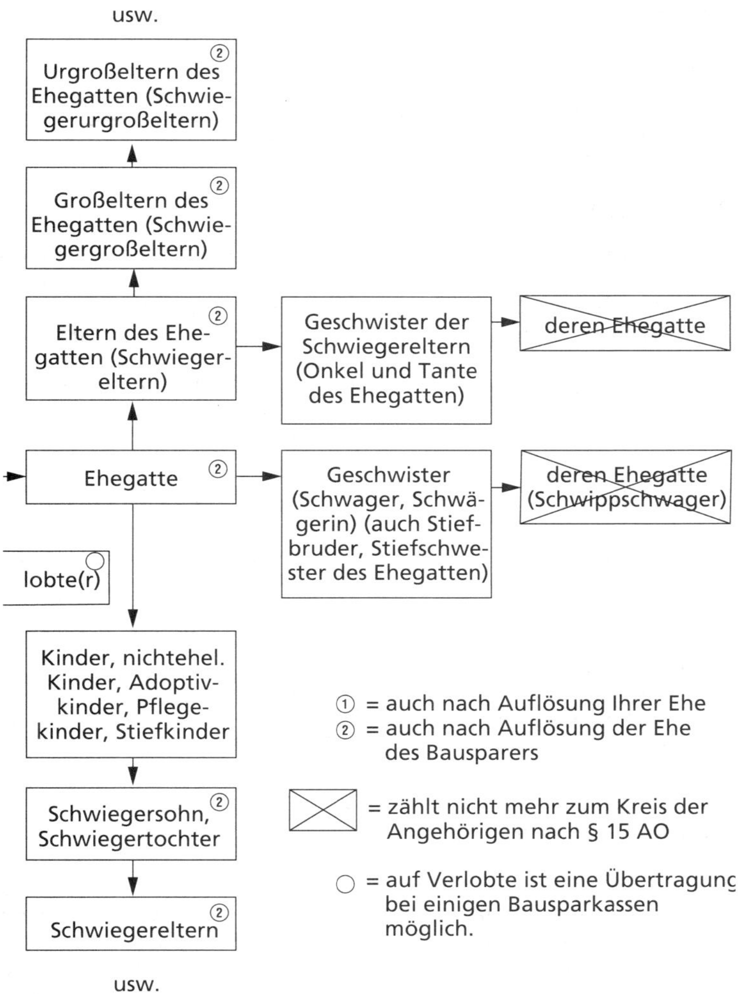

Darlehenshöhe	: DM 200 000,–
Nominalzins	: 7,0 %
Tilgung	: keine
Zinsfestschreibung	: bis zur Zuteilung
Zahlungsweise	: 1.1., 1.2., 1.3., …
Beitrag zur Risikovers.	: DM 420,–
Anf. eff. Jahreszins (PAngV)	: 7,27 %

Vielfach erheben die Bausparkassen hier eine indirekte Bearbeitungsgebühr, indem der Auszahlungskurs 99 % beträgt.

3. Bauspardarlehensphase

Der Zeitraum der Zwischenfinanzierung hat sich bewahrheitet (was nicht immer der Fall ist), so daß das Bauspardarlehen ab dem 1.1.1993 zu folgenden Konditionen gewährt werden kann:

Bauspardarlehenshöhe:	Sie ist von dem erreichten Bausparguthaben abhängig.
Darlehensgebühr:	2,0 % (es gibt Bausparkassen, die sogar 3,0 % Darlehensgebühr erheben).
Darlehenszins:	4,5 %
Anfangstilgung:	ist abhängig vom Eigenkapital (10,45 %)
Zins- und Tilgungsrate:	6 ‰ der Bausparsumme (= mtl. DM 1200,–)
Erste Zins- und Tilgungszahlung:	1.1.1993
Erste Zins- und Tilgungsverrechnung:	30.3.1993
Anzahl Zins- und Tilgungsverrechnung:	4 x pro Jahr
Beitrag zur Risikoversicherung:	DM 420,– pro Jahr
Anf. eff. Jahreszins (PAngV):	5,35 %

Interessant zu wissen ist, daß der Todesfallschutz nicht immer in der Effektivzinsberechnung enthalten ist, obwohl man gezwungen wird, diesen abzuschließen (selbst wenn man Single ist). Das Angebot der Bausparkasse schien den Mustermanns verwirrend und sie holten sich anschließend folgendes Angebot einer Bank ein:

Darlehenshöhe	: DM 100 000,–
Nominalzinssatz	: 7,45 %
Auszahlungskurs	: 100 %
Erste Zins- und Tilgungszahlung	: 30.1.1990
Erste Zins- und Tilgungsverrechnung	: 30.1.1990
Anzahl Zins- und Tilgungsverrechnung	: 12 x pro Jahr
Beitrag zur Risikoversicherung	: DM 400,– pro Jahr
Anf. eff. Jahreszins (PAngV)	: 7,71 %

Die Höhe des Tilgungssatzes wird entsprechend der monatlichen Belastung beim Bausparen angepaßt, so daß bei beiden Darlehensformen die gleiche monatliche Belastung vorliegt.
Was tun? fragen sich die Mustermanns zu Recht.
Eigentlich doch ganz einfach, wenn man dem Instrumentarium des »anfänglich effektiven Jahreszinses« gemäß der Preisgabenverordnung glaubt. Bei der Bausparalternative habe ich während der Zwischenfinanzierungsphase einen »Effektivzins« von 7,21 % und anschließend in der Bausparphase sogar nur 5,35 %, während mir das Annuitätendarlehen doch deutlich teurer mit 7,71 % erscheint. Damit ist die Entscheidung doch gefallen! Oder?

Berechnung der Bausparalternative

zu 1: Guthabenberechnung in der Zwischenfinanzierungsphase

am 1.1.1990	Einzahlung von	DM	100 000,00
am 1.1.1990	abzgl. Abschlußgebühr von	DM	2000,00
am 1.1.1990	Anfangsguthaben von	DM	98 000,00
am 1.1.1991	zzgl. Zinsgutschrift von	DM	2472,95
am 1.1.1991	abzgl. Kontoführungsgebühr von	DM	12,00
am 1.1.1991	Guthaben von	DM	100 460,95
am 1.1.1992	zzgl. Zinsgutschrift von	DM	2535,05
am 1.1.1992	abzgl. Kontoführungsgebühr von	DM	12,00
am 1.1.1992	Guthaben von	DM	102 984,00
am 1.1.1993	zzgl. Zinsgutschrift von	DM	2598,72
am 1.1.1993	abzgl. Kontoführungsgebühr von	DM	12,00
am 1.1.1993	*Endguthaben von*	*DM*	*105 570,72*

Dieser Kontoverlauf entspricht einer effektiven Jahresverzinsung von sage und schreibe 1,82 %!
Ich habe sogar einmal eine Werbung einer großen deutschen Bausparkasse gesehen, in der versucht wurde, die miserable Ver-

zinsung des Bausparguthabens positiv darzustellen. Es wurde um »Besserverdienende« geworben und argumentiert, daß durch die Niedrigverzinsung ja schließlich weniger Steuern gezahlt werden müssen. Kein Kommentar!

zu 2.: Die Zwischenfinanzierung (ZwiFi)

am 1.1.1990 Darlehensauszahlung von DM 200 000,–

Datum	Zinsen	Tilgung	RLV-Rate	Restschuld
1.1.1991	14 000,–	–	420,–	200 000,–
1.1.1992	14 000,–	–	420,–	200 000,–
1.1.1993	14 000,–	–	420,–	200 000,–
Summen:	42 000,–	–	1260,–	200 000,–

zu 3.: Das Bauspardarlehen

am 1.1.1993	Ablösung der Zwischenfinanzierung von	DM 200 000,–
am 1.1.1993	Verrechnung mit Bausparguthaben von	DM 105 570,72
am 1.1.1993	Darlehenssumme netto von	DM 94 429,28
	Erhöhung um die Darlehensgebühr von	2,0 %
am 1.1.1993	*Darlehenssumme brutto von*	*DM 96 323,00*

Zahlungsplan

am 30.12.1989	Auszahlung des ZwiFi-Darlehens	DM	200 000,00
vom 1. 1.1990 bis 1.12.1992	36 Raten je	DM	1166,67
vom 1. 1.1990 bis 1.1.1992	3 Raten je	DM	420,00
am 30.12.1992	Auszahlung des BS-Darlehen	DM	96 323,00
vom 1. 1.1993 bis 1.12.2000	96 Raten je	DM	1200,00
am 1. 1.2001	1 Rate	DM	42,43
vom 1. 1.1993 bis 1.1.2001	9 Raten je	DM	420,00
am 30. 1.2001	Restschuld	DM	0,00

Datum	Zinsen	Tilgung	RLV-Rate	Restschuld
1.1.1994	4 163,40	10 236,89	420,–	86 086,11
1.1.1995	3 694,91	10 705,38	420,–	75 380,73
1.1.1996	3 204,97	11 195,32	420,–	64 185,41
1.1.1997	2 692,62	11 707,67	420,–	52 477,74
1.1.1998	2 156,82	12 243,47	420,–	40 234,27
1.1.1999	1 596,49	12 803,80	420,–	27 430,47
1.1.2000	1 010,53	13 389,76	420,–	14 040,71
1.1.2001	397,74	14 002,55	420,–	38,16
30.3.2001	0,43	38,16	420,–	0,00
Summen:	18 917,90	96 323,00	3780,–	0,00

Kalkulatorischer Gesamtaufwand und Liquiditätsabfluß

	Darlehenszinsen	DM	60 918,71
+	Tilgung	DM	96 323,00
+	RLV-Beiträge	DM	5040,00
=	*kalk. Gesamtaufwand*	*DM*	*162 281,71*
–	Darlehensauszahlung	DM	94 429,28
=	*Liquiditätsabfluß*	*DM*	*67 852,43*

Der Knackpunkt des Bausparens als direktes Finanzierungsinstrument liegt sicherlich in der Zwischenfinanzierung. In diesem Beispiel bedeutet die Zwischenfinanzierung, daß Sie für Ihr eigenes Kapital draufzahlen müssen. Einerseits wird Ihr Eigenkapital effektiv mit 1,82 % verzinst, während Sie andererseits effektiv 7,27 % dafür zahlen »dürfen«. Daß dies teuer sein muß, dürfte eigentlich einleuchten. Weiterhin wird von der Bausparkasse keine Garantie über den Zeitraum der Zwischenfinanzierung gegeben. Eine vorab unter Vorbehalt genannte Zeit von z.B. drei Jahren kann sich durchaus verlängern, was aufgrund der großen Geldnachfrage auch sehr wahrscheinlich ist. Je länger der Bausparvertrag zwischenfinanziert werden muß, um so wirtschaftlich uneffektiver wird er.

Grundsätzlich sehr unerfreulich ist der viel zu lange Gebührenkatalog der Bausparkassen. Sie müssen praktisch für jeden Vorgang Gebühren bezahlen. Bausparvertragsabschluß (1 %–1,6 %), Kontoführungsgebühren, Gebühren für den Antrag auf Wohnungsbauprämie (wird in einem späteren Kapitel genauer betrachtet), Darlehensgebühren (2 %–3 %) und viele mehr. Mich wundert es, daß die Bausparkassen noch keine Eintrittskarten verkaufen wie an einer Kinokasse! **Übrigens beträgt der ganzheitliche Effektivzins dieser Variante 9,2 % ohne RLV und 9,88 % mit RLV!**

Wovon hängt die Zuteilungsreife eines Bausparvertrages ab?

1. Sie müssen in einen Bausparvertrag die erforderliche Eigenkapitalansparung eingebracht haben. Je nach Tarif kann diese unterschiedlich hoch sein. Bei den meisten reinen Anspartarifen wird ein Ansparbetrag von 40 % erforderlich. Also bei einem Bausparvertrag von DM 100 000,– müssen Sie innerhalb eines bestimmten Zeitraumes DM 40 000,– einzahlen. Zur Effektivität von Ansparverträgen komme ich noch in dem Kapitel Eigenkapitalbildung. Bei den sogenannten Schnellspartarifen müssen Sie meist 50 % der Bausparsumme sofort einzahlen, wie in meiner vorangegangenen Berechnung.
2. Der Bausparvertrag muß eine bestimmte Bewertungszahl erreicht haben. Das bedeutet, nach einem von der Bausparkasse selbst bestimmten Modus wird der Bausparvertrag zu einem fixen Zeitpunkt bewertet. Dieser Termin ist auch als »Wüstenrottag« (jede Bausparkasse hat hierfür eine eigene Bezeichnung) bekannt. Wenn die Aufsummierung der Bewertungen die für die Zuteilungsreife erforderliche Bewertungszahl erreicht hat, dürfen Sie endlich Ihr Bauspardarlehen in Anspruch nehmen. Kaufen Sie vorher eine Immobilie und wollen den Bausparvertrag einsetzen, müssen Sie ihn zwischenfinanzieren. Problematisch ist auch, daß die zu erreichende Bewertungszahl von der Bausparkasse selbst bestimmt wird. Wenn die Bausparkassen »knapp bei Kasse sind«, also die Darlehensnachfrage sehr hoch ist, spiegelt sich dies sicherlich in verlängerten Zuteilungszeiten wider.
3. Die Mindestsparzeit beträgt 18 Monate. Diese Zeit ist jedoch

hypothetisch, denn die Zuteilungszeiten bei den meisten Bausparkassen betragen 48 Monate und mehr.

Berechnung der Annuitätendarlehensalternative

Der Zahlungsplan beim Bausparen ergibt eine monatliche Belastung für den Kapitaldienst in der Zwischenfinanzierungsphase von DM 1166,67 und während der Bauspardarlehensphase von DM 1200,–. Vergleichen will ich die Darlehen unter dem Aspekt der gleichen monatlichen Belastung. Das bedeutet, daß der Anfangstilgungssatz in der ZwiFi-Phase 6,55 % und in der Bauspardarlehensphase 10,998 % entspricht, bei einem Nominalzins von 7,45 %.

Der Beitrag zur Risikolebensversicherung verringert sich, weil die Gesamtlaufzeit des Darlehens sich durch die Anfangstilgungssätze im Vergleich zum Bauspardarlehen um 1,25 Jahre verkürzt und somit auch die Laufzeit des Risikoschutzes. Je kürzer die Laufzeit der RLV, um so preiswerter wird sie.

Zins- und Tilgungsplan

Datum	Zinsen	Tilgung	RLV-Rate	Restschuld
1.1.1991	7 221,65	6 778,35	400,–	93 221,65
1.1.1992	6 699,06	7 300,94	400,–	85 920,71
1.1.1993	6 136,18	7 863,82	400,–	78 056,89
Die Summe der Zins- und Tilgungsraten ergibt wie beim Bausparen in der ZwiFi-Phase den gleichen Aufwand.				
1.1.1994	5 516,02	8 883,98	400,–	69 172,91
1.1.1995	4 831,09	9 568,91	400,–	59 604,00
1.1.1996	4 093,35	10 306,65	400,–	49 297,35
1.1.1997	3 298,74	11 101,26	400,–	38 196,09
1.1.1998	2 442,86	11 957,14	400,–	26 238,95
1.1.1999	1 521,00	12 879,00	400,–	13 359,95
1.1.2000	528,05	13 359,95	400,–	0,00
Summen:	*42 287,31*	*100 000,00*	*4 000,–*	*0,00*

Zahlungsplan

am 30.12.1989	Auszahlung des Darlehens	DM	100 000,–
vom 30.1.1990 bis 30.12.1992	36 Raten je	DM	1166,67
vom 30.1.1993 bis 30.11.1999	83 Raten je	DM	1200,–
am 30.12.1999	1 Rate	DM	687,18
vom 1. 1.1990 bis 1.1.1999	10 Raten je	DM	400,–
am 30.12.1999	Restschuld	DM	0,–

Der Zahlungsplan ist bezogen auf die Zins- und Tilgungsraten und identisch mit dem der Bausparalternative.

Kalkulatorischer Gesamtaufwand und Liquiditätsabfluß

	Darlehenszinsen	DM	42 287,31
+	Tilgung	DM	100 000,–
+	RLV-Beiträge	DM	4 000,–
=	*kalk. Gesamtaufwand*	*DM*	*146 287,31*
–	Darlehensauszahlung	DM	100 000,–
=	*Liquiditätsabfluß*	*DM*	*46 287,31*

Die Frage nach dem »Was tun?« dürfte damit geklärt sein. Die Annuitätendarlehensalternative ist um DM 15 994,40 preiswerter als der zwischenfinanzierte Bausparvertrag. Das Resultat würde sich weiterhin deutlich zugunsten des Annuitätendarlehens verbessern, wenn kein Todesfallschutz benötigt wird und dafür wiederum der Tilgungssatz, entsprechend der monatlichen Belastung beim Bausparen, erhöht wird. Das Annuitätendarlehen wäre dann bei gleicher Belastung noch schneller getilgt, und der Gesamtaufwand wäre noch niedriger.

Wann kann sich das Bausparen lohnen? Fast Nie!

Sicherlich vermuten Sie, daß bei einem allgemein hohen Zinsniveau sich ein zwischenfinanzierter Bausparvertrag lohnen muß. Doch weit gefehlt, denn nur der Bauspardarlehenszins ist der garantiert niedrige Zins. Der Zwischenfinanzierungszins jedoch orientiert sich ebenso am Kapitalmarkt wie der Zins des Annuitätendarlehens. Es ist sogar genau umgekehrt. Je höher das Zinsniveau, um so größer wird die Differenz zwischen dem Gesamtaufwand des Annuitätendarlehens und dem zwischenfinanzierten Bausparvertrag.

Tabellarische und grafische Darstellung von zwischenfinanzierten Bausparverträgen

Eckdaten:

1. Allgemeines

Zu bezahlen sind:	DM 200 000,–
Eigenkapital:	DM 100 000,–

2. Angaben zum Bausparvertrag

Abschlußgebühr:	1,6 % = DM 3200,–
Nettokapital:	DM 96 800,– (100 000,– 3200,–)
Guthabenzins:	2,5 % p.a.
Kontoführungsgebühr:	DM 12,– p.a.
Zwischenfinanzierungszeit:	3 Jahre
Zinssatz des ZwiFi-Kredits:	0,5 % über dem Marktzins
Guthaben nach der ZwiFi:	DM 104 278,–
Bauspardarlehenszins:	4,5 % p.a.
Nettobauspardarlehen:	DM 95 722,–
Darlehensgebühr:	3 %
Bruttobauspardarlehen:	DM 98 594,–
Zins- und Tilgungsrate:	6 Promille der Bausparsumme = DM 1200,– p.M.
Anfangstilgungssatz:	10,11 %
Laufzeit des Darlehens:	8,2 Jahre

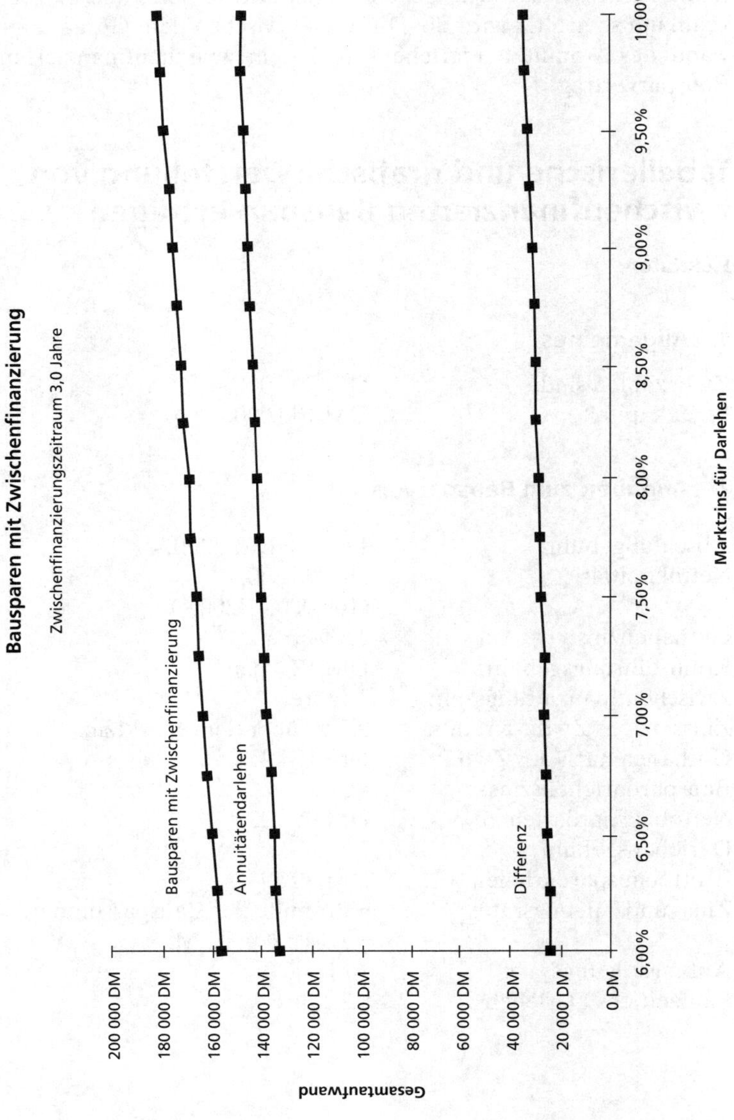
Bausparen mit Zwischenfinanzierung
Zwischenfinanzierungszeitraum 3,0 Jahre
Bausparen mit Zwischenfinanzierung
Annuitätendarlehen
Differenz
200 000 DM
180 000 DM
160 000 DM
140 000 DM
120 000 DM
100 000 DM
80 000 DM
60 000 DM
40 000 DM
20 000 DM
0 DM
Gesamtaufwand
6,00%
6,50%
7,00%
7,50%
8,00%
8,50%
9,00%
9,50%
10,00%
Marktzins für Darlehen

	Bausparen mit Zwifi		Annuitätendarlehen				
Marktzinssatz	Zwifi-Darlehen						
	jährl. Belastung	Gesamtaufwand	Restschuld nach Zwifi	Anfangs-tilgungssatz	Laufzeit in Jahren	Gesamtaufwand	Differenz
6,00 %	13 000 DM	157 084 DM	77 715 DM	12,53 %	6,54	133 143 DM	23 941 DM
6,25 %	13 500 DM	158 584 DM	76 862 DM	12,48 %	6,51	134 256 DM	24 328 DM
6,50 %	14 000 DM	160 084 DM	76 006 DM	12,45 %	6,48	135 341 DM	24 742 DM
6,75 %	14 500 DM	161 584 DM	75 145 DM	12,41 %	6,45	136 398 DM	25 185 DM
7,00 %	15 000 DM	163 084 DM	74 281 DM	12,39 %	6,42	137 426 DM	25 658 DM
7,25 %	15 500 DM	164 584 DM	73 412 DM	12,37 %	6,38	138 424 DM	26 160 DM
7,50 %	16 000 DM	166 084 DM	72 540 DM	12,35 %	6,35	139 391 DM	26 693 DM
7,75 %	16 500 DM	167 584 DM	71 663 DM	12,34 %	6,31	140 326 DM	27 258 DM
8,00 %	17 000 DM	169 084 DM	70 782 DM	12,34 %	6,27	141 230 DM	27 854 DM
8,25 %	17 500 DM	170 584 DM	69 898 DM	12,35 %	6,22	142 101 DM	28 482 DM
8,50 %	18 000 DM	172 084 DM	69 009 DM	12,37 %	6,18	142 940 DM	29 144 DM
8,75 %	18 500 DM	173 584 DM	68 116 DM	12,39 %	6,13	143 745 DM	29 839 DM
9,00 %	19 000 DM	175 084 DM	67 219 DM	12,42 %	6,08	144 516 DM	30 568 DM
9,50 %	19 500 DM	176 584 DM	66 318 DM	12,46 %	6,02	145 252 DM	31 331 DM
9,25 %	20 000 DM	178 084 DM	65 413 DM	12,51 %	5,97	145 955 DM	32 129 DM
9,75 %	20 500 DM	179 584 DM	64 503 DM	12,57 %	5,91	146 622 DM	32 962 DM
10,00 %	21 000 DM	181 084 DM	63 590 DM	12,65 %	5,85	147 254 DM	33 830 DM

Berechnet mit der Software »Baufinanzierung mit Excel«.

Interessant ist hier die Erkenntnis, daß das Bauspardarlehen immer schlechter abschneidet. Je höher der Martkzins, desto schlechter das Bausparen. Sollte sich die Zuteilung des Bauspardarlehens nach hinten verschieben, verschlimmert sich das Ergebnis zu Lasten des Bausparens.

3. Angaben zum Annuitätendarlehen

Darlehenshöhe:	DM 100 000,–
Monatliche Belastung:	an das ZwiFi- bzw. Bauspardarlehen durch den Tilgungssatz angepaßt.
Zinssatz:	Marktzins

»Just-in-time-Garantie« – die neue Bausparinnovation?

Das größte deutsche Bankhaus, bzw. seine Bausparkasse, hat ein neues Produkt konzipiert, die »Just-in-time-Garantie«. Wenn man mit diesem Zusatz abschließt, garantiert dies dem Bausparer einen festen Zuteilungstermin, und zwar auf der Basis der Zielbewertungszahl zum Zeitpunkt des Abschlusses. Dieser neue Werbegag soll dem Bausparer das Gefühl der Sicherheit geben. Sicherlich wird die Ungewißheit, wann der Bausparer nun endlich das günstige Bauspardarlehen in Anspruch nehmen darf, damit ausgeschlossen. Andererseits macht es das Bausparprodukt auch genau kalkulierbar. Diese Garantie ist natürlich nicht kostenlos. Der gutgläubige (glauben heißt nicht wissen) Bausparer muß für diesen Service recht viel Geld bezahlen. Mit einem Promille der Bausparsumme, mindest DM 30,– pro angefangenes Kalenderjahr, wird das Bausparkonto belastet. Bei einer Bausparsumme von DM 100 000,– immerhin DM 100,– pro Jahr. Also bei einer Zuteilungszeit von 3,75 Jahren DM 400,– zuzüglich dem entgangenen Zinsgewinn, aber der ist beim Bausparen sowieso mehr als bescheiden.

Ein Beispiel zu dem Bausparvertrag mit Niedrigzins und Terminsicherheit:

1. Bausparsumme:	DM 200 000,–
Einzuzahlendes Eigenkapital:	DM 100 000,–
Just in time-Gebühr:	DM 200,– p.a.
Kontoführungsgebühr:	DM 13,– p.a.

Zwischenfinanzierungszeit (Stand 11/93):	3 Jahre 9 Monate
bei einer Zins- und Tilgungsrate von:	6 Promille der Bausparsumme = DM 1200,– p.M.
Darlehensgebühr:	2,5 %
Ergibt einen Anfangstilgungssatz von:	10,57 %
Laufzeit des Darlehens:	7,9 Jahre
2. Alternatives Annuitätendarlehen:	DM 100 000,–
Monatliche Belastung:	an das ZwiFi- bzw. Bauspardarlehen durch den Tilgungssatz angepaßt.
Zinssatz:	Marktzins

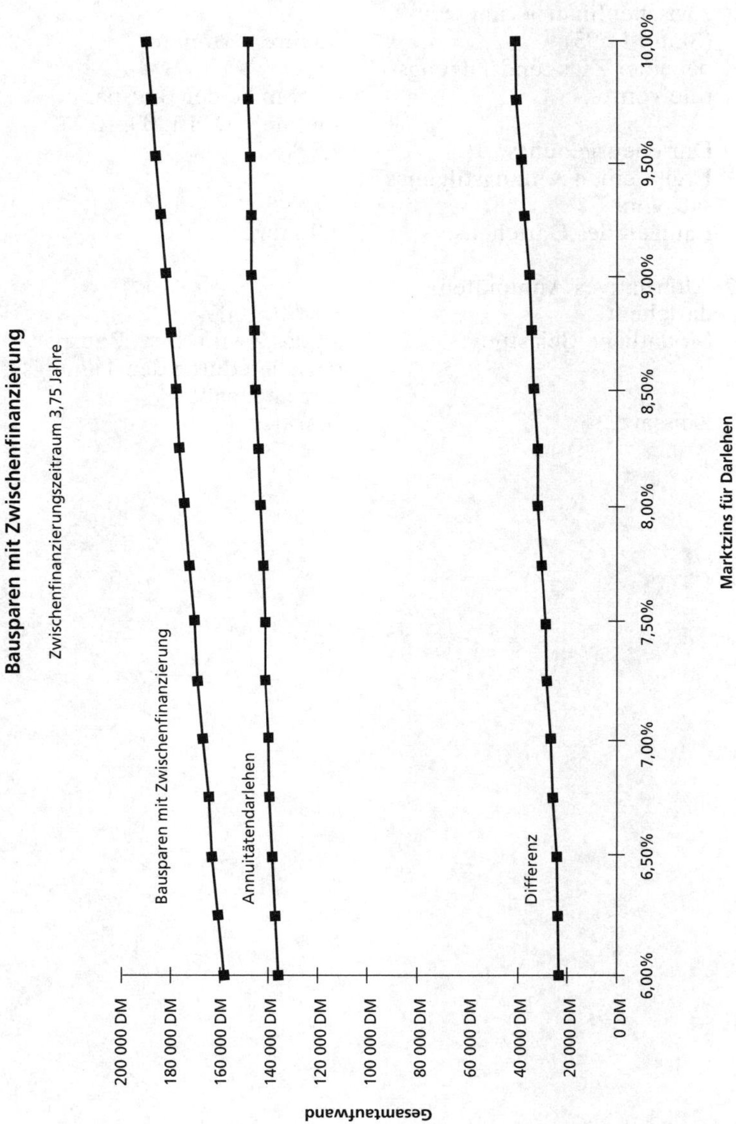
Bausparen mit Zwischenfinanzierung
Zwischenfinanzierungszeitraum 3,75 Jahre
Bausparen mit Zwischenfinanzierung
Annuitätendarlehen
Differenz
Gesamtaufwand
200 000 DM
180 000 DM
160 000 DM
140 000 DM
120 000 DM
100 000 DM
80 000 DM
60 000 DM
40 000 DM
20 000 DM
0 DM
6,00%
6,50%
7,00%
7,50%
8,00%
8,50%
9,00%
9,50%
10,00%
Marktzins für Darlehen

	Bausparen mit Zwifi		Annuitätendarlehen				
Marktzinssatz	Zwifi-Darlehen						
	jährl. Belastung	Gesamtaufwand	Restschuld nach Zwifi	Anfangs-tilgungssatz	Laufzeit in Jahren	Gesamtaufwand	Differenz
6,00 %	12 000 DM	158 716 DM	75 578 DM	13,05 %	6,32	135 995 DM	22 721 DM
6,25 %	12 500 DM	160 591 DM	74 474 DM	13,09 %	6,26	137 065 DM	23 526 DM
6,50 %	13 000 DM	162 466 DM	73 363 DM	13,13 %	6,20	138 093 DM	24 373 DM
6,75 %	13 500 DM	164 341 DM	72 245 DM	13,18 %	6,14	139 079 DM	25 262 DM
7,00 %	14 000 DM	166 216 DM	71 119 DM	13,25 %	6,08	140 021 DM	26 195 DM
7,25 %	14 500 DM	168 091 DM	69 986 DM	13,33 %	6,01	140 920 DM	27 171 DM
7,50 %	15 000 DM	169 966 DM	68 846 DM	13,42 %	5,94	141 776 DM	28 190 DM
7,75 %	15 500 DM	171 841 DM	67 698 DM	13,52 %	5,87	142 587 DM	29 254 DM
8,00 %	16 000 DM	173 716 DM	66 544 DM	13,64 %	5,79	143 354 DM	30 362 DM
8,25 %	16 500 DM	175 591 DM	65 382 DM	13,77 %	5,71	144 076 DM	31 515 DM
8,50 %	17 000 DM	177 466 DM	64 212 DM	13,93 %	5,63	144 755 DM	32 711 DM
8,75 %	17 500 DM	179 341 DM	63 035 DM	14,09 %	5,54	145 390 DM	33 951 DM
9,00 %	18 000 DM	181 216 DM	61 850 DM	14,28 %	5,45	145 982 DM	35 234 DM
9,25 %	18 500 DM	183 091 DM	60 659 DM	14,49 %	5,36	146 531 DM	36 560 DM
9,50 %	19 000 DM	184 966 DM	59 459 DM	14,72 %	5,26	147 037 DM	37 929 DM
9,75 %	19 500 DM	186 841 DM	58 252 DM	14,97 %	5,17	147 502 DM	39 339 DM
10,00 %	20 000 DM	188 716 DM	57 037 DM	15,25 %	5,06	147 926 DM	40 790 DM

Berechnet mit der Software »Baufinanzierung mit Excel«.

Die Zahlen sprechen für sich! Bei einem Marktzinssatz von z.B. 8 % spart man kalkulatorisch über DM 30 000,– bei dem Annuitätendarlehen und das in noch nicht einmal 8 Jahren.
Hinzu kommt weiterhin noch ein kalkulatorischer Zinsverlust, denn die DM 1200,– pro Monat können ja noch während der Laufzeitdifferenz angelegt werden. Just in time!

Die Vor- und Nachteile der zwei Darlehenstypen in Kürze

1. Bauspardarlehen

Vorteile:
- Sicherung eines niedrigen Zinssatzes bis zum Laufzeitende des Darlehens.
- Keine Bürgschaftsgebühren für zweitrangige Darlehen.
- Schnelle Entschuldung durch einen hohen Tilgungssatz.

Nachteile:
- Sehr schlechte Verzinsung des Eigenkapitals.
- Eine benötigte Zwischenfinanzierung des Bausparvertrages ist für den Bausparer immer sehr teuer.
- Keine verbindliche Zusage darüber, wann der Bausparvertrag zugeteilt wird.
- Ein Todesfallschutz muß abgeschlossen oder nachgewiesen und an die Bausparkasse abgetreten werden, obwohl man vielleicht gar keinen Risikobedarf hat.
- Für praktisch jede Handlung der Bausparkassen werden Gebühren erhoben.
- Sehr hohe monatliche Belastung durch den hohen Tilgungssatz.
- Je länger die Zuteilungszeit, um so teurer die Bausparalternative!

2. Annuitätendarlehen

Vorteile:
- Bei gleicher monatlicher Belastung wie beim Bausparen ein geringerer Gesamtaufwand. Je höher das Zinsniveau, um so günstiger wird das Annuitätendarlehen.
- Flexiblere Gestaltung der Monatsbelastung durch eine praktisch frei wählbare Anfangstilgung.

– Eine Risikolebensversicherung ist keine Pflicht.

Nachteile: – Wenn das Darlehen länger läuft als die Zinsbindung, hat man ein gewisses Zinsrisiko, denn nach der Zinsfestschreibungszeit muß mit dem Kreditgeber neu über die Konditionen verhandelt werden. Man hat aber auch die Möglichkeit, sich nach einem günstigeren Geldgeber umzusehen. Sie können das »Risiko« ausschließen, wenn die Zinsbindung gleich der Darlehenslaufzeit entspricht.

Meine persönliche Meinung:

Ein Bausparvertrag, der zwischenfinanziert werden muß, ist immer zu teuer. Hier würde ich mich vernünftigerweise nach einem guten Bankpartner umsehen.

Die Tilgungsaussetzung gegen einen Bausparvertrag

Ein böses Spiel mit der »Dummheit« des Verbrauchers wird bei der Tilgungsaussetzung gegen einen Bausparvertrag, auch Bankvorausdarlehen genannt, gespielt.

Wenn Sie meinen, daß die Thematik bisher kompliziert war, dann freuen Sie sich auf die nächsten Seiten.

Für diesen Vergleich verwende ich die sogenannte neue Tarifgeneration, die fast jede Bausparkasse in ihrem Angebot aufweisen kann. Die neuen Tarife zeichnen sich dadurch aus, daß z.B. in der Ansparphase die Einzahlungen sofort angerechnet werden, Teilabsplittungen möglich sind oder in der Darlehensphase eine sofortige Zins- und Tilgungsverrechnung vereinbart wird. Da sich jedoch am Prinzip nichts ändert, müssen für den Verbraucher positive Aspekte in einem anderen Bereich wieder ausgeglichen werden. Die meisten Bausparkassen haben einfach die Gebühr für das Bauspardarlehen von 2 % auf 3 % erhöht, und somit neutralisieren die Vorteile die Nachteile. Wie gesagt, am Prinzip ändert sich nichts. Nur der Verbraucher fällt meist auf die neue Marketingstrategie herein.

Das Beispiel

Die Mustermanns haben festgestellt, daß ihr Finanzierungsbedarf DM 120 000,– beträgt. Eine Bausparkasse macht ihnen das Angebot, ein Bankdarlehen zu vereinbaren und statt der üblichen 1%igen Anfangstilgung einen Bausparvertrag abzuschließen und diesen analog zur Anfangstilgung anzusparen, also DM 100,– monatlich (1 % von DM 120 000,– geteilt durch 12 Monate = DM 100,–).

Nach 9 Jahren soll eine erste Teilabsplittung des Vertrages erfolgen, der ein Jahr später zuteilungsreif sein soll. Das Bankvorausdarlehen wird um die Bausparsumme der Absplittung gekürzt, und das erste Bauspardarlehen kommt zum Tragen. Der »Restbausparvertrag« wird weiter monatlich in der Ratenhöhe angespart, die der monatlichen Belastung des Bankdarlehens entspräche. Nach weiteren 9 Jahren erfolgt wieder eine Teilabsplittung. Hierbei treten allerdings einige Überlappungen auf, wie man im Beispielsverlauf erkennen wird.

Die Konditionen

1. *Das Bank(voraus)darlehen:*

Darlehenshöhe	: DM 120 000,–
Nominalzinssatz	: 8 %
Tilgung	: Aussetzung gegen Bausparvertrag
Auszahlung	: 100 %
Zinsfestschreibung	: 10 Jahre
Zahlungsweise	: 31.1., 28.2., 31.3., ...
Anf. eff. Jahreszins	: 8,25 %

2. *Der Bausparvertrag*

Bausparsumme	: DM 120 000,–
Abschlußgebühr	: DM 1200,– (= 1 %)

Anfangsansparrate	: DM 100,– pro Monat
Guthabenzins	: 2,5 %
Einzahlungsanrechnung	: sofort
Nächster Zinstermin	: 31.12.
Kontoführungsgebühr	: DM 10,– pro Jahr
Tarifart (Besparung)	: 40 %
Teilabsplittungen	: je nach 9+1 Jahren
Darlehenszins	: 4,5 %
Darlehensgebühr	: 3,0 %
Z+T-Rate	: 6 Promille der Bausparsumme
Z+T-Termine	: 31.1., 28.2., 31.3., …
Z+T-Verrechnung	: sofort

Auf die Darlehensverläufe bzw. Kontenverläufe der Bausparverträge verzichte ich hier und beschränke mich auf die Zahlungsströme, die bei dem späteren Vergleich bezüglich der gleichen monatlichen Belastung maßgeblich sind.

Zahlungsströme in der 1. Phase

Bankvorausdarlehen DM 120 000,–

am	30.12.91	Auszahlung des Darlehens		DM	120 000,–
vom	30.1.92 bis 30.12.2001		120 Raten je	DM	800,–

Bausparvertrag DM 120 000,–

am	1.1.92	Einzahlung der Abschlußgebühr		DM	1200,–
vom	1.1.92 bis 1.12.2000		108 Raten je	DM	100,–

Keine weitere Einzahlung bis zum 30.12.2001

Endguthaben nach 10 Jahren (inkl. Kontogebühren) DM 12 296,78

(Das entspricht einem »ehrlichen Effektivzins« von 0,41 %)

Gesamtaufwandsbetrachtung

Bankvorausdarlehenszinsen DM 96 000,–

+	Bausparbeiträge	DM	10 800,–
+	Abschluß-/Kontogebühren	DM	1300,–
	Gesamtaufwand 1	*DM*	*108 100,–*

Nach 9 Jahren wird die erste Teilabsplittung des Bausparvertrages vorgenommen, der ein Jahr bis zur Zuteilung nicht weiter angespart wird. Aus dem Endguthaben resultiert eine Splittung in einen DM 30 000er und einen DM 90 000er Bausparvertrag. Aus dem DM 30 000er ergibt sich ein Bauspardarlehen in Höhe von DM 30 000,– minus DM 12 296,78 Guthaben zuzüglich der 3%igen Abschlußgebühr. Das ergibt ein Bruttodarlehen von DM 18 234,–. Der DM 90 000er hat zu diesem Zeitpunkt DM 0,– Eigenkapital und wird weiterhin mit DM 100,– pro Monat für 12 Monate angespart. Nach den 12 Monaten wird die Ansparrate so angepaßt, daß die monatliche Belastung bei DM 900,– bleibt.

Zahlungsströme in der 2. Phase

Bankvorausdarlehen DM 90 000,–

vom	30.1.2002	bis 30.12.2010	108 Raten je	DM	600,–

1. Bauspardarlehen DM 18 234,–

am	1.1.2002	Auszahlung des Darlehens		DM	17 703,–
vom	30.1.2002	bis 30.7.2012	127 Raten je	DM	180,–
am	30.8.2012		1 Rate	DM	119,36

Bausparvertrag DM 90 000,–

vom	1.1.2001	bis 1.12.2001	12 Raten je	DM	100,–
vom	1.1.2002	bis 1.12.2009	96 Raten je	DM	120,–

Keine weitere Einzahlung bis zum 30.12.2010

Endguthaben nach 10 Jahren
(inkl. Kontogebühren) DM 14 474,52

(Das entspricht einem »ehrlichen Effektivzins« von 2,34 %)

Gesamtaufwandsbetrachtung

	Bankvorausdarlehenszinsen	DM	64 800,–
+	Bauspardarlehensaufwand	DM	22 979,36

+ Bausparbeiträge	DM	12 720,–
+ Kontogebühren	DM	90,–
Gesamtaufwand 2	*DM*	*100 589,36*

Nach weiteren 9 Jahren erfolgt die zweite Teilabsplittung des Bausparvertrages. Aufgrund der Guthabenentwicklung ergibt sich ein DM 36 000er und ein DM 54 000er Bausparvertrag. Analog dazu reduziert sich das Bankvorausdarlehen auf DM 54 000,–. Der Rest wie gehabt.

Zahlungsströme der 3. Phase

Bankvorausdarlehen DM 54 000,–

vom	30.1.2011	bis 30.12.2017	84 Raten je	DM	360,–

2. Bauspardarlehen DM 22 170,–

am	1.1.2011	Auszahlung des Darlehens		DM	21 525,–
vom	30.1.2011	bis 30.9.2021	129 Raten je	DM	216,–
am	30.10.2021		1 Rate	DM	181,38

3. Bausparvertrag DM 54 000,–

vom	1.1.2010	bis 1.12.2010	12 Raten je	DM	120,–
vom	1.1.2011	bis 1.10.2015	58 Raten je	DM	324,–

Keine weitere Einzahlung bis zum 30.12.2017

Endguthaben nach 7 Jahren	DM	22 723,32

(Das entspricht einem »ehrlichen Effektivzins« von 2,42 %)

3. Bauspardarlehen DM 32 215,–

vom	30.1.2018	bis 30.4.2028	124 Raten je	DM	324,–
am	30.5.2028		1 Rate	DM	213,19

Gesamtaufwandsbetrachtung

Bankvorausdarlehenszinsen	DM	30 240,–
+ 2. Bauspardarlehen	DM	28 045,38
+ 3. Bauspardarlehen	DM	40 389,19
+ Bausparbeiträge	DM	20 232,–

+ Kontogebühren	DM	60,–
Gesamtaufwand 3	*DM*	*118 966, 57*

Da die Ansparzeit des Restbausparvertrages von DM 54 000,– knapp unter 7 Jahren liegt, wird er (hier angenommen) voraussichtlich erst nach ca. 2 Jahren Restzeit zugeteilt.

Restschuld am 30.5.2028	: DM 0,–
Gesamtlaufzeit der Finanzierung	: 36 Jahre und 5 Monate!

Summe der Gesamtaufwände 1–3	*: DM 327 655.93*

Kumulierter Zahlungsplan

vom	1. 1.1992 bis 30.12.2012	120 Raten je	DM	900,–
vom	1. 1.2011 bis 30.12.2011	12 Raten je	DM	1080,–
vom	1. 1.2012 bis 30. 8.2012	8 Raten je	DM	1072,42
vom	1. 9.2012 bis 30.10.2015	38 Rate je	DM	900,–
vom	1.11.2015 bis 30.12.2017	26 Raten je	DM	576,–
vom	1. 1.2018 bis 30.12.2020	36 Raten je	DM	540,–
vom	1. 1.2021 bis 30.10.2021	10 Raten je	DM	536,54
vom	1.11.2028 bis 30.4.2028	78 Raten je	DM	324,–
am	30. 5.2028	1 Rate	DM	213,19

Die Alternative

Wie würde das Gesamtaufwandsergebnis aussehen, wenn man keinen Bausparvertrag abschließen würde und ihn als Tilgungsersatz einsetzt, sondern tatsächlich analog zum oben aufgeführten Zahlungsplan tilgt? Also unter dem Aspekt der gleichen monatlichen Belastung!

Erster Aspekt ist, daß man nicht mehr DM 120 000,– Darlehen benötigt, sondern lediglich DM 118 800,–. Denn die beim Bausparen bezahlte Abschlußgebühr für den Bausparvertrag kann man nun als Eigenkapital einsetzen. Der Tilgungssatz wird so angepaßt, daß die monatliche Belastung gleich derjenigen im vorangegangenen Beispiel ist.

Das Resultat

Das Annuitätendarlehen hat einen Gesamtaufwand von DM 286 177,21 bei einer Laufzeit von 27,67 Jahren. Die Differenz zur Bauspar-/Bankvorausdarlehensalternative beträgt stolze DM 41 478,42.

Rechnet man nun noch die kalkulatorischen Zinsen für den entgangenen Zinsgewinn von DM 16 844,43 hinzu (angenommener Sparzins von 7 %), ergibt sich ein Mehraufwand für die Tilgungsaussetzung gegen eine Bausparvertrag von DM 58 323,15 für ein Darlehensvolumen von DM 120 000,–! Nicht schlecht, oder?

Ein Urteil zur Bausparkassen-Sofortfinanzierung

Bei dieser schwer durchschaubaren Konstruktion müssen die Bausparkassen, so das Oberlandsgericht Celle in zwei Urteilen (Aktenzeichen 3U53/86 und 3U298/88), besondere Auflagen erfüllen: Vertreter dürfen nur dann zu einer Sofortfinanzierung raten, wenn der Kunde sowohl kurz- wie auch langfristig die Raten aufbringen kann. Dabei müssen die Einkommensverhältnisse des Kunden stärker als ohnehin berücksichtigt werden. Die Bausparkasse muß zudem einen schriftlichen Finanzierungsplan erstellen, erklären, wie negativ sich Tilgungssteckungs- und Zinsstundungsdarlehen auswirken und auf Gefahren hinweisen, die sich nach Ablauf einer Zinsbindungsfrist ergeben. Das heißt: Mögliche Zinssteigerungen sind von vornherein einzukalkulieren.

Graphische Darstellung der Tilgungsaussetzung gegen einen Bausparvertrag

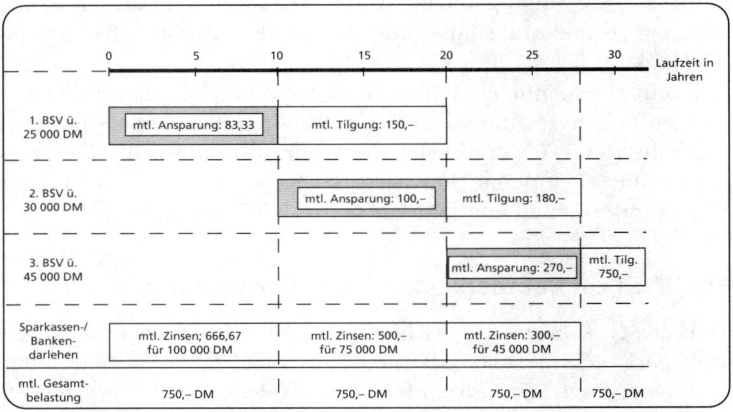

Meine persönliche Meinung:

Von der Logik her: Wenn man ein Darlehen mit einem Effektivzins von z.B. 8,25 % aufnimmt und annuitätisch tilgt, hat die Tilgung eine Rendite von 8,25 %. Ersetzt man diese Tilgung durch zum Beispiel einen Bausparvertrag, dessen Rendite bei unter 2,5 % liegt, kann das Konzept nicht aufgehen. Das gleiche gilt auch für die Tilgungsaussetzung gegen eine Kapitallebensversicherung in einer Hochzinsphase. Der Gesamtaufwand muß automatisch höher ausfallen, wenn der Darlehenseffektivzins höher ist als die Rendite der Tilgungsaussetzungsmöglichkeit.

Alle freuen sich: die Bank, die Bausparkasse, und einer freut sich besonders, nämlich der Abschlußvermittler. Der kassiert gleich doppelt Provision. Einmal für das Bankdarlehen und einmal für den Bausparvertrag (oder die Lebensversicherung). Nur der geleimte Verbraucher zahlt drauf, und zwar kräftig.

Anzumerken bleibt noch, daß in meinem Beispiel die obligatorische Risikolebensversicherung nicht miteinbezogen wurde, die weiterhin zu Lasten der Bauspar-/Bankvorausalternative gehen würde.

Die Eigenkapitalbildung

Wer sich sein Traumhäuschen realisieren will, kommt nicht umhin, sich mit dem Thema der Eigenkaptialbildung zu beschäftigen.

Sie können davon ausgehen, daß man für den Erwerb einer Immobilie zirka zwanzig Prozent Eigenkapital plus die anfallenden Erwerbs- und Finanzierungsnebenkosten nachweisen muß, um eine solide Finanzierung auf die Beine zu stellen. Eine sehr häufig angewandte und verbreitete Form der Eigenkapitalbildung ist das Bausparen. Dem potentiellen Kunden einer Bausparkasse wird mit einem Bausparvertrag offeriert, ein zinsgünstiges Bauspardarlehen nach der Zuteilung des Vertrages in Anspruch nehmen zu können. So weit, so gut, aber meist wird dabei nicht bedacht, daß ein Bausparvertrag erst einmal angespart werden muß. Ich meine damit die miserable Verzinsung eines Bausparvertrages. Könnte sich ein Bausparvertrag im Hinblick auf eine spätere Darlehensaufnahme lohnen, trotz der schlechten Verzinsung in der Ansparphase?

Um diese Frage zu klären, werde ich im folgenden einen Bausparvertrag im Hinblick auf die Ansparphase und die anschließende Bauspardarlehensphase untersuchen.

Die staatliche Bausparförderung

Vater Staat fördert die Bausparer in der Ansparphase auf dreierlei Art und Weise.

I. Durch sogenannte Arbeitnehmer-Sparzulagen nach den Bestimmungen des Fünften Vermögensbildungsgesetzes (5. VermBG); 10 % von maximal DM 936,– Beitrag pro Jahr.

II. Durch Wohnungsbauprämien gemäß dem Wohnungsbauprämiengesetz (WoPG).
III. Durch den alternativ zulässigen Sonderausgabenabzug von Bausparbeiträgen gemäß dem Paragr. 10 EStG und die damit eventuelle Steuerersparnis.

Das Ansparen eines Bausparvertrages mit Nutzung der Wohnungsbauprämie scheint besonders interessant, deshalb werde ich Ihnen die Kontenverläufe eines Bausparvertrages einmal mit und einmal ohne Wohnungsbauprämie aufzeigen.

Grundsätzliches zum Wohnungsbauprämiengesetz

Anspruch auf Wohnungsbauprämien haben nur diejenigen, die die Einkommensgrenzen nicht überschreiten. Maßgebend ist hierfür das zu versteuernde Einkommen des Bausparers im Jahr der Einzahlung des Bausparbeitrages. Diese Grenze beträgt von 1990 an:

I. DM 27 000,– bei Alleinstehenden (Ledigen, Geschiedenen, dauernd getrennt Lebenden sowie bei denen, die erst im Beitragszahlungsjahr geheiratet haben).
II. DM 54 000,– bei Verheirateten.

Das Abschlußdatum des Bausparvertrages spielt hier keine Rolle.

Höchstsparleistungen und Höchstprämien

Bei dem Antrag auf Wohnungsbauprämie können Bausparbeiträge nur in beschränkter Höhe geltend gemacht werden. Die maximal begünstigten Sparbeiträge belaufen sich pro Jahr auf

I. DM 800,– bei Alleinstehenden.
II. DM 1600,– bei Verheirateten.

Der Prämienprozentsatz beträgt zehn Prozent der Sparbeträge. Die höchste Wohnungsbauprämie beläuft sich also auf DM 80,– bei Alleinstehenden bzw. DM 160,– bei Verheirateten.

Geförderte Aufwendungen

Folgende Beiträge werden gefördert:

- die Sparbeiträge;
- die bezahlte Abschlußgebühr des Bausparvertrages;
- die dem Bausparkonto gutgeschriebenen Zinsen;
- Sonderzahlungen;
- vermögenswirksame Leistungen auf einen Bausparvertrag, auf die keine Arbeitnehmersparzulage gezahlt wird.

Wahlrecht zwischen Wohnungsbauprämie und Sonderausgabenabzug

Jeder Bausparer kann wählen, ob er lieber die Wohnungsbauprämie beantragt oder die Beiträge durch den Sonderausgabenabzug bei der Einkommensteuer geltend macht. Beides zusammen jedoch geht nicht. Sie müßten folglich ermitteln, ob Ihr zu versteuerndes Einkommen unter den Einkommensgrenzen liegt oder ob Sie im Rahmen der Sonderausgaben die Bausparbeiträge absetzen können. Die Entscheidung kann jedes Jahr neu getroffen werden.

Bindungsfrist und vertragsgemäße Verwendung

Die Bausparbeiträge unterliegen innerhalb der ersten sieben Jahre, für die eine Wohnungsbauprämie gezahlt wurde, einer Zweckbindung. Die Mittel dürfen ausschließlich zum Wohnungsbau verwendet werden. Danach hat die Bindungsfrist keine Bedeutung; wird der Bausparvertrag während der Frist gekündigt, müssen die gewährten Prämien zurückgezahlt werden. Für die Steuervorteile bei der Absetzung der Bausparbeiträge gilt eine Bindungsfrist von 10 Jahren. Hier müßten die Steuervorteile zurückerstattet werden.

Der Verlauf eines Bausparkontos ohne Wohnungsbauprämie

Zuerst werde ich den Kontoverlauf eines Bausparvertrags ohne Wohnungsbauprämie mit anschließendem Bauspardarlehen darstellen. Die Eckdaten der Ansparphase sind:

Bausparsumme	:	DM 100 000,–
Mindestsparguthaben	:	40 % = DM 40 000,–
Abschlußgebühr	:	1 %
Kontoführungsgebühr	:	DM 10,– pro Jahr
Guthabenzins	:	2,5 %
Monatliche Ansparrate	:	DM 435,–
Zinsanrechnungen	:	4 x pro Jahr

Es gibt auch die Möglichkeit, einen höheren Guthabenzins mit einem anderen Tarif zu wählen. Wenn jedoch ein späteres Bauspardarlehen anvisiert wird, ist es sinnvoll, die Niedrigzinsvariante in der Ansparphase zu wählen, um auch in der Darlehensphase niedrigere Zinsen zu erhalten.

Die Bedingungen zur Zuteilung eines Bausparvertrages sind im Kapitel »Bausparen contra Annuitätendarlehen« beschrieben.

Kontoverlauf des Bausparvertrages

am	1. 1.1990	Einzahlung der-Abschlußgebühr	DM	1000,00
am	1. 1.1990	Kontogebühr	DM	10,00
vom	1. 1.1990 bis 1.12.1990	12 Raten je	DM	435,00
am	30.12.1990	Guthaben von	DM	5313,57
am	1. 1.1991	Kontogebühr	DM	10,00
vom	1. 1.1991 bis 1.12.1991	12 Raten je	DM	435,00
am	30.12.1991	Guthaben von	DM	10 761,23

am	1. 1.1992	Kontogebühr	DM	10,00
vom	1. 1.1992 bis 1.12.1992	12 Raten je	DM	435,00
am	30.12.1992	Guthaben von	DM	16 346,36
am	1. 1.1993	Kontogebühr	DM	10,00
vom	1. 1.1993 bis 1.12.1993	12 Raten je	DM	435,00
am	30.12.1993	Guthaben von	DM	22 072,43
am	1. 1.1994 Kontogebühr		DM	10,00
vom	1. 1.1994 bis 1.12.1994	12 Raten je	DM	435,00
am	30.12.1994 Guthaben von		DM	27 943,00
am	1. 1.1995 Kontogebühr		DM	10,00
vom	1. 1.1995 bis 1.12.1995	12 Raten je	DM	435,00
am	30.12.1995 Guthaben von		DM	33 961,72
am	1. 1.1996 Kontogebühr		DM	10,00
vom	1. 1.1996 bis 1.12.1996	12 Raten je	DM	435,00
am	30.12.1996 Guthaben von		DM	40 132,32

Endergebnis der Ansparphase

Summe der Einzahlungen		DM	36 540,00
Summe der Zinsen		DM	3662,62
Summe der Gebühren	–	DM	1070,00
Endguthaben		DM	40 132,32
Effektiver Jahreszins			*1,84 %*

Nach der mühevollen Ansparphase mit der »Superrendite« gehe ich jetzt einmal davon aus, daß das Bauspardarlehen zugesagt wird. Um den Sachverhalt nicht nochmals zu verkomplizieren, habe ich hier von einer wahrscheinlichen Zwischenfinanzierung abgesehen. Welche Auswirkungen eine Zwischenfinanzierung hat, ist bereits beschrieben worden. Ich weise jedoch darauf hin, daß es durchaus üblich ist, einen solchen Bausparvertrag für bis zu zwei Jahren zwischenfinanzieren zu müssen, bis das Bauspardarlehen zugeteilt werden kann.

Konditionen des Bauspardarlehens

Bauspardarlehenshöhe netto	:	DM 59 867,68 (100 000,– minus 40 132,32)
Darlehensgebühr	:	2 %
Bauspardarlehenshöhe brutto	:	DM 61 068,28
Darlehenszins	:	4,5 %
Monatliche Z+T-Rate	:	6 ‰ der Bausparsumme (600,–)
Anfangstilgung	:	7,29 %
Erste Z+T-Rate	:	1.1.1997
Erste Z+T-Verrechnung	:	30.3.1997
Anzahl der Z+T-Verrechn.	:	4 x pro Jahr
Beitrag zur Risikoversich.	:	DM 15,– pro Monat

Auf den Zins- und Tilgungsplan verzichte ich in diesem Kapitel.

Zahlungsplan:

am	1.1.1997		Auszahlung des Darlehens	DM	59 867,68
vom	1.1.1997	bis 1.8.2007	128 Raten je	DM	600,00
vom	1.1.1997	bis 1.8.2007	128 Raten je	DM	15,00
am	1.9.2007		1 Rate	DM	566,16
am	30.9.2007		Restschuld	DM	0,00

Kalkulatorischer Gesamtaufwand und Liquiditätsabfluß

Laufzeit 10,75 Jahre

	Darlehenszinsen	DM 16 282,88
+	Tilgung	DM 61 068,28
+	RLV-Beiträge	DM 1935,00
=	*kalk. Gesamtaufwand*	DM 79 286,16
-	Darlehensauszahlung	DM 59 867,68
=	*Liquiditätsabfluß*	DM 19 418,48

Der Verlauf eines Bausparkontos mit Wohnungsbauprämie

Alternativ hierzu möchte ich nun den Verlauf eines Bausparvertrages berechnen, auf den die maximale Wohnungsbauprämie gewährt wird. Dazu benötige ich noch folgende ergänzende Angaben:

1. In der Ansparphase

Bausparer	:	verheiratet
zu verst. Einkommen	:	< DM 54 000,–
Max. prämierter Sparbetrag	:	DM 1600,– pro Jahr
Prämiensatz	:	10 % (DM 160,–)
Gebühr für den Antrag auf Wohnungsbauprämie	:	DM 3,– pro Antrag
Monatliche Ansparrate	:	DM 425,–

Es wird vorausgesetzt, daß das zu versteuernde Einkommen des Bausparers während der Ansparphase nicht über die Grenze von DM 54 000,– steigt und somit die Wohnungsbauprämie für die volle Ansparzeit gewährt werden kann.

Kontoverlauf des Bausparvertrages mit Wohnungsbauprämie (WoBauPr)

am	1. 1.1990	Einzahlung der Abschlußgebühr	DM	1000,00
am	1. 1.1990	Kontogebühr	DM	10,00
vom	1. 1.1990 bis 1.12.1990	12 Raten je	DM	425,00
am	30.12.1990	Guthaben von	DM	5191,19
am	1. 1.1991	Kontogebühr	DM	10,00
vom	1. 1.1991 bis 1.12.1991	12 Raten je	DM	425,00
am	30. 3.1991	Gutschrift WoBauPr-	DM	160,00
am	30. 3.1991	Gebühr für WoBauPr	DM	3,00
am	30.12.1991	Guthaben von	DM	10 674,34

am	1. 1.1992	Kontogebühr	DM	10,00
vom	1. 1.1992 bis 1.12.1992	12 Raten je	DM	425,00
am	30. 3.1992	Gutschrift WoBauPr	DM	160,00
am	30. 3.1992	Gebühr für WoBauPr	DM	3,00
am	30.12.1992	Guthaben von	DM	16 295,86
am	1. 1.1993	Kontogebühr	DM	10,00
vom	1. 1.1993 bis 1.12.1993	12 Raten je	DM	425,00
am	30. 3.1993	Gutschrift WoBauPr	DM	160,00
am	30. 3.1993	Gebühr für WoBauPr	DM	3,00
am	30.12.1993	Guthaben von	DM	22 059,24
am	1. 1.1994	Kontogebühr	DM	10,00
vom	1. 1.1994 bis 1.12.1994	12 Raten je	DM	425,00
am	30. 3.1994	Gutschrift WoBauPr	DM	160,00
am	30. 3.1994	Gebühr für WoBauPr	DM	3,00
am	30.12.1994	Guthaben von	DM	27 968,06
am	1. 1.1995	Kontogebühr	DM	10,00
vom	1. 1.1995 bis 1.12.1995	12 Raten je	DM	425,00
am	30. 3.1995	Gutschrift WoBauPr	DM	160,00
am	30. 3.1995	Gebühr für WoBauPr	DM	3,00
am	30.12.1995	Guthaben von	DM	34 025,99
am	1. 1.1996	Kontogebühr	DM	10,00
vom	1. 1.1996 bis 1.12.1996	12 Raten je	DM	425,00
am	30. 3.1996	Gutschrift WoBauPr	DM	160,00
am	30. 3.1996	Gebühr für WoBauPr	DM	3,00
am	30.12.1996	Guthaben von	DM	40 236,80
am	1. 1.1997	**Guthaben von*	DM	40 392,82

* Die am 30.3.1997 gutgeschriebene Wohnungsbauprämie abzüglich Gebühr des Antrages auf Wohnungsbauprämie von (DM 160,– minus DM 3,– = DM 157,–) wurde für drei Monate mit 2,5 % abgezinst.

Endergebnis der Ansparphase

Summe der Einzahlungen		DM	35 700,00
Summe der Zinsen		DM	3572,82
Summe der Prämien		DM	1120,00
Summe der Gebühren	–	DM	1091,00
Endguthaben		DM	40 392,82
Effektiver Jahreszins			2,63 %

2. Änderungen in der Darlehensphase

Aufgrund des etwas erhöhten Endguthabens des Bausparvertrags erhöht sich der Anfangstilgungssatz auf 7,342 %, und das zugeteilte Bauspardarlehen reduziert sich auf DM 59 607,18 netto bzw. DM 60 802,56 brutto (2 %iger Aufschlag durch die Darlehensgebühr).

Zahlungsplan

am	1.1.1997	Auszahlung des Darlehens		DM	59 607,18
vom	1.1.1997	bis 1.8.2007	128 Raten je	DM	600,00
vom	1.1.1997	bis 1.8.2007	128 Raten je	DM	15,00
am	1.9.2007		1 Rate	DM	135,03
am	30.9.2007		Restschuld	DM	0,00

Kalkulatorischer Gesamtaufwand und Liquiditätsabfluß

Laufzeit 10,75 Jahre

	Darlehenszinsen	DM	16 118,24
+	Tilgung	DM	60 802,56
+	RLV-Beiträge	DM	1 935,00
=	*kalk. Gesamtaufwand*	DM	78 855,80
-	Darlehensauszahlung	DM	60 802,56
=	*Liquiditätsabfluß*	*DM*	*18 053,24*

Wenn Sie nun die Resultate der Bausparverträge in der Ansparphase sowie in der Darlehensphase mit bzw. ohne Wohnungsbauprämie vergleichen, werden Sie feststellen, daß die Verträge kaum einen Unterschied aufzeigen. Der Vertrag mit der Wohnungsbauprämie ist nur geringfügig günstiger. Das gleiche gilt für die Förderung gemäß dem 5. Vermögensbildungsgesetz (Arbeitnehmer-Sparzulage).

Ab 1994 wurde neu eingeführt, daß die beantragte und festgesetzte Arbeitnehmer-Sparzulage – wie bei der Wohnungsbauprämie – erst beim Ablauf der Sperrfrist von z. Z. 7 Jahren ausgezahlt wird.

Meine persönliche Meinung:

Wenn Sie schon einen Bausparvertrag abschließen möchten, dann nur im Rahmen der Höchstsparbeiträge, die gefördert werden. Also bei Ledigen max. DM 800,– und bei Verheirateten max. DM 1600,– pro Jahr, sofern Sie bezogen auf Ihre Einkommensverhältnisse förderungswürdig sind. Die Bausparsumme sollte so gewählt sein, daß nach der Bindungsfrist von sieben Jahren das Mindestguthaben erreicht worden ist. Ein solcher Bausparvertrag würde jedoch im Rahmen einer Gesamtfinanzierung eine bedeutungslose Rolle spielen.

Die alternative Eigenkapitalbildung

Natürlich gibt es alternative Möglichkeiten des Geldsparens, wie z.B. Bundesschatzbriefe, Geldmarkt- bzw. geldmarktnahe Investmentfonds, Festgelder, usw. (näheres im Kapitel »Der Geldanlageberater«). Die Renditen, die dabei zu realisieren sind, liegen deutlich über der effektiven Jahresverzinsung der Bausparguthaben. Somit stünde nach der Ansparzeit mehr Kapital zur Verfügung, und weniger Darlehensbedarf wäre gegeben. Die Frage ist nur: Welche Alternative ist bei einer ganzheitlichen Betrachtung die bessere?

1. Bausparen – Zwischenfinanzierung – Bauspardarlehen

oder 2. Alternatives Ansparen – Annuitätendarlehen

Noch etwas hat Bedeutung für meine Betrachtungen zu dieser Frage: Inwieweit spielt der Marktzins (der durchschnittliche Hypothekenzins wie der durchschnittliche Anlagezins) eine Rolle?

Hierzu ein Beispiel:

Zeitpunkt des Baues/Kaufes in 5 Jahren

Das Bausparen

A. Angaben zum Bausparvertrag

Bausparsumme	DM 100 000,–
Abschlußgebühr:	1 % = DM 1000,–
Notwendiges Guthaben:	50 % = 50 000,–

B. Ansparphase

Monatliche Rate:	DM 800,–
Guthabenzins:	2,5 % p.a.
Verzinsung:	4 x p.a.
Kontoführungsgebühr:	DM 12,– p.a.
Gesamtaufwand in der Ansparphase:	DM 49 000,–
Bausparguthaben nach 5 Jahren:	DM 51 108,14

C. Zwischenfinanzierungsphase

Der Bausparvertrag hat noch nicht die nötige Zielbewertungszahl erreicht und muß voraussichtlich für 2,5 Jahre zwischenfinanziert werden.

Zinssatz des ZwiFi – Darlehen: 0,5 % über dem Marktzins für Grundschulddarlehen.

D. Bauspardarlehensphase

Darlehenszinssatz:	4,5 %
Darlehensgebühr:	3 %
Bruttodarlehen inkl. Agio:	DM 50 358,62
Zins- und Tilgungsbelastung:	6 ‰ = DM 600,– pro Monat

Anfangstilgungssatz:	9,8 %
Laufzeit des Bauspardarlehens:	8,41 Jahre

Das Alternativsparen

A. Ansparphase

Einmalanlage:	DM 1000,– (anstatt der Bauspargebühr)
Monatliche Rate: pro Monat	DM 800,–
Anlagezinssatz:	1,0 % unter dem Marktzins für Grundschuld-darlehen
Gesamtaufwand in der Ansparphase:	DM 49 000,–

B. Annuitätendarlehensphase

Zins- und Tilgungsbelastung:	entspricht der Zins- und Tilgungsbelastung der Bausparalternative in der ZwiFi- sowie der Bauspardarlehenszeit.
Zinshöhe:	Marktzins

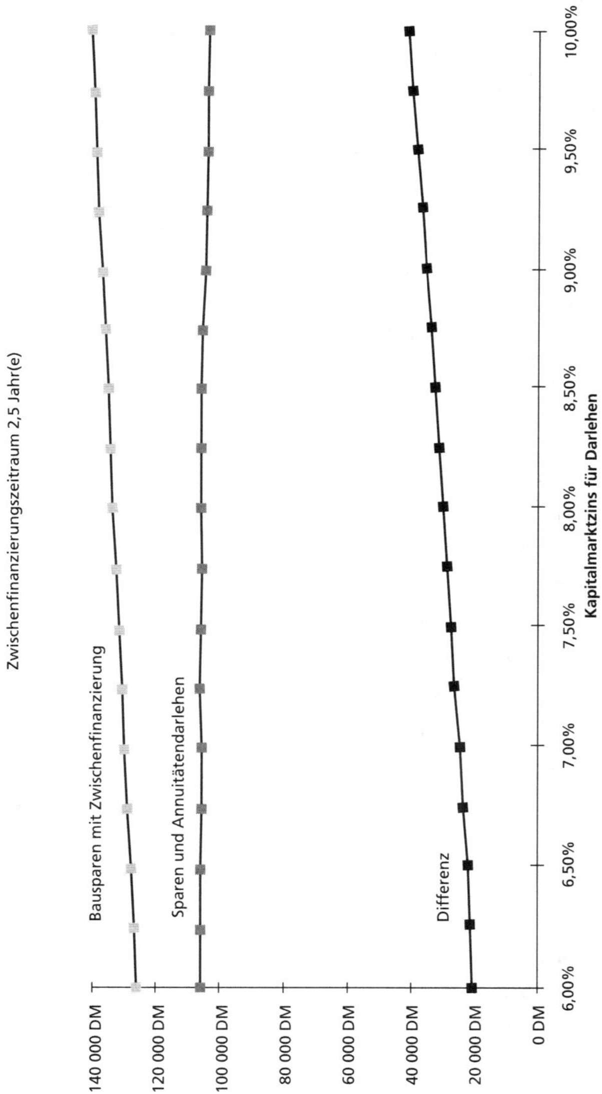
Zwischenfinanzierungszeitraum 2,5 Jahr(e)
Bausparen mit Zwischenfinanzierung
Sparen und Annuitätendarlehen
Differenz
140 000 DM
120 000 DM
100 000 DM
80 000 DM
60 000 DM
40 000 DM
20 000 DM
0 DM
6,00%
6,50%
7,00%
7,50%
8,00%
8,50%
9,00%
9,50%
10,00%
Kapitalmarktzins für Darlehen

Bausparen

verglichen mit alternativem Ansparen und normalem Annuitätendarlehen bei gleicher monatlicher Belastung

	Bausparen			Ansparen	
	Zwischenfinanzierung				
Kapitalmarktzinssatz	monatl. Belastung	Aufwand für Zwifi-Darlehen	Gesamtaufwand	Sparzins pro Periode	Endkapital
6,00 %	542 DM	16 250 DM	125 982 DM	5,00 %	55 759 DM
6,25 %	563 DM	16 875 DM	126 607 DM	5,25 %	56 119 DM
6,50 %	583 DM	17 500 DM	127 232 DM	5,50 %	56 482 DM
6,75 %	604 DM	18 125 DM	127 857 DM	5,75 %	56 846 DM
7,00 %	625 DM	18 750 DM	128 482 DM	6,00 %	57 213 DM
7,25 %	646 DM	19 375 DM	129 107 DM	6,25 %	57 582 DM
7,50 %	667 DM	20 000 DM	129 732 DM	6,50 %	57 953 DM
7,75 %	688 DM	20 625 DM	130 357 DM	6,75 %	58 327 DM
8,00 %	708 DM	21 250 DM	130 982 DM	7,00 %	58 703 DM
8,25 %	729 DM	21 875 DM	131 607 DM	7,25 %	59 081 DM
8,50 %	750 DM	22 500 DM	132 232 DM	7,50 %	59 461 DM
8,75 %	771 DM	23 125 DM	132 857 DM	7,75 %	59 844 DM
9,00 %	792 DM	23 750 DM	133 482 DM	8,00 %	60 229 DM
9,25 %	813 DM	24 375 DM	134 107 DM	8,25 %	60 617 DM
9,50 %	833 DM	25 000 DM	134 732 DM	8,50 %	61 006 DM
9,75 %	854 DM	25 625 DM	135 357 DM	8,75 %	61 398 DM
10,00 %	875 DM	26 250 DM	135 982 DM	9,00 %	61 793 DM

Berechnet mit der Software »Baufinanzierung mit Excel«

Annuitätendarlehen 1			Annuitätendarlehen 2				
Darlehensbetrag	Anfangstilgungssatz	theor. Darlehens-Laufzeit (Monate)	Restschuld nach Darlehen 1	Anfangstilgungssatz	Laufzeit in Jahren	Gesamtaufwand	Differenz
44 241 DM	8,69 %	105,24	34 190 DM	15,06 %	5,60	105 594 DM	20 388 DM
43 881 DM	9,13 %	100,37	33 388 DM	15,31 %	5,49	105 404 DM	21 203 DM
43 518 DM	9,59 %	95,83	32 576 DM	15,60 %	5,37	105 182 DM	22 050 DM
43 154 DM	10,05 %	91,60	31 756 DM	15,92 %	5,25	104 928 DM	22 929 DM
42 787 DM	10,53 %	87,64	30 927 DM	16,28 %	5,12	104 643 DM	23 839 DM
42 418 DM	11,02 %	83,93	30 088 DM	16,68 %	4,99	104 327 DM	24 780 DM
42 047 DM	11,53 %	80,44	29 240 DM	17,12 %	4,86	103 981 DM	25 751 DM
41 673 DM	12,05 %	77,16	28 383 DM	17,62 %	4,72	103 605 DM	26 751 DM
41 297 DM	12,58 %	74,07	27 517 DM	18,17 %	4,58	103 201 DM	27 780 DM
40 919 DM	13,13 %	71,14	26 641 DM	18,78 %	4,43	102 770 DM	28 836 DM
40 539 DM	13,70 %	68,38	25 755 DM	19,46 %	4,28	102 313 DM	29 918 DM
40 156 DM	14,29 %	65,77	24 860 DM	20,21 %	4,13	101 832 DM	31 025 DM
39 771 DM	14,89 %	63,28	23 955 DM	21,06 %	3,97	101 327 DM	32 155 DM
39 383 DM	15,51 %	60,92	23 041 DM	22,00 %	3,81	100 800 DM	33 306 DM
38 994 DM	16,15 %	58,68	22 116 DM	23,06 %	3,65	100 254 DM	34 478 DM
38 602 DM	16,80 %	56,55	21 181 DM	24,24 %	3,48	99 689 DM	35 668 DM
38 207 DM	17,48 %	54,51	20 236 DM	25,58 %	3,31	99 107 DM	36 875 DM

Anhand der vorangegangenen Tabelle erkennt man, daß z.B. bei einem durchschnittlichen Marktzins für Hypotheken von 8 % die Bausparalternative um sage und schreibe DM 27 780,– kalkulatorisch schlechter ist. Erschreckend dürfte auch hier die Erfahrung sein, daß die Bausparalternative immer die kalkulatorisch schlechtere Variante darstellt. Wiederum spiegelt das Ergebnis wider, daß je höher der Marktzins ist, das Bausparen um so schlechter abschneidet.

Neben den finanzmathematischen Aspekten kommen noch Argumente wie die Beleihungsgrenze einer Immobilie hinzu. Die Bausparkassen selbst finanzieren maximal bis zu 80 % der Herstellungs- und Anschaffungskosten einer Immobilie. Sollten jedoch aufgrund der geringen Eigenkapitalverzinsung des Bausparguthabens nur 10-15 % Eigenkapital zur Verfügung stehen, käme selbst ein zugeteilter Bausparvertrag nicht zum Zuge. Und wenn ein Bankhaus die Nachfinanzierung übernehmen sollte, ist dies sicherlich nur mit erhöhten Zinssätzen realisierbar (Avalzinsen, Bürgschaftsgebühren), oder das Kredithaus ist grundsätzlich schon relativ teuer.

Meine persönliche Meinung:

Letztlich bleibt festzuhalten, daß das Bausparsystem in der bestehenden Form eigentlich keine Zukunft hat. Leider, so meine letzten Erkenntnisse, hat sich die Bauspar-Lobby in Bonn wieder einmal durchgesetzt und die Arbeitnehmer-Sparzulage für das Bausparen im Rahmen des 5. Vermögensbildungsgesetzes gerettet. Wer die letzten Seiten studiert hat, wird keinen neuen Bausparvertrag abschließen oder an seinem bestehenden Vertrag festhalten, sondern eine rentablere Möglichkeit wählen.

Lohnt sich ein Disagio?

Allgemeines

Ein Disagio, auch Damnum genannt, ist der Auszahlungsverlust zwischen der vereinbarten Darlehenssumme und dem tatsächlichen Auszahlungsbetrag. Das Disagio soll den Sinn haben, die monatliche Belastung des Darlehensnehmers zu senken und gleichzeitig Steuern zu sparen (gemäß Paragraph 10e Absatz 6 EStG – Sonderausgabenabzug während der Bau- und Anschaffungsphase). Dies ist im Kapitel »Immobilien und das Finanzamt« beschrieben.

Wenn das keine grandiose Idee ist!

Da sich das Annuitätendarlehen als fast ideales Finanzierungsinstrument für eine rein eigengenutzte Immoblie herauskristallisiert hat, sofern man den richtigen Geldgeber gewählt hat, werde ich anhand des Annuitätendarlehens dieser sehr wichtigen Frage nachgehen. Die Frage ist deshalb so wichtig, weil Sie mit ziemlicher Sicherheit hier falsche »Tips« angedient bekommen. Nach meiner praktischen Erfahrung kann ich nur feststellen, daß vor allem Steuerberater und die sogenannten Fachberater der Kreditinstitute Ihnen den Vorschlag machen, eine Disagiovariante zu wählen. Ihre Aussage lautet: Je höher Ihr persönlicher Steuersatz ist, um so mehr lohnt sich ein Disagio!?

Ein Tip mit Folgen! Sicherlich wird bei diesem »Tip« sehr kurzfristig gerechnet, denn über den Verlauf des Darlehens und die Konsequenzen bezogen auf die Gesamtlaufzeit des Darlehens, insbesondere über den Zeitraum nach der Zinsfestschreibungszeit, wird meist nicht nachgedacht. Für meine Beispielrechnungen entnehme ich die Konditionen aus dem Konditionstableau der Tabelle von S. 209.

1. Variante: 7,56 % Zins / 100 % Auszahlung / 1 % Anfangstilgung / 5 Jahre Zinsfestschreibung.
2. Variante: 5,09 % Zins / 90 % Auszahlung / 1 % Anfangstilgung / 5 Jahre Zinsfestschreibung.

Wie Sie dem Tableau entnehmen können, haben beide Darlehenskonditionen den gleichen anfänglich effektiven Jahreszins gemäß der Preisangabenverordnung von 7,83 %. Das bedeutet, daß »Vater Staat« sagt: Beide Konditionen sind effektiv gleich teuer. Genau dies werde ich nun einmal genauer unter die Lupe nehmen.

Hierbei gehe ich wieder davon aus, daß der Darlehensnehmer einen Darlehensbetrag in Höhe von DM 295 000,– benötigt. Die obligatorische Risikolebensversicherung berücksichtige ich in diesem Vergleich nicht, da die Kosten für beide Varianten praktisch identisch wären. Bei der Steuerberechnung gehe ich von einem zu versteuernden Einkommen von DM 150 000,–, 9 % Kirchensteuer und der Splittingtabelle aus.

Variante 1

Darlehenshöhe netto	: DM 295 000,–
Darlehenshöhe brutto	: DM 295 000,–
Normalzinssatz	: 7,56 %
Auszahlungskurs	: 100 %
Anfangstilgungssatz	: 1 %
Zinsfestschreibung	: 5 Jahre
Erste Z + T - Zahlung	: 30.1.1990
Z + T - Verrechnung	: 30.1.1990
Anzahl der Z + T - Verrechn.	: 12 x pro Jahr
Anf. eff. Jahreszins (PAngV)	: 7,83 %
Monatliche Belastung	*: DM 2104,33*

Darlehensverlauf nach Steuern

Jahr	Jährl. Belastung	Restschuld	Steuer-ersparnis	Liquidität
1990	25 252,–	291 945,61	0,–	– 25 252,–
1991	25 252,–	288 652, –	0,–	– 25 252,–
1992	25 252,–	285 100,85	0,–	– 25 252,–
1993	25 252,–	281 271,60	0,–	– 25 252,–
1994	25 252,–	277 142,61	0,–	– 25 252,–
1995	25 252,–	272 690,42	0,–	– 25 252,–
.	.	.	.	.
.	.	.	.	.
.	.	.	.	.
2017	25 252,–	12 113,72	0,–	– 25 252,–
2018	12 378,35–	0,–	0,–	– 12 378,35
Summen:	*719 434,33*	*0,–*	*0,–*	*– 719 434,33*

Zahlungsplan

am	30.12.1989	Auszahlung des Darlehens		DM	295 000,–
vom	30.1.1990	bis 30.12.1994	60 Raten je	DM	2104,33
vom	30.1.1995	bis 30.05.2018	281 Raten je	DM	2104,33
am	30.6.2018		1 Rate	DM	1775,64

Kalkulatorischer Gesamtaufwand und Liquiditätsabfluß

	Darlehenszinsen	DM	424 434,33
+	Tilgung	DM	295 000,–
–	Steuerergebnis	DM	0,–
=	*kalk. Gesamtaufwand*	*DM*	*719 434,33*
–	Darlehensauszahlung	DM	295 000,–
=	*Liquiditätsabfluß*	*DM*	*424 434,33*

Variante 2

Darlehenshöhe netto	: DM 295 000,–
Darlehenshöhe brutto	: DM 327 777,78
Nominalzinssatz	: 5,09 %
Auszahlungskurs	: 90 %
Anfangstilgung	: 1 %
Zinsfestschreibung	: 5 Jahre
Erste Z + T - Zahlung	: 30.1.1990
Z + T - Verrechnung	: 30.1.1990
Anzahl der Z + T - Verrechn.	: 12 x pro Jahr
Anf. eff. Jahreszins (PAngV)	: 7,83 %
Monatliche Belastung	*: DM 1663,47*

Darlehensverlauf nach Steuern

Jahr	Jährl. Belastung	Restschuld	Steuerersparnis	Liquidität
1990	19 961,67	324 422,44	13 134,50	– 6 827,17
1991	19 961,67	320 892,28	0,–	– 19 961,67
1992	19 961,67	317 178,18	0,–	– 19 961,67
1993	19 961,67	313 270,55	0,–	– 19 961,67
1994	19 961,67	309 159,33	0,–	– 19 961,67

Da ein Disagio nur vor dem Bezug der eigengenutzten Immobilie steuerlich abzugsfähig ist, muß bei der Darlehensprolongation der Zinssatz bei einem Auszahlungskurs zu 100 % gewählt werden. (Zins 7,56 %/Auszahlung 100 %/Tilgung 1,552 %/Anf. eff. JZ 7,83 %)

1995	28 170,60	304 191,38	0,–	– 28 170,–
1996	28 170,60	298 834,56	0,–	– 28 170,–
.	.	.	.	.
.	.	.	.	.
.	.	.	.	.
2017	28 170,60	13 428,28	0,–	– 28 170,–
2018	13 720,22	0,–	0,–	– 13 720,22
Summen:	*761 452,30*	*0,–*	*13 134,50*	*– 748 317,80*

Zahlungsplan

am	30.12.1989	Auszahlung des Darlehens	DM	295 000,–
vom	30.01.1990 bis 30.12.1994	60 Raten je	DM	1663,47
vom	30.01.1995 bis 30.05.2018	281 Raten je	DM	2347,55
am	30.06.2018	1 Rate	DM	1983,17

Kalkulatorischer Gesamtaufwand und Liquiditätsabfluß

	Darlehenszinsen	DM	433 674,52
+	Tilgung	DM	327 777,78
-	Steuerersparnis	DM	13 134,50
=	*kalk. Gesamtaufwand*	*DM*	*748 317,80*
-	Darlehensauszahlung	DM	295 000,–
=	*Liquiditätsabfluß*	*DM*	*453 317,80*

Wenn Sie die Zahlenreihe der Variante 1 mit den Zahlenreihen der Variante 2 vergleichen, werden die Konsequenzen erkennbar:

1. Die Restschuld nach der Zinsfestschreibungszeit ist bei der Variante 2 deutlich höher. Sogar höher als der tatsächliche Auszahlungsbetrag. Spätenstens hier dürfte der Nachteil offensichtlich sein. Denn wenn so verfahren würde, bedeutete dies einen kontinuierlichen Aufbau Ihrer Schulden. Das Motto des Kreditinstituts wäre hier: »Wir verlängern Ihr Darlehen fürs Leben gern!«
2. Durch die notwendige Wahl einer 100 %-Auszahlung nach der Zinsfestschreibungszeit erhöht sich die monatliche Belastung enorm. Weiterhin entfällt die Steuerersparnis gemäß dem Paragraphen 10e EStG nach 8 Jahren, was wiederum die monatliche Belastung deutlich erhöht. Beides könnte den Darlehensnehmer in Zahlungsschwierigkeiten bringen, wenn die anfänglichen monatlichen Raten an das Limit der Belastbarkeit grenzten. Im Klartext, wer sich sein Wunschhäuschen nur aufgrund der anfänglich niedrigen Monatsbelastung bei der Disagiovariante leisten kann, könnte hier sehr schnell eine Bauchlandung erfahren.

3. Eindeutig ist, daß sich der Gesamtaufwand des Darlehens trotz der Steuerersparnis durch das Disagio erhöht. Bei der richtigen Wahl der Variante hätten Sie immerhin DM 28 883,47 gespart. Hier sei nochmals der anfänglich effektive Jahreszins gemäß der Preisangabenverordnung erwähnt. Dieses Instrumentarium soll dem Verbraucher ermöglichen, Darlehen effektiv zu vergleichen. Dabei kann man, wie hier bewiesen, noch nicht einmal die Konditionen eines Kreditinstitutes intern nach diesem Kriterium vergleichen. Ganz zu schweigen von der Möglichkeit, die Angebote verschiedener Kreditinstitute gegeneinander abzuwägen. Wichtige Kostenfaktoren wie z.B. Bereitstellungszinsen, Teilauszahlungszuschläge und Wertermittlungsgebühren sind nicht in der Effektivzinsberechnung enthalten. Hier bieten sich natürlich für die Kreditinstitute mannigfaltige Möglichkeiten, die Kosten entsprechend umzulenken, um somit einen niedrigen Effektivzins zu »produzieren«.

Wie könnte sich ein Disagio doch lohnen?

Eine Möglichkeit, Steuern zu sparen, ist immer ein Thema, das gerade die gutverdienenden Deutschen interessiert. Es ist ja bekannt, daß Deutsche gerne viel Geld ausgeben, nur um ein bißchen Steuern zu sparen. »Steuern sparen, koste es, was es wolle.« Viele haben sich auf das Abenteuer Bauherren- und Erwerbermodelle eingelassen und damit Schiffbruch erlitten. Dies könnte auch beim Einsetzen eines Disagios geschehen. Wenn man jedoch das Instrument Disagio richtig einsetzt, kann es sich sogar lohnen.

Aber gewußt wie!

Man darf hierbei nicht auf die geringe monatliche Belastung schauen. Die Folgen sind vorangehend beschrieben. Es müßte vereinbart werden, daß der Anfangstilgungssatz so erhöht wird, daß man die gleiche monatliche Belastung hätte wie bei der Variante 1 mit der 100%-Auszahlung (DM 2104,33). Die Kondition würde dann wie folgt aussehen:

Variante 3

Darlehenshöhe netto	: DM 295 000,–
Darlehenshöhe brutto	: DM 327 777,78
Nominalzinssatz	: 4,97 %
Auszahlungskurs	: 90 %
Anfangstilgungssatz	: 2,735 %
Zinsfestschreibung	: 5 Jahre
Erste Z + T– Zahlung	: 30.1.1990
Z + T – Verrechnung	: 30.1.1990
Anzahl der Z + T – Verrechn.	: 12 x pro Jahr
Anf. eff. Jahreszins (PAngV)	: 7,83 %
Monatliche Belastung	*: DM 2104,33*

Bei der Darlehensprolongation wird hier wie gehabt die Kondition zur 100%-Auszahlung gewählt.

Die Restschuld nach der Zinsfestschreibung ist fast identisch mit der Restschuld in der Variante 1 und somit auch die monatliche Belastung nach der Prolongation.

Darlehensverlauf nach Steuern

Jahr	Jährl. Belastung	Restschuld	Steuer-ersparnis	Liquidität
1990	25 252,–	318 605,96	13 134,50	– 12 117,50
1991	25 252,–	308 967,77	0,–	– 25 252,00
1992	25 252,–	298 839,50	0,–	– 25 252,00
1993	25 252,–	288 196,23	0,–	– 25 252,00
1994	25 252,–	277 011,77	0,–	– 25 252,00
1995	25 241,28	.	0,–	– 25 241,28
1996	25 241,28	.	0,–	– 25 241,28
.	.	.	.	.
.	.	.	.	.
.	.	.	.	.
2018	.	.	.	.
Summen:	*723 552,38*	*0,–*	*13 134,50*	*– 705 987,15*

Zahlungsplan

am	30.12.1989	Auszahlung des Darlehens	DM	295 000,–	
vom	30.01.1990 bis 30.12.1994	60 Raten je	DM		2104,33
vom	30.01.1995 bis 30.05.2018	281 Raten je	DM		2103,44
am	30.06.2018	1 Rate	DM		1778,41

Kalkulatorischer Gesamtaufwand und Liquiditätsabfluß

Darlehenszinsen	DM	391 343,88
+ Tilgung	DM	327 777,78
– Steuerersparnis	DM	13 134,50
= *kalk. Gesamtaufwand*	*DM*	*705 987,15*
– Darlehensauszahlung	DM	295 000,00
= *Liquiditätsabfluß*	*DM*	*410 987,15*

Der Gesamtaufwand des Darlehens reduziert sich aufgrund des anfänglich erhöhten Tilgungssatzes auf DM 705 987,15. Weiterhin haben Sie nach dem Steuerbescheid einen zusätzlichen Betrag zur Verfügung, den Sie natürlich anlegen können, um damit nach der Zinsfestschreibungszeit die Restschuld nochmals zu verringern. Hierdurch würde sich der Gesamtaufwand nochmals erheblich vermindern (siehe Variante 4).

Problematisch könnte ein Disagio werden, wenn man aufgrund des erhöhten Bruttodarlehens die Beleihungsgrenzen des Objekts überschreitet. Wenn daraus eine Erhöhung des Zinssatzes folgen würde, lohnt sich in der Regel das Disagio auch unter meinen Aspekten nicht mehr unbedingt.

Sie sehen also, daß Sie bei richtigem Einsatz eines Disagio durchaus viel Geld sparen können.

Die Darlehensvarianten möchte ich nochmals mit ihren Eckdaten nebeneinander darstellen.

Eckdaten der Varianten mit Variante 4

	Variante			
	1	2	3	4
Darlehensbeginn	**Normal**	**Falsch**	**Gut**	**Richtig**
Darlehen netto	295 000,–	295 000,–	295 000,–	295 000,–
Darlehen brutto	295 000,–	327 777,78	327 777,78	327 777,78
Nominalzinssatz	7,56%	5,09%	4,97%	4,97%
Anfangstilgung	1,00%	1,00%	2,735%	2,735%
Auszahlungskurs	100%	90%	90%	90%
Disagio	0,–	32 777,78	32 777,78	32 777,78
Monatliche Rate	2104,33	1663,47	2104,33	2104,33
Anf. eff. JZ (PAng V)	7,83%	7,83%	7,83%	7,83%
Restschuld nach der Zinsfestschreibung	277 142,61	309 159,33	277 011,77	260 428,77[1]
Darlehensprolongation				
Zins bei 100%-Auszahlung:	7,56%	7,56%	7,56%	7,56%
Tilgungssatz	1,552%	1,552%	1,552%	2,132%[2]
Monatliche Rate	2104,33	2347,55	2103,44	2103,44
Gesamtbetrachtung				
Gesamtlaufzeit	28,5 Jahre	28,5 Jahre	28,5 Jahre	25,17 Jahre
Darlehenszinsen	424 434,33	433 674,52	391 343,88	322 225,83
Tilgung	295 000,–	327 777,78	327 777,7	327 777,78
Steuerersparnis	0,–	13 143,50	13 134,50	–
Kalk. Gesamtaufwand	*719 434,33*	*748 317,80*	*705 987,15*	*650 003,61*
Darlehensauszahlung	295 000,–	295 000,–	295 000,–	295 000,–
Liquiditätsabfluß	424 434,33	453 317,80	410 987,15	355 003,61

1 Die Steuererspranis wird 4 Jahre lang zu z.B. 6% Zins angelegt und nach der Zinsbindung als Sondertilgung eingesetzt.
2 Durch die niedrige Restschuld bei gleicher monatlicher Belastung erhöht sich der Tilgungssatz und die Darlehenslaufzeit reduziert sich entsprechend.

Darstellung einer Falschfinanzierung durch den Einsatz eines Disagios

Beispiel:

Eine Familie mit 2 Kindern möchte über einen Bauträger ein Einfamilienhaus erwerben. Unter Berücksichtigung des Eigenkapitals und sämtlicher Nebenkosten ergibt sich ein Finanzierungsbedarf von **DM 350 000,–**.

Weiter Eckdaten:

		I. Ohne Disagio	*II. Mit Disagio*
1. Konditionen einer Bank:	Nominalzins	: 7,25	4,798 %
	Auszahlung	: 100 %	90 %
	Anfangstilgung	: 1 %	1 %
	Anfänglicher Effektivzins	: 7,50 %	7,50 %
	Zinsfestschreibung	: 5 Jahre	5 Jahre
	Prolongationsnominalzinssatz	: 9,25 %	
	Aufgelaufener Tilgungssatz	: 1,346 %	
	Zinsfestschreibung	: bis zur Darlehenstilgung	
2. Familiendaten:	Nettoeinkommen	: DM 3800,–	
	Alter des Ernährers	: 45 Jahre	
	Kinder / Alter	: 2 / 10 + 14 Jahre	
	Zu versteuerndes Einkommen	: DM 50 000,–	
3.Allgemeines:	Reallohnsteigerung	: 2 % pro Jahr	
	Limit zur Lebenshaltung	: DM 2200,– pro Monat	
	Erhöhung des Limits zur Lebenshaltung	:1,5 % pro Jahr	
	Altersrente bezogen auf das Einkommen	:60 %	

Der Bauträger will natürlich seine Immobilien verkaufen und versucht, die Finanzierung gleich mit zu verkaufen. Hier ist größte Vorsicht geboten, denn eine Interessenkollision kann gegeben sein. Folgende stark vereinfachte Berechnung zeigt warum:

1. Richtige Rechnung (ohne Disagio):

	Monatliches Familiennettoeinkommen:	DM	3800,–
–	Belastung aus Zins + Tilgung (aus I.):	DM	2406,–
	Verbleiben zum Leben:	DM	1394,–

Die Immobilie ist also für eine Familie mit 2 Kindern nicht finanzierbar (das Limit zur Lebenshaltung ist DM 2200,– pro Monat) !

Der Verkäufer weiß dies und wendet folgenden *Trick* an (denn sonst verdient er ja nichts):

2. Falsche Rechnung (mit Disagio):

	Monatliches Familiennettoeinkommen:	DM	3800,–
–	Belastung aus Zins + Tilgung (aus II.):	DM	1879,–
+	Steuerersparnis (aus § 10e, Baukindergeld):	DM	585,–
	Verbleiben zum Leben:	DM	2506,–

Laut Verkäufer wird aus einer nicht durchführbaren Finanzierung eine machbare. Diese Schönrechung kann sich aber bitter bezahlt machen, da der Familienkonkurs vorprogrammiert ist, wenn nicht der große Lottogewinn kommt.

Aus der folgenden Tabelle und Grafik erkennt man bei der Langzeitbetrachtung, wann es bei der Finanzierung kritisch wird und wann es zum Konkurs kommt. Bei der Darlehensverlängerung (Prolongation) wurde hier angenommen, daß eine Hochzinsphase vorliegt. In der letzten Spalte der Tabelle kann man ablesen, wieviel nach dem Bezahlen des Kapitaldienstes (Zins und Tilgung) zum Leben übrig bleibt. Weiter wird vorausgesetzt, daß die Kinder mit dem 18. Lebensjahr selbst für ihr Einkommen sorgen.

Welche gravierenden Fehler wurden hier gemacht?

1. Es sollte unbedingt auf die Restschuld nach der Zinsbindungszeit geachtet werden. Ist die Restschuld größer als der ausgezahlte Darlehensbetrag, ist der Darlehensnehmer falsch beraten worden.
2. Zum Rentenbeginn sollte das Darlehen zurückgezahlt sein.

Alter des Familienernährers (Jahre)	Einkommen	Limit für die Lebenshaltung	Belastung (nach Steuern)	Liquidität nach Kauf	Kommentar
45	3800,–	2200,–	1134,–	2666,–	
46	3876,–	2233,–	1105,–	2771,–	
47	3954,–	2266,–	1076,–	2878,–	
48	4033,–	2300,–	1296,–	2737,–	
49	4113,–	2000,–	1441,–	2672,–	1. Kind entfällt
50	4196,–	2030,–	2801,–	1395,–	Darlehens-verlängerung
51	4279,–	2061,–	2798,–	1481,–	
52	4365,–	2092,–	2792,–	1573,–	
53	4452,–	1792,–	3240,–	1212,–	2. Kind entfällt/ Steuersparnisse fallen weg
54	4541,–	1819,–	3240,–	1301,–	
55	4632,–	1846,–	3240,–	1392,–	
56	4725,–	1874,–	3240,–	1485,–	
57	4819,–	1902,–	3240,–	1579,–	
58	4916,–	1930,–	3240,–	1676,–	
59	5014,–	1959,–	3240,–	1774,–	
60	5114,–	1989,–	3240,–	1874,–	
61	5217,–	2019,–	3240,–	1977,–	
62	5321,–	2049,–	3240,–	2081,–	
63	5427,–	2080,–	3240,–	2187,–	
64	5536,–	2111,–	3240,–	2296,–	
65	3322,–	2142,–	3240,–	82,–	Rentenbeginn
66	3388,–	2175,–	3240,–	148,–	
67	3456,–	2207,–	3240,–	216,–	
68	3525,–	2240,–	3240,–	285,–	
69	3595,–	2274,–	3240,–	355,–	
70	3667,–	2308,–	3240,–	427,–	
71	3741,–	2343,–	3240,–	501,–	
72	3815,–	2378,–	1271,–	2544,–	Finanzierungsende

Berechnet mit der Software »Baufinanzierung mit Excel«

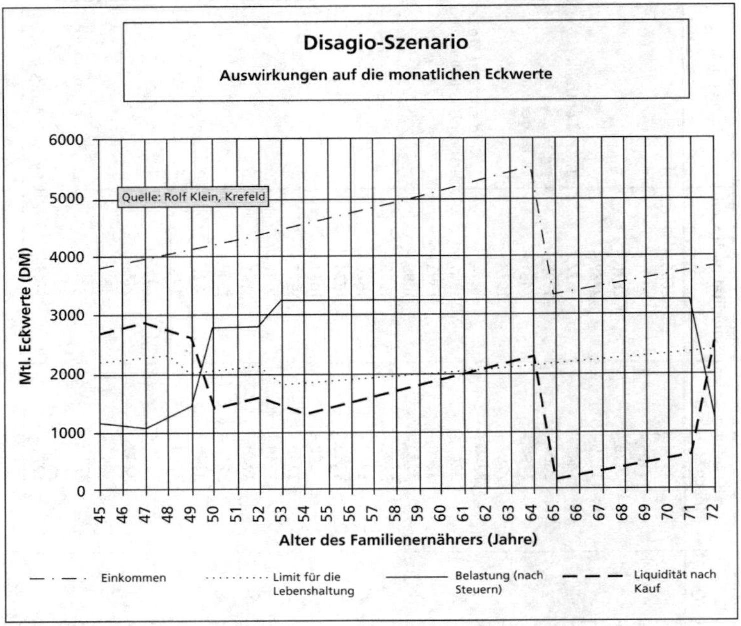
Disagio-Szenario
Auswirkungen auf die monatlichen Eckwerte
Quelle: Rolf Klein, Krefeld
Mtl. Eckwerte (DM)
6000
5000
4000
3000
2000
1000
0
45 46 47 48 49 50 51 52 53 54 55 56 57 58 59 60 61 62 63 64 65 66 67 68 69 70 71 72
Alter des Familienernährers (Jahre)
Einkommen
Limit für die Lebenshaltung
Belastung (nach Steuern)
Liquidität nach Kauf

Der komplette Finanzierungsplan

Bisher haben Sie im Verlauf dieses Buches die Darlehensformen, sprich »kleine Finanzierungspläne«, in Teilaspekten präsentiert bekommen. In diesem Kapitel werde ich Ihnen nun einen kompletten Finanzierungsplan aufzeigen, der Ihnen Aufschluß gibt über den Gesamtaufwand der Finanzierung, die Restschuld nach der Zinsfestschreibungszeit, die Belastung vor und nach Steuern für jedes Jahr der Gesamtlaufzeit der Finanzierung und die Erwerbs- und Finanzierungsnebenkosten, also mit allen relevanten Eckdaten und der Finanzierung vom Anfang bis zur Bezahlung der letzten Kapitaldienstrate. Wenn Sie eine Immobilie erwerben wollen, lassen Sie sich vor dem Kaufvertragstermin beim Notar einen solchen oder ähnlichen Finanzierungsplan erstellen wie den folgenden.

Falls der Finanzierungsberater Ihnen lediglich die monatliche Belastung und einen Zirka-Steuervorteil ausrechnet und ansonsten um den heißen Brei herumredet, geben Sie sich damit nicht zufrieden. Ist er nicht in der Lage, Ihnen Konkreteres zu bieten, so gebe ich Ihnen den Rat: »Hände weg von ihm«, denn folglich ist er auch nicht in der Lage, verschiedene Finanzierungsangebote nach o.a. Aspekten zu analysieren und Ihnen die für Sie günstigste Finanzierung zu empfehlen. Die folgenden Berechnungen wurden mit der Spezialsoftware FINPLAN (C) von Harold D. Krämer in Langenfeld erstellt.

Die Darlehenskonditionen und alle weiteren Details können Sie dem Finanzierungsplan entnehmen.

Aus der Anlage zur Finanzierungsanalyse ersehen Sie die weiteren wichtigen Eckdaten, die zu einem kompletten Finanzierungsplan gehören und unentbehrlich sind.

Aufgabenstellung

Status für ein volles Kalenderjahr 1994 (nach Bezug…)

Kaufpreis-Finanzierung

Aufwand:	DM	**Finanzmittel:**	DM
Grundstück	60 000	Eigenmittel	130 000
Gebäude	575 000	Eigenleistung	0
Erwerbsnebenkosten	38 700	Fremdmittel	553 000
Finanzierungs-nebenkosten	9515	Disagio	0
Gesamt – Aufwand	**683 215**	**Gesamt-Finanzmittel**	**683 000**

1. Kapitaldienst: **jährlich DM 46 513**
monatlich DM 3876

2. kalkulatorische Steuerersparnis:

kalk. Steuerersparnis für sofort abzugsfähige Kosten	DM 2902
kalk. Steuerersparnis für das Kalenderjahr 1994	DM 9929

3. Objektdaten

Anschaffungsdatum/ Eigentumsübertragung	:	1/1994
Fertigstellungsdatum	:	6/1992
Bezugstermin	:	1/1994

4. Angaben zum Objekt

Objektbezeichnung	:	ETW / Einfamilienhaus
Bauweise	:	freistehend
Objektnutzung	:	eigengenutzt + Arbeitszimmer
Erwerber/Bauherr	:	Zweiterwerber

5. Persönliche Angaben:

Geburtsdatum Antragsteller	:	13.2.1960 / Alter: 34
Ehe-/Partner	:	Angelika Klein
Geburtsdatum Antragsteller	:	15.12.1963 / Alter: 30
Personen im Haushalt	:	4
davon sind noch Kinder	:	2

6. Angaben zur Steuerberechnung

zu versteuerndes Jahreseinkommen	:	80 000,00 DM
(9,00 % Kirchensteuer)		
Steuerberechnung nach der	:	Splittingtabelle

steuerliche Berechnung für das Kalenderjahr **1994**
Zinsabzug (im Verhältnis der Wohnflächen): Ja
Baukindergeld § 34f EStG: für **2 berechtigte Kinder**

7. Abschreibungen

Grundförderung § 10e EStG
Lineare Abschreibung § 7 Abs. 4 EStG für das Arbeitszimmer

Verfügbares Netto-Einkommen:

Einnahmen:

Nettoeinkommen monatlich	Antragsteller	DM	4 000,00
	Ehe-/Partner	DM	4 000,00
	Kindergeld	DM	0,00
	Bonus etc.	DM	0,00
AWD/Zuschuß. (vorbeh. Bewilligungsbescheid)		DM	0,00
Mieteinnahmen aus anderen Immobilienobjekten		DM	700,00
Sonstige laufende Einnahmen		DM	500,00
Summe Einnahmen		**DM**	**9 200,00**

Ausgaben:

lfd. Raten- / Zahlungsverpflichtungen	DM	300,00
Ansparleistungen und Sparverträge	DM	0,00
Verpflichtungen aus anderen Immobilien-objekten	DM	600,00
Beiträge zu LV-Versicherungen	DM	0,00
Beiträge zu Krankenversicherungen	DM	800,00
Sonstige laufende Belastungen	DM	0,00
Summe Ausgaben	**DM**	**1 700,00**
verfügbares Monats-Einkommen netto	DM	**7 500,00**
Jahres-Einkommen netto	DM	**90 000,00**

Eigenkapital und Eigenleistungen

A. Eigenkapital

Konto-Guthaben (verfügbar)	DM	80 000,00
Guthaben aus Einzahlungen in Bau-/Sparverträge	DM	0,00
Abschlußsumme:	DM	0,00
Zinsloses Familiendarlehen:	DM	20 000,00
sonstiges Eigenkapital (Wertpapiere etc.)	DM	30 000,00
Summe Eigenkapital	DM	130 000,00

B. Eigenleistungen

Geldwerter Vorteil durch Materialeinkauf	DM	0,00
Geldwerter Vorteil durch Nachbarschaftshilfe	DM	0,00
Sonstige Eigenleistungen	DM	0,00
Eigenleistung (Lohn) siehe Objektkosten	DM	0,00
Summe Eigenleistungen	DM	0,00
Summe Eigenmittel (A + B)	**DM**	**130 000,00**

Eigennutzung:

qm	mtl.DM/qm	Monate	Jahresertrag DM
140,00 x	0,00	12	0,00
0,00 x	0,00	12	0,00
140,00 qm Wohnfläche		gesamt DM	**0,00**

Fremdnutzung / Mieterträge:

Arbeitszimmer

qm	mtl.DM/qm	Monate	Jahresmiete DM
25,00 x	0,00	12	0,00
0,00 x	0,00	12	0,00
25,00 qm Wohnfläche		gesamt DM	**0,00**

Grundstücksanteil

Kaufpreis	100 % =	DM	600 000,00
davon Grundstücksanteil	10 % =	DM	60 000,00
davon Gebäudeanteil	90 % =	DM	540 000,00

Objektkosten (ohne Grundstück)

Baukosten / Kaufpreis für Haus		DM	540 000,00
	0,00 cbm x 0,00 DM/cbm		
Innenausbau		DM	15 000,00
Garagen		DM	15 000,00
	0,00 cbm x 0,00 DM/cbm		
Außenanlagen		DM	5000,00
Sonderwünsche:		DM	0,00
Baunebenkosten (abschreibungsfähig)		DM	0,00
Objektkosten ohne Grundstück	gesamt	DM	**575 000,00**

Erwerbsnebenkosten/Erschließung

Grunderwerbssteuer		DM	12 000,00
	2,00 % von DM 600 000,00		
Maklergebühren		DM	20 700,00
	3,45 % von DM 600 000,00		
Notarkosten		DM	6000,00
	1,00 % von DM 600 000,00		
Kosten für Behörden/Verwaltung		DM	0,00
Vermessungskosten		DM	0,00
Anliegerkosten		DM	0,00
Erwerbsnebenkosten/Erschließung	gesamt	DM	**38 700,00**

Finanzierungsnebenkosten (ohne Disagio)

	Prozent	von DM	Ergebnis DM
Vorfinanzierung BS-Verträge	0,000	543 700	0,00
Zwischenfinanzierungskosten	0,000	543 700	0,00
Bauzeit-Zinsen für **0 Monate**	0,000	543 700	0,00
Wertgutachtengebühr	0,100	543 700	543,70
Vorfälligkeitsentschädigung	0,000	543 700	0,00
Teilauszahlungszuschlag	0,000	543 700	0,00
Fin. Nebenkosten (kein Disagio)	0,000	543 700	0,00
Notarnebenkosten (Finanzierung)	0,500	543 700	2718,50
Beratungshonorare	1,150	543 700	6252,55
Sonstiges:	0,000	543 700	0,00
Finanzierungsnebenkosten (ohne Disagio)		DM	**9514,75**

Kalkulatorische Umlage-/Energiekosten Eigennutzung:
140,00 qm x 3,50 mtl. DM/qm = Jahreskosten DM **5880,00**
qm-Verhältniszahl: Eigennutzung / Fremdnutzung:
85 % : 15 %

Abschreibungen:

Bezeichnung:	**Summe**	**Prozent**	**Jahr**	**Dauer**
Grundförderung 10 e	330 000,00	6,000	1994	4
Grundförderung 10 e	330 000,00	5,000	1998	4
lineare § 7 Abs. 4	90 000	2,000	1994	50
Abschreibung 4	0,00	0,000	1993	0
Abschreibung 5	0,00	0,000	1993	0

Kapitaldienst (Zins + Tilgung + LV-/Risikobeiträge)

	Darlehen DM brutto	netto	Zinsen	Tilgung	Kapitaldienst jährlich
Ia	300 000,00	300 000,00	21 000,00	3000,00	24 000,00
Ib	223 000,00	223 000,00	17 282,50	2230,00	19 512,50
II	30 000,00	30 000,00	0,00	3000,00	3000,00

III	0,00	0,00	0,00	0,00	0,00
IV	0,00	0,00	0,00	0,00	0,00
V	0,00	0,00	0,00	0,00	0,00
DM	**553 000,00**	**553 000,00**	**38 282,50**	**8230,00**	

Kapitaldienst	**jährlich**	**DM**	**46 512,50**
Erbpachtzins	**jährlich**	**DM**	**0,00**
Gesamt Kapitaldienst	**jährlich**	**DM**	**46 512,50**
Kapitaldienst	**monatlich**	**DM**	**3876,04**
verfügbares Nettoeinkommen	**monatlich**	**DM**	**7500,00**

Nach der Aufnahme der Eckdaten zur Finanzierungsanalyse folgt nun die vorläufige Finanzierungsanalyse, aus der die Darlehenskonditionen und sämtliche relevanten Rechenergebnisse für das Erwerbsjahr hervorgehen. Wie z.B. die monatliche Belastung, die errechnete Grundförderung, der kalkulatorische Steuerertrag vor Bezug, die Aufteilung der Hypotheken u.v.m.

Selbst eine solch umfangreiche vorläufige Finanzierungsanalyse ist für einen kompletten Finanzierungsplan nicht ausreichend. Was hier fehlt, ist eine Vertragsanalyse/Planungsrechnung, in der jedes einzelne Darlehensteil genau berechnet und anschließend eine kumulierte Gesamtaufwandsberechnung aufgezeigt wird. Abgestimmt sind die Darlehensteile so, daß die Hauskäufer mit dem Beginn des Rentenalters Eigentümer einer schuldenfreien Immobilie sind und somit eine optimale Ergänzung zur Altersvorsorge haben.

Finanzierungskurzanalyse

Objekt: E T W / Einfamilienhaus eigengenutzt + Arbeitszimmer kombinierte Afa'92
Anschaffungsdatum: 1/1994

Finanzierungsmittel		DM
1. Objektkosten	92,94%	635 000,00
2. Erwerbsnebenkosten	5,66%	38 700,00
3. Finanzierungs-nebenk. (X)	1,39%	9 514,75
4. Disagio	0,00%	0,00
Gesamt-Kapitalbedarf	100,00%	683 214,75
5. Eigenkapital	19,03%	130 000,00
(davon Eigenleistung		0,00)
6. Fremdkapital netto	80,97%	553 000,00
7. Disagio	0,00%	0,0
Finanzierungsmittel	100,00%	683 000,00
8. Ia Hypothek brutto	47,24%	300 000,00
9. Ib Hypothek brutto	35,12%	223 000,00
10. nachrangig brutto	4,72%	30 000,00
Fremdmittel brutto		553 000,00
Unterfinanzierung		214,75

Kosten-Analyse:		
Kosten pro cbm umb. Raum	DM	0,00
Grundstückspreis pro qm	DM	0,00
Kosten pro qm Wohnfläche	DM	4 140,70
Kalk. Steuerertrag sofort abzugsf. Kosten	DM	2 901,58
steuerpflichtiges Jahreseinkommen (nach Splittingtabelle)	DM	80 000,00
errechnete Abschreibungen	DM	21 600,00
Kapitaldienst je 1 000 DM Bruttohyp. mtl.	DM	7,01

Finanzierungskosten	jährlich DM
1. Zinsen	38 282,50
2. Annuitäten–Tilgung	8 230,00
3. Tilgungsleistung mit LV–Beitrag	0,00
LV-Summen	0,00
4. Erbpachtzins	0,00
5. Kapitaldienst	46 512,50
6. Warmkosten/Umlage	5 880,00
7. Persönliche Aufwendungen	20 400,00
8. Einkommen aus Beruf	96 000,00
9. Fremdmietertrag	0,00
10. Sonstige Erträge	14 400,00
11. verbleibendes Jahreseinkommen	37 607,50
12. kalk. Steuerergebnis	9 928,66
verbleiben nach Steuern jährlich	47 536,16

Kapitaldienst	mtl.	3 876,04
– Mieterträge/ sonstige Erträge	mtl.	1 200,00
Belastung vor Steuern	mtl.	2 676,04
Steuerergebnis (kalku.)	mtl.	827,39
Belastung nach Steuern	mtl.	1 848,65
+ persönliche Aufwendungen	mtl.	1 700,00
+ Warmkosten für 140,00 qm	mtl.	490,00
Gesamt-Belastung	monatlich	4 038,65

Finanzierungs-Konditionen: Angaben zu Konditionen freibleibend

Hypothek	Netto DM	Brutto DM	LV-Summe DM	Auszlg.%	Zins %	Tilg. %	Zinsen DM	Tilgung DM	Fest	anf. Eff. Zi. %
Ia.	300 000,00	300 000,00		100,000	7,000	1,000	21 000,00	3000,00	10	7,24*
Ib.	223 000,00	223 000,00		100,000	7,750	1,000	17 282,50	2230,00	10	7,99*
II.	30 000,00	30 000,00		100,000	0,000	10,000	0,00	3000,00	10	0,00*
III.	0,00	0,00		0,000	0,000	0,000	0,00	0,00	0	0,00*
IV.	0,00	0,00		0,000	0,000	0,000	0,00	0,00	0	0,00*
V.	0,00	0,00		0,000	0,000	0,000	0,00	0,00	0	0,00*
Summe:	553 000,00	553 000,00	0,00				38 282,50	8230,00		

* »anfänglicher effektiver Jahreszins«

Finanzmathematische Analysen

berechnet für:	Der komplette Finanzierungsplan Drei Darlehen kumuliert mit Liquiditätsplan und Steuerbetrachtung

(*) angenommene Einkommenssteigerung: 2 % pro Jahr!

Steuerliche Berechnung unter Berücksichtigung von:
zu versteuerndes Einkommen (*) DM: 80 000,00 Kirchensteuer % 9,000 nach der Splittingtabelle
Wohn-/Nutzflächen gesamt: 0,00 qm eigengenutzt 0,00 qm fremdgenutzt
Abzugsverhältnis der Schuldzinsen: 85,0 % nicht abzugsfähig 15,0 % abzugsfähig ab Jahr 1994
Baukindergeld

1. Kind	jhrl. DM	1000,00	ab 1994 für	8 Jahre
2. Kind	jhrl. DM	1000,00	ab 1994 für	4 Jahre

Abschreibungen:

Haus	DM	330 000,00	mit 6 % linear vom Ausgangswert ab 1994 für	4 Jahre
Haus	DM	330 000,00	mit 5 % linear vom Ausgangswert ab 1998 für	4 Jahre
Arbeitszimmer	DM	90 000,00	mit 2 % linear vom Ausgangswert ab 1994 für	50 Jahre

Endergebnis 1: Annuitäten-Darlehen
Laufzeit vom 30.12.1993 bis 30.10.2023 = 29.83 Jahre

Bruttodarlehen	DM	300 000,00
Restschuld	DM	0,00
Summe Zinsen	DM	415 030,27
Summe Tilgung	DM	300 000,00
Summe Sonstiges	DM	14 320,00
Summe Beiträge (LV)	DM	0,00
Summe Einzahlungen	DM	729 350,27
Summe Auszahlungen	DM	300 000,00

effektiver Jahreszins 7,45 % (nach PAngV) über die Gesamt-Laufzeit berechnet!
Durchschn.mtl.Rate DM 2037,29 für Berechnungszeitraum

Zahlungsplan 1 (Ein- und Auszahlungen)

am 30.12.1993	Auszahlung des Darlehen			DM	300 000,00
vom 30. 1.1994 bis 30. 9.2023	Einzahlungen	357	Raten je	DM	2 040,00
am 30.10.2023	Einzahlung	1	Rate	DM	1 070,27
am 30.10.2023	Rückzahlung Restschuld			DM	0,00

Endergebnis 2: Annuitäten-Darlehen
Laufzeit vom 30.12.1993 bis 30. 1.2022 = 28.08 Jahre

Bruttodarlehen	DM	223 000,00
Restschuld	DM	0,00
Summe Zinsen	DM	324 875,09
Summe Tilgung	DM	223 000,00
Summe Sonstiges	DM	10 110,00
Summe Beiträge (LV)	DM	0,00
Summe Einzahlungen	DM	557 985,09
Summe Auszahlungen	DM	223 000,00

effektiver Jahreszins 8,25 % (nach PAngV) über die Gesamtlaufzeit berechnet!
Durchschn.mtl.Rate DM 1655,74 für Berechnungszeitraum

Zahlungsplan 2 (Ein- und Auszahlungen)

am 30.12.1993	Auszahlung des Darlehen			DM	223 000,00
vom 30. 1.1994 bis 30.12.2021	Einzahlungen	336	Raten je	DM	1656,04
am 30. 1.2022	Einzahlung	1	Rate	DM	1555,65
am 30. 1.2022	Rückzahlung Restschuld			DM	0,00

Endergebnis 3: Annuitäten-Darlehen

Laufzeit vom 30.12.1993 bis 30.12.2003= 10 Jahre

Bruttodarlehen	DM	30 000,00
Restschuld	DM	0,00
Summe Zinsen	DM	0,00
Summe Tilgung	DM	30 000,00
Summe Sonstiges	DM	0,00
Summe Beiträge (LV)	DM	0,00
Summe Einzahlungen	DM	30 000,00
Summe Auszahlungen	DM	30 000,00
Durchschn.mtl.Rate	DM	250,00für Berechnungszeitraum

Zahlungsplan 3 (Ein- und Auszahlungen)

am 30.12.1993	Auszahlung des Darlehen	DM	30 000,00
vom 30. 1.1994 bis 30.12.2003	Einzahlungen 120 Raten je	DM	250,00
am 30.12.2003	Rückzahlung Restschuld	DM	0,00

Kumulierte Liquiditätsübersicht aus 3 Berechnung(en)

Altes zu verst. Einkommen 80 000,00, alter Steuer 17 586,06 = 21,98%

Jahr	Zinsen 1	Tilgung/LV 2	sonst. Rate 3	abzug.Zinsen 4	Abschreibung 5	Steuerergeb. 6	Liquidität 7
							300 000,00
1994	20 901,85	3 098,15	480 000	3 135,28	21 600,00	–9 226,70	–15 253,30
1995	20 677,89	3 322,11	480 000	3 101,68	21 600,00	–9 292,10	–15 187,90
1996	20 437,73	3 562,27	480 000	3 065,66	21 600,00	–9 333,52	–15 146,48
1997	20 180,22	3 819,78	480 000	3 027,03	21 600,00	–9 396,74	–15 083,26
1998	19 904,08	4 095,92	480 000	2 985,61	18 300,00	–7 509,48	–16 970,52
1999	19 607,99	4 392,01	480 000	2 941,20	18 300,00	–7 535,64	–16 944,36
2000	19 290,49	4 709,51	480 000	2 893,57	18 300,00	–7 633,74	–16 846,26
2001	18 950,04	5 049,96	480 000	2 842,51	18 300,00	–7 629,38	–16 850,62
2002	18 584,98	5 415,02	480 000	2 787,75	1 800,00	–1 497,66	–22 982,34
2003	18 193,53	5 806,47	480 000	2 729,03	1 800,00	–1 519,46	–22 960,54
2004	17 773,77	6 226,23	480 000	2 666,07	1 800,00	–1 493,30	–22 986,70
2005	17 323,68	6 676,32	480 000	2 598,55	1 800,00	–1 508,56	–22 971,44
2006	16 841,05	7 158,95	480 000	2 526,16	1 800,00	–1 488,94	–22 991,06
2007	16 323,53	7 676,47	480 000	2 448,53	1 800,00	–1 502,02	–22 977,98
2008	15 768,59	8 231,41	480 000	2 365,29	1 800,00	–1 475,86	–23 004,14
2009	15 173,55	8 826,45	480 000	2 276,03	1 800,00	–1 419,18	–23 060,82
2010	14 535,48	9 464,52	480 000	2 180,32	1 800,00	–1 390,84	–23 089,16
2011	13 851,29	10 148,71	480 000	2 077,69	1 800,00	–1 406,10	–23 073,90
2012	13 117,64	10 882,36	480 000	1 967,65	1 800,00	–1 340,70	–23 139,30
2013	12 330,95	11 669,05	480 000	1 849,64	1 800,00	–1 355,96	–23 124,04
2014	11 487,40	12 512,60	480 000	1 723,11	1 800,00	–1 294,92	–23 185,08
2015	10 582,86	13 417,14	480 000	1 587,43	1 800,00	–1 262,22	–23 217,78

Jahr	Zinsen 1	Tilgung/LV 2	sonst. Rate 3	abzug.Zinsen 4	Abschreibun g 5	Steuerergeb. 6	Liquidität 7
2016	9 612,93	14 387,07	480 000	1 441,94	1 800,00	–1 240,42	–23 239,58
2017	8 572,89	15 427,11	480 000	1 285,93	1 800,00	–1 214,26	–23 265,74
2018	7 457,66	16 542,34	480 000	1 118,65	1 800,00	–1 142,32	–23 337,68
2019	6 261,82	17 738,18	480 000	939,27	1 800,00	–1 116,16	–23 363,84
2020	4 979,52	19 020,48	480 000	746,93	1 800,00	–1 031,14	–23 448,86
2021	3 604,53	20 395,47	480 000	540,68	1 800,00	–961,38	–23 518,62
2022	2 130,14	21 869,86	480 000	319,52	1 800,00	–834,94	–23 645,06
2023	572,18	18 458,09	400 000	85,83	1 800,00	–810,96	–18 619,31
Summe:	415 030,26	300 000,01	25 150,00	62 254,54	199 200,00	–95 864,60	–333 485,6

Finanzierungsübersicht
Gesamte Finanzierungsdauer: 29,83 Jahre

Darlehens-bezeichnung	Netto-darlehen in DM	Bruttodar-lehen in DM	Rest-schuld in DM	Laufzeit in Jahren	Effektiv-zins jähr-lich in %	Aufwand in DM
Annuitäten-Darlehen	300 000	300 000	0	29,83	7,45	729 350
Annuitäten-Darlehen	223 000	223 000	0	28,08	8,25	557 985
Annuitäten-Darlehen	30 000	30 000	0	10,00	0,00	30 000
Gesamt:	553 000	553 000	0			1 317 335

Kalkulatorischer Gesamt-Aufwand aus 3 Berechnungen
Laufzeit vom 30.12.1993 bis 30.10.2023 = 29,83 Jahre

Zinsen / bei Leasing: Raten	DM	415 030,26
+ Tilgung / LV-Beiträge	DM	300 000,01
+ sonstige Raten	DM	25 150,00
= Summe Einzahlungen	DM	1 317 335,36
– Guthaben aus Überschuß	DM	0,00
– Erträge	DM	0,00
+ Sonstige Kosten	DM	0,00
steuerliches Ergebnis	DM	–95 864,60
+ Kredit-Nebenkosten	DM	0,00
= kalk. Gesam taufwand	*DM*	*1 221 470,76*

Liquiditätsb erechnung:

Auszahlungen	DM	533 000,00
– Restschuld – Salden	DM	0,00
– Summe kalk. Gesamtaufwand	DM	1 221 470,76
+ Kredit-Nebenkosten	DM	0,00
= Liquidität	DM	–668 470,76

Durchschn. kalk. Rate	(vor Steuern)	mtl.	DM 3 679,71
Durchschn. kalk. Rate	(nach Steuern)	mtl.	DM 3 411,93 für Berechnungszeitraum

Anmerkungen zum Finanzierungsplan

Dieser komplette Finanzierungsplan dient ausschließlich als Beispiel und ist folglich auch so zu betrachten. Es soll nicht bedeuten, daß die Auswahl der Darlehensteile eine Optimierung darstellt. Er soll Ihnen aufzeigen, was ein Finanzierungsplan alles beinhalten muß. Eine Optimierung der Finanzierung kann nur für jeden Darlehensnehmer individuell errechnet und aufgestellt werden, denn bei jedem Immobilienerwerber liegen andere »Eckdaten« zugrunde, wie z. B. Eigenkapitalverhältnisse, Einkünfte und Art, Beschaffenheit und Alter der Immobilie sowie schon vorhandene einsetzbare Finanzierungsinstrumente wie zugeteilte Bausparverträge und bestehende Kapitallebensversicherungen.

Achtung – Vorsicht bei Computeranalysen

Es hat sich mittlerweile in der Finanzdienstleistungsbranche eingebürgert, mit Computeranalysen auch im Bereich der Immobilienfinanzierung zu werben und zu arbeiten. Es gibt jedoch nur wenige Programme auf dem Markt, die wirklich den komplexen Problemen der Finanzmathematik gerecht werden. Eines dieser Programme ist FINPLAN (C) von Harold D. Krämer aus Langenfeld.

Mit größter Vorsicht sind die Low-Cost-Programme, nicht nur zur Baufinanzierung, zu genießen. Die Kaufpreise liegen meist zwischen DM 10,– und DM 99,– und die Software ist dieses Geld in der Regel nicht wert. Nur wenige beherrschen neben der komplexen Materie der Baufinanzierung die Finanzmathematik (siehe bitte Schlußbemerkung des Buches).

Darlehensvergleich bei vermietetem Wohnraum

Für rein eigengenutzte Immobilien habe ich die Empfehlung ausgesprochen, ein Annuitätendarlehen zu bevorzugen. Dies gilt insbesondere, je höher das allgemeine Zinsniveau ist. *Wie sieht es jedoch bei vermietetem Wohnraum aus?* Das folgende Beispiel wird hierüber aufklären.

Aufgabenstellung:

Gerd Kapitalanleger möchte sich, um Steuern zu sparen, eine Eigentumswohnung kaufen und sie vermieten. Er findet auch schnell ein passendes Objekt und stellt nach seiner Kalkulation fest, daß er einen Finanzierungsbedarf von DM 150 000,– hat. Die Frage, die sich nun stellt, lautet: Ist hier ebenfalls ein Annuitätendarlehen anzuraten oder vielleicht eine Festhypothek?

Angaben zum Objekt:

Alter der Wohnung	: Neubau bzw. Ersterwerb
Wohnfläche	: 80 qm
Nettomieteinnahme	: DM 11,–/qm
Afa-Bemessungsgrundlage	: 175 000,–
Gewählte Abschreibungsart	: Paragr. 7 Abs. 5 EStG

Zum Thema Abschreibung sehen Sie bitte im Kapitel »Immobilien und das Finanzamt« nach.

Angaben zur Person:

Familienstand	: ledig
Zu versteuerndes Einkommen	: DM 75 000,–
Kirchensteuer	: ja

Darlehenskonditionen:

Nominalzinssatz	: 8,00 %
Auszahlungskurs	: 100 %
Laufzeit des Darlehens	: 25 Jahre

– *Annuitätendarlehen*

Anfangstilgungssatz	: 1,262 %
Z + T – Zahlung	: 30.1, 28.2., 30.3., ...
Z + T – Verrechnung	: sofort

– *Festhypothek*

Versicherungssumme	: DM 69 615,26
Voraus. Ablaufleistung	: DM 150 000,–
Monatlicher Beitrag	: DM 190,63

Aus Vereinfachungsgründen differenziere ich nicht noch bezüglich der Zinsfestschreibungszeiten. Sie spielen für das Resultat eine untergeordnete Rolle. Ebenso werden eventuelle Miet- und Einkommenssteigerungen nicht berücksichtigt.

Grundsätzliches zum Thema

Einnahmen aus vermieteten Immobilien sind Einkünfte aus Vermietung und Verpachtung, eine der sieben Einkunftsarten im Sinne des Einkommensteuergesetzes. Die Kosten, die zur Erhaltung dieser Einkünfte anfallen, nennt man Werbungskosten. In diesem Fall sind die Schuldzinsen die Werbungskosten. Wenn Sie sich nochmals die Strukturen der Darlehensformen (Zins + Tilgungspläne und deren Graphiken) ansehen, werden Sie erkennen, daß im Falle des Annuitätendarlehens ein kontinuierlicher Abbau der Schuldzinsen und somit der Werbungskosten stattfindet, während bei der Festhypothek die Schuldzinsen gleich hoch bleiben, bis das Darlehen durch die ausgezahlte Kapitallebensversicherung getilgt wird. Die Folge ist, daß beim Annuitätendarlehen eine »schleichende« Erhöhung der Belastung durch die Reduzierung des Steuervorteils der abzugsfähigen Schuldzinsen gegeben ist. Bei der Festhypothek ist das nicht der Fall. Dies können Sie sehr gut an den folgenden Vertragsanalysen/Planungsrechnungen nachvollziehen.

Kurz zum Aspekt Abschreibung für Abnutzung (AfA)

Grundsätzlich hat der Bauherr/Ersterwerber die Wahl zwischen der AfA gemäß Paragr. 7 Absatz 4 und Absatz 5 EStG. In der Regel wird jedoch die degressive AfA (Abs. 5) wegen der höheren Steuerersparnis in den ersten Jahren gewählt.

Die Abschreibungen für den Fall entsprechen:

Beginn: 1990	7,00 % von DM 175 000,– für 4 Jahre
Beginn: 1994	5,00 % von DM 175 000,– für 6 Jahre
Beginn: 2000	2,00 % von DM 175 000,– für 6 Jahre
Beginn: 2006	1,25 % von DM 175 000,– für 24 Jahre

Ferner besteht laut einem neuen Gesetzentwurf eine weitere degressive Abschreibungsmethode, die jedoch an gewisse Auflagen gebunden ist (sehen Sie bitte im Kapitel »Immobilien und das Finanzamt« nach).

Annuitätendarlehen contra Festhypothek

Vertragsanalyse/Planungsrechnung: Annuitätendarlehen

Kumulierte steuerliche Berechnung aus 1 Berechnungen und Liquiditäts-Übersicht

Altes zu verst. Einkommen 75 000,00 alte Steuer: 26 742,06 = 35,66 %

Jahr	Zinsen 1	Tilgung/ LV 2	sonst. Rate 3	abzug. Zinsen 4	Abschreibung 5	Erträge 6	Steuerergeb. 7	Liquidität 8
					Auszahlung Darlehen			150 000,00
1990	11 929,02	1 963,98	0,00	11 929,02	12 250,00	10 560,00	– 5 525,31	2 192,21
1991	11 766,02	2 126,98	0,00	11 766,02	12 250,00	10 560,00	– 5 464,17	2 131,17
1992	11 589,48	2 303,52	0,00	11 589,48	12 250,00	10 560,00	– 5 402,04	2 069,04
1993	11 398,29	2 494,71	0,00	11 398,29	12 250,00	10 560,00	– 5 318,11	1 985,11
1994	11 191,23	2 701,77	0,00	11 191,23	8750,00	10 560,00	– 3 857,51	524,51
1995	10 966,98	2 926,02	0,00	10 966,98	8750,00	10 560,00	– 3 774,67	441,67
1996	10 724,12	3 168,88	0,00	10 724,12	8750,00	10 560,00	– 3 686,38	353,38
1997	10 461,11	3 431,89	0,00	10 461,11	8750,00	10 560,00	– 3 578,47	245,47
1998	10 176,26	3 716,74	0,00	10 176,26	8750,00	10 560,00	– 3 470,56	137,56
1999	9 867,77	4 025,23	0,00	9 867,77	8750,00	10 560,00	– 3 341,94	8,94
2000	9 533,68	4 359,32	0,00	9 533,68	3500,00	10 560,00	– 1 031,14	– 2 301,86
2001	9 171,86	4 721,14	0,00	9 171,86	3500,00	10 560,00	– 897,07	– 2 435,93
2002	8 780,01	5 112,99	0,00	8 780,01	3500,00	10 560,00	– 715,04	– 2 617,96
2003	8 355,63	5 537,37	0,00	8 355,63	3500,00	10 560,00	– 553,72	– 2 779,28
2004	7 896,03	5 996,97	0,00	7 896,03	3500,00	10 560,00	– 345,53	– 2 987,47
2005	7 398,29	6 494,71	0,00	7 398,29	3500,00	10 560,00	– 140,61	– 3 192,39
2006	6 859,23	7 033,77	0,00	6 859,23	2187,50	10 560,00	650,73	– 3 983,73
2007	6 275,43	7 617,57	0,00	6 275,43	2187,50	10 560,00	906,88	– 4 239,88
2008	5 643,17	8 249,83	0,00	5 643,17	2187,50	10 560,00	1 191,37	– 4 524,37
2009	4 958,44	8 934,56	0,00	4 958,44	2187,50	10 560,00	1 498,75	– 4 831,75
2010	4 216,88	9 676,12	0,00	4 216,88	2187,50	10 560,00	1 811,58	– 5 144,58
2011	3 413,77	10 479,23	0,00	3 413,77	2187,50	10 560,00	2 171,28	– 5 504,28
2012	2 543,99	11 349,01	0,00	2 543,99	2187,50	10 560,00	2 554,96	– 5 887,96
2013	1 602,03	12 290,97	0,00	1 602,03	2187,50	10 560,00	2 990,96	– 6 323,96
2014	581,89	13 286,70	0,00	581,89	2187,50	10 560,00	3 457,48	– 6 766,07
Summen:	*197 300,59*	*150 000,00*	*0,00*	*197 300,59*	*142 187,50*	*264 000,00*	*– 29 868,18*	*– 96 567,59*

Endergebnis 1: Annuitäten Darlehen

Laufzeit vom 30.12.1989 bis 30.12.2014 = 25,00 Jahre

Bruttodarlehen	DM	150 000,00
Restschuld	DM	0,00
Summe Zinsen	DM	197 300,59
Summe Tilgung	DM	150 000,00
Summe sonst. Tilgung	DM	0,00

Summe Kap. Vers. Beitr.	DM	0,00
Summe Einzahlungen	DM	347 300,59
Summe Auszahlungen	DM	150 000,00

Ehrlicher effektiver Jahreszins 8,30 % über die Gesamtlaufzeit berechnet!

Durchschn. mtl. Rate DM 1157,67 für Berechnungszeitraum

Kalkulatorischer Gesamt-Aufwand aus 1 Berechnungen

Laufzeit vom 30.12.1989 bis 30.12.2014 = 25,00 Jahre

	Zinsen/Leasingraten	DM	197 300,59
+	Tilgung	DM	150 000,00
+	sonstige Raten/sonst. Leasingraten	DM	0,00
=	Summe Einzahlungen	DM	347 300,59
–	Guthaben aus Überschuß	DM	0,00
–	Erträge	DM	264 000,00
+	Sonstige Kosten	DM	0,00
	steuerliches Ergebnis	DM	– 29 868,18
+	Kredit-Nebenkosten	DM	0,00
=	*kalk. Gesamtaufwand*	*DM*	*53 432,41*

Durchschn. kalk. Rate (vor Steuer)	mtl. DM 1157,67
Durchschn. kalk. Rate (nach Steuern)	mtl. DM 178,11 für Berechnungszeitraum

Liquiditätsberechnung:

	Auszahlungen	DM	150 000,00
-	Restschuld – Salden	DM	0,00
-	Summe kalk. Gesamtaufwand	DM	53 432,41
+	Kredit-Nebenkosten	DM	0,00
=	*Liquidität*	*DM*	*– 96 567,59*

Vertragsanalyse/Planungsrechnung: Festhypothek

Kumulierte steuerliche Berechnung aus 1 Berechnung(en) und Liquiditäts-Übersicht

Altes zu verst. Einkommen: 75 000,00 alte Steuer:26 742,06 = 35,66%

Jahr	Zinsen 1	Tilgung/ LV 2	sonst. Rate 3	abzug. Zinsen 4	Abschreibung 5	Erträge 6	Steuerergeb. 7	Liquidität 8
					Auszahlung Darlehen			150 000,00
1990	12 000,00	2 287,56	0,00	12 000,00	12 250,00	10 560,00	– 5 544,83	1 817,27
1991	12 000,00	2 287,56	0,00	12 000,00	12 250,00	10 560,00	– 5 544,83	1 817,27
1992	12 000,00	2 287,56	0,00	12 000,00	12 250,00	10 560,00	– 5 544,83	1 817,27
1993	12 000,00	2 287,56	0,00	12 000,00	12 250,00	10 560,00	– 5 544,83	1 817,27
1994	12 000,00	2 287,56	0,00	12 000,00	8 750,00	10 560,00	– 4 179,06	451,50
1995	12 000,00	2 287,56	0,00	12 000,00	8 750,00	10 560,00	– 4 179,06	451,50
1996	12 000,00	2 287,56	0,00	12 000,00	8 750,00	10 560,00	– 4 179,06	451,50
1997	12 000,00	2 287,56	0,00	12 000,00	8 750,00	10 560,00	– 4 179,06	451,50
1998	12 000,00	2 287,56	0,00	12 000,00	8 750,00	10 560,00	– 4 179,06	451,50
1999	12 000,00	2 287,56	0,00	12 000,00	8 750,00	10 560,00	– 4 179,06	451,50
2000	12 000,00	2 287,56	0,00	12 000,00	3 500,00	10 560,00	– 2 067,73	– 1 659,83
2001	12 000,00	2 287,56	0,00	12 000,00	3 500,00	10 560,00	– 2 067,73	– 1 659,83
2002	12 000,00	2 287,56	0,00	12 000,00	3 500,00	10 560,00	– 2 067,73	– 1 659,83
2003	12 000,00	2 287,56	0,00	12 000,00	3 500,00	10 560,00	– 2 067,73	– 1 659,83
2004	12 000,00	2 287,56	0,00	12 000,00	3 500,00	10 560,00	– 2 067,73	– 1 659,83
2005	12 000,00	2 287,56	0,00	12 000,00	3 500,00	10 560,00	– 2 067,73	– 1 659,83
2006	12 000,00	2 287,56	0,00	12 000,00	2 187,50	10 560,00	– 1 529,27	– 2 198,29
2007	12 000,00	2 287,56	0,00	12 000,00	2 187,50	10 560,00	– 1 529,27	– 2 198,29
2008	12 000,00	2 287,56	0,00	12 000,00	2 187,50	10 560,00	– 1 529,27	– 2 198,29
2009	12 000,00	2 287,56	0,00	12 000,00	2 187,50	10 560,00	– 1 529,27	– 2 198,29
2010	12 000,00	2 287,56	0,00	12 000,00	2 187,50	10 560,00	– 1 529,27	– 2 198,29
2011	12 000,00	2 287,56	0,00	12 000,00	2 187,50	10 560,00	– 1 529,27	– 2 198,29
2012	12 000,00	2 287,56	0,00	12 000,00	2 187,50	10 560,00	– 1 529,27	– 2 198,29
2013	12 000,00	2 287,56	0,00	12 000,00	2 187,50	10 560,00	– 1 529,27	– 2 198,29
2014	12 000,00	2 287,56	0,00	12 000,00	2 187,50	10 560,00	– 1 529,27	– 2 198,29
Summen:	*300 000,00*	*57 189,00*	*0,00*	*300 000,00*	*142 187,50*	*264 000,00*	*– 73 423,49*	*–130 234,49*

Endergebnis 1: Darlehen mit LV-Tilgung

Laufzeit vom 30.12.1989 bis 30.12.2014 = 25,00 Jahre

Bruttodarlehen	DM	150 000,00
Restschuld	DM	0,00
Summe Zinsen	DM	300 000,00
Summe Tilgung	DM	150 000,00
Summe sonst. Tilgung	DM	–92 811,00
	(bei LV-Darlehen: ersparte Tilgung)	
Summe Kap.Vers.Beitr.	DM	57 189,00
	für DM 69 615,26 LV-Summe	

Summe Einzahlungen	DM	357 189,00
Summe Auszahlungen	DM	150 000,00

Ehrlicher effektiver Jahreszins 8,65 % über die Gesamtlaufzeit berechnet!
Durchschn. mtl. Rate DM 1190,63 für Berechnungszeitraum

Kalkulatorischer Gesamtaufwand aus 1 Berechnung

Laufzeit vom 30.12.1989 bis 30.12.2014 = 25 Jahre

	Zinsen/Leasingraten	DM	300 000,00
+	Tilgung	DM	57 189,00
+	sonstige Raten/sonst. Leasingraten	DM	0,00
=	Summe Einzahlungen	DM	357 189,00
–	Guthaben aus Überschuß	DM	0,00
–	Erträge	DM	264 000,00
+	Sonstige Kosten	DM	0,00
	steuerliches Ergebnis	DM	–73 423,49
+	Kredit-Nebenkosten	DM	0,00
=	*kalk. Gesamtaufwand*	*DM*	*19 765,51*

Durchschn. kalk. Rate (vor Steuer) mtl. DM 1190,63
Durchschn. kalk. Rate (nach Steuern) mtl. DM 65,89 für Berechnungszeitraum

Liquiditätsberechnung:

	Auszahlungen	DM	150 000,00
–	Restschuld – Salden	DM	0,00
–	Summe kalk. Gesamtaufwand	DM	19 765,51
+	Kredit-Nebenkosten	DM	0,00
=	*Liquidität*	*DM*	*–130 234,49*

Ergebnis

Der kalkulatorische Gesamtaufwand der Festhypothek ist bezogen auf die Laufzeit von 25 Jahren um DM 33 666,90 günstiger als das hierzu entsprechende Annuitätendarlehen. Dieser Vorteil entsteht, wie vorangegangen schon beschrieben, durch den Steuervorteil der abzugsfähigen Schuldzinsen.

Wenn Sie die jeweils rechte Spalte der Vertragsanalysen, die Liquiditätsspalte der Darlehen, vergleichen, erkennen Sie, wie sich die jährliche Belastung nach Steuern verändert. Je länger das Darlehen läuft, um so mehr verschiebt sich der Vorteil zugunsten der Festhypothek.

Weiterhin würde sich der Gesamtaufwand des Annuitätendarlehens erhöhen, wenn Gerd Kapitalanleger heiraten sollte und somit einen Todesfallschutz benötigt.

Meine persönliche Meinung:

Für den Fall einer Finanzierung von vermietetem Wohneigentum empfehle ich durchaus die Tilgungsaussetzung durch z.B. eine Kapitallebensversicherung. Wichtig ist jedoch, eine Versicherungsgesellschaft zu wählen, deren Kapitaltarife in der »Top Ten-Liste« zu finden sind.

Auch bei gemischtgenutzten Immobilien (z.B. Einfamilienhaus mit vermieteter Einliegerwohnung) ist unter bestimmten Voraussetzungen eine solche Tilgungsaussetzung zu empfehlen.

Der Vorteil resultiert aber aus dem Steuervorteil, der durchaus mit einem Risiko behaftet ist. Der Vorteil ist schnell dahin, wenn er durch geänderte Steuergesetze nicht mehr greift oder der Investor schlicht und ergreifend arbeitslos wird. Hinzu kommen natürlich wieder die eventuell nicht eingehaltenen Überschußbeteiligungen der Versicherungsgesellschaft.

Eine Tilgungsaussetzung kann man u. U. aber auch mit Investmentsparplänen realisieren (siehe Kapitel KAPGLOBAL).

Die richtige Zinsfestschreibungszeit

Eine Frage, die sich bei einer Darlehensaufnahme immer stellt, ist: Für wie lange soll ich den Darlehenszins festschreiben?

Hierauf eine eindeutige Antwort zu geben ist unmöglich, denn die Entwicklung des allgemeinen Zinsniveaus ist nicht vorhersehbar. Ich werde jedoch versuchen, aufgrund des historischen Verlaufes des Zinses Empfehlungen auszusprechen.

Anhand des Charts zu den Umlaufrenditen der festverzinslichen Wertpapiere können Sie die Entwicklung des Zinsniveaus seit 1955 verfolgen. Hieran erkennt man, wie sich die Banken am Geldmarkt, über die Vergabe von z.B. Pfandbriefen, refinanzieren (Pfandbrief = festverzinsliches Wertpapier). Auf den Zins des Pfandbriefes schlägt die Bank ihre Marge auf (ca. zwischen 0,75 % und 1,5 %), und man erhält den Hypothekenzins.

Meine Empfehlungen bezogen auf die Umlaufrendite

Bei einem Zins von	Zinsfestschreibung
> 10,5 %	maximal 2 Jahre
zwischen 9,5 und 10,5 %	zwischen 2 und 5 Jahre
zwischen 8,5 und 9,5 %	5 Jahre
zwischen 7,0 und 8,5 %	zwischen 5 und 10 Jahre
zwischen 6,0 und 7,0 %	10 Jahre
bis 6,0 %	länger als 10 Jahre

Wenn Sie vor der Entscheidung einer längerfristigen Zinsbindung stehen, müssen Sie sich darüber im klaren sein, für wie lange Sie die Immobilie besitzen wollen. Es könnte ein kostspieliger Fehler sein, wenn Sie eine Zinsbindung von zehn Jahren oder länger eingehen, obwohl Sie das Objekt schon nach fünf Jahren wieder verkaufen wollen. Wenn der zukünftige Käufer Ihre Finanzierung nicht übernimmt, wird eine sogenannte Vorfälligkeitsentschädigung dem Kreditinstitut gegenüber fällig. Diese kann je nach Darlehenshöhe, Restlaufzeit der Zinsbindung und dem Zinsniveau in die Zehntausende gehen.

Umlaufrenditen festverzinslicher Wertpapiere (Durchschnittswerte pro Jahr)

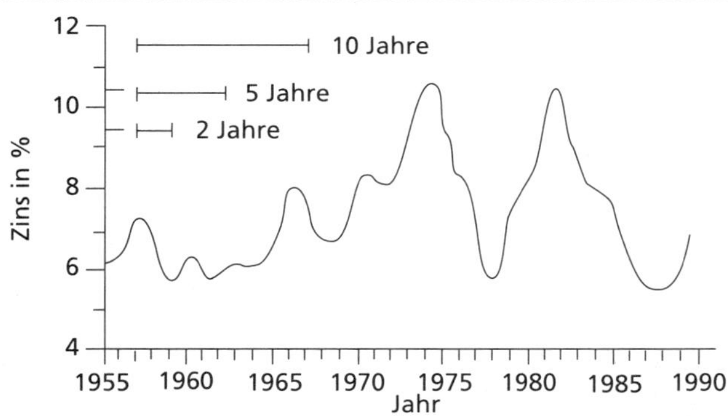

Einige Kreditinstitute, in der Regel die Geschäftsbanken und die Sparkassen, bieten ihren zukünftigen Kreditnehmern auch gerne einen variablen Zins an, der sich je nach Veränderung der Zinssituation nach unter wie nach oben anpaßt.

Vorsicht! Eine Immobilienfinanzierung sollten Sie immer unter dem Aspekt der Sicherheit angehen. Erst recht, wenn die monatliche Belastung gerade im Rahmen des Machbaren liegt.

Von einer Finanzierung mit einem variablen Zins würde ich deshalb grundsätzlich Abstand nehmen. Hierzu ein Beispiel: Wenn Sie sich im Jahre 1972 oder 1980 bei einem durchschnittlichen Zins in der Umlaufrendite von etwa neun Prozent auf eine Darlehensvereinbarung mit einem variablen Zins eingelassen hätten, müßten Sie ein Jahr später schon zirka 1,6 Prozent mehr Zinsen zahlen. Für das Kreditinstitut ein prima Geschäft, aber nicht für Sie. Dies würde

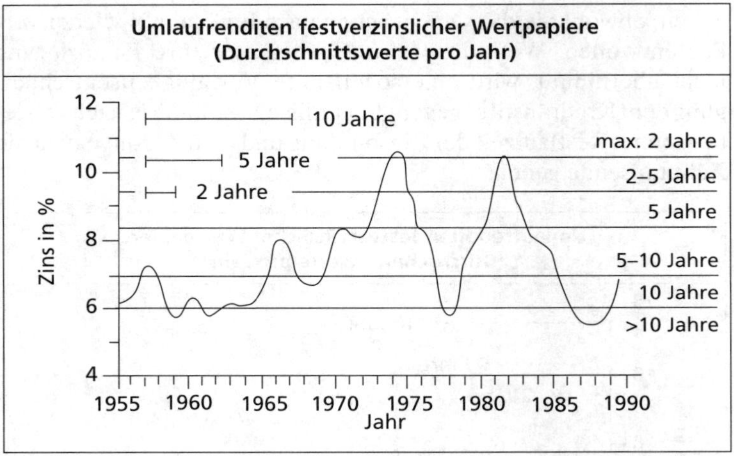

Sie pro Jahr und DM 100 000,– Darlehenssumme DM 1600,– mehr kosten. Das könnte so manchem stolzen Hausbesitzer große Probleme bereiten.

Es ist zwar ärgerlich, wenn Sie z.B. eine fünfjährige Zinsbindung eingehen, und nach zwei Jahren fallen die Zinsen nach unten. Unverzeihlich ist jedoch, variable Zinsen zu vereinbaren, wenn anschließend die Zinsen steigen, so daß Sie in Zahlungsschwierigkeiten geraten, die zu einer möglichen Zwangsversteigerung führen könnten.

Nochmals kurz zum Thema Disagio

Hätten Sie z.B. Ende des Jahres 1976 eine fünfjährige Zinsfestschreibung zu einer Kondition mit einer 90%igen Auszahlung gewählt, um Ihre monatliche Belastung zu senken, wäre diese Wahl Sie sehr teuer zu stehen gekommen. Denn der Prolongationszinssatz wäre bei der dann folgenden 100%igen Auszahlung des Verlängerungsdarlehens mehr als doppelt so hoch gewesen. Die Konsequenz: Eine monatliche Mehrbelastung von über 100 Prozent! Und somit die vielleicht endgültige Pleite.

Variable Kreditzinsen überprüfen!

Wer einen sogenannten variablen Kredit zur Finanzierung seiner Immobilie oder Geschäftseinrichtung aufgenommen hat, sollte einmal den Verlauf der Kreditzinsen unter die Lupe nehmen.

Variabler Kredit bedeutet, daß die Bank den Zinssatz ändern darf, wenn sie das wegen der Entwicklung des Kapitalmarktes für erforderlich hält. Nach oben wie nach unten. Sie ahnen es schon – in der Praxis sieht das natürlich häufig ganz anders aus. Nach oben passen die Banken den Zins sehr schnell an, doch nach unten nur sehr schwerfällig.

So nicht, sagte deshalb das Oberlandesgericht Celle (Az: 3 U 240/89). Im Urteilsfall hatte die Bank den Zinssatz, der einen Prozentpunkt oberhalb des Durchschnittszinssatzes lag, den die Bundesbankstatistik für Hypothekendarlehen zu Gleitzinsen aufwies, trotz sinkender Zinsen nicht nach unten hin angepaßt. An diesen Zinssatz bliebe die Bank auch in Zukunft gebunden.

Die Richter sprachen dem Darlehensnehmer eine Entschädigung von DM 8000,– zu. Eine Bank muß zwar nicht bei jeder minimalen Marktschwankung den Zins anpassen. Eine Zinssenkung ist aber nach dem Urteil spätestens fällig, wenn sich der Durchschnittszinssatz um 0,2 % verringert hat.

Eine Bank oder Sparkasse ist keine staatliche Institution, sondern ein Unternehmen, das eine Gewinnmaximierung anstrebt. Prüfen Sie deshalb Ihren variablen Kredit, wenn die Zinsen wieder sinken!

Die innovativen Finanzierungsformen

Neben den drei klassischen Finanzierungstypen (Bauspardarlehen, Annuitätendarlehen und Festhypothek) möchte ich auf einige »besondere« Finanzierungsmöglichkeiten aufmerksam machen. In erster Linie betrifft dies die alternative Tilgungsaussetzung eines Bankdarlehens gegen eine Geldanlage. Eine solche »Innovation« würde sich dann für den Darlehensnehmer lohnen, wenn die zur Tilgung eingesetzte Kapitalanlage eine höhere durchschnittliche Jahresrendite als der Darlehenszins der Tilgungsvariante (= Annuitätendarlehen) erwirtschaftet. Die drei folgenden Möglichkeiten werden von einigen Banken als Tilgungssatz anerkannt, die in dem Kapitel über Geldanlageberatung näher erläutert werden.

1. Investmentfonds
2. Fondsgebundene Lebensversicherung
3. Britische Kapitallebensversicherung

Der Knackpunkt dieser Kapitalanlagen liegt darin, daß sich die Renditeangaben auf die Vergangenheitswerte des Produktes beziehen und keine Garantien für die Zukunft sind. *Keine Chancen ohne Risiken!*

Ich möchte deshalb ausdrücklich darauf aufmerksam machen, daß diese »Innovationen« eigentlich nur für bonitätsstarke Darlehensnehmer in Frage kommen. Ein Häuslebauer, der bei seiner Finanzierung an die Schallgrenze seiner Möglichkeiten gelangt ist, sollte sich von jedem noch so kleinen Risiko fernhalten.

Die Chancen und Risiken in Zahlen

Die Ausgangslage soll ein Annuitätendarlehen mit folgender Kondition sein (vereinfacht dargestellt):

Nominalzinssatz	:	8 %
Tilgungssatz	:	1 %
Auszahlungskurs	:	100 %
Zinsfestschreibung	:	Gesamte Laufzeit
Darlehenshöhe	:	DM 120 000,–
Z+T-Modalitäten	:	wie gehabt
Laufzeit des Darlehens	:	27,58 Jahre

Das Darlehensendergebnis ergibt einen kalkulatorischen Gesamtaufwand in Höhe von *DM297 614,–*

Anstatt der anfänglichen 1 %igen Tilgung (entspricht monatlich DM 100,–) wird der Betrag in eine hochrentierliche Kapitalanlage eingezahlt. Daraus ergibt sich die gleiche monatliche Belastung wie bei dem Annuitätendarlehen. Aus der folgenden Tabelle können

Wertsteigerung in % p.a.	DM 120 000,– sind erreicht (in Jahren)	Kalkulatorischer Gesamtaufwand (in DM)	Gewinn (– = Verlust) (in DM)
4	36,97	399 276,–	– 101 662,–
5	33,22	358 776,–	– 61 162,–
6	30,29	327 132,–	– 29 518,–
7	27,94	301 752,–	– 4 138,–
8	25,99	280 692,–	16 922,–
9	24,35	262 980,–	34 634,–
10	22,94	247 752,–	49 862,–
11	21,72	234 576,–	63 038,–
12	20,66	233 128,–	74 486,–
13	19,71	212 868,–	84 746,–
14	18,86	203 688,–	93 926,–
.	.	.	.
.	.	.	.
.	.	.	.

Sie entnehmen, bei welcher Rendite welche Gewinne bzw. Verluste entstünden.
Bei einer Durchschnittsrendite der Kapitalanlage von z.B. 10 % wäre das Darlehen bereits nach 22,94 anstatt 27,58 Jahren zurückgezahlt. Der Darlehensnehmer hätte in diesem Fall eine Gesamtersparnis von *DM 49 862,–* erzielt.

Meine persönliche Meinung:

Wenn Sie in der glücklichen Lage sein sollten, ein »Risiko« eingehen zu können, und auch ein risikofreudiger Mensch sind, sollten Sie es durchaus wagen, eine wie zuvor beschriebene Tilgungsaussetzung einzugehen. Die Chance, das Darlehen aufgrund einer hohen Rendite der Kapitalanlage früher zu tilgen als bei der Tilgungsvariante und somit viele Zinsen zu sparen, ist durchaus gegeben. Ich würde jedoch auf keinen Fall die gesamte Darlehenssumme darauf abstellen (vielleicht 50:50). Sie sollten sich jederzeit bewußt sein, daß damit auch ein Risiko verbunden ist (siehe auch Kapitel KAPGLOBAL).

Wie bewertet man eine Immobilie?

In dem Abschnitt »Was kann ich mir leisten?« kann man sich die individuellen Grenzen bei einer Immobilieninvestition selbst errechnen. Wenn Sie nun die maximale Größenordnung der anstehenden Investition kennen, können Sie sich nach entsprechenden Immobilien umsehen, z.B. im Immobilienteil Ihrer Tageszeitung. Wird Ihnen eine Immobilie angeboten, taucht hier zwangsläufig die Frage auf:

Ist das Objekt seinen Kaufpreis wert, oder wird es zu teuer angeboten?
Eine Möglichkeit, dies festzustellen, bestünde darin, einen vereidigten Sachverständigen mit der Wertermittlung zu beauftragen. Ein Sachverständigengutachten kostet etwa 2,0 ‰ des sogenannten Verkehrswertes (Verkehrswert DM 370 000,– x 2,0 ‰ = DM 740,–). Falls Sie mehrere Objekte zur Auswahl haben, kann das zu einem kostspieligen Unterfangen werden.

Eine harte Nuß müssen Sie knacken, wenn Sie den Verkehrswert eines Hauses selber schätzen wollen. Der Verkehrswert ist der auf dem Markt erzielbare Preis einer Immobilie; er setzt sich aus mehreren Komponenten zusammen. Um den Verkehrswert zu schätzen, werden folgende Einzelberechnungen notwendig:

1. Der Sachwert, der sich aus dem Boden- und Bauwert zusammensetzt und maßgebend für die Ermittlung des Verkehrswertes bei eigengenutzten Immobilien ist.
2. Der Ertragswert, der sich aus den möglichen Mieteinnahmen einer Immobilie errechnet und bei Vermietung einer Immobilie zur Verkehrswertermittlung beiträgt.

Bei gemischt genutzten Immobilien (z.B. Zweifamilienhaus mit einer vermieteten Wohnung) wird ein Mittelwert aus Sach- und Ertragswert benötigt und errechnet.

Wenn Sie eine Eigentumswohnung erwerben wollen, können Sie den Wert auch anhand von Vergleichswerten ermitteln. Solche Vergleichswerte erfahren/erhalten Sie z.B. aus dem RDM-Preisspiegel (RDM = Ring Deutscher Makler/Hamburg) oder bei der Gutachterstelle Ihrer Gemeinde.

Um die Berechnungen vornehmen zu können, lassen Sie sich vom Verkäufer des Hauses die Baupläne, Baubeschreibungen sowie die Wohnflächen- und Kubusberechnungen aushändigen, die ohnehin zu den Beleihungsunterlagen gehören. Weiterhin benötigen Sie den aktuellen Baukostenindex auf der Basis von 1913, den Sie beim Bauamt Ihrer Gemeinde erfahren können.

Aufgabenstellung zur Wertschätzung

Zu bewerten ist ein Einfamilienhaus mit Garage.

Daten: *1. Haus*

- Alter des Gebäudes: 15 Jahre
- Zweigeschossige Bauweise
- Gute Ausstattung
- 600 cbm umbauter Raum
- Eigennutzung
- Mietwert mtl. DM 1950,–
- Zeitgemäßer Zustand
- Wohnfläche 150 qm

2. Garage

- Alter: 10 Jahre
- 50 cbm umbauter Raum
- Mietwert mtl. DM 50,–

3. Grundstück

- 450 qm Grundstücksfläche
- 7 m Straßenfront
- Bodenwert lt. Bodenrichtwertkarte der Gemeinde DM 360,–/qm

4. Allgemeines
- Aktueller Baukostenindex (Basis 1913) = 1883,7 % (Landesindex Stand: 2/92)

Zu berechnen sind: 1. Sachwert; 2. Ertragswert; 3. Verkehrswert; 4. Beleihungswert.

Anhand der folgenden Tabelle ersehen Sie den Kubuspreis für zweigeschossige Einfamilienhäuser mit guter bis sehr guter Ausstattung (23–35 DM). Bei angenommener guter Ausstattung des Hauses ist der Preis von 24 DM/cbm angebracht. Für die Garage können Sie 10 DM/cbm ansetzen.

Die Lebensdauer eines Hauses in konventioneller Bauart und bei üblicher guter Unterhaltung beträgt 100 Jahre. Aus der Tabelle »Abschlag durch Alter« ersehen Sie nun die Alterswertminderung für das Haus (ca. 10 %) und für die Garage (6 %).

Wohnwert, Bauart und Ausstattung

Der Wohnwert setzt sich grundsätzlich aus zwei Komponenten zusammen.

a) Die Lagekomponente
Zu berücksichtigen sind hier die Struktur der Bausubstanz, die verkehrsmäßige Erschließung, die Versorgung mit öffentlichen Einrichtungen, die Verkehrslage, Beeinträchtigung durch Lärm, Industrieabgase etc. Dazu kommen Faktoren, die sich aus der historischen Entwicklung der Stadt ergeben, wie z.B. die Frage: Handelt es sich hierbei um eine gute Adresse oder nicht?

b) Die Qualitätskomponente
Sie bezieht sich auf Ausstattung von Gebäude und Wohnung.

Daraus resultiert der Wohnwert, der in drei Kategorien unterteilt wird.

Durchschnittskubikmeterpreise für Gebäude in DM nach den Baupreisverhältnissen vom Jahre 1913

cbm–Berechnung nach DIN 277 von 1950 (ohne Baunebenkosten)

Gebäudeart	eingeschossig			zweigeschossig			mehr als zweigeschossig		
	Bauart und Ausstattung			Bauart und Ausstattung			Bauart und Ausstattung		
	einfach DM	mittel DM	gut bis sehr gut DM	einfach DM	mittel DM	gut bis sehr gut DM	einfach DM	mittel DM	gut bis sehr gut DM
Mietwohngebäude	15,5–19	17,5–20	21–26	14–17,5	16,5–19	20–25	15–17,5	15,5–17,5	19–24
gemischt-genutzte Gebäude (Erdgeschoß z.B. Laden, Obergeschosse Wohnungen).	18	19–21	22–28	16,5	17,5–19	20–26	15,5–16,5	16,5–18,5	19–25
Geschäftshäuser (Büro-, Versicherungs-, Verwaltungs-, Bankgebäude)	–	–	–	20–25	26–50	51–56	19–24	25–29	30–55
Hotels, Fremdenhäuser, Gaststätten	16,5–20	17,5–21	22–50	15,5–20	19–24	25–35	15,5–19	19–24	23–35
Volksschulen	17,5	19–20	21–24	17,5	19–20	21–25	20	21–23	24–28
Höhere Schulen, Berufsschulen	23	24–25,5	26,5–31	22–23	24–25,5	26–30	21–22	23–24	25–30
Einfamilienhäuser	11–17	18–23	24–36	11–16	17–22	23–35	–	–	–

1. Einfacher Wohnwert
   WC in der Wohnung, ohne Bad, Ofenheizung, in wenig bevorzugter Wohnlage (z.B. Industrievorort oder Wohnviertel mit ungünstiger Bevölkerungsstruktur).
2. Mittlerer Wohnwert
   Bad und WC in der Wohnung, Zentralheizung, gemischt gebaute Wohnlage mit normaler verkehrsmäßiger Erschließung und guter Bausubstanz, ausgeglichene Bevölkerungsstruktur.
3. Guter Wohnwert
   Bad, WC, Zentralheitzung, ggfs. Fahrstuhl, gute bis erstklassige Wohnlage.

Kapitalisierungssätze	
Mietwohngrundstücke	5 %
Miethäuser (sozialer Wohnungsbau)	3 %
Mietwohnhäuser Großstadtanlage	5,25 %
Wohn- und Geschäftshäuser	5,5 %
Geschäftshäuser	6,0 %

Bewirtschaftungskosten	
Alter 1 – 20 Jahre	25 %
Alter 20 – 35 Jahre	30 %
Alter 35 – 50 Jahre	40 %
Alter 50 – 80 Jahre	70 %

Abschlag durch Alter

Hierbei wird auf die Roßsche Tabelle Bezug genommen. Der Architekt Franz Wilhelm Roß ist federführender Sachverständiger für Immobilienbewertungen.

Roßsche Tabelle

Alter	Alterswertminderung in v. H. Lebensdauer nach Jahren			
in Jahren	40	60	80	100
5	7,5	5,0	3,8	3,0
10	16,0	10,0	7,5	6,0
15	26,0	16,0	11,3	9,6
20	38,0	22,7	16,0	12,1
25	51,0	29,7	21,0	16,0
30	66,0	38,0	26,0	20,0
35	82,5	46,3	31,8	24,0
40	100,0	56,0	38,0	28,0
45		66,0	44,3	33,0
50		76,7	51,0	38,0
55		88,3	53,5	43,0
60		100,0	66,0	48,0
65			73,8	54,0
70			82,5	60,0
75			91,3	66,0
80			100,0	72,0
85				79,0
90				86,0
95				93,0
100				100,0

Schema zur Ermittlung des Sachwertes

1. **Bodenwert** (voraussichtlich **dauernd** erzielbar)

Vorderland			Hinterland			insgesamt DM
	Jetztwert DM			Jetztwert DM		
m²	pro m²	Betrag	m²	pro m²	Betrag	
280[1]	360,–	100 800,–	170	120,–	20 400,–	121 200,–
Öffentliche und private Erschließungskosten, soweit sie bereits gezahlt sind						....
1) 7 m Straßenfront x 40 m Tiefe = 280 qm Vorderland.					Summe 1.	121 200,–

Sind in letzter Zeit entsprechende Preise für gleichwertige Grundstücke bei freihändigem Verkauf erzielt worden? JA.

Sind noch Erschließungsbeiträge zu zahlen? NEIN.

2. **Bauwert** (Berechnung des umbauten Raumes nach DIN)

Gebäudeteile Nutzungsart	Baujahr	umbauter Raum nach DIN 277	Preis je cbm	insgesamt	% Abschreibung in %	% Abschreibung in DM	Zeitwert DM
Haus	1977	600 cbm	24 M	271 250,–[1]	10	27 125,–	244 125,–
Garage	1982	50 cbm	10 M	9 420,–	6	565,–	8 855,–
						Insgesamt	252 980,–
		(8 %)				Für Außenanlagen nach DIN	20 240,–
		(8 %)				Für Baunebenkosten nach DIN	20 240,–
						Summe 2.	293 400,–

Derzeit ortsüblicher Baukostenindex 1 883,7 % (1913 = 100 %)

Sachwert (Summe 1. + Summe 2.) 414 660,–

1) 600 cbm x 24 M x Index

Schema zur Ermittlung des Ertragswertes

Mietertrag (bei Eigennutzung Mietwert) – bei fertigen Beleihungsobjekten am tatsächlichen Ertrag auszurichten, im öffentlich geförderten Wohnungsbau an der Kostenmiete – auch soweit sie zunächst nicht von den Mietern aufzubringen ist, aber als nachhaltig erzielbar gelten kann.

a) Wohnräume b) Garagen frei finanziert? mit öffentlichen Mitteln gefördert? c) gewerblich genutzte Räume	Wohn- bzw. Nutzfläche nach DIN 283 m²	Nachhaltig erzeilbarer Mietsatz je m² monatlich DM	a) Wohnungen b) PKW-Garagen Miete monatlich DM	gewerblich genutzte Räume Miete monatlich DM
a) Wohnräume	150	13,–	1 950,–	
b) Garage	–	–	50,–	
		Summe monatlich	2 000,–	
		Summe jährlich	24 000,–	

Jahresbruttomiete:	24 000,–
– (25 %) Bewirtschaftungskosten:	6 000,–
Reinertrag:	18 000,–
Ertragswert bei Kapitalisierung mit 5 %:	*360 000,–*

Sachwert DM	Ertragswert DM	Mittelwert DM	Verkaufswert[1] DM	Verkehrswert[2] DM
414 660,–	360 000,–	387 330,–	415 000,–	415 000,–

1) nachhaltiger, auf Dauer erzielbarer Wert. Wird er überwiegend am Sachwert (z. B. bei Eigenheimen, Eigentumswohnungen) oder am Ertragswert (z. B. Renditeobjekten) ausgerichtet, ist dies zu begründen!
2) bei freihändigem Verkauf heute zu erzielender Kaufpreis (bei Neubauten nach Bebauung)

Begründung des Verkaufswertes: Bei der Wertschätzung eigengenutzter Immobilien wird auf den Sachwert abgestellt. Das bedeutet, daß der Verkehrswert bzw. Verkaufswert sich am Sachwert orientiert, während bei Renditeobjekten der Ertragswert maßgebend ist.

Kaufen oder mieten?

Nachdem Sie sich nun mühsam durch diese komplexe Fachmaterie der Immobilienfinanzierung gelesen haben, könnten Sie sich die Frage stellen: Warum das Ganze? Ich suche mir lieber eine schicke, moderne Mietwohnung und brauche mich nicht um diesen ganzen komplizierten »Kram« zu kümmern. Außerdem, so viele Zinsen an das Kreditinstitut. »Die« verdienen sich doch an uns dumm und dämlich.

Falls Sie zu einem solchen Ergebnis gekommen sein sollten, bedenken Sie bitte, daß die Miete auch ein Zins ist. Der sogenannte Mietzins, und ob Sie mit einer Mietwohnung langfristig günstiger fahren, will ich nun untersuchen.

Familie Kritisch steht vor der Entscheidung, eine ihr angebotene Wohnung zu kaufen oder zu mieten. Sie will wissen, welche Entscheidung für sie insgesamt preiswerter ist.

Daten der Wohnung:	Wohnfläche	: 80 qm
	Kaltmiete	: DM 12,–/m²
	Kaufpreis	: DM 2500,–/m²
Daten der Familie:	Personen	: Eltern + 2 Kinder
	zu verst. Einkommen	: DM 80 000,–
	Alter der Eltern	: 35 Jahre
	Eigenkapital	: DM 50 000,–
Allgemeine Daten:	Guthabenverzinsung	: 6 %
	Preissteigerungsrate	: 3 %

Weitere notwendige Daten

I. Miete

Monatliche Kaltmiete	: DM 960,–
Statistisches Durchschnittsalter	: 75 Jahre

II. Kauf

Kaufpreissumme	: DM 200 000,–
Nebenkosten pauschal	: DM 10 000,–
Eigenkapital	: DM 50 000,–
Finanzierungsvolumen	: DM 160 000,–
Darlehenszinssatz	: 8 %
Anfangstilgungssatz	: 1 %
Z+T-Modalitäten	: wie gehabt
Nicht umlagefähige Kosten pro Monat	: DM 60,–

Liquiditätsabflußberechnung für die Kaufsituation

I. Das Darlehen

Die Laufzeit des Darlehens beträgt 27,58 Jahre. Der daraus resultierende kalkulatorische Gesamtaufwand ergibt einen Betrag von	DM 396 818,–
Von dem kalk. Gesamtaufwand muß die Darlehensauszahlung abgezogen werden	–DM 160 000,–

II. Die Steuerersparnis

Familie Kritisch hat über einen Zeitraum von 8 Jahren eine Steuerersparnis aus der Grundförderung nach § 10e plus Baukindergeld von	DM 33 393,–
Mit einer 6%igen Verzinsung (Verzinsungszeit = Laufzeit des Darlehens minus 1 Jahr) ergibt das einen Guthabenbetrag von	DM 133 253,–

III. Zusätzlich anfallende Kosten

Nach dem Kauf einer Wohnung fallen zusätzliche Kosten wie Verwaltergebühren und Instandhaltungsrücklagen an (mtl. DM 60,–). Dies sind auf einen Mieter nicht umlagefähige Kosten und fallen bei einer Mietwohnung folglich nicht an. Unter der Berücksichtigung der Preissteigerungsrate ergeben sich zusätzliche Kosten in Höhe von + DM 30 730,–

Bei der Gesamtbetrachtung unter Berücksichtigung der anfallenden Guthabenverzinsung und Preissteigerung für die zusätzlich anfallenden Kosten, bezogen auf die Darlehenslaufzeit, ergibt sich ein *Liquiditätsabfluß* von DM 134 295,–

Liquiditätsabflußberechnung für die Mietsituation

I. Die Kaltmiete

Anstatt der Darlehenszinsen bei einem Kauf muß eine Nettomiete in Höhe von DM 960,– monatlich gezahlt werden. Unter der Berücksichtigung der Preissteigerungsrate werden, bezogen auf die Laufzeit von 27,58 Jahren, Mietzahlungen geleistet in Höhe von DM 491 683,–

II. Die Guthabenverzinsung

Da die Familie Kritisch bei einer Anmietung ihr Eigenkapital nicht einsetzen muß, wächst das Kapital bei einer 6 %igen Verzinsung an auf (nach 27,58 Jahren) –DM 249 557,–

Bei der Mietsituation beträgt somit der *Liquiditätsabfluß* DM 242 126,–

Anhand dieser Zahlen sehen Sie, daß der Kauf in diesem Fall die

Miete eindeutig schlägt. Weiterhin müssen Sie berücksichtigen, daß die Kritischs nach den 27,58 Jahren Eigentümer einer schuldenfreien Eigentumswohnung sind, für die sie im weiteren Zeitraum keine Zinsen bzw. Mieten bezahlen müssen. Um den Vorteil einer schuldenfreien Immobilie zu verdeutlichen, rechne ich an diesem Beispiel weiter. In Deutschland werden die Menschen im Schnitt 75 Jahre alt. Die Frauen werden etwas älter als die Männer. Wie sieht die vorangegangene Rechnung unter der Voraussetzung, daß die Kritischs 75 Jahre alt werden, also die Wohnung 40 Jahre lang nutzen werden?

Kaufsituation nach 40 Jahren

I. Das Darlehen

Keine Veränderung – kalk. Gesamtaufwand	DM 396 818,–
abzüglich der Darlehensauszahlung	–DM 160 000,–

II. Die Steuerersparnis

Die 6 %ige Verzinsung ist auf 40 Jahre minus 1 Jahr berechnet	–DM 274 607,–

III. Zusätzlich anfallende Kosten

Der Endbetrag der nicht umlagefähigen Kosten erhöht sich auf	+ DM 58 830,–
Liquiditätsabfluß nach 40 Jahren	DM 21 041,–

Mietsituation nach 40 Jahren

I. Die Kaltmiete

Innerhalb der 40 Jahre müßten die Kritischs an Miete zahlen	DM 882 665,–

II. Die Guthabenverzinsung

Das anfängliche Eigenkapital erhöht sich durch die 6 %ige Verzinsung auf	–DM 514 286,–
Liquiditätsabfluß nach 40 Jahren	DM 368 379,–

Noch deutlicher wird das Ergebnis zugunsten der Kaufalternative bei der »lebenslänglichen« Betrachtung. Bei einem Kauf müssen nach der Rückzahlung des Darlehens keine Zinsen mehr gezahlt werden. Miete jedoch müßten die Kritischs bis an das Ende ihres Lebens bezahlen.

Eine zweite Darstellungsform

Ich habe diesmal, losgelöst von den meisten Eckdaten, eine tabellarische sowie grafische Darstellungsform gewählt. In der Kaufsituation sind die Faktoren Zins und Tilgung der Finanzierung sowie die Instandhaltung der Immobilie zu berücksichtigen. Aus Vereinfachungsgründen behaupte ich, daß die monatliche Belastung aus Zins und Tilgung über die Finanzierungslaufzeit (hier 25 Jahre) konstant ist, aber die Instandhaltung mit dem zunehmenden Alter der Immobilie um 5 % pro Jahr steigt.
Die Anfangswerte sind DM 1700,– pro Monat für Zins und Tilgung und DM 50,– pro Monat für die Instandhaltung. Eventuelle Steuerersparnisse bleiben unberücksichtigt.
Bei der Mietsituation gehe ich von einer anfänglichen Kaltmiete von DM 1000,– pro Monat aus. Instandhaltungskosten fallen für mich als Mieter nicht an. Lediglich kleinere Schönheitsreparaturen hat der Mieter zu übernehmen. Mein Problem könnte nur sein, daß sich meine Miete von Jahr zu Jahr erhöht. In der Darstellung bin ich von jährlichen Steigerungen der Miete von 2 %, 3 %, 4 % und 5 % ausgegangen.
Das Resultat ist mal wieder eklatant, und zwar eklatant ungünstig für den Mieter. In der Kaufsituation habe ich zwar anfänglich eine höhere Belastung, die bei möglichen Steuervergünstigungen (§

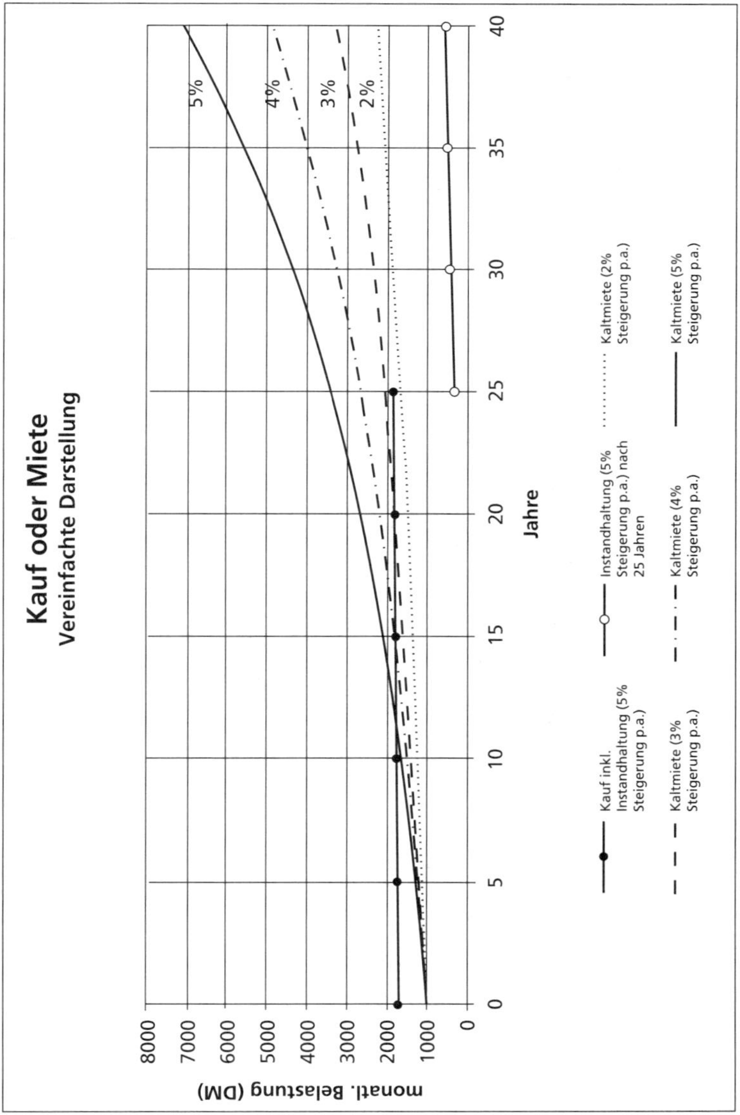
Kauf oder Miete
Vereinfachte Darstellung
monatl. Belastung (DM)
8000
7000
6000
5000
4000
3000
2000
1000
0
0
5
10
15
20
25
30
35
40
Jahre
5%
4%
3%
2%
Kauf inkl. Instandhaltung (5% Steigerung p.a.)
Instandhaltung (5% Steigerung p.a.) nach 25 Jahren
Kaltmiete (2% Steigerung p.a.)
Kaltmiete (3% Steigerung p.a.)
Kaltmiete (4% Steigerung p.a.)
Kaltmiete (5% Steigerung p.a.)

Kauf oder Miete										
Monatliche Belastungen										
	Jahre	0	5	10	15	20	25	30	35	40
Kauf inkl. Instandhaltung (5% Steigerung p.a.)	DM	1750	1764	1781	1804	1833	1896			
Instandhaltung (5% Steigerung p.a.) nach 25 Jahren	DM						169	216	276	352
Kaltmiete (2%Steigerung p.a.)	DM	1000	1104	1219	1346	1486	1641	1811	2000	2208
Kaltmiete (3% Steigerung p.a.)	DM	1000	1159	1344	1558	1806	2094	2427	2814	3262
Kaltmiete (4% Steigerung p.a.)	DM	1000	1217	1480	1801	2191	2666	3243	3946	4801
Kaltmiete (5% Steigerung p.a.)	DM	1000	1276	1629	2079	2653	3386	4322	5516	7040

Berechnet mit der Software »Baufinanzierung mit Excel«.

10e) aber verringert wird. Geht man jedoch von einer Mietsteigerung aus, die der durchschnittlichen Inflationsrate entspricht (ca. 4 %), ist der Schnittpunkt der monatlichen Belastungsarten in diesem Beispiel schon nach 15 Jahren gegeben. Extrem deutlich werden die Differenzen nach der Rückzahlung der Grundschulden. Für den Käufer fallen nur noch die Instandhaltungskosten an, während der Mieter weiterhin munter seine Mietzinsen zu entrichten hat. Ein weiterer wesentlicher Aspekt kommt hinzu. Der Käufer hat nach 25 Jahren eine schuldenfreie Immobilie, also einen erheblichen inflationsgeschützten Sachwert und steht weitaus besser da als der Mieter.
Hinzu kommen auch noch qualitative Aspekte die z.B. Unkündbarkeit als Eigentümer einer Immobilie oder die freie Gestaltbarkeit meiner Immobilie.

Meine persönliche Meinung:

Wenn Sie die Möglichkeit zum Immobilienerwerb haben, tun Sie es. Quantitative wie qualitative Aspekte sprechen eindeutig dafür. Sie dürfen nur nicht überteuert kaufen, falsch finanzieren oder unterversichert sein. Dieses Buch gibt aber, wie Sie ja bereits wissen, entsprechende Ratschläge.

Die Teilungserklärung

Eine Besonderheit bei Eigentumswohnungen

In der Teilungserklärung sind die gesetzlichen Aspekte einer Wohnungseigentümergemeinschaft festgelegt. Sie teilt z.B. ein Mehrfamilienhaus in sogenannte Miteigentumsanteile auf, beschreibt die Lage und Größe der Eigentumswohnungen und zeigt eventuelle Sondereigentums- bzw. Nutzungsrechte auf.

Die Teilungserklärung wird von einem Notar beim Grundbuchamt beantragt. Sie definiert die Anteile und Rechte eines jeden (Teil-)Eigentümers der Immobilie.

Die eigenen vier Wände werden auch als Sondereigentum bezeichnet. Innerhalb der eigenen vier Wände kann der Eigentümer sich einrichten, wie er möchte. Die Behandlung des gemeinschaftlichen Eigentums, wie z.B. Dach, Waschküche, Treppenhaus, usw., obliegt der Eigentümergemeinschaft unter der Führung eines hoffentlich versierten Hausverwalters.

Die Größe des Miteigentumsanteils ist in der Regel in 1/1000 definiert, wobei die gesamte Immobilie inklusive Grundstück 1000/1000 beträgt. Die Höhe des Miteigentumsanteiles errechnet sich aus der anteiligen Wohn- und Nutzfläche der entsprechenden Wohnung.

Hierzu ein vereinfachtes Beispiel:

1. Gesamte Wohn- und Nutzfläche der Immobilie:	1000/1000
2. Wohn- und Nutzfläche aller Wohneinheiten:	800 m^2

3. Pro m^2-Wohn- und Nutzfläche entspricht einem Anteil von: $\frac{1000/1000}{800} = 1{,}25/1000$
4. Hat die Wohnung eine Wohn- und Nutzfläche von 80 m^2, resultiert daraus ein Miteigentumsanteil an der Gesamtimmobilie von: 80 x 1,25/1000 = 100/1000

Der Miteigentumsanteil spielt für den Eigentümer eine bedeutende Rolle. Nach diesem Anteil berechnet sich unter anderem die Hausgeldabrechnung für den Eigentümer.

Ein Tip: Fragen Sie den Hausverwalter oder Eigentümer nach der aktuellen Höhe der gesamten Instandhaltungsrücklage der Eigentümergemeinschaft. Mit der Eigentumsumschreibung gehört dem Erwerber automatisch, gemäß dem Miteigentumsanteil, der Anteil der Instandhaltungsrücklage.

Andererseits ist es wichtig zu wissen, ob eventuelle Modernisierungs- bzw. Renovierungsmaßnahmen geplant sind, und ob diese Maßnahmen duch die bestehende Instandhaltungsrücklage gedeckt sind.

Immobilien und das Finanzamt

Durch den Erwerb von bebauten Grundstücken bzw. durch den Neubau von Gebäuden kann man in einem beträchtlichen Umfang Steuern sparen.

Diese Steuerersparnis erleichert dem Bauherrn oder Käufer von Immobilien in den ersten Jahren die Belastungen durch den Kapitaldienst.

Die Grundförderung nach § 10e EStG

Rückwirkend zum 1.10.1991 hat der Gesetzgeber eine Vielzahl von Änderungen am Häuslebauerparagraphen 10e verabschiedet. Auf den folgenden Seiten finden Sie die wichtigsten Aspekte zu diesem Thema in Kurzform:

Umfang der Grundförderung und Abzugszeitraum

Der Bauherr oder Erwerber kann von den Herstellungs- oder Anschaffungskosten einer selbstgenutzten Wohnung im eigenen Haus oder einer selbstgenutzten Eigentumswohnung im Inland zuzüglich der Hälfte der Anschaffungskosten für den dazugehörigen Grund und Boden im Jahr der Fertigstellung oder Anschaffung und in den drei folgenden Jahren jeweils bis zu 6 %, höchstens jedoch DM 19 800,– pro Jahr, sowie in den folgenden vier Jahren 5 %, höchstens jeweils DM 16 500,–, sowie Sonderausgaben abziehen.

Die Bemessungsgrundlage des § 10e EStG umfaßt die Herstellungs- oder Anschaffungskosten der selbstgenutzten Wohnung und die hälftigen Anschaffungskosten des zu der selbstgenutzen

Wohnung gehörenden Grundstücks, höchstens jedoch DM 330 000,–.

Die fast totale Flexibilität für den Einsatz des § 10e

Die Abschreibungssätze des neuen § 10e lassen sich nach hinten uneingeschränkt innerhalb des Förderungszeitraumes verschieben. Theoretisch kann man im achten Jahr 44 % (4 x 6 % + 4 x 5 %) der Anschaffungs- bzw. Herstellungskosten abschreiben. Man kann auch im dritten Jahr pausieren und im vierten Jahr 12 % zum Ansatz bringen. Nur eines kann man nicht, nämlich Abzugsbeiträge vorziehen, also z. B. im ersten Jahr 12 % und dafür im zweiten Jahr 0 % absetzen. Wermutstropfen für Besserverdienende: Unterschreiten sie z. B. im vierten Jahr die Einkommensgrenze, können sie die Abschreibungen nachholen.

Begünstigte Objekte

Die Förderung nach § 10e knüpft an die Wohnung an, die der Eigentümer selbst zu Wohnzwecken nutzt, unabhängig davon, ob es sich bei der selbstgenutzten Wohnung um eine Eigentumswohnung oder um eine Wohnung in einem Einfamilien-, Zweifamilien- oder Mehrfamilienhaus handelt. Der Abzugsbetrag wird während des 8jährigen Abzugszeitraumes für jedes Jahr gewährt, in dem der Eigentümer die Wohnung zu eigenen Wohnzwecken nutzt. Der Erwerb von bereits bestehenden Wohnungen wird im gleichen Maße gefördert wie die Herstellung von Neubauten. Ferien- und Wochenendwohnungen sind von der Begünstigung ausgeschlossen. Herstellungskosten, Ausbauten und Erweiterungen sind ebenfalls begünstigt, sofern die Maßnahmen eigenen Wohnzwecken dienen.

Aufteilung der Aufwendungen

Bei Zwei- oder Mehrfamilienhäusern müssen sowohl im Falle der Eigennutzung als auch im Falle der gemischten Nutzung die Herstellungs- oder Anschaffungskosten des Gebäudes sowie für Grund und Boden auf die einzelnen Wohnungen aufgeteilt werden. Maßstab hierfür ist das Verhältnis der Nutzflächen und nicht der Wohnflächen. Aufwendungen, die einer Wohnung direkt zuzurechnen sind, werden nicht nach dem Verhältnis der Nutzflächen aufgeteilt. Schuldzinsen und andere Aufwendungen, die auf die selbstgenutzte Wohnung entfallen, werden steuerlich nicht berücksichtigt. Dies gilt ebenso für Arbeitszimmer sowie Praxisräume in der selbstgenutzten Immobilie.

Objektbeschränkung

Jeder Bauherr oder Erwerber kann nur einmalig in seinem Leben die Förderung nach § 10e EStG für eine selbstgenutzte Wohnung oder für einen Ausbau bzw. eine Erweiterung in Anspruch nehmen. Hat der Bauherr oder der Erwerber bereits die erhöhte Abschreibung nach § 7b EStG in Anspruch genommen, führt diese Inanspruchnahme auch hinsichtlich der Förderung nach § 10e EStG zum Objektverbrauch. Nutzt der Erwerber oder der Bauherr die eigene Wohnung nicht bis zum Ablauf des 8jährigen Abzugszeitraumes zu eigenen Wohnzwecken, so kann er unter Berücksichtigung bestimmter Voraussetzungen die restlichen Abzugsbeträge in den noch nicht ausgenutzten Jahren des Abzugszeitraumes für eine andere selbstgenutzte Wohnung in Anspruch nehmen (Folgeobjekt). Das Folgeobjekt muß innerhalb von zwei Jahren vor oder drei Jahren nach Ablauf des Jahres, in dem das Erstobjekt letztmals zugerechnet worden ist, angeschafft oder hergestellt werden.

Besonderheiten bei Ehegatten

Ehegatten, die die Voraussetzungen zur Zusammenveranlagung erfüllen, können die Begünstigung nach Paragraph 10e für insgesamt zwei Objekte in Anspruch nehmen. Es ist jedoch ausgeschlossen, daß Ehegatten gleichzeitig für zwei in räumlichem Zusammenhang stehende Wohnungen die Begünstigung in Anspruch nehmen. Mit dieser Regelung soll vermieden werden, daß Ehegatten bei einem selbstgenutzten Zweifamilienhaus den doppelten Abzugsbetrag in Anspruch nehmen können. Weiterhin werden Anschaffungsgeschäfte zwischen Ehegatten nicht begünstigt.

Steuerabzug für Kinder

Bei Bauherren oder Erwerbern, die die Grundförderung nach § 10e Abs. 1–5 EStG in Anspruch nehmen, ermäßigt sich *auf Antrag* nach § 34f Abs. 2 EStG für jedes in seinem Haushalt lebende Kind die Einkommensteuer um je DM 1 000,– jährlich für den gleichen Abzugszeitraum. Der Steuerabzug wird bereits vom ersten Kind an gewährt.

Vor- und Rücktrag des Baukindergeldes

Eine clevere Lösung ist den Regierenden zum Baukindergeld eingefallen, damit die Steuervergünstigung durch das Baukindergeld auch tatsächlich ausgeschöpft wird. Kommt es aufgrund zu hoher Vorkosten und dem Abzugsbetrag nach dem § 10e nicht mehr zur optimalen Steuerersparnis, werden max. die zwei vorangegangenen Jahre berücksichtigt, so daß die Förderung in Höhe von DM 1 000,– direkte Steuerersparnis pro Kind und Jahr sicher ist. Reichen die zwei Jahre nicht aus, wird der verbleibende Betrag im restlichen Förderungszeitraum und den darauffolgenden zwei Jahren geltend gemacht.

Sonderausgabenabzug für Aufwendungen während der Bau- und Anschaffungsphase

Nach §h 10e Abs. 6 können Aufwendungen des Eigentümers, die vor Beginn der erstmaligen Nutzung einer Wohnung zu eigenen Wohnzwecken entstehen und gezahlt werden, wie Sonderausgaben abgezogen werden. Der Sonderausgabenabzug gilt nur für solche Aufwendungen, die im Falle der Vermietung der Wohnung als Werbungskosten abziehbar wären, z. B. Disagio, Beratungshonorar, Beratungsgebühr, Wertgutachten, Notar- und Amtsgerichtsgebühren für Grundschuldeintragungen ins Grundbuch, Bereitstellungszinsen, Schuldzinsen vor Bezug und andere Aufwendungen wie Fahrt- und Telefonkosten in Verbindung mit der Objektsuche.

Eintragung von Freibeträgen auf der Lohnsteuerkarte

Arbeitnehmer können die Abzugsbeträge nach § 10e EStG vom Zeitpunkt der Herstellung oder Anschaffung der selbstgenutzten Wohnung als Freibetrag auf der Lohnsteuerkarte eintragen lassen. Bei Arbeitnehmern mit Kindern werden die Steuerabzugsbeträge nach § 34f Abs. 2 in Verbindung mit § 10e EStG in Höhe von DM 1 000,– für jedes zu berücksichtigende Kind in einen Freibetrag von DM 4 000,– umgerechnet, der ebenfalls auf der Lohnsteuerkarte eingetragen werden kann wie der Schuldzinsenabzug.

Zeitlicher Anwendungsbereich des § 10e EStG

Die Grundförderung ist erstmals für Objekte anzuwenden, die nach dem 31.12.1986 hergestellt oder angeschafft werden. Ein Objekt ist fertiggestellt, sobald es bezugsfertig ist.

Bezugsfertig bedeutet, daß den künftigen Bewohnern zugemutet werden kann, einzuziehen. In der Regel ist die Bezugsfertigkeit mit dem tatsächlichen Einzug identisch. Ohne Bedeutung ist die Abnahme durch die Bauaufsichtsbehörde, und das Fehlen kleinerer Abschlußarbeiten steht der Bezugsfertigkeit nicht entgegen. Unter dem *Anschaffungszeitpunkt* ist der Zeitpunkt zu verstehen, zu dem der Erwerber das wirtschaftliche Eigentum erlangt sowie Besitz und Nutzen, Gefahr und Lasten auf den Erwerber übergehen. Dieser Zeitpunkt wird im Kaufvertrag vereinbart. Der Abschluß des Kaufvertrages oder die Eintragung ins Grundbuch sind für den Anschaffungszeitpunkt nicht maßgebend.

Zeitlich begrenzter Schuldzinsenabzug

Unabhängig von der Höhe der Einkünfte ist die Neuerung des Schuldzinsenabzuges in Höhe von max. DM 12 000,– pro Jahr, und zwar drei Jahre lang. Voraussetzung ist, daß die Immobilie bis zum

31.12.1994 neugebaut und selbst genutzt wird. Bei einem Kauf kommen nur diejenigen in den Genuß der Vergünstigung, die die selbstgenutzte Immobilie im Herstellungsjahr erwerben. Weiterhin darf noch kein sogenannter Objektverbrauch eingetreten sein. Zu berücksichtigen ist, daß bei der Inanspruchnahme des Schuldzinsenabzuges der Objektverbrauch eintritt. Es gilt daher abzuwägen, ob es sinnvoll ist, aufgrund des Schuldzinsenabzuges eine spätere Inanspruchnahme des § 10e unmöglich zu machen. Der im ersten Jahr nicht voll ausgeschöpfte Höchstbetrag kann im vierten Jahr nachgeholt werden.

Der einzige Nachteil trifft die Besserverdienenden

Wer zuviel verdient, den bestraft das Leben bzw. die Bundesregierung. Wessen Gesamtbetrag der Einkünfte als Single jenseits der DM 120 000,– Grenze liegt, darf den § 10e nicht nutzen. Bei Verheirateten DM 240 000,–. Der Gesamtbetrag der Einkünfte ist nicht mit dem zu versteuernden Einkommen zu verwechseln. Das Einkommensteuerrecht zählt sieben Einkunftsarten. Vereinfacht formuliert bedeutet der Gesamtbetrag der Einkünfte sämtliche Einnahmen aus allen Einkunftsarten abzüglich aller Werbungskosten. Eine harte Gesetzesregelung, von der man annimmt, daß jeder zehnte Immobilienerwerb davon betroffen ist. Diese Regelung gilt ab dem 1.1.1992 und ist für jedes Steuerjahr erneut zu berechnen. Für Immobilienerwerber, die an diesen Grenzen liegen, wird die zukünftige monatliche Belastung nur noch bedingt kalkulierbar.

Die Förderung unentgeltlich überlassener Wohnungen nach § 10h

Wer neuen Wohnraum und eine zusätzliche abgeschlossene Wohneinheit in seinem Haus schafft und diese Angehörigen unentgeltlich überläßt, wird zukünftig wie bei § 10e steuerlich gefördert. Voraussetzungen sind, daß durch die Baumaßnahme kein neues Gebäude entsteht und daß der Eigentümer eine eigene Wohnung zu eigenen Wohnzwecken in dem Objekt nutzt. Der Schuldzinsenabzug ist hierbei nicht möglich, aber es tritt bei der Inanspruchnahme auch kein Objektverbrauch ein. Zu den begünstigten Angehörigen zählen die Verwandten in gerader Linie des Bauherrn sowie des Ehepartners.

Begünstigte Anschaffungs- oder Herstellungskosten

Nach § 10e können Sie folgende Kosten abschreiben:

I. Grunderwerbssteuern, Maklercourtage und Notar- und Amtsgerichtsgebühren für die Beurkundung des Grundstücks- oder Hauskaufes sowie die Grundbuchgebühr für die Eintragung der Eigentumsänderung.

II. Alarmanlage, Badewanne, Badezimmerofen, Besenkammer, Duschen, Elektrospeicherheizung, Fahrstuhlanlage, Fußböden, Fernsehantennen, Gaseinzelheizung, Herd, Küchenspüle, sanitäre Anlagen, Teppichklopfstange, Wasseraufbereitungsanlage.

Nicht begünstigte Anschaffungs- oder Herstellungskosten

III. Bar, Deckentäfelung, Einbaumöbel (wenn sie bei vermieteten Wohnungen nicht üblich sind), Fenstermarkise, Geschirrspülmaschine, Hängeschränke, Kegelbahn, Planschbecken mit Springbrunnen, Sauna, Schranktrennwand, Wandmosaik, Waschmaschine.

Neue Bundesländer

Die Eigentümer in den neuen Bundesländern, die ihre selbstgenutzte Immobilie renovieren und modernisieren, werden steuerlich zusätzlich gefördert. Die Förderung greift bei einer Kostenhöhe bis zu 40 000,–, die in einem Zeitraum von 10 Jahren zu 10 % pro Jahr wie Sonderausgaben abgesetzt werden kann. Es ist möglich, den § 10e sowie auch den Abzugsbetrag nach dem Fördergebietsgesetz anzusetzen. Bedingung ist, daß durch die Modernisierungsmaßnahmen neuer Wohnraum geschaffen wird. Wenn der Gesamtbetrag nur knapp über DM 40 000,– liegen sollte, muß abgewogen werden, ob die Inanspruchnahme des § 10e Sinn macht.

Einschränkung des § 10e EStG beim Kauf von Altbauten ab 1994

Der Sonderausgabenabzug bleibt beim Kauf von »Altbauten« nach dem 31.12.93 grundsätzlich weiterhin bestehen, jedoch von maximal 150 000,– DM der Anschaffungskosten. Danach sind abzugsfähig in den ersten vier Jahren höchstens je 9 000,– DM und in den folgenden vier Jahren höchstens je 7 500,– DM. Hiervon sind solche Objekte betroffen, die nach dem Ende des zweiten auf das Fertigstellungsjahr folgenden Jahres gekauft werden. Diese Neuregelung ist erstmals anzuwenden, wenn der Steuerpflichtige das Objekt aufgrund eines nach dem 31.12.93 rechtswirksam abgeschlossenen obligatorischen Vertrags angeschafft hat.

Wird das Gebäude im Jahr der Fertigstellung oder in den beiden Folgejahren angeschafft (Neubauten), gelten die bisherigen Abzugsbeträge:

a) in den ersten vier Jahren bis zu je	19 800,– DM
b) in den folgenden vier Jahren bis zu je	16 500,– DM

Schema zur Berechnung der Abschreibungsbemessungsgrundlage gemäß § 10 e ESTG

Objekt

Selbstgenutztes Einfamilienhaus, 2 Jahre alt
Kaufpreis: DM 400 000,–

Grundstücksanteil	: DM 120 000,–	= 30 % vom Kaufpreis
Gebäudeanteil	: DM 280 000,–	= 70 % vom Kaufpreis

Erwerbsnebenkosten (Anschaffungsnebenkosten)

Maklercourtage (3,45 %)	: DM 13 800,–
Grunderwerbsteuer (2 %)	: DM 8 000,–

Notar- und Amtsgericht (ca. 1 % für den Kauf)	: DM	4 000,–
Gesamt	: *DM*	*25 800,–*

Die Nebenkosten müssen gemäß dem Verhältnis Grundstück zum Gebäudeanteil zugerechnet werden.

I. DM 25 800,– x 30 % = *DM 7 740,– zum Bodenwert*
II. DM 25 800,– x 70 % = *DM 18 060,– zum Gebäudewert*

Bodenwert

Grundstück	DM 120 000,–	
+ zurechenbare Nebenkosten	DM 7 740,–	
Gesamt	DM 127 740,–	
x 50 % (hälftiger Bodenwert)		= *DM 63 870,–*

Gebäudewert

Gebäude	DM 280 000,–	
+ zurechenbare Nebenkosten	DM 18 060,–	
Gesamt	DM 298 060,–	
		DM 298 060,–
Summe aus Bodenwert und Gebäudewert		*DM 361 930,–*

Die Summe aus dem anteiligen Bodenwert und dem Gebäudewert übersteigt die Höchstgrenzen des § 10e ESTG. Die Bemessungsgrundlage ist dementsprechend auf 330 000,– DM zu kürzen. Das zu versteuernde Einkommen reduziert sich in den ersten vier Jahren um 6 % von 330 000,– DM also um 19 800,– DM und in den folgenden vier Jahren um 5 % von 330 000,– DM, also um 16 500,– DM. Wäre das Objekt älter als zwei Jahre, würde sich die Bemessungsgrundlage auf 150 000,– DM reduzieren.

Absetzung für Abnutzung (AfA)

Bei einer Immobilie als Kapitalanlage (kaufen/bauen und vermieten) gibt es folgende Abschreibungsmöglichkeiten:

Die lineare Absetzung gemäß § 7 Abs. 4 EStG

Die steuerlich geringste Abschreibungsmethode ist die lineare gemäß § 7 Abs. 4 EStG. Bei ihr werden die Anschaffungs- und Herstellungskosten gleichmäßig auf die Nutzungsdauer verteilt. Nach § 7 Abs. 4 EStG sind folgende Abschreibungen vorzunehmen:

- Bei Gebäuden, die nach dem 31.12.1924 fertiggestellt worden sind: *2 % pro Jahr* (50 Jahre);
- bei Gebäuden, die vor dem 1.1.1925 fertiggestellt worden sind: *2,5 % pro Jahr* (40 Jahre)

der Anschaffungs- und Herstellungskosten, jedoch nur von dem Gebäudewert (ohne Grundstück).

Falls die Nutzungsdauer weniger als 40 bzw. 50 Jahre beträgt (laut Gutachten eines Sachverständigen), können die Abschreibungen nach der tatsächlichen Nutzungsdauer vorgenommen werden. Dies sollte jedoch mit dem Finanzamt abgesprochen werden. Ein Wahlrecht besteht für den Bauherrn/Erwerber nur im Jahr der Fertigstellung. Er kann zwischen der linearen und degressiven AfA wählen.

Berechnung des AfA-Betrages

Gebäudewert (Beispiel)	DM 266 058,–
Alter des Gebäudes:	15 Jahre
Gebäudewert DM 266 058,– x 2 % =	*DM 5 322,–*

Den Gesamtbetrag Ihrer Einkünfte reduzieren Sie für fünfzig Jahre um DM 5 322,– pro Jahr. Weiterhin ist anzumerken, daß die lineare Abschreibung im Gegensatz zur Grundförderung und der degressiven Abschreibung *pro rata temporis* (zeitanteilig) abgeschrieben werden muß. Das bedeutet, wenn der Anschaffungszeitpunkt im April des Jahres liegt, dürfen Sie im ersten Jahr nur 9/12 des oben berechneten Betrages absetzen.

Die degressive Absetzung gemäß § 7 Abs. 5 EStG

I. Zur Verminderung des erheblichen Fehlbestandes an Mietwohnungen sollen die Abschreibungsmöglichkeiten für Wohngebäude verbessert werden. Nach neuestem Gesetz sollen künftig folgende degressive Abschreibungen vorgenommen werden können:

- 4 Jahre jeweils 7 %, anschließend
- 6 Jahre jeweils 5 %, anschließend
- 6 Jahre jeweils 2 %, anschließend
- 24 Jahre jeweils 1,25 %

von den Anschaffungs- und Herstellungskosten. Wiederum jedoch nur vom Gebäudewert.

Diese Abschreibungssätze sollen für Neubauten gelten, bei denen der Antrag auf Baugenehmigung nach dem 28.2.1989 gestellt wird bzw. worden ist.

Berechnung der AfA-Beträge:

Gebäudewert:	DM 266 058,–
Alter des Gebäudes:	Neubau oder Ersterwerb

Abschreibung für die ersten 4 Jahre:	
Gebäudewert DM 266 058,– x 7 % =	*DM 18 624,–*
Für die nächsten 6 Jahre:	
Gebäudewert DM 266 058,– x 5 % =	*DM 13 303,–*
Für die nächsten 6 Jahre:	
Gebäudewert DM 266 058,– x 2 % =	*DM 5 322,–*
Für die restlichen 24 Jahre:	
Gebäudewert DM 266 058,– x 1,25 % =	*DM 3 326,–*

Degressive AfA beim Erwerb von Gebäuden

Beim Erwerb von Mietwohngebäuden kommt die degressive AfA nach § 7 Abs. 5 EStG nur dann in Betracht, wenn das Gebäude bis zum Ende des Jahres der Fertigstellung erworben wird. Dies bedeutet: Wollen Sie ein in 1993 fertiggestelltes Gebäude erwerben, muß die Anschaffung (Übergang von Besitz, Nutzen und Lasten) vor dem 1.1.1994 erfolgen.

Degressive AfA bei Umbauten

Die günstige AfA nach § 7 Abs. 5 EStG kommt nur für Neubauten in Betracht. Die bauliche Umgestaltung eines vorhandenen Gebäudes stellt keinen Neubau dar, solange das Gebäude in seiner wesentlichen Substanz nicht beeinträchtigt wird, so z. B. dann, wenn die Außenmauern zum überwiegenden Teil weiter benutzt werden und mit dem Umbau lediglich eine Umgestaltung des durch die Außenmauern umbauten Raumes vorgenommen wird. Ein Neubau liegt somit nur dann vor, wenn die neu eingefügten Gebäudeteile bewirken, daß das Gebäude in bautechnischer Hinsicht neu ist, z. B. durch Ersatz von Fundamenten, tragenden Außen- und Innenwänden, Geschoßdecken.

II. Nach § 7K EStG ist die Abschreibung für neuerrichtete Mietwohnungen nochmals verbessert. Im Rahmen der Sofortmaßnahmen zur Verringerung der Wohnungsknappheit werden für Wohnungen, für die der Bauantrag nach dem 28.2.1989 gestellt wird bzw. worden ist, folgende Abschreibungssätze möglich sein:

- 5 Jahre jeweils 10 %, anschließend
- 5 Jahre jeweils 7 %, anschließend
- 35 Jahre jeweils 0,5 %.

Voraussetzung für die Inanspruchnahme dieser AfA-Sätze ist eine

- Mietpreisbindung und
- Belegungsbindung auf die Dauer von zehn Jahren entsprechend den Richtlinien im sozialen Wohnungsbau

Die Bauherren und Ersterwerber von neuen Mietwohnungen haben nun die Qual der Wahl. Sie müssen sich entscheiden zwischen Variante I und II. In der Regel würde ich die Variante I bevorzugen.

Berechnung der Abschreibungsbemessungsgrundlage bei gemischt genutzten Immobilien (Gebäude älter als 2 Jahre)

Wenn Sie z. B. ein Zweifamilienhaus erwerben und die zweite Wohnung vermieten, müssen Sie die Bemessungsgrundlage nach dem Nutzflächenverhältnis und nicht nach dem Verhältnis der Wohnflächen berechnen. Neben der Wohnfläche zählen zu den Nutzflächen z. B. die Keller- und Trockenräume.

Beispiel: Zweifamilienhaus mit 200 m² Nutzfläche

Eigengenutzte Wohnung	120 m²	Vermietete Wohnung	40 m²
Zugeordnete Nutzflächen	30 m²	Zugeordnete Nutzflächen	10 m²
Gesamt	150 m²	Gesamt	50 m²

Das Nutzflächenverhältnis ergibt hier eine Eigennutzung von 75 % und eine Fremdnutzung von 25 %.

Eigennutzung in Verbindung mit der linearen AfA

Kaufpreis	: DM 500 000,–
Baujahr	: 1975
Bauwert	: DM 350 000,–
Bodenwert	: 150 000,–
Nutzflächenaufteilung	: 75 % Hauptwhg. + 25 % Einliegerwhg.

	Hauptwohnung	*Einliegerwohnung*
Aufteilung	75 %	25 %
Gebäude	262 500,–	87 500,–
+ Boden	112 500,– : 2	(37 500,–)
Abschreibungsart	§ 10e	§ 7 Abs. 4

Prozentsatz/Dauer	6 % / 4 Jahre	2 % / 50 Jahre
Begünstigte Kosten	318 500,– (max. 150 000,–)	87 500,–
x Prozentsatz	9 000,–	1 750,–

Der Abschreibungsbetrag ist hier *DM 10 750,–* für die ersten Jahre.

Grundförderung nach § 10e und AfA im gleichen Jahr möglich

Wird eine Wohnung nicht ganzjährig zu eigenen Wohnzwecken genutzt, sondern auch zur Erzielung von Einkünften, so ist neben der Gewährung des vollen Betrages der Grundförderung nach § 10e EStG auch die zeitanteilige AfA nach § 7 Abs. 4 bzw. 5 EStG zu gewähren.

Beispiel 1: Eine im Jahr 1987 fertiggestellte Eigentumswohnung wird von dem Eigentümer bis zum 30.4.1989 selbst bewohnt und anschließend vermietet. Für 1989 kann die volle Grundförderung nach § 10e EStG in Anspruch genommen werden und 8/12 des Jahresbetrages der degressiven AfA nach § 7 Abs. 5 EStG.

Beispiel 2: Kauf eines vermieteten Einfamilienhauses am 1.2.1989. Auszug des Mieters am 28.10.1989, Einzug des Erwerbers am 15.12.1989. Für die Zeit von Februar bis Oktober 1989 kann 9/12 des Jahresbeitrages der linearen AfA nach § 7 Abs. 4 EStG als Werbungskosten abgezogen werden. Zudem ist die volle Grundförderung nach § 10e EStG zu berücksichtigen.

Neue Länder: Steuerliche Förderung der Modernisierung und Instandsetzung von Mietwohnungen

Förderungsfähig sind Modernisierungs- oder Sanierungsmaßnahmen, die nachträglich Herstellungskosten darstellen und zwischen dem 31.12.90 und dem 1.1.95 entstanden sind.
Innerhalb der ersten fünf Jahre können 50 % der nachträglichen Herstellungskosten abgeschrieben werden, wobei der Investor selber bestimmen kann, wieviel er pro Jahr (in den ersten 5 Jahren) abschreiben will.
Die Restabschreibung mit einer Gesamtabschreibungsdauer von 10 Jahren erfolgt anschließend.
Werden für die nachträglichen Herstellungskosten öffentliche Gelder genutzt, mindert sich die Höhe der abschreibungsfähigen Herstellungskosten um den Förderbetrag.
Aus den folgenden Tabellen können Sie Ihre voraussichtliche Steuerersparnis durch den Immobilienerwerb ersehen.
Falls sich Ihre Einkommensverhältnisse seit dem letzten Jahr nicht gravierend geändert haben, entnehmen Sie bitte Ihr zu versteuerndes Einkommen dem letzten Einkommensteuerbescheid.

1. Grundtabelle (für Ledige) 1994 inkl. Kirchensteuer				
	Abschreibungsbetrag (10e und AfA)			
	5000,–	10 000,–	15 000,–	20 000,–
zu versteuerndes Einkommen				
30 000,–	1365,–	2628,–	3826,–	4925,–
40 000,–	1513,–	2957,–	4322,–	5585,–
50 000,–	1678,–	3298,–	4801,–	6246,–
60 000,–	1861,–	3638,–	5316,–	6927,–
70 000,–	2027,–	3951,–	5812,–	7590;–
80 000,–	2193,–	4282,–	6309,–	8233,–
90 000,–	2335,–	4612,–	6805,–	8893,–
100 000,–	2500,–	4942,–	7279,–	9555,–

2. Splittingtabelle (Verheiratete) 1994 inkl. Kirchensteuer				
	Abschreibungsbetrag (10e und AfA)			
	5000,–	10 000,–	15 000,–	20 000,–
zu versteuerndes Einkommen				
30 000,–	1118,–	2197,–	3261,–	4020,–
40 000,–	1206,–	2396,–	3514,–	4593,–
50 000,–	1284,–	2527,–	3732,–	4922,–
60 000,–	1373,–	2729,–	4013,–	5256,–
70 000,–	1482,–	2889,–	4262,–	5619,–
80 000,–	1537,–	3026,–	4508,–	5914,–
90 000,–	1618,–	3222,–	4759,–	6248,–
100 000,–	1700,–	3355,–	4973,–	6577,–

Renovierungs- oder Anschaffungskosten?

Eine entscheidende Frage.

Wer sein Häuschen bzw. seine Eigentumswohnung zunächst gründlich renovieren will oder muß, sollte dies vor dem Bezug der Immobilie tun. Ob die entstehenden Kosten Renovierungs- oder Anschaffungskosten darstellen, hängt von ihrer Höhe im Verhältnis zum Gebäudewert ab.

Gebäudewert = Kaufpreis - (Grund + Boden)

Liegen die Kosten über 20 % (Rechnungsbetrag ohne Umsatzsteuer) des Gebäudewertes, handelt es sich um Anschaffungskosten, die nach dem § 10e in Ansatz zu bringen wären. Andererseits wären es sofortabzugsfähige Sonderausgaben, die in voller Höhe im Jahr der Renovierung das zu versteuernde Einkommen mindern.

Übrigens gilt dies unabhängig davon, wie hoch der Gesamtbetrag der Einkünfte des Erwerbers ist oder ob die Förderungshöchstgrenzen überschritten werden. Voraussetzung ist, daß die Handwerksarbeiten vor dem Einzug durchgeführt werden. Eine Ausnahme: Wenn die zuvor gemietete Wohnung gekauft wird, ist der Stichtag, bis zu dem die Renovierungskosten als Vorkosten anerkannt werden, der im notariellen Kaufvertrag festgelegte Zeitpunkt, an dem die Nutzen und Lasten der Immobilie auf den Käufer übergeht. Bei einer klugen Gestaltung lassen sich tausende »Märker« an Steuern sparen. Ob Anschaffungskosten vorliegen, wird für die ersten drei Jahre nach dem Erwerb der Immobilie normalerweise nicht geprüft, wenn die Kosten der Instandsetzung in diesem Zeitraum 20 % des Gebäudewertes nicht übersteigen.

Nach meinen letzten Informationen soll die 20 %-Pauschale auf 15 % reduziert werden und auch die 3-Jahres-Frist ist nicht unbedingt sicher. Lassen Sie sich vom Steuerfachmann beraten.

Das Arbeitszimmer

Das häusliche Arbeitszimmer kann steuerlich außerordentlich interessant sein. Insbesondere dann, wenn die Bemessungsgrenze des § 10e EStG (wie zuvor beschrieben DM 330 000,– oder DM 150 000,–) für die steuerliche Absetzbarkeit überschritten wird. Bei einem Arbeitszimmer im eigenen Haus bzw. in der Eigentumswohnung können folgende Kosten steuerlich als Werbungskosten in Ansatz gebracht werden:

- anteilige Abschreibung (AfA),
  Die Berechnung der AfA-Höhe ist in Abschnitt »Berechnung der Abschreibungsbemessungsgrundlage bei gemischt genutzten Immobilien« beschrieben.
- anteilige Schuldzinsen,
- anteilige Betriebskosten der Immobilie,
  (Heizung, Versicherung, Grundsteuer, Strom, Müllabfuhr, usw.)
- anteilige Reparaturkosten der Immobilie,
- sowie sämtliche Renovierungskosten
- und Einrichtungskosten des Arbeitszimmers.

Die steuerliche Anerkennung des Arbeitszimmers

Hierbei kommt es nur darauf an, ob der vorgesehene Raum so gut wie ausschließlich beruflich genutzt wird. Folgende Kriterien sind jedoch zu berücksichtigen:

- Der Raum muß wie ein Arbeitszimmer eingerichtet sein;
- Das Arbeitszimmer muß ein separater Raum sein, der durch eine Tür von den restlichen Räumen abtrennbar ist. Es darf somit kein Durchgangszimmer sein.
- Der zeitliche Umfang der beruflichen Nutzung muß so groß sein, daß eine zeitlich geringe private Nutzung (ca. 10 %) als untergeordnet betrachtet werden kann;
- Die Wohnung / das Haus muß so groß sein, daß trotz des Arbeitszimmers genügend privater Wohnraum zur Verfügung steht.

Auch hier ist im Einzelfall der Steuerberater hinzuzuziehen.

Die Erbschaftssteuer und die Immobilie

Deutliche Vorteile bietet das Immobilieneigentum im Schenkungs- wie im Erbfall. Denn nicht der eigentliche Verkehrswert bildet die Berechnungsgrundlage für die mögliche Erbschafts-/Schenkungssteuer, sondern der sehr viel niedrigere Einheitswert (vom 1.1.64). Dieser Einheitswert x 140 % ist die Berechnungsgrundlage der Steuer. Verkehrswert und Einheitswert differieren gewaltig. Bei etwa 20 %– 40 % des Verkehrswertes liegt der Einheitswert einer Immobilie!
Allerdings ist diese Bewertungspraxis verfassungsrechtlich bedenklich, so daß Vater Staat bereits über die Möglichkeiten der Erhöhung der Berechnungsgrundlage zur Erbschafts-/bzw. Schenkungssteuer nachdenkt.

Ein Tip: Sogar die Schenkung von Geld zum Erwerb einer Immobilie kann eine steuerbegünstigte Schenkung darstellen, wenn nach seinem erkennbaren Willen der Schenker nicht den Geldbetrag schenken will, sondern eine bestimmte Immobilie. Nicht der Geldbetrag stellt die Bemessungsgrundlage in diesem Fall dar, sondern 140 % des Einheitswertes der Immobilie, zu dessen Kauf die Schenkung bestimmt worden ist.

3 Der Geldanlageberater

Inhaltsverzeichnis

Einleitung

Die nächste Generation in Deutschland wird die Erbengeneration sein. Noch nie waren die Bundesbürger wohlhabender. Die meisten werden mit der Problematik der richtigen Geldanlagestrategie durch eine Vielzahl von innovativen Finanzprodukten schlicht überfordert sein.

Fragen wie diese tauchen auf: Was sollte beachtet werden in puncto Sicherheit, Verfügbarkeit, Steuern, Risikostreuung, Zielsetzung und Geldanlagemedium? Neben den konservativen Kapitalanlagemöglichkeiten, wie z.B. den Investmentsfonds, den Immobilien, den festverzinslichen Wertpapieren und den Aktien sowie den Kapitallebensversicherungen, bietet der heutige Kapitalanlagemarkt eine bunte Vielfalt von Geldanlagemöglichkeiten. Unter Berücksichtigung sämtlicher Anlagevarianten kann man tatsächlich von einer Kunst der Geldanlagestrategie sprechen. Die Zeiten, in denen die Gelder auf einem Sparbuch angesammelt und miserabel verzinst wurden, sollten eigentlich vorbei sein. Das folgende Kapitel ist ein Ratgeber zur richtigen Geldanlagestrategie, der die individuelle Risikobereitschaft eines jeden berücksichtigt und dazu beiträgt, daß der Leser eine ausgewogene Entscheidung für sich treffen kann.

Welche Geldanlagen gibt es?

Grundsätzlich unterscheidet man zwischen den *Geldwert*-und *Sachwertanlagen*.

Beispiele zu *Geldwertanlagen:* Festgeld, Fiborsparen, Floater,

Sparbriefe, Leibrenten, Depotversicherung, Rentenfonds, Kurzläuferfonds, Geldmarktfonds, Finanzierungsschätze, Bundesobligationen, Bundesschatzbriefe, Sparbuch usw.

Die Renditen der Geldwertanlagen resultieren meist aus Zinserträgen und sind in der Regel steuerbare Einkünfte aus Kapitalvermögen.

Beispiele zu *Sachwertanlagen:* Aktien, Gold, Offene Immobilienfonds, Geschlossene Immobilienfonds, Aktienfonds, Eigentumswohnungen, Mehrfamilienhäuser usw.

Die Renditen der Sachwertanlagen resultieren hauptsächlich aus Wertsteigerungen und sind weitgehend inflationsgeschützt und steuerfrei, wenn die Steuergesetzgebung entsprechend berücksichtigt wird!

Die Kunst der Geldanlage liegt darin, die Rosinen aus den gewaltigen Geldanlage-Angeboten herauszupicken. Alleine in Deutschland gibt es mittlerweile über 1000 Investmentsfonds, die für den Vertrieb zugelassen sind. Bei den anderen Produkten sieht es ähnlich aus.

Kriterien einer Geldanlage

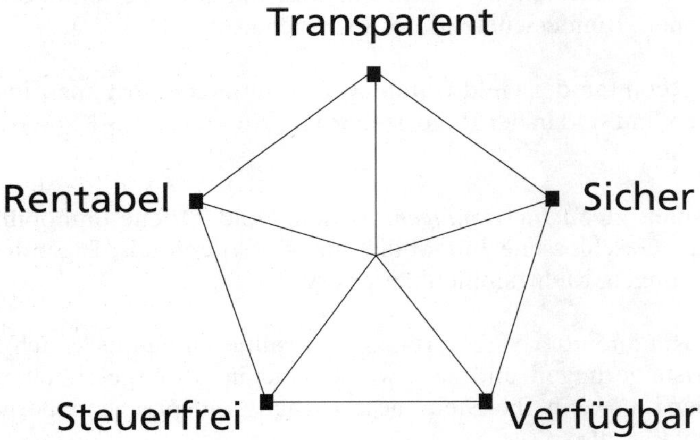

Die richtige Anlageform für das individuelle Anlageziel

Es sind die Aspekte der Marktwirtschaft, die auf dem Kapitalmarkt Spar- und Anlageformen entwickeln, die für die unterschiedlichsten Anlageziele geeignet sind. Die Palette der Spar- und Anlageformen wird immer größer und differenzierter und somit für den Verbraucher zunehmend undurchschaubarer.

Eine Geldanlage, die alle fünf Merkmale optimal ausschöpft, ist kaum realisierbar. Deshalb ist es unabdingbar, Ziele und Mentalität des Anlegers festzustellen, um ein individuelles Anlagekonzept auszuarbeiten und somit möglichst nahe an eine optimale Konstellation heranzukommen.

Die fünf Merkmale einer idealen Geldanlage sind:

1. Rentabel: Die klassischen Geldanlagen wie Sparbuch, Festgeld oder Wertpapiere des Bundes erzielen eine Rendite je nach Zinsniveau des Marktes zwischen 2,5 und 8% vor Steuer. Um den Begriff »Rentabel« zu rechtfertigen, sollte eine Rendite darüber hinaus erreicht werden.
2. Sicher: Von einer guten Geldanlage kann man nur sprechen, wenn sie in zweifacher Hinsicht »sicher« ist. Einerseits sicher vor unvorhergesehenen Entwicklungen und andererseits geschützt vor jeder Art der Veruntreuung.
3. Verfügbar: Bei einer vernünftigen Geldanlage ist das Geld angelegt und nicht festgelegt und somit»verfügbar«. Damit bleibt man flexibel, auch für spontan zu entscheidende Investitionen.
4. Steuerfrei: Eine hohe Rendite ist häufig nur die Hälfte wert, wenn der Ertrag von der Steuer geschmälert wird. Folglich sollten die Erträge einer Geldanlage, selbstverständlich ganz legal, weitgehend »steuerfrei« sein.
5. Transparent: Transparenz bedeutet hinsichtlich des Geldanlagekonzeptes die Aufklärung über die entstehenden Kosten und Gebühren sowie eine laufende Information über den Finanzstatus des Anlagekonzeptes in Form eines Konto- bzw. Depotauszuges, auch um die Wirtschaftlichkeit überprüfen zu können.

Das Ertrags-Risiko-Verhältnis

Wie schon beschrieben ist der Markt der Geldanlagen riesig. Vom Sparbuch angefangen bis hin zu Warentermingeschäften. Schon diese beiden Begriffe spiegeln das Verhältnis zwischen dem Ertrag und das dazugehörige Risiko wider. Das Risiko des Sparbuchinhabers ist praktisch gleich null, aber der Ertrag ist ebenfalls annähernd null, wenn man das Inflationsrisiko hinzuzieht. Der Inhaber von Warenterminkontrakten hat die Chance, außerordentliche Erträge innerhalb kürzester Zeit zu erhalten. Er hat aber auch das Risiko, einen Totalverlust seines Einsatzes hinnehmen zu müssen, bishin zu möglichen Nachzahlungsverpflichtungen. Zwischen diesen beiden Extremen gibt es eine große Spanne. Grundsätzlich kann aber die Aussage getroffen werden:

Je höher die Ertragschance, um so höher ist auch das Anlegerisiko!

Diese These hat auch bei noch so ausgeklügelten Anlagestrategien Bestand. Eine geschickte Vermögensverwaltung kann jedoch das Anlagerisiko schmälern, indem sie z.B. die Konjunktur- und Kapitalanlage-Zyklen berücksichtigt.

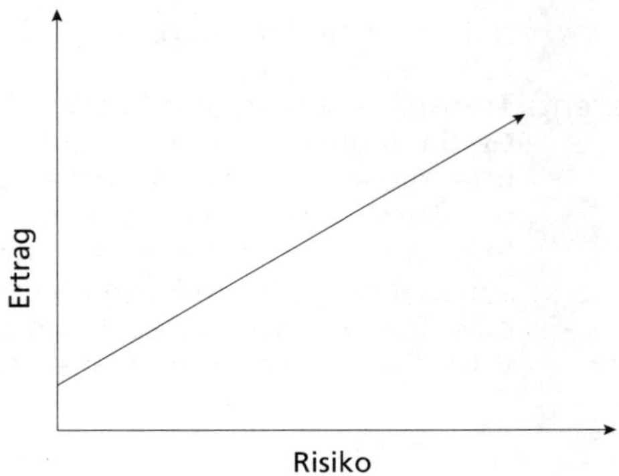

Der Anlegertypus

Einem stockkonservativen Anleger mit sehr volatilen Aktienfonds oder einem risikofreudigen Anleger mit Festgeld zu kommen, wäre sicherlich nicht angebracht. Es sollten u.a. die richtigen Geldanlagen nach dem entsprechenden Anlegertypus ausgesucht werden.

Um den Anlegertypus individuell festzustellen, sind gezielte Fragen vom Anleger ausführlich zu beantworten. Die Auswertung der Antworten sollte dann möglichst genau den Anlegertypus feststellen. Ist die Klassifizierung erfolgt, können die Geldanlagen nach ihrem Risikopotential ausgesucht werden.

Als Beispiele dienen folgende Fragen:
1. Wie reagieren Sie auf ein hoch überzogenes Girokonto?
2. Welche berufliche Stellung haben Sie?
3. Wie hoch ist Ihr Jahreseinkommen?
4. Welche Motive haben Sie, Ihr Geld anzulegen?
5. Wie würden Sie auf Kursschwankungen Ihrer Geldanlage reagieren?
6. Zu welchem Anlegertypus würden Sie sich selbst zählen?
7. usw.

Ich habe hier versucht, den Anlegertypus in die folgenden fünf Kategorien mit den dazugehörenden Risiko- und Chancenpotentialen einzustufen:

Anlegertypus	Risikopotential	Chancenpotential
5	hohes Risiko	hohe Renditechancen
4	risikofreudig	gute Renditechancen
3	ausgewogenes Risiko	ausgewogene Chancen
2	geringes Risiko	wenig Kurschancen
1	kein Risiko	keine Kurschancen/fixe Rendite

Der Konjunktur-Zyklus

Die Konjunktur einer Volkswirtschaft ist keine Einbahnstraße. Sie unterliegt einem ständigen Auf und Ab. In der BRD durchlaufen wir gerade (1993/1994) eine tiefgreifende wirtschaftliche Abschwächung, die in der Rezession mündet. Anhand der folgenden Grafik erkennt man das »Auf und Ab« der Konjunktur mit den typischen Folgen für den Arbeitsmarkt, die Zinsen, die Inflation und die Unternehmensgewinne. In der klassischen Rezession liegt eine hohe Arbeitslosigkeit vor, niedrige Unternehmensgewinne, die Marktzinsen sind niedrig und die Inflationsrate sinkt. Kommt es zur wirtschaftlichen Erholung, sinkt die Arbeitslosigkeit, und die Unternehmensgewinne steigen wieder. Natürlich verläuft die abgebildete Kurve nicht so harmonisch. Die einzelnen Zyklen dauern in der Regel unterschiedlich lange. Zwischen 3 und 5 Jahren pro Zyklus sollte man rechnen.

Bei den Bemühungen, eine Trendwende der Konjunkturentwicklung vorherzusagen, hat unter anderem das Handelsblatt einen Konjunkturfrühindikator ins Leben gerufen. Hier werden einzelne Indikatoren zu einer zusammenfassenden Kennziffer gebildet, nämlich:

* Der Aktienindex des Statistischen Bundesamtes
* Der Dreimonats-Zinsfibor
* Der Einzelhandelsumsatz
* Der Auftragseingang im verarbeitende Gewerbe
* Der Auftragseingang im Bauhauptgewerbe

Rückwirkende Betrachtungen haben eine beachtliche Treffsicherheit des Handelsblatt-Frühindikators ergeben. Andere führende Finanzzeitungen haben ähnliche Indikatoren entwickelt.

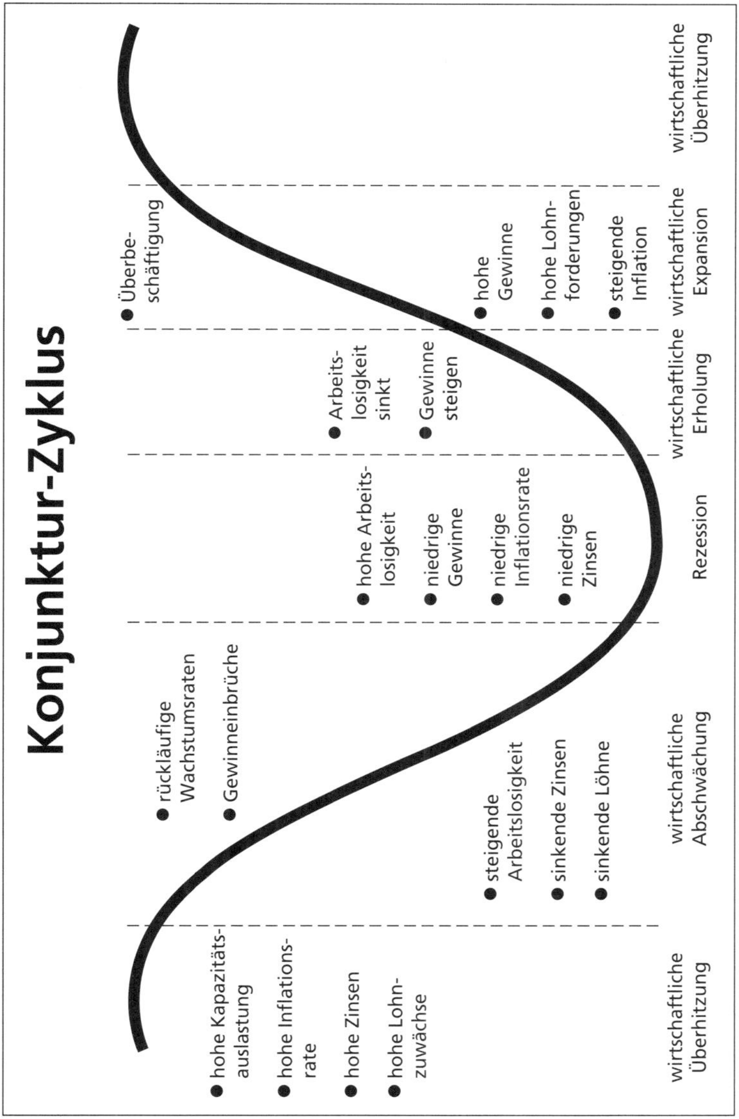
Konjunktur-Zyklus
hohe Kapazitäts-
auslastung
hohe Inflations-
rate
hohe Zinsen
hohe Lohn-
zuwächse
wirtschaftliche
Überhitzung
rückläufige
Wachstumsraten
Gewinneinbrüche
steigende
Arbeitslosigkeit
sinkende Zinsen
sinkende Löhne
wirtschaftliche
Abschwächung
hohe Arbeits-
losigkeit
niedrige
Gewinne
niedrige
Inflationsrate
niedrige
Zinsen
Rezession
Arbeits-
losigkeit
sinkt
Gewinne
steigen
wirtschaftliche
Erholung
Überbe-
schäftigung
hohe
Gewinne
hohe Lohn-
forderungen
steigende
Inflation
wirtschaftliche
Expansion
wirtschaftliche
Überhitzung

Der Kapitalanlage-Zyklus

Die Frage, die sich automatisch anschließt, lautet: Hat der Konjunktur-Zyklus Auswirkungen auf die Geldanlagedisposition, und kann sie möglichst optimal dem Konjunktur-Zyklus angepaßt werden? Anhand der Grafik »Kapitalanlage-Zyklus«komme ich persönlich zu dem folgenden Ergebnis:

Meine Makro-Analyse:

Mögliche Depot-Strukturen in den einzelnen Konjunktur-Zyklen:

1. In der Phase der *wirtschaftlichen Überhitzung* sind die Zinsen sehr hoch. Anzuraten wären große Geldmarktpositionen und der sukzessive Aufbau von Rentenpositionen sowie der Abbau von Immobilienpositionen.

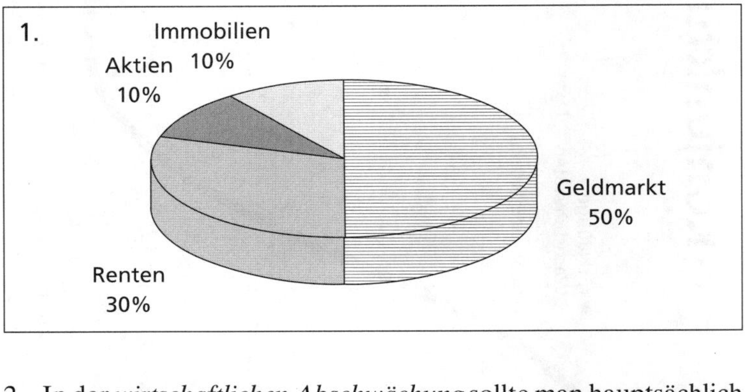

2. In der *wirtschaftlichen Abschwächung* sollte man hauptsächlich in festverzinsliche Wertpapiere (Renten) investieren. Durch die fallenden Zinsen steigen die Kurse der Rentenpapiere, und man sollte die Kursgewinne mit Beginn der Rezession realisiert haben, um Aktienpositionen aufzubauen.

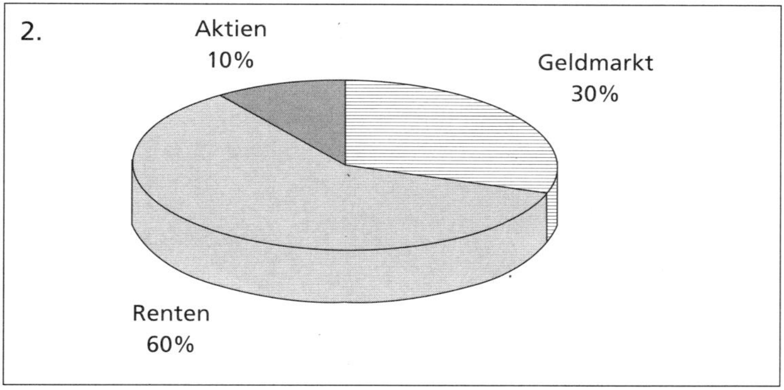

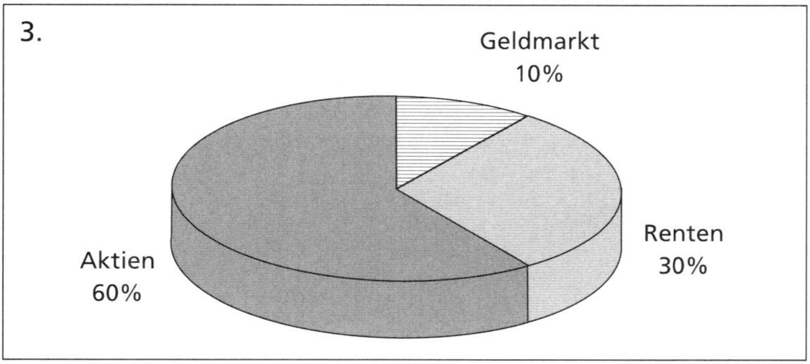

3. In der *Rezession* nimmt die Aktienbörse vielfach schon die wirtschaftliche Erholung und Expansion vorweg, deshalb sollte man die Aktienpositionen weiter ausbauen.
4. Die Phase der *wirtschaftlichen Erholung* gehört ebenfalls hauptsächlich den Aktien, wobei mit den steigenden Zinsen auch wieder Geldmarktpositionen aufgebaut und die Aktienpositionen abgebaut werden sollten.

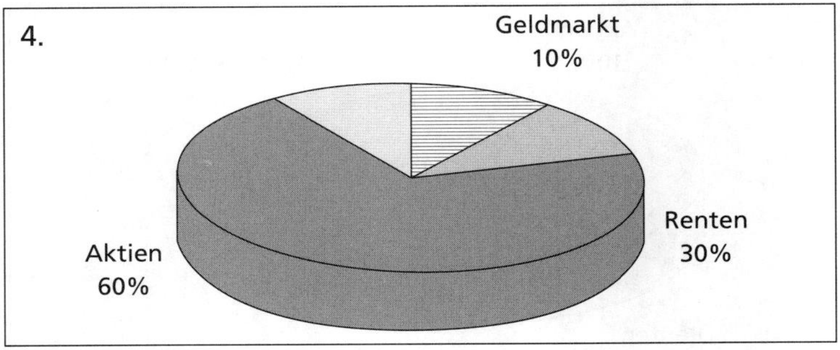

5. In der *wirtschaftlichen Expansion* sind die Geldmarktpositionen zu verstärken, die Aktienpositionen aufzulösen und Immobilienpositionen aufzubauen.
6. Es folgt wieder die wirtschaftliche Überhitzung (siehe 1.).

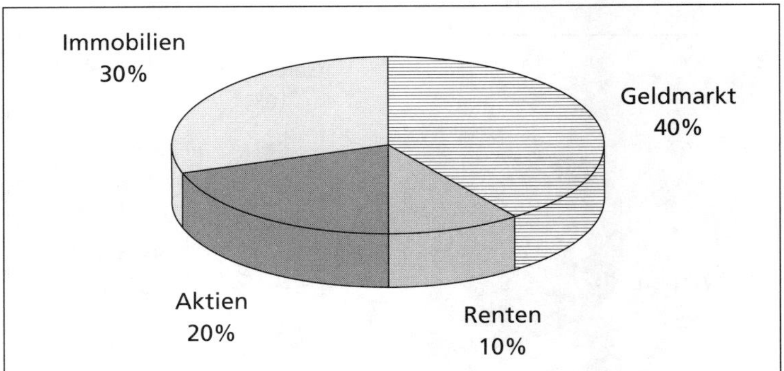

Eine solche Taktik dürfte langfristig einen deutlich größeren Erfolg bringen, als wenn man stur ein Wertpapier-Depot nach seiner individuellen Risikobereitschaft aufbaut und daran unabhängig vom Konjunktur-Zyklus festhält.

Natürlich spielen in den einzelnen Konjunktur-Phasen, beim Aufbau der Positionen, viele mikroanalytische Aspekte eine Rolle. Aktie ist nicht gleich Aktie. Technische wie fundamentale Kriterien sollten berücksichtigt werden. Später mehr hierzu.

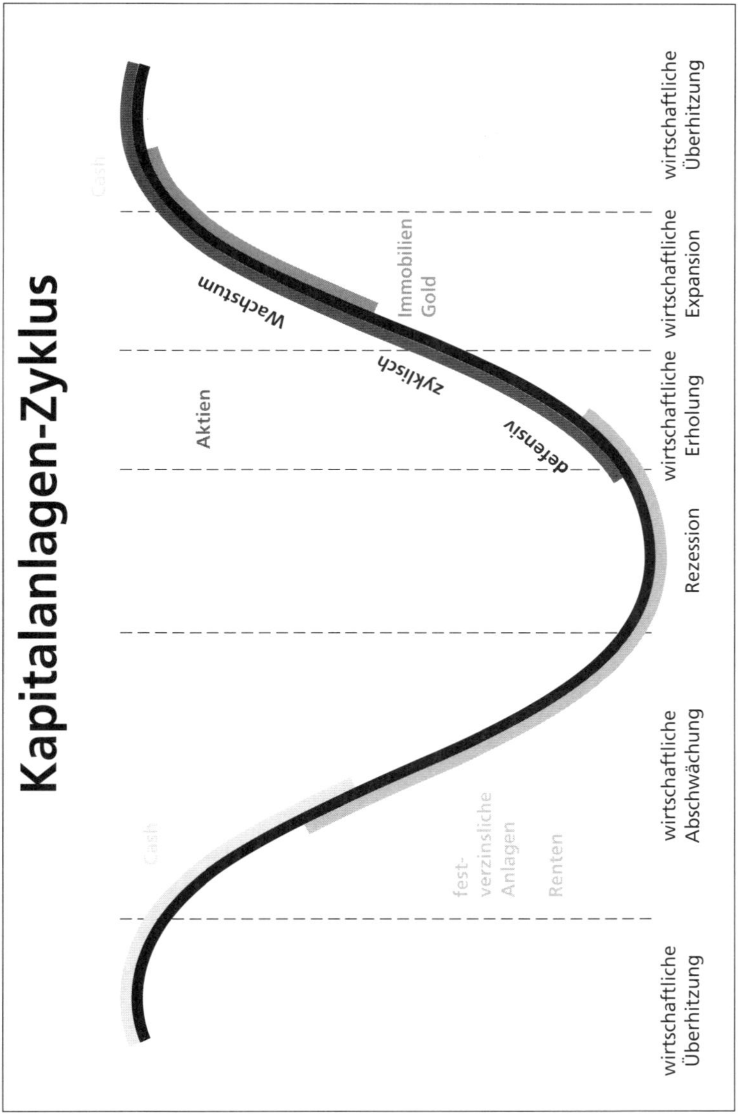
Kapitalanlagen-Zyklus
wirtschaftliche Überhitzung
Cash
fest-verzinsliche Anlagen
Renten
wirtschaftliche Abschwächung
Rezession
defensiv
Aktien
wirtschaftliche Erholung
zyklisch
Wachstum
Immobilien
Gold
wirtschaftliche Expansion
Cash
wirtschaftliche Überhitzung

Hinzu kommen globale Betrachtungen. Die o.a. Geldanlagestrategie kann man auf die Weltkonjunktur beziehen sowie auf einzelne Volkswirtschaften. Nicht außer acht lassen sollte man sogenannte Schwellenländer. Sie bieten oftmals außerordentliche Renditechancen, aber auch Risiken.

Der riesige Markt an Investmentvarianten bietet hier mittlerweile ausgezeichnete Dispositionsmöglichkeiten. Insbesondere das Investmentsfonds-Picking im Rahmen einer Vermögensverwaltung kann hier für denjenigen eine Lösung sein, der keine Zeit oder Lust hat, sich mit dieser Materie eingehend zu beschäftigen.

Die Realverzinsung

Die Höhe des Zinssatzes für eine Geldanlage ist nicht alleine der Indikator für den effektiven Ertrag der Investition. Die zweite wichtige Größe ist die gegebene Inflationsrate, die die Renditen der Geldanlage schmälert. Die effektive Rendite, besser Realzins genannt, läßt sich in einer einfachen Formel ausdrücken:

Realzins = durchschnittliche Umlaufrendite – Inflationsrate

Die durchschnittliche Umlaufrendite ist der Zins, den man durchschnittlich für festverzinsliche Wertpapiere bekommen kann.

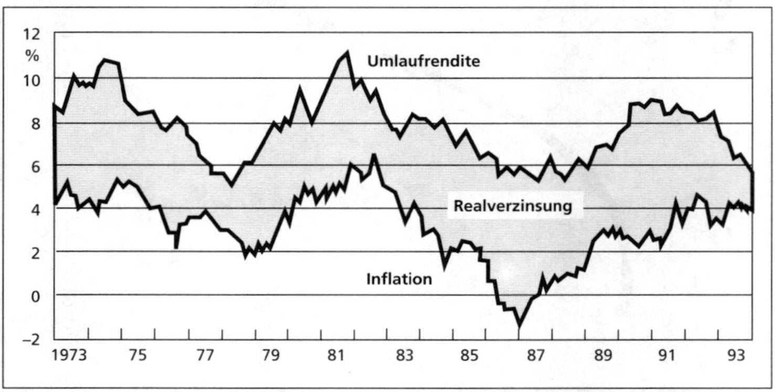

Die Graphik zeigt den Realzins von 1973 bis 1993. Der Inhalt zwischen den beiden Kurven stellt den Realzins dar. So schlecht wie 1993 ging es dem Geldanleger selten, denn die Rendite nach dem Abzug der Inflationsrate lag unter 2 Prozent, während man 1986 eine Realverzinsung von ca. 7 Prozent erzielen konnte.

Das Sparbuch

Das Sparkonto soll der Geldanlage dienen und darf nicht für den Zahlungsverkehr, wie z.B. ein Girokonto verwendet werden. Ab dem 1.7.1993 haben sich die gesetzlichen Vorschriften geändert. Man kann somit bei einem herkömmlichen Sparbuch mit dreimonatiger Kündigungsfrist DM 3 000,– ohne vorherige Kündigung monatlich abheben. Zuvor waren es DM 2 000,– innerhalb von 30 Tagen. Wer doch mehr von seinem Sparbuch abhebt, muß »Strafgebühren« zahlen, die die sowieso schon niedrige Rendite von 2,5 oder 3 Prozent nochmals schmälert. Die durchschnittliche Sparbuchrendite liegt unterhalb der durchschnittlichen Inflationsrate. Das heißt, daß der Realzins negativ ist und somit permanent sauer verdientes Geld entwertet!

Wer heutzutage noch ein Sparbuch besitzt, ist selber schuld. Die Banken und Sparkassen freuen sich, denn sie haben so die preiswerteste Möglichkeit, ihre Kredite zu refinanzieren. Sie geben dem treuen Sparer satte 2,5 Prozent für sein Geld, um es einen Schalter weiter für z.B. 15 Prozent als Anschaffungskredit zu verleihen. Eine stolze Marge von 12,5 Prozent. So einfach möchte ich auch einmal mein Geld verdienen.

Meine Empfehlung ist, die Spargelder in einen Geldmarktfonds einzuzahlen. Die Rendite ist deutlich höher, und hinzu kommt, daß der Anleger wesentlich flexibler ist. Denn an seine Gelder in einem Geldmarktfonds kommt man jederzeit ran, ohne Strafzinsen. Das Sparbuch ist »mega-out«!

Termingelder

Termingelder, auch als Fest- bzw. Kündigungsgelder bezeichnet, eignen sich als kurzfristige Geldanlage oder als Parkgeld zwischen zwei Investitionen. Aber auch für risikoscheue Geldanleger, die längerfristig planen und bei ihrer Hausbank bleiben möchten.

Die Gelder können in der Regel schon ab einem Monat aufwärts festgelegt werden. Die Zinssätze liegen meist deutlich über denen der Sparbücher. Je länger die Festschreibung und je höher der Anlagebetrag, um so höher wird in der Regel der Anlagezinssatz angeboten. Übrigens: Mit dem Bankberater zu verhandeln lohnt meist. Besser wäre aber auch hier ein Geldmarktfonds.

Vorteile des Termingeldes:
- höhere Zinsen als beim Sparbuch,
- keine An- oder Verkaufskosten sowie laufende Kosten,
- hohe Sicherheit,
- einfache Anlageform,
- gezielt planbare Verfügbarkeit.

Nachteile des Termingeldes:
- meist ein Mindestanlagebetrag (ab DM 5000,–),
- keine Möglichkeit der vorzeitigen Kündigung,
- bei einer Verlängerung des Festlegezeitraums kann der Anlagezinssatz gesunken sein.

Das FIBOR-Sparen

Was ist das FIBOR-Sparen?FIBOR-Konten, auch als Geldmarktkonten bezeichnet, sind Sparkonten, deren Verzinsung in einem bestimmten Rhythmus (z.B. monatlich oder vierteljährlich) an den aktuellen sogenannten FIBOR-Satz angepaßt wird. Der Begriff FIBOR ist ein Kürzel für die in Frankfurt Inter Bank Offered Rate und bezeichnet den Durchschnittszinssatz, zu dem sich die Banken in der Bundesrepublik Deutschland untereinander für 3 oder 6 Monate Geld leihen. Er wird auch als Interbankensatz bezeichnet.

FIBOR-Konten bieten die Möglichkeit, Geld auf dem Sparbuch anzulegen und dabei deutlich höhere Zinsen zu erhalten, ohne erhöhte Risiken eingehen zu müssen. Diese Sparform ist jedoch sehr jung und wird nur von wenigen Banken angeboten.

Worauf ist beim FIBOR-Sparen zu achten?
Die Bedingungen der FIBOR-Konten sind nicht einheitlich. Sie unterscheiden sich in den Bereichen der Mindesteinlage, der Festlegungszeit, der Kündigungsfrist und der Verzinsung, eventuell gekoppelt mit einer Mindestverzinsung.

Ein Beispiel: Bei der Bank X bekommt der Anleger, der sein Geld für ein Jahr festlegt, 90% des aktuellen FIBOR-Satzes bei einer Kündigungsfrist von 3 Monaten. Beträgt der FIBOR-Satz 9%, so erzielt der Anleger einen Zins von 8,1%. Der FIBOR-Satz wird vierteljährlich an vier fixen Stichtagen festgesetzt (15. Februar, 15. Mai usw.) und ist in den einschlägigen Wirtschaftszeitungen nachlesbar, wobei sich die Verzinsung der Spareinlage dem aktuellen FIBOR-Satz automatisch anpaßt. Meines Erachtens eine interessante Anlagemöglichkeit, die meist besser abschneidet als das Termingeld.

Der Reverse-Floater

Reverse-Floater sind variabel verzinste Wertpapiere, deren Zinskupon in regelmäßigen Abständen viertel- bzw. halbjährlich an die aktuelle Zinsentwicklung angepaßt wird. Nach außen hin hat der Reverse-Floater eine sehr hohe Verzinsung. Von diesem Zinssatz abgezogen wird der sogenannte LIBOR- oder FIBOR-Zinssatz, mit dem sich Banken untereinander für den Handel mit DM-Termingeld am Londoner- bzw. Frankfurter Geldmarkt Geld leihen. LIBOR steht für »London Interbank Offered Rate« und FIBOR für »Frankfurt Interbank Offered Rate «. Der Reverse-Floater (reversed bedeutet umgekehrt) ist ein Geldmarktinstrument und ist sinnvoll, wenn sinkende Geldmarktzinsen zu erwarten sind. Der Zinsertrag fällt mit steigenden Geldmarktzinsen und steigt mit fallenden Geldmarktzinsen.

Ein Beispiel: Der Zinssatz eines Reverse-Floaters soll 15 Prozent betragen. Er ist gekoppelt an den 6 Monats-LIBOR-Zins. Sinkt der Zinssatz nach 6 Monaten von 8 Prozent auf 7 Prozent, steigt die Zinsen für den Reverse-Floater von 7 auf 8 Prozent.

Der Floater

Der Floater orientiert sich genau wie oben beschrieben am FIBOR bzw. LIBOR und eignet sich logischerweise, wenn steigende Geldmarktzinsen zu erwarten sind. Steigt der FIBOR- bzw. LIBOR-Zins, steigen ebenfalls die Zinsen für den Floater. Eben genau umgekehrt zum Reverse-Floater. Wenn auf regelmäßige Zinszahlungen wert gelegt wird, sollten die Floater so gezeichnet werden, daß sich die Zinszahlungen monatlich abwechseln.

Der Zerobond

Der Zerobond, auch Null-Kupon-Anleihe genannt, ist ein festverzinsliches Wertpapier, daß *nicht* in regelmäßigen Abständen (z.B. jährliche Zinsausschüttung) Erträge abwirft, sondern erst nach dem Ablauf des Wertpapieres in x Jahren. Man erwirbt den Zerobond also zu einem mit fest vereinbartem Zinssatz abgezinsten Wert, der in der Zukunft zu einem bestimmten Zeitpunkt zur Ausschüttung kommt. Da es sich in der Regel um sehr langfristige Investitionen handelt, sollte man besonders auf die Bonität des Emittenden achten. Was nützt einem die beste Rendite, wenn der »Herausgeber des Zerobonds« vor Zahlungsschwierigkeiten steht. Man sollte den Geldanlageberater nach der Bonität des Emittenten gemäß der auf Seite 404 abgebildeten Bonitäts-Skala fragen.

Die Anleihen

Eine Anleihe ist ein festverzinsliches Wertpapier (Rente) und ist eine Sammelbezeichnung für alle Schuldverschreibungen mit einer festen Verzinsung. Sie dienen zur Beschaffung langfristiger Finanzierungsmittel. Emittenten von Anleihen können öffentliche Körperschaften wie Staat, Land oder Kommune sowie Bahn oder Post sein, aber auch Industrieunternehmen und Hypothekenbanken.

Alle Anleihen sind von ihrer Struktur her gleich, auch wenn sie je nach Emittent andere Namen tragen. Die Anleihen der Hypothekenbanken nennt man Pfandbriefe, an denen ich die Struktur festverzinslicher Wertpapiere näher erläutern möchte. Der Sinn des Pfandbriefes ist es, den Hypothekenbanken Gelder für die Vergabe von Grundschulden zu beschaffen. Sie dienen also zur Refinanzierung (Mittelbeschaffung). Der Pfandbriefkäufer erhält für sein Geld in einer festen Laufzeit einen fixen Zinsbetrag pro Zinsperiode. Auf diesen Zins schlägt die Hypobank ihren Gewinn (marge), den sie erzielen möchte und verleiht das Geld wieder an z.B. Häuslebauer. Die Häuslebauerseite ist ja bereits im Kapitel »Der Finanzierungs- und Immobilienberater« beschrieben worden. Die Zinsen der Pfandbriefe werden in der Regel jährlich oder halbjährlich an einem Monatsersten an den Wertpapierinhaber ausgezahlt. Den ausgezahlten Zins nennt man Nominalzins, der während der Laufzeit gleichbleibt. Er orientiert sich an der Höhe des Kapitalmarktzinses zum Zeitpunkt der Ausgabe des Pfandbriefes. Die laufende Verzinsung weicht von der Nominalverzinsung ab, weil Pfandbriefe in der Regel zu einem vom Nennwert der Papiere abweichenden niedrigen Kurs erworben werden,die Zinsen aber vom vollen Nennwert gezahlt werden. Die laufende Verzinsung wird nach folgender Formel berechnet:

$$\text{Laufende Verzinsung} = \frac{\text{Nominalzinssatz} \times 100}{\text{Kaufkurs}} = \frac{\text{z. B. } 7{,}5\,\% \times 100}{\text{z. B. } 98{,}0\,\%} = 7{,}65\%$$

Die Rendite schließlich wird so berechnet, daß nicht nur die laufenden Zinsen auf den Nennwert berücksichtigt werden, sondern auch die am Ende der Laufzeit 100%ige Auszahlung des Pfandbriefes, obwohl er zum Kurs von 98% erworben wurde. Den Differenzbetrag zwischen dem Kaufkurs und dem Nennwert (=100%) nennt man Disagio, wenn der Kaufkurs kleiner als 100% ist und Agio, wenn der Kaufkurs größer als 100% ist. Die Rendite kann auch als Effektivverzinsung bezeichnet werden, die überschlägig nach folgender Faustformel berechnet werden kann.

$$\text{Rendite} = \frac{\text{Zinssatz} \times 100}{\text{Kaufkurs}} + \frac{\text{Disagio/Agio}}{\text{Laufzeit}} \times \frac{100}{\text{Kaufkurs}}$$

Bezogen auf das vorangegangene Beispiel und bei einer Laufzeit von 10 Jahren ergibt sich folgende Rendite:

$$\text{Rendite} = \frac{7{,}5 \times 100}{98{,}0} + \frac{100\text{–}98}{10\text{ Jahre}} \times \frac{100}{98} = 7{,}85\%$$

Die Rendite ist in diesem Fall um 0,2% höher als die laufende Verzinsung und um 0,35% höher als der Nominalzins. Festverzinsliche Wertpapiere können jederzeit über die Rentenbörse zum aktuellen Tageskurs ge- und verkauft werden. Sie unterliegen also ebenfalls Schwankungen wie z.B. Aktien, jedoch nicht in so großen Schwankungsbreiten (Volatilität). Fest steht jedoch, daß nach dem Ablauf der Zinsfestverschreibung das Wertpapier zum Nennwert von 100% zurückgenommen wird. Besonders interessant sind die Rentenpapiere in konjunkturellen Überhitzungen und wirtschaftlichen Abschwächungen, da der zu erzielende Zins hoch sein dürfte und deutliche Kursgewinne ebenfalls wahrscheinlich sind.

Bei Renten ist wichtig zu wissen, wie bonitätsstark der Emittent des Wertpapiers ist und somit, wie sicher es ist, daß der Ermittent die Zinsen zahlen und nach der Laufzeit den Nennbetrag zurückzahlen kann. Man sollte den zuständigen Berater auf jeden Fall danach fragen. Grundsätzlich kann die Regel aufgestellt werden: je höher die Rendite des Wertpapieres ist, um so höher ist das Risiko! In der folgenden Bonitäts-Skala sieht man die möglichen Einstufungen. Natürlich sind festverzinsliche Wertpapiere über Investmentfonds zu kaufen. Näheres im entsprechenden Abschnitt.

Bonitätsskala für Anleihen

International übliche Rating-Stufen der anerkannten Rating-Agenturen

Moody's	Standard & Poor's	Sicherheit
Aaa	AAA	höchste Qualität
Aa1 Aa2 Aa3	AA+ AA AA–	hohe Qualität
A1 A2 A3	A+ A A–	etwas konjunkturanfällig
Baa1 Baa2 Baa3	BBB+ BBB BBB-	Ungünstige Konjunktur kann Zinszahlungen beeinträchtigen
Ba1 Ba2 Ba3	BB+ BB BB–	spekulativ
B	B	geringe Sicherheit
Caa	CCC	sehr spekulativ
Ca	CC	hochspekulativ
C	C	niedrigste Bewertung
D	D	bankrott

Die Bundeswertpapiere

Eine weitere sehr interessante Möglichkeit der Geldanlage stellen die Wertpapiere des Bundes dar. Im einzelnen sind das die Bundesschatzbriefe, Bundesobligationen, Anleihen von Bund, Bahn und Post sowie die Finanzierungsschätze.

Diese Ansparmöglichkeiten kann man so gestalten, daß sie jedem Ansparziel gerecht werden. Ich werde hier kurz auf die Bundesschatzbriefe und die Finanzierungsschätze eingehen.

Die Bundesschatzbriefe

Es gibt zwei Typen von Bundesschatzbriefen. Typ A und Typ B. Sie unterscheiden sich darin, daß beim Typ A die Zinsen jährlich ausgeschüttet und beim Typ B die Zinsen angesammelt werden, wodurch ein Zinseszinseffekt eintritt. Die Vorteile auf einen Blick:

- Jährlich wachsende Zinsen nach festem Plan.
- Überschaubare Laufzeit von 6 Jahren (Typ A) bzw. 7 Jahren (Typ B).
- Können bei Bedarf schon nach dem ersten Laufzeitjahr wieder zu Bargeld gemacht werden. Bis zu 10 000 DM alle 30 Tage zu 100% plus Zinsen.
- Der Erwerb ist spesenfrei.
- Auf Wunsch werden die Papiere von der Bundesschuldenverwaltung verwaltet, und somit fallen keine Depotgebühren an.
- Der Erwerb ist schon ab 100 DM (Typ A) bzw. 50 DM (Typ B) möglich.

Finanzierungsschätze

Auch hierbei gibt es zwei Varianten der Anlageform, die sich in der Laufzeit unterscheiden. Man kann zwischen den Laufzeiten von ca. einem Jahr oder ca. zwei Jahren wählen. Angelegt wird zum abgezinsten Nennwert der »Schätze«, wobei der Mindestnennwert 1000 DM beträgt. Das bedeutet: Für die Laufzeit von einem Jahr werden für einen Nennwert von 1000 DM genau 923,80 DM eingezahlt, das entspricht einer Rendite von 7,07 %, und bei einer zweijährigen

Laufzeit werden 845,60 DM eingezahlt (Rendite pro Jahr 7,50% auf das eingezahlte Kapital, Stand 2.11.92).

Nähere Informationen, aktuelle Renditen und Unterlagen können Sie vom Informationsdienst für Bundesschatzpapiere erhalten (Adresse und Telefonnummer befinden sich auf der nachfolgenden Übersicht).

Bundeswertpapiere auf einen Blick

Merkmale	Anleihen von Bund, Bahn und Post	Bundesobligationen	Bundesschatzbriefe	Finanzierungsschätze
Nennwert (Mindesteinlage)	100 DM	100 DM	Typ A = 100 DM, Typ B = 50 DM	1000 DM
Anlagehöchstbetrag	unbeschränkt	unbeschränkt	unbeschränkt	500 000 DM je Person + Geschäftstag
Zinszahlung	jährlich	jährlich	Typ A = jährlich, Typ B = Zinsansammlung (Auszahlung der Zinsen mit Zinseszinsen bei Rückzahlung des Kapitals)	Abzinsung (Nennwert – Zinsen = Kaufpreis)
Laufzeit	Neuemissionen: überwiegend 10 Jahre ca. 120 börsennotierte Titel: von ca. 1 Monat bis 25 Jahre	Neuemissionen: 5 Jahre börsennotierte Titel: von ca. 1 Monat bis 5 Jahre	Typ A = 6 Jahre Typ B = 7 Jahre	ca. 1 Jahr ca. 2 Jahre
Rückzahlung	zum Nennwert Gutschrift durch die depotführende Stelle bzw. die Bundesschuldenverwaltung		Typ A zum Nennwert Typ B zum Rückzahlungswert (= Nennwert + Zinsen); Gutschrift durch die depotführende Stelle bzw. Bundesschuldenverwaltung	zum Nennwert Gutschrift durch die depotführende Stelle
Erwerber	jedermann	Ersterwerb nur natürliche Personen sowie gemeinnützige, mildtätige und kirchliche Einrichtungen nach Börseneinführung jedermann	nur natürliche Personen sowie gemeinnützige, mildtätige und kirchliche Einrichtungen	jedermann außer Kreditinstitute
Erwerb durch Gebietsfremde	möglich	Erwerb nur natürliche Personen nach Börseneinführung: jedermann	ausgeschlossen (Ausnahmen siehe Emissionsbedingungen)	jedermann außer Kreditinstitute
Verkauf bzw. vorzeitige Rückgabe	täglicher Verkauf zum Börsenkurs	nach Börseneinführung täglicher Verkauf zum Börsenkurs	jederzeit nach dem ersten Laufzeitjahr bis zu 10 000 DM je Gläubiger innerhalb 30 Zinstagen	nicht möglich
Übertragbarkeit auf Dritte	jederzeit	vor Börseneinführung nur an Ersterwerbsberechtigte nach Börseneinführung an jedermann	jederzeit auf Erwerbsberechtigte	jederzeit auf Erwerbsberechtigte
Verkaufsstellen	Banken, Sparkassen, Kreditgenossenschaften sowie Landeszentralbanken und Filialen der Deutschen Bundesbank			
Lieferung	Wertrechte (= Anteile an einer Sammelschuldbuchforderung) keine effektiven Stücke			keine effektiven Stücke – Anteile an einem Wertpapier-sammelbestand –
Verwahrung/Verwaltung	Banken, Sparkassen, Kreditgenossenschaften, Bundesschuldenverwaltung sowie Landeszentralbanken und Filialen der Deutschen Bundesbank			bei Kreditinstituten und Landeszentralbanken
Kosten und Gebühren Erwerb ex Emission Einlösung bei Fälligkeit Verwaltung durch – Kreditinstitute – Bundesschuldenverwaltung – Landeszentralbanken	gebührenfrei gebührenfrei bei Landeszentralbanken und Bundesschuldenverwaltung Depotgebühren[1] gebührenfrei Depotgebühren[2]	gebührenfrei gebührenfrei bei Landeszentralbanken und Bundesschuldenverwaltung Depotgebühren[1] gebührenfrei Depotgebühren[2]	gebührenfrei gebührenfrei Depotgebühren[1] gebührenfrei Depotgebühren[2]	gebührenfrei gebührenfrei Depotgebühren[1] nicht möglich Depotgebühren[2]

1) meist 1 bis 1,25 ‰ vom Nennwert häufig 10 DM, zum Teil werden Postengebühren berechnet. 2) 1 ‰ vom Nennwert (Mindesgebühr 5 DM)

Das Gold

Nach einer jahrelangen Kurstalfahrt des Goldes ist es Mitte 1993 aus seinem Dornröschenschlaf erwacht. Das vielfach totgesagte Gold setzte zu einer regelrechten Hausse an. Gold ist wie die Immobilie oder die Aktie ein Sachwert und ist somit bei zu erwartenden steigenden Inflationsraten, normalerweise in der wirtschaftlichen Erholung und Expansion, eine durchaus interessante Alternative.

Die Möglichkeiten am Werttrend des Goldes zu partizipieren sind durchaus vielfältig. Sehr beliebt ist es, sich den *Kilobarren* zu kaufen, aber auch in Münzform steht Gold zur Verfügung. Sicherlich sehr bekannt sind der Krügerrand, American Eagle oder Maple Leaf. Wenn man das Gold nicht als Material erwerben möchte, kann man es mit Goldminenaktien versuchen, und auch Investmentfonds bieten hier schon Anlagemöglichkeiten. Bei hoher Staatsverschuldung und einem gierigen Finanzamt kann es Sinn machen, Gold als kleine Beimischung eines Depots zu berücksichtigen. Kritisch kann es aber werden, wenn Staaten und Notenbanken ihre immensen Goldreserven sporadisch auf dem Weltmarkt verkaufen wollen, um den Staatshaushalt zu sanieren.

Die Aktien

Die Einschätzung von Aktien

Die Aktie ist grundsätzlich eine sehr attraktive Anlageform. Langfristige Betrachtungen zeigen, daß die Rendite von Aktienanlagen in der Regel die Rendite von Depots mit festverzinslichen Wertpapieren schlägt. Die Voraussetzung für eine erfolgreiche Anlage in Aktien ist ein solides Grundwissen über die möglichen Kursentwicklungen der Aktien. Der private Investor erwirbt in der Regel Aktien in der Absicht, eine nachhaltig gute Rendite zu erwirtschaften, die sich aus Kursgewinn und Dividenden zusammensetzt.

Wer vor der Entscheidung steht, sein Geld anzulegen, muß versuchen festzustellen, ob der Zeitpunkt des Einstieges günstig ist. Die Aktienanlage sollte für den Privatmann eine langfristig orientierte Anlageform darstellen, deshalb ist für ihn die Frage des »Timings« besonders wichtig. Einen Versuch, hierauf eine Antwort zu geben, habe ich bereits im Abschnitt »Der Konjunktur- und Kapitalanlagezyklus« beschrieben. Wenn ein Anleger weiß, in welcher konjunkturellen Phase sich die Wirtschaft befindet und er zu dem Ergebnis gelangt, daß der Zeitpunkt für den Einstieg in Aktien gekommen ist, spielt die Einzelwertanalyse eine wichtige Rolle. Das sogenannte Fingerspitzengefühl kann hier schon mal helfen, aber objektive Fakten sind sicherlich wichtiger für rationale Anlageentscheidungen. Maßgeblich für die Entscheidungen sind fundamentale Fakten, die sich in der Fundamentalanalyse wiederfinden, und technische Fakten, in Form der sogenannten Chartanalyse.

Die Fundamentalanalyse einer Aktie

Unter den verschiedenen Möglichkeiten der Aktienanalyse stellt die Fundamentalanalyse die klassische und die meist verbreitete Form dar. Die Hypothese dieser Analyse geht davon aus, daß der Kurs einer Aktie um ihren inneren Wert schwankt. Der innere Wert einer Aktie ergibt sich objektiv aus den Kennzahlen einer Aktiengesellschaft. Hierbei gibt es grundsätzlich zwei verschiedene Ansätze, den Wert einer Aktiengesellschaft zu ermitteln. Der Ertragswert und der Substanzwert.

Zum Ertragswert:
Wer in ein Unternehmen einsteigen will, wird u.a. an seinen Gewinnen interessiert sein.Der Ertragswert ist definiert als Barwert der zukünftig zu erwartenden Ausschüttungen. Der Barwert ist der abgezinste, auf den heutigen Tag berechnete Wert künftiger Auszahlungen. Der übliche Zins für die Abzinsung ist die Umlaufrendite festverzinslicher Wertpapiere plus einer Risikoprämie. Diese Risikoprämie hängt im Prinzip von der persönlichen Abschätzung des Risikos ab, ist also individuell. Da es sich um eine Zeitraumbetrachtung handelt, ergibt sich eine dynamische Betrachtung, wie bei der dynamischen Investitionsrechnung.

Zum Substanzwert:
Der Substanzwert eines Unternehmens definiert sich vereinfacht formuliert als Summe seiner Vermögenswerte abzüglich seiner Schulden. Substanzgesichtspunkte spielen auch eine Rolle bei Unternehmensübernahmen oder bei Liquidationen. In einfacher Form läßt sich der Substanzwert eines Unternehmens als Bilanzkurs darstellen. Der Bilanzkurs einer Aktie ist das gezeichnete Kapital plus die offenen Rücklagen im Verhältnis zu der Anzahl der Aktien. Stille Reserven werden hier nicht erfaßt. Der Bilanzkurs ist eine wichtige Orientierung, weil er bei intakten Unternehmen eigentlich den Tiefstkurs der Aktie darstellen dürfte. Hier kann man also das Kursrisiko erkennen, dies ist aber ein statischer Wert.

Weitere Bilanzkennzahlen

Bilanzkennzahlen gibt es jede Menge (Eigenkapital- bzw. Fremdkapitalquote, Anlagedeckungsgrade, Liquiditätsgrad, Eigenkapitalrendite usw.). Zwei davon, die immer wieder aufgeführt werden, möchte ich kurz erläutern.

Das Kurs-Gewinn-Verhältnis (KGV)

Es ist das Verhältnis des aktuellen Aktienkurses zum Gewinn des Unternehmens je Aktie. Da man natürlich wissen möchte, ob die Aktie nach dem Kurs-Gewinn-Verhältnis teuer oder billig ist, zieht man zum Vergleich die Kurs-Gewinn-Verhältnisse von Aktien derselben Branche heran.

$$\text{KGV} = \frac{\text{Aktienkurs}}{\text{Gewinn pro Aktie}} = \frac{\text{z.B. } 500,\!-}{\text{z.B. } 40,\!-} = 12{,}5$$

Allgemein kann man formulieren, daß je kleiner das KGV ist, insbesondere im Vergleich zu Unternehmen der gleichen Branche, um so interessanter ist die Aktie!

Das Kurs-Cash-flow-Verhältnis

Der Cash flow eines Unternehmens ist im wesentlichen der Gewinn zuzüglich Abschreibungen und Pensionsrückstellungen.

Sind die Abschreibungen sehr hoch, kann man auf einen hohen Investitionsgrad des Unternehmens schließen. Ein hoher Investitionsgrad kann ein Indikator für neue, moderne und innovative Techniken sein. Deshalb wird diese Kennzahl sehr häufig bei der Fundamentalanalyse genutzt.

$$\text{Kurs-Cashflow-Verhältnis} = \frac{\text{Aktienkurs}}{\text{Gewinn + Abschreibungen pro Aktie}} = \frac{500,\!-}{40,\!- + 10,\!-} = 10$$

Die technische Analyse

Die technische Analyse, auch Chartanalyse genannt, wählt einen anderen Ansatzpunkt als die Fundamentalanalyse. Ihr Ziel ist die rechtzeitige Erkennung von Kursverlaufsmustern. Sie geht von der Formation aus, die eine Kurskurve beschreibt, und es wird angenommen, daß sich diese Verlaufsmuster in der Zukunft wiederholen. Die Anwendungsbereiche der Chartanalyse beschränken sich nicht auf Aktienkursverläufe. Sie wird ebenso für Kursverläufe von Devisen, festverzinslichen Wertpapieren, Rohstoffen und Edelmetallen benutzt. Charts sind graphische Darstellungen von Kursen und Indizes. Die horizontale Achse stellt den Zeitablauf dar und die senkrechte Achse die Kurshöhe.

Den Grundstein der Chartanalyse legte Charles Dow, Gründer und Herausgeber des Wall Street Journal. Er erkannte, daß sich die Auf- und Abbewegungen der Kursverläufe häufig ähneln. Diese Theorie von Dow ist mittlerweile sehr umstritten. Die Spielarten der Charts sind so vielfältig und umfangreich (z.B.Liniencharts, Balkencharts, Point&Figure-Charts, Candle Stick-Charts, usw.) ebenso die Techniken (z.B.Advance-Decline-Linie, Oszillator, Widerstands- und Unterstützungslinien sowie Chartformationen wie Wimpel, Keil, Kopf-Schulter, usw.), daß ich sie hier in diesem Buch gar nicht umfassend vorstellen kann. Hierzu ist von mir und meinem Co-Autor Wolfgang Schulze das ECON Handbuch Geldanlage erschienen, in dem viele Techniken erklärt werden.

Chart des Deutschen Aktienindex (DAX) von 1991 mit gleitenden Durchschnittslinien

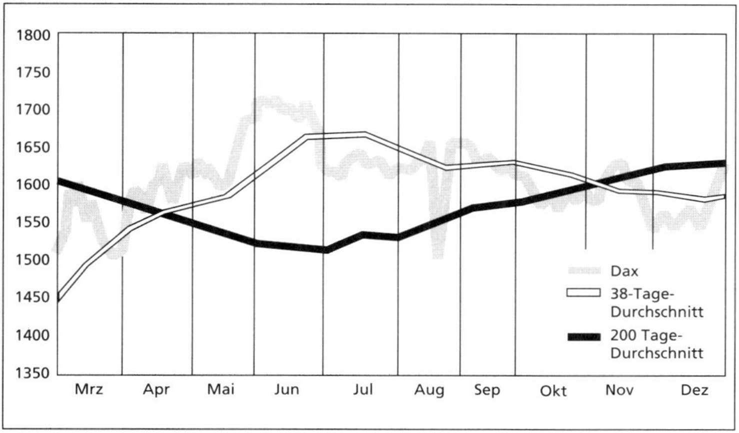

Die Angebots- und Nachfragesituation einer bestimmten Aktie ist an Kurszusätzen der Kurslisten der Tageszeitungen zusammen mit dem entsprechenden Vortagskurs zu erkennen.

Liste der Kurszusätze

G/g: Geld/Nachfrage
Es bestand nur Nachfrage. Der Kurs des Kaufauftrages mit dem höchsten Limit wird notiert.

B. Brief/Angebot
Es bestand nur Angebot. Der Kurs des Kaufauftrages mit dem niedrigsten Limit wird notiert.

(–): Kurs gestrichen
Es bestand keinerlei Angebot/Nachfrage (bzw. kein Angebot oder keine Nachfrage auf vertretbarer Basis). Auch kann vom Börsen-

	vorstand unter besonderen Umständen die Streichung des Kurses angeordnet werden.
–G:	gestrichen Geld Es bestand nur Nachfrage, der kein (kein auf vertretbarer Basis) limitiertes Angebot gegenüberstand.
–B:	gestrichen Brief Es bestand nur Angebot, dem kein (kein auf vertretbarer Basis) limitiertes Angebot gegenüberstand.
–T:	Taxkurs Der Kurs konnte nur geschätzt werden.
bG/ bzG/ bg:	bezahlt und Geld Die zum festgestellten Kurs limitierten Kaufaufträge konnten nur zum Teil, die unter dem Kurs limitierten Kaufaufträge überhaupt nicht erledigt werden.
bB/ bzB:	bezahlt und Brief Die zum festgelegten Kurs limitierten Verkaufsaufträge konnten nur zum Teil, die unter dem Kurs limitierten Kaufaufträge/über den Kurs limitierten Verkaufsaufträge überhaupt nicht erledigt werden.
ebG/ etwbG/ ebg:	etwas bezahlt und Geld In etwa wie bG; es konnten aber von den zum festgestellten Kurs limitierten Aufträgen nur unbedeutende Teile erledigt werden. Der überwiegende Teil der Nachfrage mit Limit in Höhe des notierten Kurses blieb unbefriedigt.
ebB/ etwbB:	etwas bezahlt und Brief In etwa wie bB; es konnten aber von den zum festgestellten Kurs limitierten Aufträgen nur unbedeutende Teile erledigt werden. Der überwiegende Teil des Angebotes mit Limit in Höhe des notierten Kurses blieb unerledigt.
exD:	ex Dividende Kurszusatz am Tage des Dividendenabschlags

exBR:	ex Bezugsrecht Kurszusatz am Tage des Bezugsrechtsabschlags
exBA:	ex Bezugsrechtsaktien Kurszusatz am Tage des Abschlags für Berechtigungsaktien
rat:	rationiert
rep:	repariert Bei rat.G/rep. G konnten die Kaufaufträge nur beschränkt zugeteilt, bei rat. B/rep. B konnten die Verkaufsaufträge nur beschränkt angenommen werden.
b/ bz Kurs:	ohne Zusatz: Alle Aufträge wurden zum notierten Kurs ausgeführt.

Die Optionsscheine

Das Spiel mit dem Feuer fängt spätestens mit den Optionsscheinen (OS) an. OS oder Warrants (in englisch) gab es in der ursprünglichen Form nur auf Aktien. Der Markt ist jedoch so innovativ, daß es mittlerweile fast alles, was gehandelt wird, auf OS gibt. Eine Option ist ein begrenztes Recht, ein nach dem Preis und der Angebotsmenge vom Geschäftspartner festgesetztes Vertragsangebot zeitlich befristet anzunehmen oder abzulehnen. Bei Aktien bedeutet es das Recht, eine bestimmte Anzahl der Aktien zu einem festgelegten Preis innerhalb einer bestimmten Frist zu kaufen oder zu verkaufen. Hierfür hat der Käufer eines Aktienoptionsscheins eine Prämie zu zahlen. Der Vorteil für den OS-Inhaber ist, daß er bei der richtigen Entscheidung deutlich höhere Kursgewinne erzielen wird als nur mit den Aktien. Allerdings gilt dies auch umgekehrt! Für den risikofreudigen Anleger können OS oder OS-Fonds eine interessante Depotbeimischung sein.

Weitere Spekulationsmöglichkeiten mit OS:

OS-Arten	Basisobjekte	Beispiele	OS-Formen
Aktien-OS Equity-Warrant	Aktien	Stämme, Vorzüge, Namensaktien	Call, Put
Zins-OS Bond-Warrant	Anleihen	Festzinsanleihen Bundesanleihen	Call, Put
Währungs OS Currency Warrant	Währungen	US-$, Yen Aust-$	Call, Put
Aktien-Basket-OS Basket-Warrant	Aktienkörbe	Red-Chip-Basket Dt.-Chemie-Basket	Call

OS-Arten	Basisobjekte	Beispiele	OS-Formen
Index-OS Index-Warrant	Indizes	DAX,FAZ, S+P 500 Nikkei,OZX	Call, Put
Zins-OS Futures-Warrant	Termin- kontrakte	Bond-Future Handel London	Call, Put
Rohstoff-OS Commodity-Warrant	Rohstoffe	Gold, Silber Call, NE-Metalle	Put
Gedeckte OS Covered Warrant	Diverse	Aktien, Gold	Call, Put

Kleines Optionsschein-ABC:

Aufgeld (Prämie): Das Aufgeld oder auch Prämie ist der Mehrpreis, den der OS-Käufer z. B. bei dem Bezug einer Aktie über die Ausübung des OS gegenüber dem Direktkauf der Aktie an der Börse zu bezahlen hat. Das Aufgeld ist ein Prozentsatz, dessen Höhe sich nach den Erwartungen von Käufer und Verkäufer, nach den Zinsen und der Laufzeit des Optionsscheines richtet.

Basispreis: Ist der Preis, den der OS-Käufer bei der Ausübung eines OS für den Basiswert z.B. einer Aktie bezahlen muß. Dieser Basispreis kann über (out of the money), nahe bei (at the money) oder unter dem aktuellen Kurs (in the money) liegen.

Call: Ein Call ist eine Kaufoption und gibt dem Käufer das Recht, bis zum Ende der Laufzeit des Calls den Basiswert z.B. einer Aktie zu einem im voraus festgelegten Preis zu kaufen. Der Call-Käufer erwartet einen steigenden Aktienkurs.

Hebelwirkung: Von einem Hebel bzw. einer Hebelwirkung spricht man, wenn sich Kurssteigerungen von z.B. Aktien überdurchschnittlich in der Bewertung niederschlagen. So kann der Besitzer einer Kaufoption bei den gleichen Kursbewegungen der Basisaktie prozentual wesentlich höhere Gewinne erzielen, als der Eigentümer einer Aktie. Allerdings auch umgekehrt! Die Hebelwirkung wird auch Leverage genannt.

Laufzeit: Jeder OS hat eine bestimmte Laufzeit. Je länger die Restlaufzeit eines OS, um so höher ist sein Aufgeld. Das Verfallsdatum ist der letzte Tag, an dem ein OS ausgeübt werden kann.

Put: Ein Put ist eine Verkaufsoption und gibt dem Käufer das Recht, bis zum Ende der Laufzeit des Puts den Basiswert z.B. einer Aktie zu einem im voraus festgelegten Preis zu verkaufen. Der Put-Käufer erwartet fallende Aktienkurse.

Die Börsentermingeschäfte

Für die Börsentermingeschäfte wurde in Deutschland eine eigene Börse, die Deutsche Terminbörse (DTB), ins Leben gerufen. An der DTB werden Geschäfte auf Termin, sogenannte Terminkontrakte, gehandelt. Grundsätzlich kann man an Terminbörsen Warentermin- oder Finanztermingeschäfte unterscheiden.

Am Finanzplatz BRD liegt der Schwerpunkt der Termingeschäfte auf Zinsen und Aktien, den Financial-Futures. Der Handel an der DTB startet mit Optionen auf die 14 umsatzstärksten deutschen Aktienwerte, denen noch Terminkontrakte auf den Deutschen Aktienindex, den DAX-Future, und auf eine synthetische 8–10-jährige Bundesanleihe, den Bund-Future folgte. Als Grundlage der Termingeschäfte war es eine wichtige Voraussetzung, standardisierte Ausgestaltungsmerkmale eines Terminkontraktes zu schaffen. Die Vereinheitlichung der Kontraktgröße (z.B. 50 Aktien bei den Aktienoptionen der DTB), des Basispreises und der Laufzeit/Verfallsdatum (z.B. 3 Monate). Die einzige Variable des Kontraktes ist sein Preis, der über das Angebot/Nachfrageprinzip ermittelt wird. Da ein Kontrakt einer Vielzahl von Basiswerten entspricht, partizipiert der Kontraktinhaber über den Leverage-Effekt (Hebelwirkung) bei Kursveränderungen des Basiswertes überproportional. In der Gewinn- wie in die Verlustzone. Wer den Großteil seines Geldvermögens in Termingeschäfte investiert, ist ein echter Spekulant. Das Hauptziel für den Anwender von Financial-Futures ist eigentlich die Absicherung gegen Kurs- und Zinsschwankungen seines Wertpapierdepots. Bei einem Aktiendepot kann man z.B. Puts im Umfang von 5–10% des Depotwertes integrieren. Der Wert des Puts (Verkaufsoption) wird bei fallenden Aktienkursen über den Leverage-Effekt überproportional steigen, während die Aktienwerte fallen, so daß ein gewisser Ausgleich stattfinden soll. Hier kann man durchaus von einer »Versicherung« für sein Depot sprechen. Sollten die Aktienkurse steigen, verlieren die Puts immer mehr an Wert, bis sie am Verfallsdatum gar keinen Wert mehr haben. Das gleiche wird geschehen, wenn sich die Aktienkurse gar nicht mehr bewegen, dann erleidet der Terminkontrakt den sogenannten Zeitwertverlust (siehe Graphik). Dies gilt ebenso für einen Call (Kaufoption). Beim Verfall eines Terminkontraktes hat der Käufer einen Totalverlust seiner Investition zu verschmerzen! Wer also sein gesamtes Geldvermögen in Terminkontrakte investiert, kann hinterher ohne Kapital aus dem »Spiel« herausgehen.

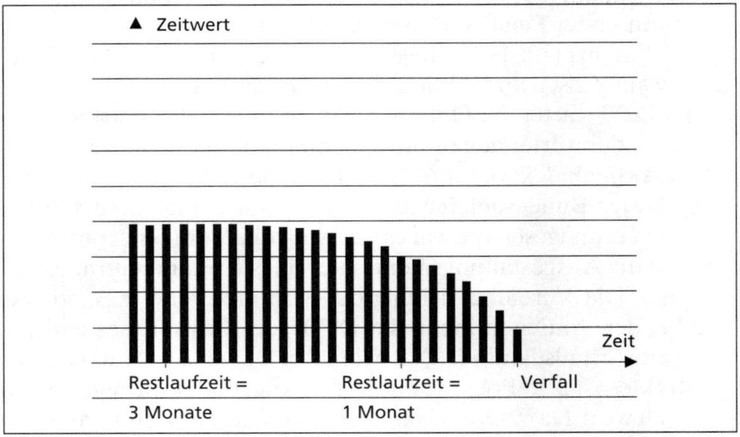

Auch Futures können über sogenannten Future-Fonds gekauft werden. Näheres hierzu und weitere Informationen zu Futures unter dem Punkt Future-Fonds.

Die Investmentfonds

Eine zunächst aussichtsreiche und zumindest bequeme Geldanlagemöglichkeit stellen die Investmentfonds dar. Wer hat schon die Zeit, sich mit der komplizierten Materie der Börse oder der Immobilien ausführlich zu beschäftigen? Jeder weiß, daß an der Börse viel Geld verdient, aber auch verloren wird. Mittlerweile gibt es eine bunte Vielfalt verschiedener Fondstypen. Dazu zählen Aktien- und Rentenfonds, offene Immobilienfonds und sogenannte Geldmarktfonds.

Das Prinzip der Investmentfonds

Eine dauerhaft erfolgreiche Direktanlage in Wertpapieren und Immobilien setzt ein recht hohes Maß an volks- und betriebswirtschaftlichen Fachkenntnissen voraus. Hinzu kommen noch die technischen Indikatoren. Dies erfordert viel Zeit sowie die permanente Beobachtung der Branchen und Märkte.

Abgesehen davon ist, so die Investmentgesellschaften, bei einem »Kleinanleger« eine Risikostreuung kaum realisierbar. Das stimmt! Denn wer gerade 2000 DM in Wertpapieren anlegen will, kann sich kaum mehrere verschiedene Aktientitel für sein Depot an der Börse kaufen. Der Anleger wird sich auf ein bis zwei Titel beschränken müssen. Das Risiko, daß gerade diese Titel durch sinkende Unternehmensgewinne Kursverluste hinnehmen müssen, ist relativ hoch. Anders sieht es bei den Fonds aus. Die Investment- oder Kapitalanlagegesellschaften sind Geldsammelstellen. Sie arbeiten nach der Idee, viele kleine, mittlere, aber auch größere Geldbeträge in einen »Topf« zu sammeln und mit Hilfe des sogenannten erhöhten Kapitals in viele verschiedene Wertpapiere zu investieren. Der »Topf« ist der sogenannte Fonds. Durch die Verteilung auf viele Werte wird das Risiko des Kursverlustes eines Wertes gemildert. Die Kehrseite der Medaille ist jedoch, daß außerordentliche Gewinne einzelner Werte sich ebenfalls nicht so stark auswirken. Neben einer Risikoverteilung als Vorteil hat der Anleger aber auch die gerne verschwiegene Chancenreduzierung als Nachteil.

Das Wertpapiermanagement

Prinzipiell gibt es drei Möglichkeiten des Wertpapiermanagements.

1. Die Einzeldisposition:

Kauf- und Verkaufsentscheidungen trifft der Anleger selbst. Hohe Flexibilität.

2. Die Vermögensverwaltung:

Der Anleger vertraut sein Geld einem Verwalter an, der für ihn die Kauf- und Verkaufsentscheidungen trifft. Ebenfalls hohe Flexibilität.

3. Der Investmentfonds:

Hierbei übernehmen (hoffentlich) erfahrene Wertpapierspezialisten auch für kleine Geldbeträge die Anlagedispositionen. Geringe Flexibilität.

Management von Wertpapieren

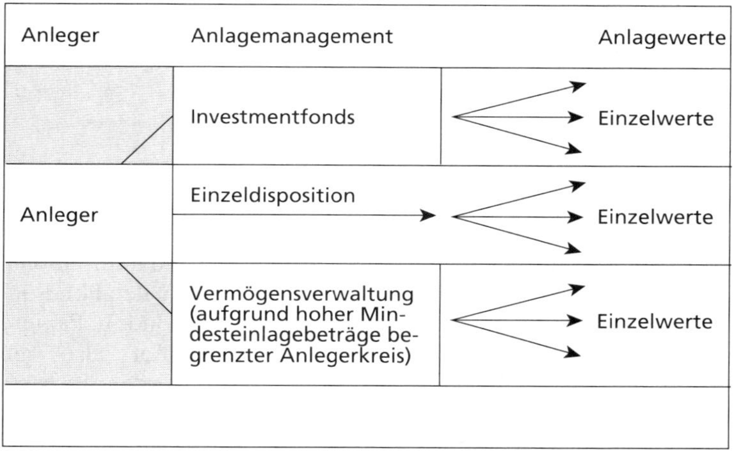

Die Rentenfonds

Die Rentenfonds bestehen aus einer Vielzahl festverzinslicher Wertpapiere. Grob kann man zwischen national und international orientierten Rentenfonds differenzieren. Die nationalen Fonds investieren in DM-Papiere und die internationalen Fonds in Papiere unterschiedlicher Währung. Letztere beinhalten also ein Währungsrisiko. Festverzinsliche Wertpapiere werden auch als Rentenpapiere bezeichnet. Die wichtigsten sind Bundesanleihen, Kommunalobligationen, Pfandbriefe und Industrieanleihen.

Durch die Aussage, daß ein Rentenfonds fast ausschließlich aus festverzinslichen Wertpapieren besteht, könnte der Anleger zu der irrtümlichen Auffassung kommen, daß ihm keine Verluste entstehen können. Schließlich ist ein fester Zins vereinbart. Falsch gedacht! Rentenpapiere werden wie Aktien an der Börse gehandelt, am sogenannten Rentenmarkt. Steigt die Umlaufrendite, so fallen die Kurse der Rentenpapiere, und der Anleger erleidet Kursverluste, sofern er das Papier zu diesem Zeitpunkt verkaufen möchte oder muß.

Struktur eines Rentenfonds (Beispiel)

Die Werte

● durchschnittl. Nominalverzinsung	: 10,28%
● durchschnittl. Wertpapierkurse	: 97%
● durchschnittl. Rendite	: 11,03%
● durchschnittl. Restlaufzeit	: 3 Jahre, 9 Mon.

Sehr irreführend ist vor allem der Begriff »durchschnittliche Rendite«. Dieser Wert sagt nichts darüber aus, welche Rendite der Fonds tatsächlich erwirtschaftet, sondern ist allenfalls ein rechnerisches Produkt, resultierend aus den drei anderen Eckwerten. Das effektive Ergebnis des Investmentkontos ist nur abhängig von der Nominalverzinsung und der Veränderung der Wertpapierkurse. Somit hängt das Anlageergebnis hauptsächlich von der zukünftigen Entwicklung der Kapitalmarktzinsen ab. Das Agio beträgt bei den Rentenfonds in der Regel 3 %.

Ich halte Rentenfonds nicht gerade für besonders sinnvoll. Möchte man festverzinsliche Wertpapiere anlegen, würde ich den Papieren des Bundes (Bundesschatzbriefe, Finanzierungsschätze) den Vorzug geben, schon der Kosten wegen. Über die Bundesschuldenverwaltung kostet den Anleger die Investition keinen Pfennig, weder beim Ankauf noch bei der Depotsverwaltung. Grundsätzlich würde ich bei einem allgemein niedrigen Zinsniveau vom Kauf eines Rentenfonds absehen. Das nächste Zinshoch beschert dem Anleger sinkende Kurse und somit voraussichtlich Verluste.

Depotstruktur eines internationalen Rentenfonds (Beispiel)

Depotstruktur (in % des Fondsvermögens)

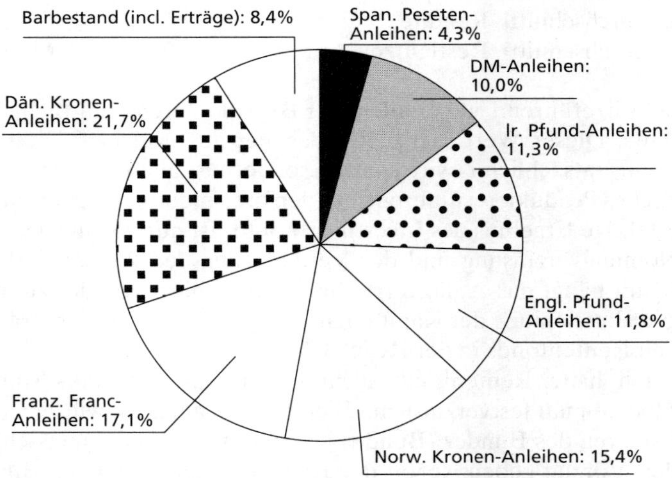

Wertentwicklung einiger ausgesuchter Rentenfonds

Fonds	Investment-gesellschaft	1 Monat 31.08.93–30.09.93	laufendes Jahr 31.12.92–30.09.93	1 Jahr 30.09.92–30.09.93	5 Jahre 30.09.88–30.09.93	10 Jahre 30.09.83–30.09.93	20 Jahre 30.09.73–30.09.93
Rentenfonds Anlageschwerpunkt Deutschland							
ADIRENTA	ADIG	1,2	10,6	15,5	40,6	113,0	397,7
Deutscher Rentenfonds*	DIT	1,3	11,7	16,7	45,6	114,0	380,0
Dt. Vermögensbildungsf. R	DVG	1,0	8,4	12,7	42,9	98,7	359,2
FT Interzins*	FRANKFURT-TRUST	1,0	9,9	14,7	41,4	111,3	400,3
Inrenta	DWS	1,3	10,5	15,2	43,9	113,0	373,9
Rentenfonds mit internationalem Anlageschwerpunkt							
DekaRent-international	DEKA	–1,0	14,3	20,9	45,8	106,3	391,0
INTERNAT. RENTENFONDS	DIT	–1,8	10,1	18,7	43,0	120,4	507,2
Inter-Renta	DWS	–1,8	10,3	15,6	48,2	125,2	462,9
HANSAinternational	HANSAINVEST	–1,1	10,9	17,1	43,3	92,3	
UniRenta	UNION	–1,1	10,5	17,1	47,9	125,8	439,8

Die Aktienfonds

Die Aktienfonds bestehen aus einer Vielzahl verschiedener Aktien. Man unterscheidet grob zwischen den national und international angelegten Fonds. Die feinere Gliederung ergibt eine Aufteilung in Fonds mit nationalen und internationalen Standard- oder Spezialwerten sowie Branchenfonds und in international regionale Fonds sowie Hemisphärenfonds.

Durch die Aktienanlage in einen Aktienfonds hat der Anleger die so oft zitierte Risikostreuung. Der Aspekt der Risikostreuung ist meines Erachtens ein verkaufsorientierter Begriff, um die potentiellen Investoren auf eine Minimierung ihrer Risiken hinzuweisen. Ich würde eher von einer Glättung der Verlust- und Gewinnchancen sprechen. Das gemilderte Risiko bezieht sich ausschließlich auf den deutlichen Verfall einer Einzelposition im Fonds. Der Fonds selbst bewegt sich jedoch mit dem Aktienmarkt. In Deutschland orientiert sich der Aktionär meist am Deutschen Aktienindex (DAX). Er ist das rechnerische Mittel der 30 wirtschaftsstärksten Unternehmen (Aktiengesellschaften) in Deutschland. Geht der DAX in den Keller, also vermindert sich sein Wert, verringert sich auch der Wert eines Aktienfondsanteils und umgekehrt. Es gibt zwar innovative Finanzprodukte, die als »Versicherung« gegen fallende Aktienkurse eingesetzt werden können, z.B. ein Put auf dem DAX. Die Fondsgesellschaften dürfen hiervon allerdings nur sehr beschränkt Gebrauch machen. Bemerkenswert ist, daß nur die wenigsten Aktienfonds den DAX schlagen, also besser abschneiden als der DAX. Das läßt natürlich entweder an der Qualität des Fondsmanagements zweifeln, oder es ist ein Indiz für die zu teure Verwaltung einer Fondsgesellschaft und die Kosten ihres Vertriebes. Die Aktienfonds eignen sich unter anderem für diejenigen Anleger, die sich als »Einsteiger« in das Aktienwesen sehen oder als Bestandteil einer Vermögensverwaltung. Die drei grundsätzlichen Ertrags- und Risikofaktoren sind das Management, der Kapitalmarkt und die Währung. Das Agio beträgt bei den Aktienfonds in der Regel 5%. Das Chancen-Risikopotential der Aktienfonds im einzelnen:

- die fachliche Kompetenz und personelle Kontinuität des Fondsmanagements;
- die richtige bzw. falsche Bewertung einzelner Aktien oder Branchen;
- das Währungsrisiko oder die Währungschancen bei international anlegenden Fonds;
- Einschränkung durch Fondsstatuten;
- geringere Gewinne durch höhere Kosten der Fondsanlage im Verhältnis zur Direktinvestition;
- falsche oder richtige Bewertung der Konjunkturentwicklung, der Zinsentwicklung, der Entwicklung an den Devisenmärkten, der technischen und der volkswirtschaftlichen Indikatoren.

Wertentwicklung einiger ausgesuchter Aktienfonds

Fonds	Investment-gesellschaft	1 Monat 31.08.93–30.09.93	laufendes Jahr 31.12.92–30.09.93	1 Jahr 30.09.92–30.09.93	5 Jahre 30.09.88–30.09.93	10 Jahre 30.09.83–30.09.93	20 Jahre 30.09.73–30.09.93
Aktienfonds Anlageschwerpunkt Deutschland							
ADIFONDS	ADIG	–1,5	23,2	26,3	48,0	197,1	554,8
ADIVERBA	ADIG	–2,0	21,8	32,1	30,1	181,6	568,3
CONCENTRA	DIT	–2,2	26,0	30,5	68,5	233,3	636,1
DekaFonds	DEKA	–2,0	25,0	28,0	51,5	186,6	539,4
Investa	DWS	–1,8	23,4	28,6	70,7	224,9	627,6
Aktienfonds mit internationalem Anlageschwerpunkt							
Akkumula	DWS	–1,9	16,2	24,4	47,8	234,3	631,1
FONDIS	ADIG	–5,7	18,0	29,1	15,7	149,6	503,6
FT Interspezial	FRANKFURT-TRUST	–1,2	22,6	27,6	61,3	210,4	555,3
INTERGLOBAL	DIT	–2,9	21,8	34,4	9,0	81,1	286,4
HANSAsecur	HANSAINVEST	–0,8	26,2	26,2	5,5	48,6	178,8

Die gemischten Fonds

Die einfachste Vermögensverwaltung schlechthin bieten die Mischfonds. Die Grundstruktur dieses Fondstyps ist flexibel, was Vor-, aber auch Nachteile beinhaltet. Je nach Einschätzung des Finanzmarktes legen sie ihre Gelder mal mehr in Aktien, mal mehr in Renten an. Der Vorteil der Mischfonds ist, daß bei einer negativen Beurteilung des Aktienmarktes das Fondsmanagement aus den Aktien raus-, in die Rentenwerte hinein switchen kann und umgekehrt.

Der Nachteil ist, daß durch diese Flexibilität keine eindeutige Risikostruktur erkennbar ist. Hinzu kommt, daß bei einer größeren Umschichtung unweigerlich die nicht unerheblichen Transaktionskosten die Wertentwicklung beeinträchtigen. Meiner Meinung nach sind die gemischten Fonds nicht unbedingt empfehlenswert. Die Mischung der Geldanlage sollte die Aufgabe des Finanzberaters in Verbindung mit der integrierten Vermögensberatung und -verwaltung sein. Die Struktur eines Fonds sollte klar umrissen und definiert sein. Das Agio der gemischten Fonds liegt in der Regel bei 5% .

Depotstruktur eines gemischten Fonds (Beispiel)

Breite Depotstreuung (Anteil in % am Fondsvermögen)

1. Festverzinsliche Wertpapiere	34%
2. Aktien	59%
3. Barbestand (incl. Erträge)	7%

Die 10 größte Aktienpositionen

VICTORIA Holding	5%	Deutsche Bank	3%
Lahmeyer	4%	Phoenix	2%
BASF	4%	ASKO	2%
Krones	3%	Linde	2%
BAYER	3%	VEBA	2%

Wertentwicklung einiger ausgesuchter Mischfonds

Fonds	Investment-gesellschaft	1 Monat 31.08.93–30.09.93	laufendes Jahr 31.12.92–30.09.93	1 Jahr 30.09.92–30.09.93	5 Jahre 30.09.88–30.09.93	10 Jahre 30.09.83–30.09.93	20 Jahre 30.09.73–30.09.93
Bethmann-Universal-Taunus	UNIVERSAL	–3,0	26,3	32,8	26,8	128,4	270,8
FONDRA	ADIG	–0,3	14,5	17,0	29,2	128,5	366,7
HWG-FONDS	UNIVERSAL	–1,7	23,1	25,3	44,0	173,7	553,6
MK ANALYTIK Fonds	MK	–3,1	10,9	14,6	20,4	27,8	103,0
PLUSFONDS	ADIG	–2,0	16,8	18,1	45,8	191,6	505,4

Die Länder- und Regionalfonds

Die Länder- und Regionalfonds sind speziell ausgerichtete Investmentfonds, die sich auf einzelne Länder oder Regionen konzentrieren. Somit bieten sie gegenüber einem Direktinvestment eine vergleichsweise kostengünstige Möglichkeit für den risikobereiten Kapitalanleger, der sich in engen bzw. exotischen Märkten engagieren will. Sie eignen sich als Ergänzung eines Depots, um spezielle Marktsegmente bzw. -nischen abzudecken. Um eine vernünftige Kostenrelation zu realisieren, müßte man bei einer Direkteinlage ein Vielfaches von dem Kapital investieren, das bei einem Länderfonds einzusetzen wäre. Da die Fonds praktisch immer voll investiert sind, muß der Anleger den Aus- bzw. Einstiegszeitpunkt selbst bestimmen. Dies setzt wieder entsprechende Marktkenntnis und Erfahrung voraus, über die der »Normalanleger« in der Regel nicht verfügt. Sie eignen sich meines Erachtens nur für das Fonds-Picking in Verbindung mit der integrierten Vermögensberatung und -verwaltung. Da es sich meist um Aktienfonds handelt, ist ein Agio von 5% üblich.

Die Laufzeitfonds

Bei einem Laufzeitfonds steht bereits bei der Auflegung fest, wie lange er existiert. Das Anlageergebnis des Fonds ist weitgehend kalkulierbar, da die Zinsänderungsrisiken wegen der kurzen Laufzeit als sehr gering einstufbar sind. Die Laufzeitfonds investieren in kurzläufige festverzinsliche Wertpapiere. Das Agio liegt in der Regel bei etwa 1 % und macht diese Anlagemöglichkeit nicht unbedingt attraktiver. Der Vorteil z.B. gegenüber einem Finanzierungsschatz des Bundes liegt in der jederzeit möglichen Liquidierbarkeit. Für besonders sinnvoll halte ich diesen Fondstyp jedoch nicht, da man sich am Rentenmarkt jederzeit festverzinsliche Wertpapiere mit gewünschter Restlaufzeit aussuchen und kaufen kann.

Die Geldmarkt- und geldmarktnahen Fonds

Eine Fondsspezialität stellen die sogenannten Geldmarktfonds dar. Dabei handelt es sich um Fonds, die ihre Gelder in nicht börsennotierte festverzinsliche Papiere mit sehr kurzen Restlaufzeiten investieren. Dadurch unterliegt der Fonds nur kleinen Kursschwankungen. Die Auflegung und der Vertrieb dieser Geldmarktfonds sind jedoch durch das neue Gesetz über Kapitalanlegergesellschaften (KAGG) untersagt. Die deutschen Investmentgesellschaften haben einen Fondstyp konzipiert, den man als Pseudo-Geldmarktfonds bezeichnen könnte. Bis zu 49% können diese Fonds in reine Geldmarktpapiere anlegen und den Rest in geldmarktnahe Papiere. Dies sind meist variabel verzinsliche Anleihen (Floater), die wegen ihrer laufenden Zinsanpassung kaum einem Kursänderungsrisiko unterliegen. Das Agio liegt in der Regel bei etwa 0,5% und macht diese Anlageform auch für kurzfristige Sparziele interessant. Sie sind dem Sparbuch auf jeden Fall vorzuziehen, denn das Risiko ist sehr gering, und die Rendite liegt sicherlich doppelt so hoch wie beim Sparbuch. Da der Anleger jederzeit an sein in einen Geldmarktfonds investiertes Kapital herankommt, würde ich sie auch höherverzinslichen Sparformen mit einer Zeitbindung vorziehen.

Fonds nach Luxemburger Recht

Aufgrund der ab dem 1.1.93 eingeführten Zinsabschlagsteuer erfreuen sich die Fonds nach Luxemburger Recht einer regen Nachfrage. Dies resultiert aus der ausgeprägten Sensibilität der deutschen Anleger hinsichtlich der Besteuerung von Kapitalerträgen. Dieser Fondstyp unterliegt nicht der Zinsabschlagsteuer. Allerdings bilden auch Erträge aus Fonds nach Luxemburger Recht Einkünfte aus Kapitalvermögen, die uneingeschränkt steuerpflichtig sind. Diese Fonds stellen keinen besonderen Fondstyp dar, sondern unterliegen nur einem anderen Recht.

Die ethischen Fonds und Umweltfonds

Diese Fondstypen eignen sich sehr gut dazu, Firmen und Technologien zu fördern, die sich im Bereich des Umweltschutzes oder der Ethik engagieren. Das Angebot solcher Fonds ist zur Zeit zwar gering, aber ich denke, daß durch ein grundsätzliches Umdenken der Gesellschaft diese Thematik immer mehr in den Vordergrund rücken wird. Ob allerdings die Investition in einen solchen Fonds finanzielle Vorteile bringt, ist zumindest fragwürdig, aber nicht ausgeschlossen.

Die typischen Auswahlkriterien für Umwelt- und Ethikfonds:
Gekauft werden Aktien von Unternehmen, die

- umweltfreundliche Technologien anwenden,
- umweltfreundliche oder zumindest umweltneutrale Produkte herstellen bzw. vertreiben,
- fortschrittliche und demokratische Arbeits- und Betriebsbedingungen aufzeigen,
- im Bereich Energierückgewinnung/alternativer, umweltfreundlicher Energiegewinnung arbeiten.

Nicht investiert wird in Aktien von Unternehmen, die

- umweltschädliche Technologien anwenden,
- umweltschädliche Produkte herstellen oder anwenden,
- Rüstungsgüter produzieren,
- im Bereich der atomaren Energiegewinnung arbeiten,
- Geschäftsbeziehungen zu Ländern unterhalten, in denen Rassismus herrscht oder Minderheiten diskriminiert werden,
- Tierversuche vornehmen oder fördern,

- in den Bereichen Glücksspiel, Spirituosen- oder Zigarettenindustrie arbeiten.

Ein Problem bei der Auflage solcher Fonds ist die Definition der Ethik. Es liegen zwar einige Konzepte solcher Fonds in den Schubladen der Kapitalanlagegesellschaften, aber die Bankenaufsicht sieht den Gestaltungsmißbrauch des »Ethik«-Begriffs. Hinsichtlich unserer Umwelt ist jedoch zu hoffen, daß hier kurzfristig Problemlösungen anstehen.

Die offenen Immobilienfonds

Immobilien erlebten in der jüngsten Vergangenheit eine rasante Wertentwicklung. Ihre Eigentümer durften frohlocken, während die zukünftigen Bauherren bzw. Kaufinteressenten darunter zu leiden hatten. Dies gilt nicht nur für den privaten Immobilienmarkt, sondern auch für gewerblich genutzte Objekte. Entsprechend auch für die offenen Immobilienfonds.

Der folgenden Tabelle können Sie entnehmen, daß Wertsteigerungen von knapp 10 % in einem Jahr möglich waren. Diese Wertentwicklung resultiert aus Einnahmen aus Vermietung und Verpachtung, aus Wertsteigerungen der Immobilien sowie den Erlösen aus Verkäufen des Immobilienbestandes. Hinzu kommen Zinserträge aus den liquiden Mitteln, die aufgrund der großen Nachfrage nach Anteilen der offenen Immobilienfonds 1992 sehr üppig ausfielen. Steuerpflichtig sind jedoch nur die Einnahmen aus Vermietung und Verpachtung sowie die Zinserträge. Wertsteigerungen und Verkaufsgewinne sind in der Regel steuerfrei. Die Vorteile eines offenen Immobilienfonds gegenüber einer klassischen Kapitalanlage in Immobilien liegen in der sofortigen Liquidierbarkeit der Anteile, die börsentäglich zum Rücknahmepreis verkauft werden können. Ein Nachteil ist, daß durch den Erwerb von Anteilen an einem offenen Immobilienfonds, im Gegensatz z. B. zu einem geschlossenen Immobilienfonds bzw. einem Direktinvestment in eine Immobilie, keine steuerlichen Abschreibungsmöglichkeiten entstehen.

Sollten die Immobilienmärkte in Zukunft stagnieren und sich das allgemeine Zinsniveau zurückbilden, werden sicherlich keine zweistelligen Wertzuwächse mehr zu erwarten sein. Dennoch ist der offene Immobilienfonds für den sehr langfristig orientierten Anleger interessant. Zum Beispiel als Instrument der zusätzlichen Altersvorsorge. Er ist deshalb eine Alternative, weil er das geringste Anlagerisiko unter den Investmentfonds aufweist. Das Agio bei den offenen Immobilienfonds liegt in der Regel bei 5 %.

Steuerlicher Aspekt

Die Erträge der Fonds setzen sich aus den Mieteinnahmen, den Zinserträgen und Kursgewinnen, die aus der Anlage liquider Mittel oder den Erlösen aus dem Verkauf von Objekten stammen, zusammen. Nur die Zins- und Mieteinnahmen gehören zu den Einkünften aus Kapitalvermögen, nicht aber die Kursgewinne und Verkaufserlöse. Da ein Großteil der Einnahmen aber aus dem Verkauf von Objekten resultiert, sind etwa 30 bis 40 % der Ausschüttungen für den Anleger steuerfrei. Nach Ablauf von 6 Monaten können Privatanleger mögliche Kursgewinne aus der Veräußerung von Fondsanteilen ebenfalls steuerfrei vereinnahmen.

Wertentwicklung einiger ausgesuchter offener Immobilienfonds

Fonds	Gesellschaft	1 Jahr 30.09.92– 30.09.93	5 Jahre 30.09.88– 30.09.93	10 Jahre 30.09.83– 30.09.93	15 Jahre 30.09.78– 30.09.93	20 Jahre 30.09.73– 30.09.93
DespaFonds	DESPA	10,4	51,2	105,0	183,9	284,5
DIFA-Fonds Nr. 1	DIFA	9,1	48,7	97,9	172,5	255,2
grundbesitz-invest	DGI	8,1	47,9	99,2	191,8	291,4
Grundwert-Fonds 1	DEGI	8,5	50,1	105,2	197,3	327,1
HAUS-INVEST	CGI	9,0	47,2	97,6	189,7	292,3
iii-Fonds Nr. 1	iii	10,2	49,8	96,9	173,6	227,6

Die geschlossenen Immobilienfonds

Steuern sparen ist der Deutschen liebstes Kind. Eine zunächst interessante Möglichkeit bieten die geschlossenen Immobilienfonds. Während die offenen Immobilienfonds eher Wertpapieren ähneln, die man tagtäglich zum aktuellen Wert verkaufen kann, sind dagegen bei geschlossenen Immobilienfonds die Gelder des Investors für ein ganz bestimmtes Objekt zu verwenden. Die Eckdaten der Immobilie sollten in einem Prospekt exakt definiert sein (Prospekthaftung). Üblich ist, daß in dem Prospekt ein Investitions- und Finanzierungsplan aufgestellt ist. Anschließend wird das notwendige Eigenkapital zur Zeichnung des Fonds aufgelegt und dann der Fonds geschlossen.

In den ersten Jahren nach der Zeichnung eines Fondsanteiles fallen meist keine Erträge für den Käufer an. Die entstehenden Werbungskosten sind natürlich steuerlich absetzbar, so daß sich anfangs für den Käufer eine ansehnliche Steuerersparnis ergeben kann, abhängig davon, wie hoch sein Einkommen liegt.

Problematisch ist, ganz im Gegensatz zum offenen Immobilienfonds, die Verkaufbarkeit des Fondsanteiles. Wenn der Anteil verkauft werden soll, muß man einen Käufer finden, genau wie bei einer Eigentumswohnung, nur die ist mit Sicherheit einfacher zu veräußern. Für die Fondsanteile der geschlossenen Immobilienfonds gibt es meines Wissens praktisch keinen Sekundärmarkt. Wer also einen solchen Fondsanteil erwirbt, sollte sich über die Langfristigkeit seiner Investition im klaren sein. Einen eventuell interessanten Verkaufserlös kann man sicherlich erst nach 10–15 Jahren realisieren, wobei es ganz besonders auf die Qualität der Immobilie ankommt. Ein wichtiges Kriterium für die ideale Geldanlage, nämlich die Liquidierbarkeit, fehlt hier in meinen Augen.

Jede Immobilie muß für sich selbst betrachtet und beurteilt werden, so daß eine pauschale Aussage über geschlossenen Immobilienfonds kaum möglich ist.

Kriterien für die Beurteilung sind im wesentlichen:

1. Der Standort
2. Die Angemessenheit der Miete
3. Die langfristige Vermietbarkeit
4. Die Wettbewerbssituation
5. Der mögliche Wertzuwachs
6. Die Funktionalität und Bauqualität
7. Die Verkehrsanbindung

Im Klartext: Wer Fondsanteile eines SB-Warenhauses auf dem platten Lande im Grünen in den neuen Bundesländern im Plattenbaustil erwirbt, wird wohl aufgrund der oben aufgeführten Kriterien kaum eine nachhaltig interessante Kapitalanlage erworben haben.

Unter anderem entscheidend ist die Bonität des Mieters der Immobilie und die Laufzeit des Mietvertrages. Bei den Prospektangaben sollte der Käufer sich ausschließlich an der langfristig erzielbaren Miete orientieren und nicht an Mieterträgen, die aus überhöht abgeschlossenen Mietverträgen resultieren.

Sind die Mieten überzogen, kann man davon ausgehen, daß auch der Kaufpreis zu hoch ist und man somit ein schlechtes Geschäft macht. Hinzu kommt nämlich die Problematik, zwischen den seriösen und unseriösen Anbietern von geschlossenen Immobilienfonds zu unterscheiden. Lassen Sie sich auf keinen Fall von den tollen Steuervorteilen blenden, viel wichtiger sind die o.a. Kriterien. Erfolge bringen garantiert nur 1a-Immobilien. Die abzuschließenden Verträge und Prospekte sollten auf jeden Fall auch vom Steuerberater und Rechtsbeistand, auch auf eventuelle persönliche Haftrisiken hin, geprüft werden.

Die Verbraucherzentrale in Berlin hat eine Liste von Fondsinitiatoren und Bauträgern, die durch die Herausgabe von fehler- und lückenhaften Prospekten auffielen, herausgebracht. Diese Liste kann dort angefordert werden.

Beteiligung an geschlossenen Immobilienfonds

Ist bei der Gestaltung des Immobilienfonds ein Treuhänder für die Zeichner eingeschaltet, ist Vorsicht geboten. Nach Ansicht des BFH ist eine steuermindernde Verlustberücksichtigung bei den Zeichnern nur unter schwer erfüllbaren Voraussetzungen möglich. Es bleibt allerdings abzuwarten, welche Konsequenzen die Finanzverwaltung aus dieser Rechtsprechung ziehen wird.

Die Future-Fonds

An der Terminbörse, die im Prinzip eine Börse wie jede andere ist, werden hohe Gewinne erzielt oder Vermögen verloren. Hier werden z. B. Schweinebäuche, Sojabohnen, Kaffee oder Gold, sogenannte Commodities, auf Termin gekauft oder verkauft. In den 70ern wurde auch der Terminmarkt für Aktien, Anleihen und Währungen eingeführt, sogenannte Financial Futures, die den Warenkontrakten mittlerweile den Rang abgelaufen haben. Die aus Amerika kommende Idee hat ebenfalls in Europa Terminbörsen entstehen lassen. Die DTB in Frankfurt, Liffe in London und Matif in Paris, um nur die wichtigsten zu nennen.

Der Terminmarkt ist ein Geschäft für Profis. Anfänger haben fast immer das Nachsehen. Wer die Gepflogenheiten der Terminbörse nicht kennt, wie z. B. mögliche Nachschußpflichten, hat schneller sein ganzes Vermögen aufs Spiel gesetzt, als er gedacht hat. Der Preis für das in der Zukunft liegende Geschäft muß nicht beim Kauf des Kontraktes bezahlt werden, sondern nur eine Sicherheitsleistung. Wenn der Markt gegen den Terminkontrakt läuft und die Sicherheitsleistung den Verlust nicht deckt, kommt es zur Nachschußpflicht. Terminkontrakte sollten nicht bestehende Wertpapieranlagen ersetzen. Sie lassen sich aber als Beimischung, vielleicht 5–10 % des Gesamtportofeuilles, einsetzen, um einem konservativ geführten Depot einen spekulativen Touch zu verleihen. Oder als eine Art Depotversicherung eines Aktiendepots in Form eines Puts (Verkaufsoption) auf eine Aktie oder den DAX (Deutscher Aktienindex). Wenn die Aktienkurse fallen, steigt der Wert des Puts überproportional dadurch, daß man durch den Terminkontrakt ein Vielfaches seines eigentlichen Wertes bewegt. Steigen die Aktienkurse, verfällt schlimmstenfalls die bezahlte Prämie für den Put.

Sie merken vielleicht schon an diesem einfachen Bespiel, daß der Terminmarkt der Markt für Profis ist. Die Idee zur Schaffung von Future-Fonds war nur eine Frage der Zeit. Mit diesem Fondstyp kann man bei fallenden und auch steigenden Märkten Gewinne erzielen. Verluste natürlich auch!

Um die Verluste auszuschließen, kam es zu einer weiteren Idee, den sogenannten »Guaranteed Future-Fonds«. Diese Form verbindet eine hochspekulative Geldanlage mit einer »Geld-zurück-Garantie«. Wie das? Der Trick liegt darin, daß ein bestimmter Teil der Investition in Zero-Bonds angelegt wird, deren Wert nach der Garantiezeit das investierte Kapital erreicht hat. Das restliche Kapital wird für die Terminkontrakte verwendet. Im schlimmsten Fall (worst–case) erleiden die Terminkontrakte einen Totalverlust. Die Zero-Bonds garantieren aber den Rückzahlungsbetrag. Die ganze Konzeption kostet natürlich Geld, d. h. Agio, Management- und Bankgebühren. Um Gebühren und Kosten zu sparen, kann man sich auch in sein Privatdepot einen Zero-Bonds kaufen und den Rest in einen reinen Future-Fonds investieren.

Worauf sollte man beim Erwerb eines Future-Fonds achten?

Anhand einiger Aspekte lassen sich die Qualitäten eines Anbieters überprüfen. Der Erfolg hängt vom Entscheidungsmodell im täglichen Handel ab.

- Werden Hausse- oder Baisse-Strategien verfolgt?
- Dominieren fundamentale oder technische Indikatoren?
- Ist die Depotausrichtung lang- oder kurzfristig?
- Vergleichen Sie die Gebührenstruktur der verschiedenen Fonds.
- Sitz und Rechtsform des Anbieters?

Die Fonds-Sparpläne

Die Investmentidee für »Kleinsparer« stellen die Fonds-Sparpläne dar. Der Anleger hat die Möglichkeit, sich bereits ab monatlich 100 DM am großen Geldgeschäft am nationalen und internationalen Finanzmarkt zu beteiligen. Grundsätzlich ist das eine gute Idee, aber wer sich 100 DM pro Monat von seinem Einkommen abknapst, hat sicherlich nichts am großen Finanzmarkt zu suchen. Bei den Fonds-Sparplänen werden immer zwei Schlagworte ins Spiel gebracht. Der sogenannte »Cost-Average-Effekt« und der »Kumulativeffekt«. Was bedeuten diese vielversprechenden Begriffe?

Der Cost-Average-Effekt

Durch eine laufende und regelmäßige Beitragszahlung verringert sich das Anlagerisiko einer Wertpapieranlage. Der Sparbeitrag bleibt konstant, während der Wert eines Investmentanteils variabel ist und sich börsentäglich verändert. Bei steigenden Kursen erwirbt der Anleger für seinen fixen Sparbeitrag weniger Investmentanteile und bei fallenden Kursen mehr Anteile. Dieser Effekt wird auch als Durchschnittskosteneffekt bezeichnet. Die Krux bei einer Risikoreduzierung liegt aber in der gleichzeitig vorhandenen Chancenreduzierung. Nachteilig für eine Einmalanlage wäre der Cost-Average-Effekt auf jeden Fall, wenn die Kurse während des Anlagezeitraums stetig steigen würden. Aber welche Möglichkeiten sind schon gegeben, wenn der Anleger nicht über entsprechendes Kapital verfügt und es sich mühsam ersparen muß?

Der Kumulativeffekt

Investmentanteile erfahren nicht nur Kursentwicklungen, sondern erzielen auch Dividenden, Zinsen und Mieteinnahmen, die die Investmentgesellschaften in der Regel einmal pro Jahr ausschütten. Werden diese Erträge nicht ausgeschüttet, sondern direkt wieder angelegt, spricht man von dem Kumulativeffekt. Durch die somit zusätzlich erworbenen Anteile erhöht sich die Vermögenssubstanz schneller. Bei einer mehrjährigen Anlage erzielt man so einen Zinseszinseffekt. Einige Fonds legen diese Erträge automatisch wieder an. Dieser Fondstyp wird als thesaurierender Fonds bezeichnet.

Ermittlung der jährlichen Rendite einer Investmentanlage

Die Rendite pro Jahr (p. a.) können Sie mit Hilfe der folgenden Formel selbst ermitteln. In der folgenden Tabelle ersehen Sie die jährlichen Renditen der Wertsteigerungen in 10-Prozent-Schritten (5 Jahre Anlagedauer) bzw. 20-Prozent-Schritten (10 Jahre Anlagedauer) bei einem Ausgabeaufschlag (Agio) von 5 %.

Die Rendite-Formel

$$\text{Rendite p.a. in \%} = \left[\left(\frac{\text{Wertentwicklung in \%} + 100}{\text{Ausgabeaufschlag in \%} + 100} \right) \frac{1}{\text{Anlagedauer} - 1} \right] \text{x } 100$$

Ein Beispiel: Anlagedauer 5 Jahre, Wertentwicklung 80 %, Anlageaufschlag 5 %

$$\text{Rendite p.a. in \%} = \left[\left(\frac{80\,\% + 100}{5\,\% + 100} \right) \frac{1}{5-1} \right] \text{x } 100 = 11{,}38\,\%$$

Zur Umrechnung von Wertsteigerungen in Jahresrenditen aufgrund der BVI-e.V.-Wertentwicklungsangaben (Agio 5 %)

5 Jahre Anlagedauer		10 Jahre Anlagedauer	
Wertsteigerung in %	Jahresrendite in %	Wertsteigerung in %	Jahresrendite in %
–50	–13,79	–50	–7,15
–40	–10,59	–30	–3,97
–30	–7,79	–10	–1,53
–20	–5,29	0	–0,48
–10	–3,04	10	0,47
0	–0,97	30	2,16
10	0,93	50	3,63
20	2,71	70	4,94
30	4,36	90	6,11
40	5,92	110	7,18
50	7,39	130	8,16
60	8,79	150	9,06
70	10,12	170	9,91
80	11,38	190	10,69
90	12,59	210	11,43
100	13,75	230	12,13
110	14,87	250	12,79
120	15,94	270	13,42
130	16,98	290	14,02
140	17,98	310	14,59
150	18,95	330	15,14

Das Fonds-Picking

Das Fondsmanagement eines Investmentfonds ist im Prinzip eine professionelle Vermögensverwaltung. Zwei Probleme tauchen bei der Wahl von Fonds jedoch auf:

1. Decken die Anlageziele der Fonds meine Anlageziele ab?
2. Wer bewertet das Fondsmanagement?

Die mittlerweile über 1 000 in Deutschland für den Vertrieb zugelassenen Fonds unterscheiden sich vielfach in ihren Strukturen und den Anlagezielen (siehe in den Abschnitten der Fonds). Hinzu kommt die Qualität des Fondsmanagements, das sich im Erfolg des Fonds in Form der Rendite widerspiegelt. Eine neue Idee wurde zwangsläufig geboren, das Fonds-Picking. Das Fonds-Picking stellt den Versuch dar, für den Mandanten des unabhängigen Vermögensberaters das individuell ideale Fonds-Depot zu analysieren und zu realisieren.

Bei einer global ausgerichteten Vermögensverwaltung sind die Investmentfonds eine exzellente Möglichkeit, als Depotbeimischung oder auch über die reine Vermögensverwaltung mit Fonds, sämtliche Bereiche der Geldanlagen abzudecken. Der wesentliche Vorteil zur möglichen Direktinvestition in entsprechende Wertpapiere liegt darin, daß man meines Erachtens als Vermögensberater und -verwalter wohl kaum in der Lage sein dürfte, jeden Anlagemarkt der Welt, insbesondere im Bereich der Schwellenländer, zu kennen. Ganz zu schweigen von einzelnen Aktiengesellschaften. Der Fonds-Manager eines Schwellenlandfonds sollte diesen Markt aber sicherlich genau kennen.

Der Fonds-Picker nutzt somit das Fachwissen einzelner Fonds-Manager. Er muß lediglich die oben aufgeführten Fragen beantworten können. Das ist schon schwierig genug.

Die fondsgebundene Lebensversicherung

Ein sogenanntes innovatives Produkt der Assekuranz soll die fondsgebundene Lebensversicherung darstellen. Was hat sich der Geldanleger darunter vorzustellen? Sie ist eine Kombination aus einer Risikolebensversicherung und einem Investmentfonds und stellt eine gesonderte Form der kapitalbildenden Lebensversicherung dar.

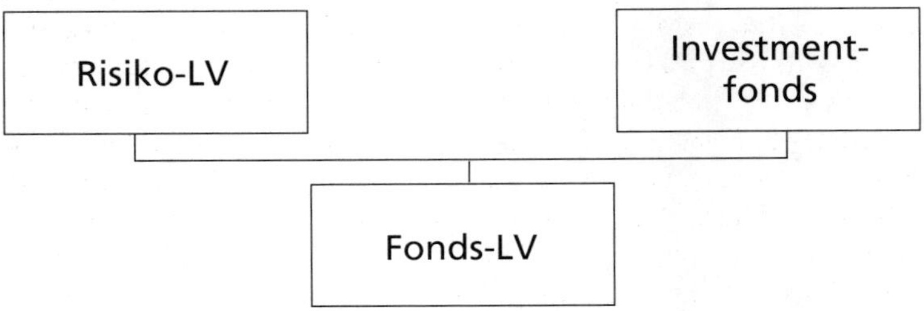

Diese Kombination soll eine steuerfreie Kapitalanlageform darstellen. Voraussetzung ist, wie bei der klassischen Kapitallebensversicherung (KLV), eine Mindestlaufzeit von 12 Jahren. Die Fonds-LV wird von den Versicherungsvermittlern vielfach als Alternative zur KLV angeboten. Das Argument der in der Vergangenheit höheren Rendite wird oft im Verkauf angewandt. Tatsache ist, daß beide Produkte gar nicht vergleichbar sind. Das Risikopotential der meist auf der Basis eines Aktienfonds abgeschlossenen Fonds-LV ist um ein Vielfaches höher als bei der KLV. Garantiert wird dem Versicherungsnehmer bei der Fonds-LV nur die Leistung im Todesfall. Bei der KLV wird neben der Todesfall-Leistung zumindest die Versicherungssumme als Ablaufleistung garantiert. Die Fonds-LV ist daher als Alternative zur KLV nicht geeignet und kann auch nicht als Ergänzung zur gesetzlichen Altersvorsorge eingesetzt werden.

Die Fonds-LV contra Risiko-LV plus Direktanlage in einen Aktienfonds

Wie und womit ist die Fonds-LV also vergleichbar? Der Überschrift kann man es schon entnehmen. Die Frage stellt sich gar nicht hinsichtlich der KLV, sondern hinsichtlich des Direktinvestments in einen Aktienfonds. Das Trumpf-As, so die Versicherungsbranche, ist die schon erwähnte steuerfreie Auszahlung bei einer Mindestlaufzeit von 12 Jahren. Die nächste Frage, die sich automatisch stellt, ist: Was ist eigentlich bei einem Aktienfonds zu versteuern? Wie bei einer Direktanlage in Aktien schüttet ein Aktienfonds zu einem festen Termin Dividenden aus. Dividenden sind Einkünfte aus Kapitalvermögen und setzen sich bei deutschen Aktienfonds aus der Barausschüttung und der anrechenbaren Körperschaftsteuer zusammen (siehe Abschnitt »Der Kapitalanleger und das Finanzamt«). Die Dividendenrendite liegt im Durchschnitt bei 3 bis 4 %. Durch die Anhebung des Sparerfreibetrages auf 6 000 DM für Ledige bzw. 12 000 DM für Verheiratete muß man schon sehr viel Geld in eine Fonds-LV investieren, damit das Argument der Steuerfreiheit zieht. Kursgewinne des Aktienfonds sind grundsätzlich steuerfrei, sofern die Spekulationssteuerfrist von 6 Monaten nicht unterlaufen wird, aber das spielt bei einer als Sparplan gedachten Anlage sowieso nur eine untergeordnete Rolle. Ob das Steuerargument greift, will ich nun einmal anhand des folgenden vereinfachten Beispiels untersuchen:
Der Steuerzahler ist verheiratet und hat ein zu versteuerndes Einkommen von 100 000 DM. In seinem Aktienfondsdepot hat er mittlerweile Investmentanteile im Gegenwert von 200 000 DM angespart. Die Durchschnittsdividende soll sich auf 4 % belaufen (= 8 000 DM). Weiterhin hat er Zinseinkünfte in Höhe von 2 000 DM. Hat er aufgrund seiner Anlage in Aktienfonds eine zusätzliche Steuerbelastung?

Rechnung 1: Aufteilung der zu versteuernden Einnahmen in die Bardividende und die anrechenbare Körperschaftsteuer (KörpSt.).

	Bardividende 70 %	DM	5 600,–
+	anrechenb. KörpSt. 30 %	DM	2 400,–
	Zu versteuernde Einnahmen	= DM	8 000,–

Rechnung 2: Die steuerliche Betrachtung ohne Aktienfonds

	Zu versteuerndes Einkommen	= DM	100 000,–
	(ohne Aktienfonds und Zinsen)		
+	Zinseinnahmen in 1993	= DM	2 000,–
–	Werbungskosten-pauschbetrag	= DM	200,–
–	Sparerfreibetrag	= DM	12 000,–
=	neues zu verst. Einkommen	= DM	100 000,–
	daraus resultierende Einkommensteuer für 1993	= DM	22 168,–

Da die Zinseinkünfte unterhalb der Freibeträge liegen, haben sie keine steuerlichen Auswirkungen.

Rechnung 3: Die steuerliche Betrachtung incl. Aktienfonds

	zu versteuerndes Einkommen	= DM	100 000,–
	(ohne Aktienfonds und Zinsen)		
+	Zinseinnahmen in 1993	= DM	2 000,–
+	Dividendeneinnahmen in 1993	= DM	8 000,–
–	Werbungskosten-pauschbetrag	= DM	200,–
–	Sparerfreibetrag	= DM	12 000,–
=	neues zu verst.		

	Einkommen	= DM	100 000,–
	daraus resultierende Einkommensteuer für 1993	= DM	22 168,–
–	anrechenbare KörpSt.	= DM	2 880,–
	real zu zahlende Einkommensteuer in 1993	= DM	19 228,–

Die Bruttodividende in Höhe von 8 000 DM fließt in diesem Beispiel dem Sparer zu 100 % zu (70 % in der Barausschüttung und 30 % über die Einkommensteuererklärung). Stellt er bei der Investmentgesellschaft einen entsprechenden Freistellungsantrag, bekommt er die Dividende zu 100 % gutgeschrieben.

Selbst bei einem so hohen Anlagebetrag entfällt das Argument der Steuerfreiheit der Fonds-LV.

Die Nachteile der Fonds-LV

Kommen wir von den fast nicht vorhandenen Vorteilen der Fonds-LV zu den Nachteilen.

1. Man ist, bezogen auf den Todesfallschutz, an die Risikolebensversicherung des Unternehmens der Fonds-LV gebunden. Für einen vergleichbaren Todesfallschutz beim Branchenbesten zahlt man sicherlich deutlich weniger, so daß mehr Geld in den Kapitalanteil fließen könnte.
2. Ebenso ist man an die Investmentfonds des Unternehmens gebunden. Die zur Zeit angebotenen Fonds-LV haben für ihren Sparanteil eher Fonds mit einer durchschnittlichen Performance (Rendite). Wäre man ungebunden, könnte ein besserer Fonds ausgewählt werden.
3. Die hohen Abschluß- und Verwaltungskosten lassen die Fonds-LV nicht gerade gut aussehen. Die Auszahlungen an Provisionen für den Vertrieb können dem Versicherungsnehmer natürlich nicht für seinen Sparvorgang gutgeschrieben werden. Die

Kosten für eine Direktanlage sind dagegen minimal. Dies gilt auch für die Risikoversicherung, wenn ein Direktversicherer für den Todesfallschutz gewählt wird.

Die hohen Provisionen sind meines Erachtens der Grund schlechthin für eine solche »Produktinnovation«.

KAPGLOBAL

Eine Frage, die sich mir bei der Kostenbetrachtung einer fondsgebundenen Lebensversicherung sofort stellte, war:

Ist es eigentlich nicht möglich, bessere Ertragsergebnisse zu erzielen, wenn man den riesigen Kostenapparat der Versicherungsgesellschaften ausgrenzt?

Nach dem Abzug von Vertriebs- und Verwaltungskosten, der Prämie für die Risikolebensversicherung und den Ausgabeaufschlägen der Fonds haben die Fonds-LVs, je nach Versicherungsgesellschaft, einen durchschnittlichen Anlagegrad zwischen *80 und 85 Prozent*. Das heißt: Wenn der Sparer monatlich DM 400,– in eine fondsgebundene Lebensversicherung einzahlt, kommen davon zwischen *320,– und 340,– DM* zur effektiven Anlage in den bzw. die Fonds. Der Rest geht für die o.a. Kosten drauf!

Mein selbstkreiertes Konzept habe ich KAPGLOBAL getauft. Es handelt sich, vereinfacht formuliert, um eine Trennung der einzelnen Segmente Risiko-LV und Investmentfonds. Es ist grundsätzlich ein universal einsetzbares Geldanlagemodell. Man kann es zur Eigenkapitalbildung für einen zukünftigen Immobilienerwerb nutzen, als Sparvertrag für die Altersvorsorge oder als Kapitalanlage. Dieses Konzept ist somit als Konkurrenz zum Bausparen, zu einer Kapitallebensversicherung bzw. Leibrentenversicherung oder der Fonds-LV zu sehen. Detailliertes zu diesem Thema in Verbindung mit dem Bausparen können Sie im Abschnitt »Die Eigenkapitalbildung« nachlesen.

Die Alternative zur Fonds-LV möchte ich hier genauer untersuchen:

Da es sich bei meinem Konzept nicht um eine echte Fonds-LV handelt, sondern um ein Konzept, daß die Segmente einzeln betrachtet, verliert KAPGLOBAL die Steuervorteile einer Fonds-LV, die im vorangegangenen Abschnitt beschrieben wurden. Die individuelle Steuerbetrachtung muß also entsprechend berücksichtigt werden. Weiterhin habe ich für die Ausarbeitung des individuellen Anlagemodells ein Konzepthonorar in Höhe von 1 500,– DM berücksichtigt.

Weitere Eckdaten:

Jahres-Sparbeitrag:	DM 4 800,–
Konzepthonorar:	DM 1 500,–
Durchschnittliches Agio:	3,5 Prozent
Todesfallschutz:	DM 100 000– (linear fallende Risiko-LV)
Nettoprämie für Risiko-LV:	DM 137,60 p.a.
Beitragszahlungsdauer:	9 Jahre
Zu versteuerndes Einkommen:	DM 100 000,–
Familienstand:	Ledig
Kirchensteuer:	9 Prozent
Solidaritätszuschlag ab 1995:	7,5 Prozent
Sparerfreibetrag:	DM 6 000,–
Werbungskostenpauschbetrag:	DM 100,–
Erhöhte Werbungskosten:	DM 300,– (konstant angenommen)
Weitere Kapitalerträge:	DM 2 000,– (konstant angenommen)
Verbleibender Freibetrag:	**DM 4 300,-**

Durchschnittliche Rendite:	9 Prozent	(als Beispiel!)
Steuerbarer Anteil der Rendite:	30 Prozent	
Betrachtungszeitraum:	20 Jahre	

Die folgende Tabelle zeigt KAPGLOBAL mit allen relevanten Aspekten, wie den steuerlichen Komponenten, den Kostenkomponenten sowie den Entwicklungen der Todesfalleistung und dem Rückkaufswert.

Das Ergebnis:

1. Eingezahlte Sparbeiträge:	DM	96 000,–
– Prämien für Risiko-LV:	DM	1 238,40
– Kosten für die Agien:	DM	3 360,–
2. Effektive Sparbeiträge:	DM	91 401,60
3. Kalkulatorische Ablaufleistung:	DM	240 883,–
– Aufgezinstes Konzepthonorar:	DM	6 801,–
4. Effektive kalk. Ablaufleistung:	**DM**	**234 082,–**

Das entspricht einer effektiven Jahresrendite von 7,89 %

Die Ergebnisse von KAPGLOBAL habe ich mit den zwei größten deutschen Anbietern von Fonds-LVs verglichen. Anhand der folgenden Graphiken erkennt man die Rückkaufswertentwicklungen bzw. die Todesfalleistungen der einzelnen Produkte. Der Vergleich ist selbstverständlich von gleichen Voraussetzungen ausgegangen, also der gleichen Wertentwicklung, dem gleichen Anfangstodesfallschutz und natürlich der gleichen Sparleistung. **KAPGLOBAL ist in beiden Bereichen klarer Sieger.** Der Unterschied liegt zwischen KAPGLOBAL und dem Zweitbesten immerhin bei über DM 20 000,– in der Ablaufleistung! Eindrucksvoller wird das Ergebnis aber erst durch die Aussage, daß diese Differenzen nur unter der Betrachtung der Kostengesichtspunkte entstanden sind, also quantitativer Faktoren. Ebenfalls wurden anteilig das aufgezinste Konzepthonorar sowie die steuerlichen Komponenten in den Graphiken berücksichtigt.

Jahr	Einzahlung	Agio	Prämie RLV	Todesfallschutz	Tatsächliche Anlage	Anlage-grad	Jahresendkapital	Wertsteigerung	Steuerbare Erträge	Freibetrag	zu verst. Erträge	zu verst. Einkommen	Steuer auf Erträge	Erträge nach Steuern	Todesfall-Leistung	Rücklaufswert
1	4800 DM	168 DM	137,60 DM	100 000 DM	4494 DM	93,63%	4 697 DM	296 DM	127 DM	4300 DM	0 DM	103 000 DM	0 DM	127 DM	104 697 DM	4 697 DM
2	4800 DM	168 DM	137,60 DM	92 858 DM	4494 DM	93,63%	9 816 DM	618 DM	265 DM	4300 DM	0 DM	106 090 DM	0 DM	265 DM	102 674 DM	9 816 DM
3	4800 DM	168 DM	137,60 DM	85 714 DM	4494 DM	93,63%	15 396 DM	970 DM	416 DM	4300 DM	0 DM	109 273 DM	0 DM	416 DM	101 110 DM	15 396 DM
4	4800 DM	168 DM	137,60 DM	78 572 DM	4494 DM	93,63%	21 478 DM	1 353 DM	580 DM	4300 DM	0 DM	112 551 DM	0 DM	580 DM	100 050 DM	21 478 DM
5	4800 DM	168 DM	137,60 DM	71 428 DM	4494 DM	93,63%	28 108 DM	1 771 DM	759 DM	4300 DM	0 DM	115 927 DM	0 DM	759 DM	99 536 DM	28 108 DM
6	4800 DM	168 DM	137,60 DM	64 286 DM	4494 DM	93,63%	35 334 DM	2 226 DM	954 DM	4300 DM	0 DM	119 405 DM	0 DM	954 DM	99 620 DM	35 334 DM
7	4800 DM	168 DM	137,60 DM	57 142 DM	4494 DM	93,63%	43 211 DM	2 722 DM	1167 DM	4300 DM	0 DM	122 987 DM	0 DM	1167 DM	100 353 DM	43 211 DM
8	4800 DM	168 DM	137,60 DM	50 000 DM	4494 DM	93,63%	51 797 DM	3 263 DM	1399 DM	4300 DM	0 DM	126 677 DM	0 DM	1399 DM	101 797 DM	51 797 DM
9	4800 DM	168 DM	137,60 DM	42 858 DM	4494 DM	93,63%	61 155 DM	3 853 DM	1651 DM	4300 DM	0 DM	130 477 DM	0 DM	1651 DM	104 013 DM	61 155 DM
10	4800 DM	168 DM	0,00 DM	35 714 DM	4632 DM	96,50%	71 500 DM	4 504 DM	1930 DM	4300 DM	0 DM	134 392 DM	0 DM	1930 DM	107 214 DM	71 500 DM
11	4800 DM	168 DM	0,00 DM	28 572 DM	4632 DM	96,50%	82 775 DM	5 215 DM	2235 DM	4300 DM	0 DM	138 423 DM	0 DM	2235 DM	111 347 DM	82 775 DM
12	4800 DM	168 DM	0,00 DM	21 428 DM	4632 DM	96,50%	95 065 DM	5 989 DM	2567 DM	4300 DM	0 DM	142 576 DM	0 DM	2567 DM	116 493 DM	95 065 DM
13	4800 DM	168 DM	0,00 DM	14 286 DM	4632 DM	96,50%	108 462 DM	6 833 DM	2928 DM	4300 DM	0 DM	146 853 DM	0 DM	2928 DM	122 748 DM	108 462 DM
14	4800 DM	168 DM	0,00 DM	7 142 DM	4632 DM	96,50%	123 064 DM	7 753 DM	3323 DM	4300 DM	0 DM	151 259 DM	0 DM	3323 DM	130 206 DM	123 064 DM
15	4800 DM	168 DM	0,00 DM	0 DM	4632 DM	96,50%	138 980 DM	8 756 DM	3752 DM	4300 DM	0 DM	155 797 DM	0 DM	3752 DM	138 980 DM	138 980 DM
16	4800 DM	168 DM	0,00 DM	0 DM	4632 DM	96,50%	156 328 DM	9 849 DM	4221 DM	4300 DM	0 DM	160 471 DM	0 DM	4221 DM	156 328 DM	156 328 DM
17	4800 DM	168 DM	0,00 DM	0 DM	4632 DM	96,50%	175 238 DM	11 040 DM	4731 DM	4300 DM	431 DM	165 716 DM	267 DM	4465 DM	175 238 DM	175 238 DM
18	4800 DM	168 DM	0,00 DM	0 DM	4632 DM	96,50%	195 583 DM	12 322 DM	5281 DM	4300 DM	981 DM	171 668 DM	633 DM	4648 DM	195 583 DM	195 583 DM
19	4800 DM	168 DM	0,00 DM	0 DM	4632 DM	96,50%	217 394 DM	13 696 DM	5870 DM	4300 DM	1570 DM	178 388 DM	967 DM	4903 DM	217 394 DM	217 394 DM
20	4800 DM	168 DM	0,00 DM	0 DM	4632 DM	96,50%	240 833 DM	15 172 DM	6502 DM	4300 DM	2202 DM	185 942 DM	1367 DM	5136 DM	240 833 DM	240 833 DM

Berechnet mit der Software »Geldanlagen mit Excel«.

Rückkaufswertentwicklung

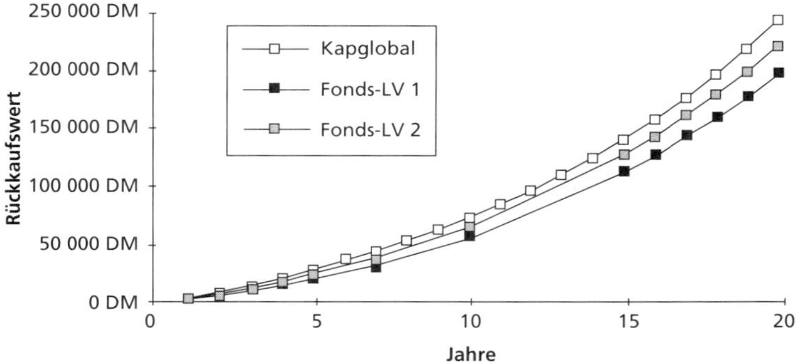

Todesfalleistung

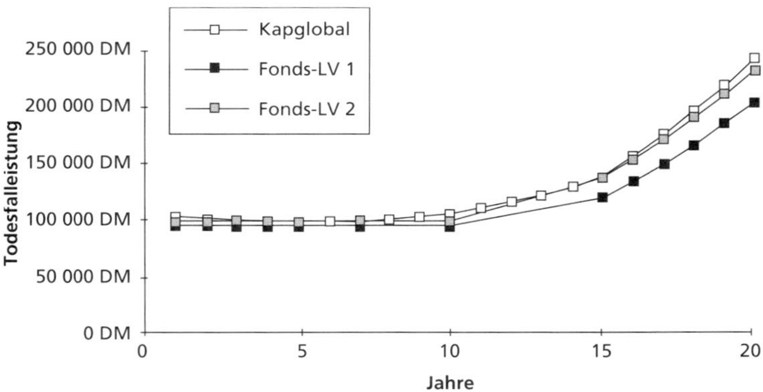

Die zuvor beschriebenen Ergebnisse sind sicherlich schon beeindruckend genug, aber die echten Vorteile von KAPGLOBAL liegen eher im qualitativen Bereich.

Die 10 Vorteile von KAPGLOBAL

1. Das Versicherungs-Picking:

Die Wahl des Todesfallschutzes bezüglich der Höhe und der Versicherungsgesellschaft ist völlig frei. Insbesondere Direktversicherungen bieten sich hier an.

2. Das Fonds-Picking:

Theoretisch steht die gesamte Investmentfondspalette dem Anleger zur Verfügung, also z. Z. über 1 000 in Deutschland zum Vertrieb zugelassenen Fonds.

3. Transparenz:

Der Transparenzgrad ist sehr hoch. Der Anleger weiß genau, mit welchen Kosten er rechnen muß und wie sie aufgeteilt sind.

4. Die Anlageformen:

In KAPGLOBAL können Geld- sowie Sachwertanlagen integriert werden.

5. Die Verfügbarkeit:

Der Anleger hat eine jederzeitige Verfügbarkeit über seine Fondsanteile. Feste Laufzeiten gibt es nicht.

6. Die Steuern:

Anhand der zuvor beschriebenen Tabelle erkennt man, ab wann erst mit Steuern aus den Einkünften aus Kapitalvermögen zu rechnen ist. Eine solche Berechnung kann selbstverständlich für jeden individuell erstellt werden.

7. Die Sicherheit:

Investmentfonds unterliegen dem Kapitalanlagegesetz und somit sehr strengen Auflagen. Veruntreuungen sind eigentlich auszuschließen. Je nach Anlageform bzw. Zeitraum kann man auch von Sicherheit hinsichtlich eines Aktiencrashs sprechen. Allerdings gibt es keine 100%ige Sicherheit!

8. Managed KAPGLOBAL:
Weiterhin besteht die Möglichkeit des gemanagten Fondsdepots.

9. Die Rentabilität:
1. Das ungemanagte Fondsdepot hat bessere Chancen auf eine gute Rendite als z. B. eine Fonds-LV, aber auch eine Kapitallebensversicherung. Vom Bausparen ganz zu schweigen.
2. Das gemanagte Fondsdepot dürfte, wenn man u.a. die Aspekte wie den Konjunktur- und Kapitalanlagezyklus berücksichtigt, noch eine weitaus größere Chance auf eine bessere Rendite haben. Weiterhin würde sich bei erhöhten Kursgewinnen der steuerbare Anteil der Wertsteigerungen verkleinern.

10. Die Flexibilität
Die Fondsdepotstruktur kann jederzeit, je nach eventuell aktuellen Anlagezielen, geändert werden. Ebenso kann je Todesfallschutz separat gekündigt werden. Somit erhöht sich der Anlagegrad. Die Fondsdepotstruktur kann jederzeit, je nach eventuell aktuellen Anlagezielen, geändert werden. Ebenso kann der Todesfallschutz separat gekündigt werden. Somit erhöht sich der Anlagegrad.

KAPGLOBAL stellt meines Erachtens ein Geldanlageinstrument dar, das den fünf Merkmalen einer idealen Geldanlage sehr nahe kommt. Nicht nur Sparverträge, sondern auch größere Einmalbeträge sind mit KAPGLOBAL zu managen.

Die britischen Kapitallebensversicherungen

Es gibt kaum ein weiteres Produkt in der Finanzdienstleistungsbranche, das in dem Maße angefeindet wird wie die britischen KLV oder deren Pensionspläne. Die Heftigkeit, mit der insbesondere die deutsche Assekuranz die »Briten« angeht, zeigt, wie unwohl sie sich bezüglich des gemeinsamen EG-Binnenmarktes fühlt. Mitte 1994 soll dieser realisiert sein, und er bedeutet auch für die Finanzdienstleister einen gemeinsamen Markt. Das Versicherungsangebot wird vielfältiger und bunter. Mehr Konkurrenz heißt in der Regel auch verbraucherfreundlichere Tendenzen. Ich denke jedoch, daß die deutsche Versicherungswirtschaft vor den britischen KLV nicht kapitulieren muß. Sie sind nämlich gar nicht direkt vergleichbar. Die Lebensversicherungen in Großbritannien genießen den Ruf – der auch berechtigt ist –, besonders hohe Renditen für ihre Versicherten zu erwirtschaften. Die besten Versicherer erzielen Spitzenrenditen von über 15 % pro Jahr. Doch eins ist klar: Wo hohe Renditen erzielt werden können, ist auch das Risiko entsprechend.

Wie kommen diese immens hohen Renditen zustande, von denen die deutschen Lebensversicherer nur träumen können? Dafür gibt es mehrere Gründe. Einer erklärt sich aus dem Deckungsstock der britischen KLV. Er ist vergleichbar mit einem international angelegten Multiinvestmentfonds, wie man auch in der Abbildung erkennen kann. Der Anteil an internationalen Aktien ist sehr hoch und liegt im Schnitt bei etwa 50 % des Deckungsstocks. Wenn man diesen Deckungsstock mit dem einer deutschen KLV vergleicht, erkennt man sofort die Unterschiede. Das Risikopotential einer deutschen KLV ist aufgrund des wesentlich geringeren Aktienanteils natürlich kleiner.

Deckungsstockstruktur (Beispiel)

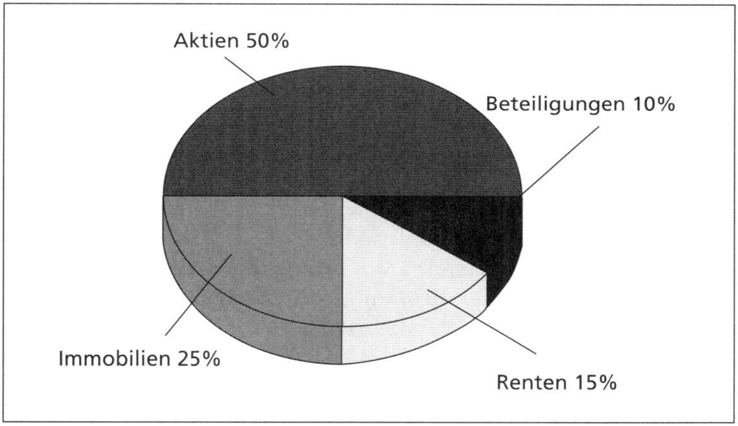

Die britische KLV ist eigentlich ein Zwitter zwischen einer deutschen KLV und einer Fonds-LV, und zwar insofern, als sie, wie die deutsche KLV auch, eine Erlebensfallgarantie aufzeigt. Bei der Fonds-LV ist das nicht der Fall. Garantiert werden die Versicherungssumme und die bis dahin zugesagten Jahresboni, die die guten Versicherungsgesellschaften in GB seit Jahren verteilen. Ein Beispiel: Es wird Jahr für Jahr ein Jahresbonus von 5 % gewährt, der sich auf die Versicherungssumme bezieht. Zu einer anfänglichen Versicherungssumme von 10 000 Pfund kommt im zweiten Jahr eine Versicherungssumme von 500 Pfund hinzu und erhöht diese auf 10 500 Pfund. Die nächste Erhöhung würde 5 % von 10 500 betragen, also 525 Pfund. Dies entspricht einem zusätzlichen Zinseszinseffekt. Wie schon erwähnt, ist die Versicherungssumme zuzüglich den Jahresboni für den Todes- und Erlebensfall garantiert.

Das Wechselkursrisiko

Wenn es darum geht, die britischen KLV durch den Kakao zu ziehen, wird meist als Gefahr das Wechselkursrisiko genannt. Der Abschluß einer ausländischen Versicherung erfolgt natürlich in ihrer Landeswährung, hier also dem Pfund Sterling. Richtig ist, daß das Pfund im letzten Jahrzehnt einen drastischen Kursverfall hinnehmen mußte. Die deutsche Wirtschaft florierte, während die Briten von einer Rezession in die nächste stürzten. Dies muß allerdings nicht unbedingt in der Zukunft so bleiben.

Abgesichert werden die garantierten Leistungen durch einen »Feuerwehr-Fonds«, der 1974 eingeführt wurde. Er sichert 90 % der garantierten Ansprüche des Versicherungsnehmers im Falle einer Insolvenz der Versicherungsgesellschaft. Diesen Feuerwehr-Fonds kennen die deutschen Versicherungen nicht.

Einige Beispiele. Der Versicherte ist männlich und 35 Jahre alt.

Laufzeit in Jahren	Deutsche KLV			
	Beitrag p.a.	Vers.-summe	Auszahlung	Rendite
12	870,00 DM	11 372,00 DM	16 326,00 DM	6,71%
15	697,00 DM	11 717,00 DM	18 432,00 DM	6,81%
20	522,00 DM	12 167,00 DM	22 476,00 DM	6,84%
25	419,00 DM	12 532,00 DM	27 565,00 DM	6,82%

Laufzeit in Jahren	Britische KLV			
	Beitrag p.a.	Vers.-summe	Auszahlung	Rendite
12	870,00 DM	10 000,00 DM	31 490,00 DM	16,16%
15	697,00 DM	10 000,00 DM	40 160,00 DM	15,58%
20	522,00 DM	10 000,00 DM	53 980,00 DM	13,98%
25	419,00 DM	10 000,00 DM	72 630,00 DM	12,92%

Die Unterschiede sind schon enorm, aber auch verständlich. Gerade das letzte Jahrzehnt kann man durchaus als das Jahrzehnt der Aktie bezeichnen. Allerdings ist nicht nur die Deckungsstockstruktur für den Erfolg maßgebend. Die »Briten« zahlen ihren Abschlußvermittlern weniger Provisionen als ihre deutschen Kollegen, und somit werden weniger Kosten produziert.

Des weiteren bilanzieren die deutschen Versicherer ihren Immobilienbestand nach dem Niederstwertprinzip, so daß eine Immobilie im Bestand nicht mit dem tatsächlichen Verkehrswert und der eventuellen Wertsteigerung zum Tragen kommt. Anders bei den britischen KLV, wo die Versicherten an den Wertsteigerungen des Immobilienbestandes direkt partizipieren. Das britische Pfund ist seit Oktober 1990 dem Europäischen Währungsverbund (EWS) angeschlossen. Dieses Währungssystem sollte größere Devisenkursschwankungen innerhalb des EWS verhindern, indem bei einem Kursverfall einer Währung die europäischen Notenbanken durch Stützungskäufe die Währung in ihrer Bandbreite halten sollten. Beim Pfund Sterling betrug der festgelegte Basiskurs 2,95 DM mit einer Schwankungsbreite von 6 % nach oben wie nach unten. Dieses Währungssystem hat sich als zu labil herausgestellt. Die volkswirtschaftlichen Differenzen zwischen Deutschland und Großbritannien in Verbindung mit der konsequenten Zinspolitik der Deutschen Bundesbank haben die Briten veranlaßt, kurzfristig aus dem Währungsverband auszuscheren. Das Resultat war ein deutlicher Kursrückgang des Pfundes von ca. 15 % innerhalb weniger Tage. Wie es damit weitergeht, steht in den Sternen. Ob, wann und zu welchen Bedingungen das Pfund Sterling in das EWS zurückkehrt, stand zum Zeitpunkt des Verfassens dieser Zeilen noch nicht fest.

Renditebetrachtung bei einem jährlichen Kursverfall des Pfund Sterling um 3 % am vorangegangenen Beispiel: Jahresbeitrag 870 Pfund, Laufzeit: 12 Jahre, Auszahlung: 31 490 Pfund. Durch die jährliche Abwertung reduziert sich auch der effektiv zu zahlende Jahresbeitrag in DM um 3 %.

Anfangskurs = 2,95 DM

Prämie im	1. Jahr:	870,00 DM x 2,950 =	2 566,00 DM
	2. Jahr:	870,00 DM x 2,864 =	2 492,00 DM
	3. Jahr:	870,00 DM x 2,781 =	2 419,00 DM
	4. Jahr:	870,00 DM x 2,700 =	2 349,00 DM
	5. Jahr:	870,00 DM x 2,621 =	2 280,00 DM
	6. Jahr:	870,00 DM x 2,545 =	2 214,00 DM
	7. Jahr:	870,00 DM x 2,471 =	2 150,00 DM

8. Jahr:	870,00 DM x 2,399 =	2 087,00 DM
9. Jahr:	870,00 DM x 2,329 =	2 026,00 DM
10. Jahr:	870,00 DM x 2,261 =	1 967,00 DM
11. Jahr:	870,00 DM x 2,195 =	1 919,00 DM
12. Jahr:	870,00 DM x 2,131 =	1 854,00 DM
Summen:	10 440,00 DM	26 314,00 DM

Der Auszahlungsbetrag betrüge 31 490 Pfund. Zum Auszahlungszeitpunkt wäre das Pfund noch 2,069 DM wert. Daraus resultiert: 31 490 Pfund x 2,069 = 65 153 DM. Die Rendite vor Währungsverlust beträgt 13,36 %. Das Kursrisiko ist zwar tatsächlich gegeben, aber bei regelmäßigen Ratenzahlungen relativiert es sich ähnlich wie der Cost-Average-Effekt bei den Investmentfonds.

Die britische KLV und die Steuer

Wie schon im Kapitel der steuerlichen Absetzbarkeit von Versicherungsbeiträgen beschrieben, sind nach dem deutschen Steuerrecht die Erträge aus Kapitallebens- und Rentenversicherungen steuerfrei, wenn die Mindestlaufzeit von 12 Jahren und die Mindestbeitragszahlung von 5 Jahren vereinbart werden. Unterschreitet man diese Laufzeit, werden die Erträge mit einer 25%igen Kapitalertragsteuer belastet. Diese Steuer gibt es ebenso in Großbritannien – dort heißt sie Base-Rate. Der Unterschied liegt zur Zeit nur noch in der dort vorgeschriebenen Mindestlaufzeit von 10 Jahren. Auszahlungen aus Rentenversicherungen, also Ratenauszahlungen, werden in GB mit dem Ertragsanteil direkt als Quellensteuer abgezogen (= 25%ige Kapitalertragsteuer). Nicht so, wenn die Verträge auf den britischen Kanalinseln Guernsey oder Jersey und der Isle of Man abgeschlossen wurden, die einen Sonderstatus genießen und ganz legale »Steuerparadiese« der Briten darstellen.

Nach dem deutschen Steuerrecht sind Einkünfte aus ausländischen Versicherungen, ergo auch aus den britischen KLV, Einkünfte aus Kapitalvermögen und somit zu versteuern. Mit der Realisierung des EG-Binnenmarktes muß hier jedoch eine Änderung erfolgen, denn das deutsche Steuerrecht verstieße gegen EG-Recht, wenn ausländische Finanzprodukte den deutschen Produkten gegenüber benachteiligt würden. Dies bedeutet, daß die Steuergesetze angepaßt werden müssen. Wie, das weiß bis jetzt allerdings noch niemand.

Das beste wäre, wenn auch die Kapitalerträge aus ausländischen Kapitalversicherungen von der Einkommensteuer, wie beim deutschen Steuerrecht, befreit würden.

Weiterhin sind – zumindest zur Zeit – die Beiträge zu den britischen Produkten keine Sonderausgaben bzw. Vorsorgeaufwendungen und können dadurch nicht steuerlich abgesetzt werden.

Die britischen Rentenpläne

Ist für den Geldanleger der Todesfallschutz uninteressant, bieten einige britische Gesellschaften sogenannte Rentenpläne an. Ähnlich wie bei der deutschen aufgeschobenen Leibrente kann nach einem festgelegten Anlagezeitraum eine Rente oder auch das erwirtschaftete Kapital ausgezahlt werden. Im Prinzip sind diese Rentenpläne reine Investmentfonds. Eine Anlagemöglichkeit besteht darin, seine Sparraten in einen Fonds zu investieren, der zu 100 % den Deckungsstock der Versicherungsgesellschaft darstellt. Hierbei gibt es wie bei der Lebensversicherung garantierte Summen zuzüglich Jahresboni. Dieses Konzept kann durchaus als ein Investmentfonds mit garantierten Leistungen bezeichnet werden.

Durch den Wegfall der Todesfallabsicherungen geht das eingezahlte Kapital, abzüglich der Vertriebs- und Verwaltungskosten, direkt in den Rentenplan, folglich sind die Renditen höher. Je nach Laufzeit und Gesellschaften sind in der Vergangenheit Renditen von bis zu 20 % pro Jahr erreicht worden! Selbst deutsche Aktienfonds träumen von einer solchen Performance. Natürlich wieder in Pfund Sterling mit dem entsprechenden Währungsrisiko. Trotzdem interessant!

Britische KLV aus zweiter Hand

Dies ist kein Witz, sondern realexistierender Kapitalismus. Sehr wenig bekannt, aber seit einiger Zeit auch in Deutschland zu erhalten, sind »gebrauchte« britische KLV.

Die britischen Versicherer und ihre deutschen Kollegen haben zumindest eines gemeinsam: Im Falle einer vorzeitigen Vertragskündigung wird ein relativ kleiner Rückkaufswert ausgezahlt. Auch wenn die Kosten für die Verwaltung und die Vermittlerprovisionen in GB durchschnittlich geringer ausfallen, zehren sie von der Rückkaufswertentwicklung, wobei der Abschlußbonus, der beim Einhalten der regulären Vertragslaufzeit anfällt, sehr hoch ausfallen kann (bis zu 60 %). Dies öffnet den im Finanzsektor sehr innovativen Briten eine Marktlücke, den Secondhand-Markt für britische KLV. Ein Markt, von dem eigentlich jeder Beteiligte profitiert. Der bisherige Versicherte und Inhaber der Police erzielt durchschnittlich 25 % mehr beim Verkauf einer Police als im Falle der Kündigung. Die Versicherung hält den Vertrag, der Vermittler erhält eine angemessene Provision, und der Käufer erwirbt einen Vertrag, der bei einer normalen Fortführung eine Rendite von 13 bis 15 % verspricht. Der Vorteil für den Käufer liegt u. a. in der größeren Sicherheit der Ablaufleistung einer bereits bestehenden Versicherung. Bei einem neu abgeschlossenen Vertrag ist eine Prognose der Ablaufleistung praktisch nicht möglich. Dies resultiert aus der Struktur des Deckungsstocks der Versicherungsgesellschaft. Bei den Aufgaben zur Ablaufleistung dürfen britische Versicherer maximal mit einer Rendite von 10,75 % hochrechnen. Garantiert sind lediglich, wie schon zuvor beschrieben, die Versicherungssumme zuzüglich den jährlich zugeteilten Jahresboni.

Wie bewertet man gebrauchte Policen?

Die Gebraucht-Policen werden nach dem Barwert der voraussichtlichen Ablaufleistung beim Vertragsende, also nach dem Ablauf der anfänglich vereinbarten Vertragslaufzeit, bewertet. Dabei wird auch das Verhältnis von Jahresboni und Schlußboni berücksichtigt. Der Schlußbonus resultiert aus der Wertsteigerung des Deckungsstocks des Versicherers. Gebraucht-Policen mit einem sehr hohen Schlußanteil werden aufgrund des höheren Risikos in der Regel niedriger bewertet.

Ein Beispiel für die Abwicklung

Aus einer Angebotsliste, die alle 14 Tage neu erscheint, kann man sich eine Police aussuchen. Die meisten Makler bieten die Möglichkeit einer Reservierung für eine Woche an. Die Zahlung wird über ein Treuhandkonto einer Bank oder eines Notars abgewickelt. Der Käufer bekommt die Police, Kontoauszüge und eine notariell bestätigte Abtretungserklärung. Ein Todesfallschutz ist mit dem Vertrag nicht verbunden. Der Käufer zahlt zwar die künftigen Prämien, versichert bleibt jedoch der Verkäufer, der jedoch keinerlei Anspruch geltend machen kann.

Ein Zahlbeispiel

Bei der Versicherungsgesellschaft XY-Life besteht ein Vertrag mit der Laufzeit von 15 Jahren. Der aktuelle Rückkaufswert beträgt 9 800 Pfund, der Kaufpreis beläuft sich auf 13 600 Pfund, der Jahresbeitrag beträgt 740 Pfund und die voraussichtliche Ablaufleistung ca. 42 000 Pfund.

Dies entspricht einer Rendite von etwa 15 %. Risikolos ist eine solche Anlage natürlich nicht. Neben dem Wechselkursrisiko können die Schlußgewinnanteile geringer ausfallen. In einem Insolvenzfall einer Gesellschaft sind durch einen sogenannten Feuerwehr-Fonds 90 % der Versicherungssumme zuzüglich der bis zu diesem Zeitpunkt angefallenen Jahresboni abgesichert.

Die steuerliche Behandlung

Die Auszahlung des Versicherungsbetrages bei Fälligkeit wird ohne Einbehaltung britischer Steuern geschehen. Die Gesellschaft hat jährlich 25 % Steuern pauschal auf Erträge aus Kapitalvermögen zu zahlen. Bei ausländischen KLV, so natürlich auch bei den britischen, sind die Gewinne nach der aktuellen Rechtslage steuerpflichtige Einkünfte. Der deutsche Fiskus sieht zur Zeit die britischen Verträge als eine Art Zerobond mit laufenden Einzahlungen. Somit muß der Vertrag erst bei Fälligkeit versteuert werden. Diese Regelung verstößt jedoch gegen EG-Recht. Eigentlich müßten die britischen Verträge denen der deutschen Konkurrenz seit dem 1.1.1993 gleichgestellt sein. Entweder brauchen die britischen Verträge nicht versteuert zu werden, oder die deutschen Kapitalversicherungen verlieren ihr Steuerprivileg.

Achten sollte man bei der Auswahl eines Vertrages auf die Versicherungsgesellschaft. Man sollte ausschließlich Policen von Gesellschaften kaufen, die in der britischen Zeitschrift »Money Management« ständig in den Top-ten-Listen aufgeführt sind. Dies deutet zumindest an, daß es sich um eine solide geführte Gesellschaft handelt.

Meine persönliche Meinung:

Die britischen KLV-Produkte halte ich für eine durchaus interessante Kapitalanlageform. Sie sollten allerdings nicht der klassischen und sicheren Altersvorsorge dienen, da sie einen spekulativen Charakter aufweisen.

Einkünfte aus Kapitalvermögen

Das Zinsabschlaggesetz

Das neue Zinsabschlaggesetz ist am 1. Januar 1993 in Kraft getreten. Dieser Termin wird viele Kapitalanleger erfreuen, denn schätzungsweise 80 % aller Geldanleger werden durch die Anhebung der Sparerfreibeträge von der Besteuerung ihrer Einkünfte aus Kapitalvermögen freigestellt. Die Freibeträge sind um das Zehnfache erhöht worden. Für den Ledigen bedeutet das einen Freibetrag von 6 000 DM und für den Verheirateten das Doppelte. Hinzu kommt der Werbungskostenpauschbetrag von 100 DM für Ledige bzw. 200 DM für Verheiratete.

Grundsätzliches

Zins- und Dividendenerträge sind uneingeschränkt steuerpflichtig. Geregelt wird dies in § 20 des Einkommensteuergesetzes – Einkünfte aus Kapitalvermögen. Die Zinsabschlagsteuer hat den Sinn, Zinserträge direkt bei der Auszahlung bzw. Gutschrift im Inland einer Besteuerung zuzuführen. Dieser Zinsabschlag – eine Quellensteuer – beträgt im Depot- und Kontenberech 30 %. Bei Zinserträgen im Bereich der Tafelgeschäfte beträgt der Zinsabschlag sogar 35 %.

Der Zinsabschlag wird bei der Auszahlung bzw. der Gutschrift der Zinserträge nur von inländischen Auszahlungsstellen einbehalten. Ergo nicht von ausländischen Instituten!

Dividenden aus Aktienbesitz oder Anteile an inländischen Aktienfonds unterliegen bereits der 25%igen Kapitalertragsteuer. Sie bleiben – wie auch eventuelle Kurssteigerungen – von der Zinsabschlagsteuer unberührt.

Abzugspflichtige Einnahmen aus Kapitalvermögen

Folgende in- und ausländische Zinserträge unterliegen bei der Auszahlung oder Gutschrift im Inland dem Zinsabschlag:

Zinsen aus verbrieften Anleihen und Forderungen

- Industrieobligationen,
- Pfandbriefe,
- Anleihen des Bundes oder anderer Gebietskörperschaften (Bundesschatzbriefe, Finanzierungsschätze),
- Null-Kupon-Anleihen,
- Disagio-Anleihen,
- Optionsanleihen,
- Deep-Discount-Anleihen,
- Index- und Fremdwährungsanleihen,
- DM-Auslandsanleihen,
- Zinserträge aus Investmentfonds.

Zinsen aus Forderungen jeder Art gegenüber inländischen Kreditinstituten

- Sichteinlagen mit einem Zins oder Bonus über 1 %,
- Termineinlagen,
- Festgelder,
- Sparkonten,
- vermögenswirksame Sparverträge,
- Bonus- und Vorsorgesparpläne,
- Fremdwährungskonten und Schuldscheindarlehen von Kreditinstituten.

Stückzinsen und vergleichbare Erträge aus der Veräußerung und der Abtretung von ab- bzw. aufgezinsten Wertpapieren sind erst ab dem 1. Januar 1994 dem Zinsabschlag unterworfen.

Freibetragsgrenzen:
Wieviel Sie in Zukunft steuerfrei anlegen können

Vermögenswerte (DM)

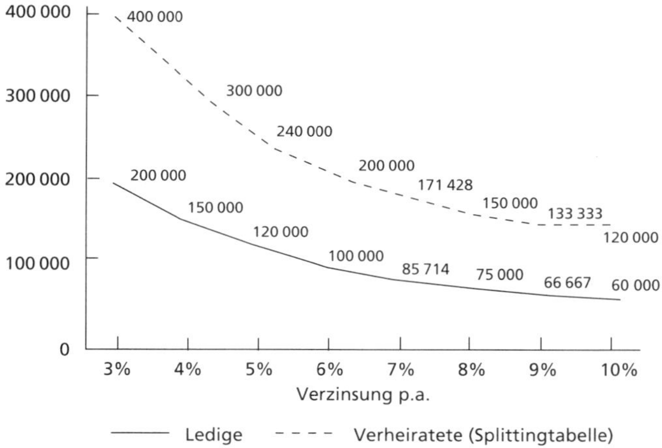

Ausgangspunkt für die Besteuerung sind die Kapitaleinkünfte

Grundlage für die Besteuerung sind die Erträge aus dem Kapitalvermögen, wie z. B. Zinsen und Dividenden. Von den Erträgen können die Werbungskosten (Anschaffungsnebenkosten) in voller Höhe abgezogen werden, mindestens jedoch der Werbungskostenpauschbetrag von 100 DM (Ledige) bzw. 200 DM (Verheiratete). Ebenso wird zusätzlich der Sparerfreibetrag in Abzug gebracht.

So rechnet das Finanzamt:

  Einnahmen aus Kapitalvermögen
– Werbungskosten
– Sparer-Freibetrag

= Einkünfte aus Kapitalvermögen

Befreiungen

Sachliche Befreiungen

Von der Zinsabschlagsteuer befreit sind Zinsen, die im Rahmen von steuerbegünstigten KLV erzielt werden (siehe Kapital »Die steuerliche Absetzbarkeit von Versicherungsbeiträgen«). Ferner sind von der Zinsabschlagsteuer ausgenommen Zinsen auf Sichteinlagen (Kontokorrent- bzw. Girokosten), sofern die Verzinsung nicht mehr als 1 % pro Jahr beträgt. Zinsen aus Bausparverträgen sind vom Zinsabschlag befreit, wenn der Sparer im Jahr der Gutschrift eine Arbeitnehmersparzulage oder eine Wohnungsbauprämie erhält. Ansprüche auf die Sparzulage bzw. die Wohnungsbauprämie hat der Sparer, wenn sein zu versteuerndes Einkommen kleiner als 27 000 DM (Ledige) bzw. 54 000 DM (Verheiratete) ist. Ebenfalls sind Bagatellbeträge in Höhe von 20 DM pro Konto befreit.

Unberücksichtigt bleiben auch Erträge, die einem Auslandskonto bzw. -depot (z. B. Luxemburg oder Österreich) gutgeschrieben werden.

Persönliche Befreiungen

Juristische Personen (Kapitalgesellschaften – z. B. GmbH) oder natürliche Personen und Unternehmen mit einem ausländischen Wohnsitz unterliegen nicht der Zinsabschlagsteuer. Bei den Tafelgeschäften sind jedoch auch diese Personen von dem 35%igen Zinsabschlag bzw. der 25%igen Kapitalertragsteuer betroffen.

Die Werbungskosten bei Einkünften aus Kapitalvermögen

Vielfach außer acht gelassen werden bei der Einkommenssteuererklärung die Werbungskosten, die bei der Einrichtung von Wertpapierdepots entstehen, sowie deren laufende Kosten. Der Werbungskostenpauschalbetrag liegt für Ledige bei DM 100,– / für Verheiratete bei DM 200,– p.a. Die Geltendmachung tatsächlicher Werbungskosten ist interessant, wenn die Einkünfte aus Kapitalvermögen DM 6.100,– für Ledige bzw. DM 12.200,– für Verheiratete übersteigen (inkl. Sparerfreibeträge).

Folgende Werbungskosten werden anerkannt:
1. Fachliteratur bzw. Ausgaben von Börseninformationsdiensten
2. Depotservice wie Depotgebühren, Depotaufstellungen und Auslieferungen sowie sonstige im Zusammenhang mit dem Depotservice stehende Kosten.
3. In der Regel werden auch Verwalterhonorare als Werbungskosten anerkannt, da sie als Maßnahme zu einer erhöhten Gewinnerzielung deklariert werden können.
4. Kosten für Besuche von Hauptversammlungen inkl. der Fahr- und Unterbringungskosten. Sie müssen nur in einem angemessenen Verhältnis zum Aktienbesitz stehen.
5. Rechtsverfolgungskosten
   Die entstehenden Kosten müssen mit der Erlangung oder Besteuerung von Kapitalerträgen zusammenhängen.
6. Finanzierungskosten wie Zinsen, Disagien oder Kreditbearbeitungsgebühren, die in Zusammenhang mit dem Erwerb von Wertpapieren stehen, und wenn ein Überschuß der Einnahmen gegenüber den Ausgaben zu erwarten ist.
7. Sonstige Kosten wie Beiträge zu Wertpapierschutzverbänden oder einer Versicherung für das Schließfach, in dem ertragreiche Wertpapiere verwahrt werden.

Der Freistellungsauftrag

Diese Neuregelung des sogenannten Freistellungsauftrages sieht vor, daß alle Geldanleger ihren Sparerfreibetrag sowie den Werbungskostenpauschbetrag direkt bei ihren Geldanlageinstituten geltend machen können. Dadurch bekommt der Geldanleger, falls er mit seinen Erträgen die Freibeträge nicht übersteigt, seine Erträge sofort in voller Höhe gutgeschrieben. Er muß also nicht erst auf seinen Einkommensteuerbescheid warten. Hierzu muß der

Sparer jedoch sein Geldanlageinstitut mit einem amtlichen Vordruck beauftragen, dem Freistellungsauftrag.

Für mich ist dieser Freistellungsauftrag ein reines Politikum, um eine breite Kapitalflucht ins Ausland zu vermeiden. Hat der Sparer sein Geld bei mehreren Instituten angelegt, kann der Auftrag auf diese verteilt werden. Die Beitragssumme darf die Höhe des Sparer- und Werbungskostenfreibetrages nicht übersteigen. Es kann also nicht z. B. ein Lediger bei jedem Institut einen Freibetrag von 6 100 DM beantragen. Durch diesen Auftrag werden nicht nur Zinserträge vom Steuerabzug freigestellt, sondern auch die Erträge, die der 25%igen Kapitalertragsteuer unterliegen (z. B. Dividenden, Zinsen aus Wandelanleihen, Ausschüttungen auf Genußscheine ect.). Er führt darüber hinaus zur direkten Gutschrift der anrechenbaren Körperschaftsteuer inländischer Dividendenerträge.

Der Freistellungsauftrag kann nicht bei Gemeinschaftskonten, außer bei zusammen veranlagten Ehegatten, sowie entsprechenden Depots durchgeführt werden. Ebenfalls findet er bei den Tafelgeschäften keine Anwendung.

Betriebliche Einnahmen aus Kapitalerträgen sowie Einnahmen aus Vermietung und Verpachtung können nicht befreit werden.

Man sollte sich unbedingt notieren, bei welchem Institut in welcher Höhe ein Freistellungsauftrag erteilt wurde. Somit hat der Anleger immer den Überblick und vermeidet möglichen Ärger wegen in der Summe zu hoch ausgestellter Beträge. Bei Bedarf können die Beträge jederzeit nach oben wie nach unten geändert werden.

Kontrollmöglichkeiten

Die größte Sorge derjenigen, die viel Geld anzulegen haben, besteht in der Kontrolle der Einkünfte aus Kapitalvermögen. Das Bundesamt für Finanzen kann von den Kapitalanlagegesellschaften und Kreditinstituten die Mitteilung aller Freistellungsaufträge verlangen, um die mehrmalige Inanspruchnahme zu kontrollieren und gegebenenfalls zu unterbinden.

Die Mitteilungen der Institute dienen ausschließlich zur Prüfung

Freistellungsauftrag für Kapitalerträge (Muster)

(Gilt nicht für Betriebseinnahmen aus Vermietung und Verpachtung)

(Name, abweichender Geburtsname, Vorname, Geburtsdatum des Gläubigers der Kapitalerträge)

(Straße, Hausnummer)

(ggf. Name, abweichender Geburtsname, Vorname Geburtsdatum des Ehegatten)

(Postleitzahl, Ort)

An

(Datum)

(z.B.Kreditinstitute/Bausparkasse/Lebensversicherungsunternehmen/Bundes-/Landesschuldenverwaltung)

(Straße, Hausnummer)

(Postleitzahl, Ort)

Hiermit erteile ich/erteilen wir*) Ihnen den Auftrag, meine/unsere*) bei Ihrem Institut anfallenden Zinseinnahmen vom Steuerabzug freizustellen und/oder bei Dividenden und ähnlichen Kapitalerträgen die Erstattung von Kapitalertragsteuer und die Vergütung von Körperschaftsteuer beim Bundesamt für Finanzen zu beantragen, und zwar

☐ bis zu einem Betrag von ...... DM (Bei Verteilung des Freibetrages auf mehrere Kreditinstitute)

☐ bis zur Höhe des für mich/uns*)geltenden Sparer-Freibetrages und Werbungskostenpauschalbetrages von insgesamt 6100 DM/12 200 DM*).

Dieser Auftrag gilt ab dem ....

☐ so lange, bis Sie einen anderen Auftrag von mir/uns*) erhalten.

☐ bis zum ....

Dieser Auftrag steht den zuständigen Finanzbehörden zu Prüfungszwecken zur Verfügung.

Ich versichere, wir versichern*), daß mein/unser*) Freistellungsauftrag zusammen mit Freistellungsaufträgen an andere Kreditinstitute, Bausparkassen, das Bundesamt für Finanzen usw. den für mich/uns*) geltenden Höchstbetrag von insgesamt 6100 DM/12 200 DM*) nicht übersteigt. Ich versichere/wir versichern*) außerdem, daß ich/wir*) mit allen für das Kalenderjahr erteilten Freistellungsaufträgen für keine höheren Kapitalerträge als insgesamt 6100/12 200 DM*) im Kalenderjahr der Freistellung oder Erstattung von Kapitalsteuer in Anspruch nehme(n)*).

Die mit dem Freistellungsauftrag angeforderten Daten werden auf Grund von 36 b. Abs. 2, § 44 a Abs. 2, § 44 b Abs. 1 und § 45 d Abs. 1 EStG erhoben.

(Unterschrift)

(ggf. Unterschrift Ehegatte, gesetzliche(r) Vertreter

☐ Zutreffendes bitte streichen

Der Höchstbetrag von 12 200 DM gilt nur bei Zusammenveranlagung. Der Freistellungsauftrag ist z.B. nach Auflösung der Ehe oder bei dauerndem Getrenntleben zu ändern.

Musterformular über erteilte Freistellungsaufträge

Name(n) ______________________________

	Anlageform ①	Institut ②	Anlagebetrag (DM) ③
Geschäftsguthaben und Bankeneinlagen (Sparbuch, Termingeld, Sparbrief u.a.)			
Wertpapiere (Aktien, festverzinsliche Wertpapiere und Investmentzertifikate)			
Anlagekonten bei Investmentgesellschaften			
Sonstige Anlagen (Bausparverträge, Lebensversicherungen u.a.)			

Aufteilung des Freibetrages

Institut	Summe der Erträge	Anteiliger Freibetrag (DM)

Familienstand ______________________ Anlageübersicht zum (Datum) ____________

Fälligkeit der Anlage ④	Zinstermin/ Bonustermin ⑤	Zinssatz p.a. (%) ⑥	Voraussichtlicher Ertrag 1993 (DM) ⑦
	Summe		
	minus Freibetrag		
	Saldo (kapitalertragssteuerpflichtig)		

der korrekten Inanspruchnahme der Freibeträge. Dabei sollen weiterreichende Informationen über die Konten der Sparer nicht weitergegeben werden. Wie bisher dürfen gemäß § 30a der Abgabenordnung (Bankgeheimnis) keine Kontrollmitteilungen aufgrund steuerlicher Überprüfungen angefertigt werden.

Änderung im Ausland-Investment-Gesetz (AIG)

Erträge auf Anteilsscheine ausländischer Investmentfonds waren bislang zinsabschlagsteuerfrei zu vereinnahmen. Zur Schließung dieses »Steuerschlupfloches« wird das Ausland-Investment-Gesetz insoweit geändert, daß der Zinsabschlag für ausschüttende ausländische Investmentfonds eingeführt wird, thesaurierende ausländische Investmentfonds aber zinsabschlagsteuerfrei bleiben. Die neuen Änderungen gelten erstmals für Ausschüttungen ausländischer Investmentfonds, die nach dem 30. Juni 1993 fließen. Die Erhebung der modifizierten Zinsabschlagsteuer kommt jedoch nur dann in Betracht, wenn

- Anteile an einem Auslandsfonds von einer inländischen Bank verwaltet oder treuhänderisch gehalten werden
  und
- eine Auszahlung der Ausschüttung durch diese inländische Bank erfolgt, die Ausschüttung also nicht thesauriert wird.

Kurzübersicht: Die Auswirkungen der Zinsabschlagsteuer auf einzelne Anlageformen

betroffen	teilweise betroffen	nicht betroffen
Sparguthaben	Bausparverträge	Aktien
Sparverträge	Genußscheine	Geschlossene Immobilienfonds
Festgelder	Investmentfonds	
Festverzinsliche Wertpapiere	nicht steuer-begünstige Kapitallebens-versicherungen	steuer-begünstigte Kapitallebens-versicherungen
Tafelgeschäfte		Edelmetalle
ab 1. Januar 1994: Stückzinsen von festver-zinslichen Wertpapieren		Kunst-gegenstände
Erträge aus ab- bzw. aufgezinsten Wertpapieren		Antiquitäten

Investmentfonds

Fondsart	Depot im Inland	Tafelgeschäft	Depot im Ausland
Deutscher ausschüttender Fonds	30% Zinsabschlagsteuer auf den steuerpflichtigen Teil der Ausschüttung (bei Aktienfonds im Schnitt 30% der Erträge, bei offenen Immobilienfonds ca. 50% der Erträge); Anrechnung bei der Einkommen-Steuererklärung; Steuerfrei bei Freistellungsauftrag	35% Zinsabschlagsteuer auf den steuerpflichtigen Teil der Ausschüttung Anrechnung bei der Einkommen-Steuererklärung	kein Abzug von Zinsabschlagsteuer
Ausländ. ausschüttender Fonds	zur Zeit kein Abzug von Zinsabschlagsteuer	zur Zeit kein Abzug von Zinsabschlagsteuer	kein Abzug von Zinsabschlagsteuer
Deutscher thesaurierender Fonds	30% Zinsabschlagsteuer auf die steuerpflichtigen Erträge, Anrechnung bei der jährlichen Einkommen-Steuererklärung; bei Freistellungsauftrag Erstattung der Zinsabschlagsteuer am Ende des Fondsgeschäftjahres.	–	30% Zinsabschlagsteuer auf die steuerpfl. Erträge; Anrechnung nur im Rahmen der Einkommensteuererklä-rung; auch bei Freistellungsauftrag keine Erstattung.
	Ausländ. thesaurierender Fonds	kein Abzug von Zinsabschlagsteuer	–

Die Flucht vor der Zinsabschlagsteuer

Wer Geldvermögen hat, muß es natürlich nicht in Deutschland anlegen. Gerade die Zinsabschlagsteuer hat eine große Kapitalflucht ins europäische Ausland zur Folge gehabt, von der insbesondere Luxemburg profitierte.

Wer jedoch meint, der Besteuerung seiner Kapitalerträge auf diesem Wege zu entkommen, geht einen zumindest gefährlichen Weg. Denn unabhängig davon, wo die Erträge entstehen, dem Finanzamt sind sie auf jeden Fall zu melden. Wer es nicht tut und später erwischt wird, macht sich der Steuerhinterziehung strafbar und muß mit saftigen Steuernachzahlungen und Strafen rechnen.

Innerhalb der EG ist langfristig eine einheitliche Kapitalertragsbesteuerung geplant, der sich auch Luxemburg nicht entziehen können wird, da es EG-Mitglied ist und sicherlich bleiben möchte. Die Folge könnte sein, daß die dann mögliche Zinsabschlagssteuer direkt an das zuständige Finanzamt abgeführt wird.

Wenn einmal die Zinsabschlagssteuer aus Luxemburg an das Finanzamt fließt, wird sich der Anleger sicherlich einigen Fragen des Finanzamtes über eventuelle Kapitalerträge in der Vergangenheit aus Luxemburg gefallen lassen müssen. Und das könnte peinlich werden.

Ich werde ihnen keinen Rat geben, wie sie Steuern hinterziehen können. Aber keine EG-Mitglieder sind z. B. die gute alte Schweiz oder die britischen Kanalinseln, die eigenen Hoheitsrechten unterliegen.

Die Spekulationssteuer

Eine weitere Form, erzielte Gewinne zu besteuern, wird in § 23 des Einkommensteuergesetzes geregelt; sie betrifft die Spekulationsgeschäfte. Für den Kapitalanleger interessant ist die steuerliche Behandlung von Wertpapieren und von Immobilien. Spekulationsgeschäfte sind Veräußerungsgeschäfte, bei denen der Zeitraum zwischen Anschaffung und Verkauf eine bestimmte Zeit unterschreitet.

Dieser Zeitraum beträgt
- bei Wertpapieren jeglicher Art: 6 Monate
- bei bebauten und unbebauten Grundstücken: 2 Jahre

Hat der Anleger z. B. Aktien gekauft und im 4. Monat mit Gewinn verkauft, handelt es sich um ein Spekulationsgeschäft. Der Gewinn ist zu versteuern. Verkauft er im 7. Monat mit Gewinn, ist dieser steuerfrei.

Der Gewinn oder der Verlust aus Spekulationsgeschäften ist der Unterschied zwischen dem Veräußerungserlös einerseits und den Anschaffungs- oder Herstellungskosten und den Werbungskosten andererseits. Sollte man bei Spekulationen überwiegend Verluste erleiden, führen diese nicht zu negativen Einkünften, die den Gesamtbetrag der Einkünfte des Steuerpflichtigen reduzieren. Verluste aus Spekulationsgeschäften dürfen nur bis zur Höhe des Spekulationsgewinnes, den der Geldanleger im gleichen Kalenderjahr erzielt hat, ausgeglichen werden.

Überwiegen im gleichen Kalenderjahr die Spekulationsgewinne, bleibt dem Anleger ein kleiner Freibetrag von 1 000 DM!

Besteuerung von Zwischengewinnen

Am 1.1.1994 ist das »Mißbrauchsbekämpfungs- und Steuerbereinigungsgesetz« in Kraft getreten. Durch dieses Gesetz hat Vater Staat die Zwischengewinnbesteuerung (ZwiSt) für die Investmentfonds eingeführt.

Diese Neuregelungen haben die Rahmenbedingungen für Geldanlagen deutlich verändert. Sie wirken sich sowohl auf den einzubehaltenen Zinsabschlag als auch auf die spätere Einkommensteuererklärung aus.

Was ist eigentlich der Zwischengewinn?

Unter einem Zwischengewinn versteht man den im Anteilspreis eines Investmentfonds enthaltenen Ertragsanteil, soweit er sich aus Zinsen und Zinsansprüchen zusammensetzt. Der Zwischengewinn unterliegt der Zinsabschlagssteuer (ZASt) sowie der Einkommensteuer (EStG). Einkommen- und zinsabschlagsteuerpflichtig ist künftig die Differenz zwischen dem Zinsertrag zum Zeitpunkt des Erwerbs und zum Zeitpunkt der Veräußerung eines Fonds. Nicht betroffen sind Dividenden und Kursgewinne.

Deutsche Fonds sowie ausländische Fonds mit der Vertriebszulassung in Deutschland werden ab Januar 1994 die aufgelaufenen Zinserträge separat zum Anteilswert als Zwischengewinn ausweisen müssen.

Ein Beispiel:

1. Kauf von 100 Anteilen eines Rentenfonds zum 1.4.1994, der einen Zwischengewinn von 1,50 DM pro Anteil ausweist. Der Zwischengewinn ist also 150,– DM.
2. Verkauf dieser 100 Anteile am 1.6.1994. Der einkommensteuerpflichtige Zwischengewinn ist auf 1,60 DM pro Anteil angewachsen, also 160,– DM.
3. Die gezahlten Zwischengewinne bei Kauf werden nun von den erhaltenen Zwischengewinnen bei Verkauf abgezogen, so daß sich ein Zwischengewinn von 0,10 DM pro Anteil ergibt, also 100,– DM.
4. Sollte kein Freistellungsauftrag in Höhe von mindestens 100,– DM der Investmentgesellschaft vorliegen, werden 30 % Kapitalertragssteuer, also 30,–DM als Zwischengewinn an das zuständige Finanzamt abgeführt.

Festzuhalten bleibt, daß die Besteuerung des Zwischengewinnes keine zusätzliche Steuer im eigentlichen Sinne ist, sondern eine Vorabzahlung, wie bei der Zinsabschlagssteuer. Die eigentliche Steuerschuld aus den Einkünften aus Kapitalvermögen wird erst bei der Einkommensteuererklärung errechnet. Liegen der Investmentgesellschaft entsprechende Freistellungsaufträge vor, wird auch der Zwischengewinn nicht an das Finanzamt abgeführt. Da Zinserträge hauptsächlich bei Renten- und Geldmarktfonds anfallen, bleiben die Aktienfonds hiervon weitgehend verschont.
Weiterhin von der Zinsabschlag- sowie Zwischengewinnsteuer un-

berührt bleiben Investmentfonds, die in einem ausländischen Depot gehalten werden und deren Erträge im Ausland ausgeschüttet bzw. thesauriert werden. Nochmals anmerken möchte ich, daß selbstverständlich alle Erträge aus Kapitalvermögen der Einkommensteuer unterliegen. Als Inhaber ausländischer Depots hätte man allerdings Liquiditätsvorteile.

4 Allgemeines

Inhaltsverzeichnis

Der Vermögensverwalter

Wie man einen guten von einem schlechten Verwalter unterscheidet:

Ein guter Vermögensverwalter informiert sich über die gesamte wirtschaftliche Situation seines Mandanten, seine Risikobereitschaft und Ziele. In der Anlagestrategie sollten die Aspekte der Kriterien einer Geldanlage von Bedeutung sein (siehe Einleitung).

Seine Gebühren sollten angemessen sein und möglichst ein Fixum darstellen. Sollte eine Gewinnbeteiligung Vertragsbestandteil sein, ist meines Erachtens Vorsicht geboten. Je höher die Gewinne, um so größer kann auch das eingegangene Risiko der Anlage gewesen sein. Ein Interessenkonflikt ist dabei zumindest gegeben. Der Verwalter sollte eine maximale Transparenz aufweisen. Mindestens alle 3 Monate sollte der Mandant einen Depotauszug erhalten. Wichtig sind die Aufgliederung nach Beständen, die Auflistung der getätigten Transaktionen mit der damit verbundenen Kosten.

Eine Vermögensverwaltung allerdings nur auf den Geldanlagebereich zu beschränken, ist heutzutage nicht mehr angemessen. *Wie definiert sich eigentlich »das Vermögen«?*

Sicherlich ist es nicht nur das Geldvermögen. Das größte Vermögen eines Menschen ist sicherlich seine Arbeitskraft und seine Gesundheit. Anzustreben für eine echte Vermögensverwaltung wäre die ganzheitliche Vermögensverwaltung, wie in der folgenden Graphik versucht wurde zu skizzieren.

Ganzheitliche Vermögensverwaltung

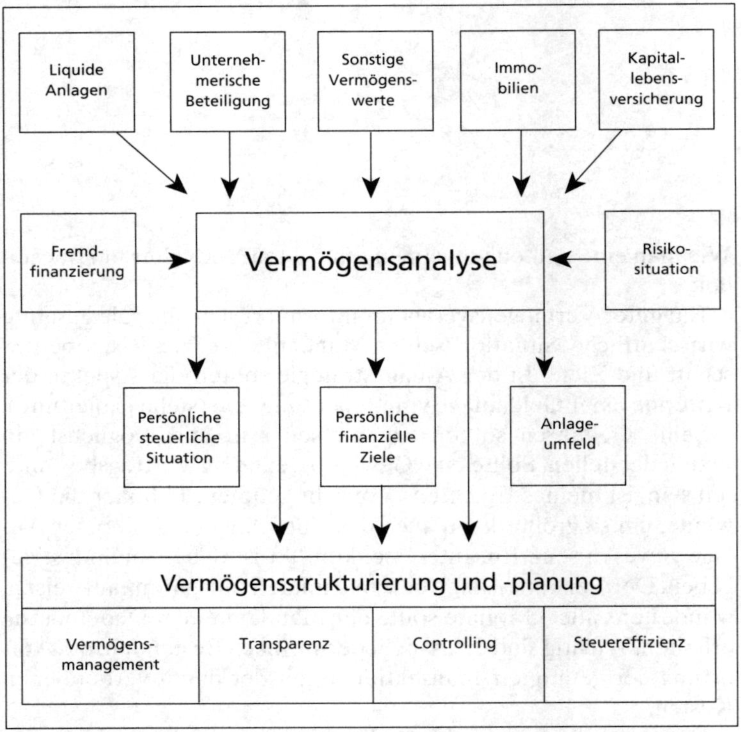

Der Vermögensverwalter der Zukunft muß ein Universalfinanz-Manager sein, der sich im Geldanlagebereich genausogut auskennen muß, wie z. B. in der Baufinanzierung, bei den Immobilien und bei den Versicherungen.

Die integrierte Vermögensberatung und -verwaltung

Wie schon zuvor ausführlich in den Kapiteln beschrieben, ist die Problematik einer ganzheitlichen Betrachtung der individuellen Vermögensstrategie immens komplex. Selbst der interessierte Verbraucher steht dieser Problematik fast völlig hilflos gegenüber. Fast immer werden Entscheidungen im Finanzbereich gefühlsmäßig getroffen. Sie ahnen wahrscheinlich schon, daß emotionale Entscheidungen fast immer zu Fehlern führen.
Hierzu möchte ich ein Beispiel aufführen:
1. Altersvorsorge
- Reicht die gesetzliche Rentenversicherung?
- Soll ich zusätzlich eine Kapitallebensversicherung abschließen, oder fahre ich mit einer Leibrente besser?
- Vielleicht doch eine fondsgebundene Lebensversicherung?
- Bei welcher Gesellschaft soll ich einen Vertrag in welcher Höhe abschließen?
- Oder ist ein Immobilienerwerb vielleicht die sinnvollere Lösung für meine Altersvorsorge?
- Kann ich mir das überhaupt leisten?
- Wenn ja, wie finanziere ich wo am günstigsten?
- Ist für mein Ziel die Finanzierung über eine Bausparkasse, eine Lebensversicherung oder über eine Bank die richtige Lösung, und welche Aspekte sind dabei zu berücksichtigen?

Mal ehrlich, wüßten Sie hierauf die Antworten? Wohl kaum, und genau dies, nämlich die Unwissenheit der Verbraucher, macht sich die Finanzwelt zunutze.

Diesen Fragenkatalog könnte ich beliebig erweitern. Das gilt natürlich nicht nur für die Altersvorsorge. Weitere Aspekte sind die Geldanlage, die Einsparung von Steuern, die Erbschaftsproblematik, Immobilien, Bau- und Gewerbefinanzierungen, Versicherungen etc. Die integrierte Vermögensberatung und -verwaltung umfaßt den gesamten materiellen Lebensbereich des Menschen in allen Lebensphasen.

Die nächste entscheidende Frage ist: An wen wende ich mich mit meinen Problemen?

Diese Frage ist nicht so einfach zu beantworten. Die großen Bankhäuser und die Vertriebsstrukturgesellschaften bieten in ihren Allfinanzangeboten solche Problemlösungen prinzipiell an. Der große Knackpunkt besteht hier aber sicherlich in der Abhängigkeit der Unternehmen. Die Bank X bzw. die Vertriebsstrukturgesellschaft Y wird Ihnen bestimmt nicht die Finanzierung eines Konkurrenten anbieten, obwohl sie weiß, daß die Konditionen und die Rahmenbedingungen des Konkurrenten besser sind.

Die ideale Lösung wäre, sich der Hilfe eines unabhängigen Vermögensberaters und -verwalters, der auf Honorarbasis arbeitet, zu bedienen. Nur wer gegen Honorar berät, kann neutral und unabhängig sein. Die »kostenlose Beratung« ist interessenabhängig, denn nach ihr richtet sich schließlich der Verdienst des »Beraters«: Verkauf gleich Verdienst.

Der richtige Honorarberater rechnet die bei einer Vermittlung entstehenden Provisionen auf sein Honorar an, sofern überhaupt aufgrund eines bestimmten Bedarfs eine Vertragsvermittlung stattfindet; also hat der richtige Honorarberater kein Verkaufs- und Provisionsinteresse. Nicht eine Kapitalanlagegesellschaft, Bank oder Versicherung bezahlt den Honorarberater, sondern sein Mandant. Nur so kann er seinem Klienten die richtigen Strategien und Produkte andienen. Das größte daraus resultierende Problem ist die Anforderung an den Berater. Dieses System setzt höchste Qualifikation und Erfahrung des Beraters voraus. Darüber hinaus benötigt er die richtigen Arbeitsmittel (z. B. EDV mit der entsprechenden Software), Produkte von erstklassiger Qualität. Dieses Buch kann einen solchen Berater nicht ersetzen, es gibt Ihnen jedoch eine Diskussionsgrundlage und eine Möglichkeit, den Berater einmal unter die Lupe zu nehmen.

Die Wirtschaftskriminalität und Unseriosität

Der immer undurchsichtiger werdende Finanzdienstleistungsmarkt führt leider auch zu einigen unangenehmen Begleiteffekten in Form einer wachsenden Wirtschaftskriminalität.

Die Zahl der unseriösen Vermittler und Betrüger wird immer größer. Größte Vorsicht ist z. B. geboten, wenn man per Telefon versucht, »totsichere« Warentermingeschäfte zu plazieren. Der potentielle Anleger wird mit überdurchschnittlichen Renditen geködert und am Ende bleibt vielfach nur der Totalverlust. Die »totsichere« Anlage darf man getrost wortwörtlich nehmen. Diese selbsternannten Broker sind in der Regel die einzigen, die an diesem Geschäft verdienen. Eigentlich sollte schon der gesunde Menschenverstand ausreichen, um davor zurückzuschrecken. In der Regel sind es aber gerade die Besserverdienenden und somit vielfach Akademiker, die auf solche Machenschaften hereinfallen.

Eine einfache Frage reicht hier eigentlich aus, die man sich selbst, aber auch dem Verkäufer stellen sollte: *Warum zeichnet (zeichnen) er (Sie) die Geldanlage nicht selbst, wenn sie so gewinnbringend ist?*

Natürlich spekuliert der Verkäufer mit seinem Geld nicht so risikoreich, er ist ja nicht blöde!

Wo fängt jedoch die Wirtschaftskriminalität an?

Die Frage ist sicherlich nur juristisch zu klären. Zumindest als sehr unseriös würde ich diejenigen bezeichnen, die behaupten, unabhängig zu sein, es aber in Wahrheit gar nicht sind. Jeder der auf reiner Provisionsbasis arbeitet, kann meines Erachtens nicht unabhängig sein, wobei die Bandbreite hier sehr groß ist.

Deshalb mein Rat: Lassen Sie sich nicht von »Verkaufsberatern« Finanzprodukte aufschwatzen. Wer von dem reinen Verkauf von

Finanzprodukten und somit von Provisionen lebt, kann nicht zu 100 Prozent das Interesse des Verbrauchers vertreten. Das Risiko, überflüssige oder zu teure Produkte verkauft zu bekommen, ist sehr groß, und der Schaden kann immens sein!

Sollten Sie zu der Meinung kommen, über den Tisch gezogen worden zu sein, sprechen Sie mit einem Rechtsanwalt. Die Gerichte stehen immer mehr auf der Seite der Verbraucher.

Das Geldwäschegesetz

Um das sogenannte »Weißwaschen« von kriminellen Geldern zu verhindern oder zumindest zu vermindern, ist das Geldwäschegesetz (GWG) verabschiedet worden. Bei einem konkreten Verdacht auf Geldwäsche illegaler Gelder sind die Finanzinstitute gehalten, Anzeige zu erstatten.

Was passiert also konkret?

1. Ein Kreditinstitut ist verpflichtet, bei der Annahme von Bargeld, Wertpapieren oder Edelmetallen im Wert von 20 000,– DM und mehr die Identität des Einzahlers anhand des Personalausweises oder Reisepasses festzuhalten. Hierzu zählen Bareinzahlungen und -abhebungen sowie der An- und Verkauf von Wertpapieren und Edelmetallen über den Bankschalter, auch wenn die jeweiligen Geschäfte über ein bereits bestehendes Kundenkonto abgewickelt werden. Ebenso gilt dies, wenn die 20 000,– DM in mehrere kleinere Beträge aufgeteilt wurden.
2. Weiterhin muß sich das Kreditinstitut erkundigen, ob der Kunde für eigene Rechnung handelt. Handelt er für fremde Rechnung, ist Name und Anschrift des Dritten festzuhalten.
3. Benutzer von Tag- und Nachttresoren sind verpflichtet, ausschließlich Gelder für eigene Rechnung darüber einzuzahlen.

Die Auswirkungen bei Lebensversicherungsgesellschaften

Für den Bereich der Lebensversicherungsgesellschaften ergeben sich aus dem Geldwäschegesetz folgende Auswirkungen:

Bei Neuabschlüssen oder Erhöhungen von Lebensversicherungen (auch Risikolebensversicherungen) muß der Versicherungsnehmer (VN) identifiziert werden, wenn

1. die jährlich zu zahlende Prämie 2 000,– DM übersteigt,
2. eine Einmalprämie oder Beitragsdepoteinzahlung mehr als 5 000,– DM beträgt.

Die Identifizierung ist bei einem Direktabschluß von der Gesellschaft und ansonsten über den Vermittler festzuhalten. Hierzu ist wiederum der Personalausweis oder Reisepaß erforderlich. Das GWG verlangt darüber hinaus, daß bei jeder Identifizierung nach dem wirtschaftlich Berechtigten gefragt wird.

Auf die Identifizierung wird verzichtet, wenn die Versicherungsprämien von einem Konto des Versicherungsnehmers bei einem Kreditinstitut eines EG-Landes abgebucht werden. Aus dem Antrag muß jedoch der Kontoinhaber deutlich hervorgehen. Außerdem muß der VN erklären, daß er für eigene Rechnung handelt.

Weiterhin kann auf eine Identifizierung verzichtet werden, wenn der VN sich bereits früher identifiziert hat. Hierüber muß er eine entsprechende Bestätigung abgeben.

Welche Anträge/Vetragsänderungen müssen identifiziert werden?

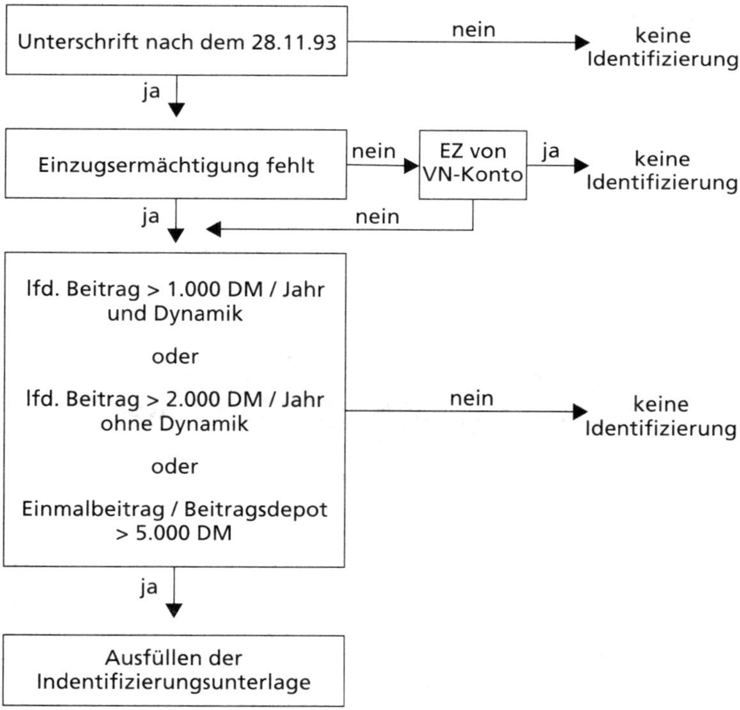

Wollen Sie sich als unabhängiger Vermögensberater und -verwalter selbständig machen?

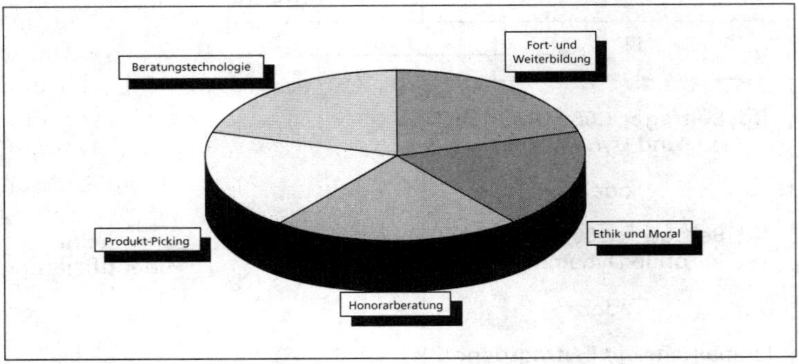

Wer sich als Vermögensberater und -verwalter selbständig machen möchte und dabei unabhängig bleiben will, stellt sich einer großen Herausforderung. Exzellente Service-Qualität und ein hohes Beratungsniveau werden auf dem Markt der Finanzdienstleistungen immer mehr zu strategischen Erfolgsfaktoren. Zugleich ist die Aufgabenstellung derart komplex, daß das Projekt ohne die richtige Anleitung von vornherein zum Scheitern verurteilt ist.

Eine Unzahl von Banken, Bausparkassen, Versicherungen und Investmentgesellschaften bieten eine noch größere Vielzahl von Produkten an. Die Zukunft gehört einer am Gesamtbedarf des Kunden ausgerichteten anspruchsvollen, individuellen Vermögensberatung und Verwaltung. Die spezifische Individualität, die Produktneutralität und natürlich der direkte Nutzen der Dienstleistung für den Klienten sind die Schwerpunkte einer ganzheitlichen Betrachtung.

Um die Beratertätigkeit langfristig auf eine stabile Basis zu stellen, müssen folgende grundlegende Bausteine in einem ausgewogenen Verhältnis zueinander stehen:

Die richtigen Produkte!

Die beste Einstellung nützt nichts, wenn man nicht die *richtigen Produkte* aufweisen kann. Die *richtigen Produkte* kann aber nur der unabhängige Vermögensberater haben. Wer an ein Finanzdienstleistungsunternehmen gebunden ist, kann nicht mehr unabhängig sein und kann folglich auch nicht die *richtigen Produkte* aufweisen. Wichtige Neuorientierungen werden in den nächsten Jahren die Finanzdienstleistungbrache in der Bundesrepublik prägen. Die angebotenen Produkte werden sich ändern – einmal durch die Liberalisierung der EG – zum anderen aber auch durch die gravierenden Umbrüche in unserem Land. Die Unübersichtlichkeit der zunehmenden Zahl an Produkten führt zu einem steigenden Bedarf unabhängiger Information und Vermittlung.

Die richtige Einstellung zum Beruf!

Geschäfte sind nur dann wirkliche Geschäfte, wenn alle Geschäftspartner davon profitieren. Wer seine Mandanten nur »über den Tisch ziehen« will und dabei ausschließlich in seine eigene Tasche hineinverkauft, dem fehlt die richtige Einstellung zum Beruf, und er hat langfristig bei diesem immer härter werdenden Markt keine Chance. Unabhängig, selbständig, nur dem Kunden verpflichtet zu sein, für den wechselseitigen Erfolg zu arbeiten, neben dem kaufmännischen Interesse Gewinne erzielen zu wollen, das ist die Lösung.

Die richtige Schulung!

Was nützen die beste Einstellung, die besten Produkte, die besten Arbeitsmittel und die besten Konzepte, wenn der Vermögensberater nicht *richtig geschult* wird und sich nicht permanent fort- und weiterbildet. Die *richtige Schulung* ist eine Voraussetzung für den persönlichen Erfolg des Vermögensberaters.

Die richtigen Arbeitsmittel!

Komplette und umfangreiche Informationen sind für eine qualitativ hohe Dienstleistung unverzichtbar. Die erforderliche Analyse der Vermögensverhältnisse wäre ohne EDV-Unterstützung gar nicht denkbar. Taschenrechner, Erfahrungsschatz und Fachwissen reichen hier bei weitem nicht mehr aus. Denn was nützen die beste Einstellung und die besten Produkte, wenn man dem Klienten diese Tatsache nicht nachweisen kann. Nur wer mit den *richtigen Arbeitsmitteln* arbeitet, wird seine Mandanten überzeugen. Mit den *richtigen Arbeitsmitteln* ist insbesondere die Selektion der am Markt angebotenen Software in Verbindung mit der dazu passenden Hardware gemeint. Ohne EDV läuft nichts. Selbstverständlich kann keine noch so ausgeklügelte Software die persönliche Beratung mit dem Mandanten ersetzen. Solche Programme helfen aber, die Beratung transparent zu gestalten und für den Mandanten nachvollziehbar zu machen. Die richtige Software erlaubt es, schnell und effizient Konzepte und Alternativen in der Vermögensberatung und Verwaltung zu erstellen bzw. zu vergleichen.

Die richtigen Konzepte!

Das Ziel der Beratung sollte die Optimierung eines individuellen Vermögensplanes für den Mandanten sein. Sie sollten kein Interesse daran haben, vordergründig ein bestimmtes Produkt zu verkaufen. Was nützen die beste Einstellung und die besten Arbeitsmittel, wenn der Berater feststellt, daß sein Mandant keinen Bedarf an Produkten hat, oder daß der Finanzberater bei der Vermittlung der besten Produkte keine oder nur sehr wenige Provisionen verdienen kann. Wer das *richtige Konzept* hat und gegen Honorar berät, hat diese Probleme nicht. Ein Vermögensberater auf Honorarbasis ist auf den Verkauf von Finanzdienstleistungsprodukten nicht angewiesen.

Nachwort

Die Idee der Allfinanz-Beratung, die mittlerweile alle großen Finanzdienstleistungsunternehmen aufgegriffen haben, ist sicherlich eine vom Grundsatz her richtige Innovation.

Die Gesellschaften sind jedoch auf große Schwierigkeiten hinsichtlich der Qualifikationen Ihrer Mitarbeiter gestoßen. Der Angestellte einer Bank z. B., der bisher für Ratenkredite zuständig war, sollte nun auch Versicherungs- und Investmentprodukte verkaufen und dazu noch über einen entsprechenden Marktüberblick und Fachkenntnisse verfügen.

Das Problem wurde erkannt, und es wurden neue Tochtergesellschaften ins Leben gerufen, die diesen ganzheitlichen Beratungsbedarf abdecken. Jedoch nur für das monetär gehobene Kundenpotential.

Das größte Problem bleibt jedoch: Vorrangig werden natürlich nur die Produkte verkauft, die aus dem eigenen Hause kommen, und das müssen ja bekannterweise nicht die idealen sein.

Für die sogenannten Vertriebsstrukturgesellschaften ist die Allfinanz-Idee ein alter Hut. Sie haben diese Idee auch bereits (leider) erfolgreich praktiziert. Das Problem dieser Gesellschaften liegt darin, daß sie aufgrund ihrer Struktur viel zu teure Produkte verkaufen müssen, sonst sind sie nicht überlebensfähig. Die Qualität ihrer Berater ist meist eine Katastrophe. In der Regel werden diesen »Beratern«, die vorher ganz andere Tätigkeiten nachgegangen sind, in Wochenendseminaren einige Grundkenntnisse beigebracht, sie werden mit Verdienstmöglichkeiten motiviert und dann auf die Menschheit losgelassen. Meist sind zunächst die nahen Bekannten und Verwandten ihre Opfer. Erst viel später merken sie, daß auch sie selbst die Opfer sind.

Wer eine kostenlose Beratung will, darf sich später nicht über die Resultate wundern. Denn eines ist sicher: Niemand arbeitet umsonst, auch Sie nicht!

Wer Fragen zu den in diesem Buch beschriebenen Kapiteln hat, beraten werden möchte oder sich als Vermögensberater und -verwalter selbständig machen will, kann sich gerne mit mir in Verbindung setzen. Meine Anschrift:

Rolf Klein, Camesstr. 23,
47807 Krefeld
Tel.: 02151 / 313148
Fax: 02151 / 391560

Register